東都事略箋證

上

［宋］王稱 撰　吳洪澤 箋證

全國高等院校古籍整理研究工作委員會規劃項目

前言

《東都事略》是南宋王稱纂修的一部紀傳體史書。

一　王稱家世里籍新説

王稱（宋刻本作「稱」，後人或改作「偁」）字季平，眉州青神（今四川青神）人，賞子。

關於王稱父子的籍貫，前人多稱眉山，如《建炎以來繫年要録》卷三六云「朝散郎、通判敍州眉山王賞獻養威、持重二策」，王賞爲文，亦多稱「眉山王賞」（參《全宋文》卷三一二七、卷三一二八，《宋代蜀文輯存校補》卷三四），《傲軒記》（《新刊國朝二百家名賢文粹》卷一三二）自題「眉山王賞序」，王稱撰《國朝二百家名賢文粹序》，亦自署「眉山王稱季平父書」。此之「眉山」，正如丹稜李燾自題「眉山李燾」（《全蜀藝文志》卷六四《曲水留題》）、時人稱其「眉山李仁甫」（周必大《文忠集》卷一八《題范太史家藏帖》）一樣，實指眉州，而非等同於眉州眉山。因此，稱王氏父子爲「眉山人」，如同稱李燾爲眉山人一樣，雖不算錯，但不確切。王賞籍貫，可據洪邁《眉山王公玉臺集序》（《新刊國朝二百家名賢文粹》卷一五七）考定。其主要線索有三，一是文云「公諱賞，字望之，實占籍於眉，而從兄弟通義君、同安君爲坡夫人，淵原漸濡，故有端緒」，「占籍於眉」之眉亦指眉州，且爲蘇東坡夫人王弗、王閏之從兄弟。據蘇軾《亡妻王氏墓誌銘》（《蘇文忠公全集》卷一五）可知王弗爲「眉之青神人，鄉貢進士方之女」，則王賞亦當爲青神人。其二，文云「玉臺者，青神鄉名，公葬於是，故以標其集」，亦可證賞爲青神人，且卒葬青神玉臺鄉。三是王賞《歲寒亭記》（《新刊國朝二百家名賢文粹》卷一三四）有「宣和元年冬，予卜葬先夫人於玉臺山」之記載，亦可爲王賞占籍青神之佐證。那麽，《南宋館閣録》卷八云：「王賞，字望之，開封人，霍端友榜進士及第。」又是何故呢？今人或據以稱王賞祖籍眉山，生於汴京（開封），但明顯與以上所列證據不合。揆之以理，蓋賞以東坡姻黨，入太學時適當黨禁，因而諱言眉山，托籍開封以應舉，後人不察，遂誤以爲開封人。文獻不足，我們且作如是推論。

王賞（？—一一四九）字望之，號玉臺先生，崇寧二年進士。靖康初，攝官天彭。建炎四年，爲朝散郎、敍州通判。紹興十二年，以權禮部侍郎兼實録院修撰。徙太常少卿，權禮部侍郎，兼侍講，直學士院。十三年十二月，忤秦檜意，出知和州（《宋會要輯稿》職官七〇之二八）。十四年，出守益昌。十六年，知興州。十九年，秘閣修撰、提舉江州太平興國宫，十二月卒，贈敷文閣待制（《建炎以來繫年要録》卷一六〇）。著有《玉臺集》四十卷，有詩文千餘篇，師法蘇軾，洪邁稱其爲「眉山嫡派」「坡門正宗」。又稱其集爲「少子稱著意訪索，辛勤四十年，僅逮什五」，又云「稱傳家善文，富史學，嘗上《九朝東都事略》，得直秘閣，今守階州」，序末署「紹熙三年十月五日」。又王稱慶元二年丙辰（一一九六）所撰《國朝二百家名賢文粹序》有「被旨造朝」之語，李心傳《建炎以來朝野雜記》甲集卷九載其「慶元中，終吏部郎中」，可知寧宗慶元初王稱未到致仕之年。

又據王賞《諸子名字説》（《新刊國朝二百家名賢文粹》卷一七五），王稱兄弟輩五人，名字皆從禾，王稽伯藝、王秩伯常、王稺仲孺爲王賞兄弟之子，王積伯厚、王稠仲萬爲賞子：「予生積十五年而生稠，何其艱哉。」據此可知，後人改「稱」爲「偁」純屬臆斷，因避孝宗父諱而改「偁」爲「稱」亦屬臆説。王稱季平作爲少子，與次子王稠之間還隔着第三子，而且王賞「少登鼎甲」（王稱《除直秘閣謝表》），即使按崇寧二年（一一〇三）年二十，舉進士不久即結婚生子推算，王稱作爲少子，很可能小長子王積二十多歲。何忠禮先生推測王稱「出生上限當在北宋末年」「大致生活在高、孝、光、寧四朝，與朱熹（一一三〇—一二〇〇）幾乎處於同一時代」（《王稱和他的〈東都事略〉，《暨南學報》一九九二年三期），應屬可信。

王稱五位兄長的行迹已難考知，至其家世，則吴泳《王立言墓誌銘》（《鶴林集》卷三四）有記載：

余嘗謂文章固士之末，而因末可以探其本。蓋君之學問，家有淵源，如浚井得美泉，愈汲而愈不盡。博物洽聞，號經史笥，名朝隱者，君五世祖也。中制科異等，名當；號紅帶老人，名淮奇者，君之高祖從兄弟也。禮部侍郎、直學士院、兼侍講、修國史，始終不附京、檜，號玉臺先生、名賞者，君曾祖也。訂唐、五代、國朝故實，承議公原本缺。《東都事略》，吏部公名偁者，君之王父、從祖父也。早習博學宏詞，晚放情於一觴一詠，號寸耕居士、名養心者，君考也。王氏自嘉祐迄嘉泰，百四十餘年，世稱爲文章家。

據此可列王氏世系簡表如下：

- 青神王氏
  - 當（眉山人，字子思）
  - 朝隱（號經史笥）
    - □—稽（伯藝）
    - □
      - 秩（伯常）
      - 稺（仲孺）
    - 賞（望之）
      - 積（伯厚）
      - 稠（仲萬）
      - □—養心（號寸耕）—叔子（立言）
      - 稱（季平）
  - 淮奇（字慶源，號紅帶老人）
  - 方—弗（蘇軾元配，通義郡君）
  - 君錫—閏之（蘇軾次妻，同安郡君）

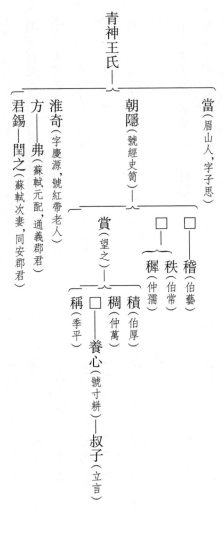

王稱祖父名朝隱，號經史笥，博物洽聞，可惜史籍中難覓蹤迹。其弟淮奇，蘇軾稱之爲「宣義王丈」，曾寄與詩文，因而有聲當世，人稱紅帶老人。東坡詩題云：「慶源宣義王丈，以累舉得官，爲洪雅主簿、雅州户掾，遇吏民如家人，人安樂之。既謝事，居眉之青神瑞草橋，放懷自得。有書來求紅帶，既以遺之，且作詩爲戲。請黄魯直學士、秦少游賢良各爲賦一首，爲老人光華。」（《施註蘇詩》卷二七）黄庭堅《次韻子瞻以紅帶寄王宣義》詩，載《山谷内集詩注》卷九，注云：「王淮奇字慶源，眉之青神人，東坡叔丈人也。晚以累舉恩得官。」《山谷全書·外集》卷二三載《題子瞻與王宣義書後》云：「慶源初名羣，字子衆，後改名淮奇，又易今字。」則淮奇當與東坡岳丈王方（通義君王弗父）及王君錫（同安君王閏之父）爲堂兄弟。

「中制科異等，名當」者，《東都事略》卷一一四、《宋史》卷一九一均有傳。當字子思，長於經學，元祐中以蘇轍薦，策入賢良方正四等，調龍游尉。以蔡京當權，不復仕，卒年七十三。當與朝隱、淮奇爲兄弟，而《明一統志》卷七一則謂「王賞，當之弟」，其後嘉靖《四川總志》卷一二、《蜀中廣記》卷四六、《蜀故》卷一八並從之，當代學者遂以「伯父王當」坐論王稱家世。考王賞《諸葛武侯龐靖侯新傳序》（《新刊國朝二百家名賢文粹》卷一四七）有「今子思先生亦爾」「先生，賞之伯父也。什邡王達觀刊先生所著二傳，以與學者共之」之語，則王當實爲王賞伯父，與《王立言墓誌銘》所載吻合，《四川總志》謂王賞是「當之弟」，或因望文生義，完全亂了輩分。

至所稱「訂唐、五代、國朝故實，承議公」云云，以下闕了關鍵的名字，且王積、王稠事迹不可考，所著「故實」亦没有流傳下來，雖難以坐實其人，但如王稱一樣究心史學，却值得稱道。青神王氏歷經五世一百四十餘年，考經論史，代有聞人，「世稱爲文章家」，誠不過譽。而詩書傳家，禀承正氣，尤爲難得。王當學有根柢，不避權貴，終爲蔡京所抑；王賞師法東坡，浩然正氣，招致秦檜迫害。王稱治史，秉筆直書，亦家學淵源所致。前輩學者對此多有論述，不復贅言。

王稱生平事迹可考者無幾，《謝直秘閣表》云「蚤結髮於薦紳，粗服膺於簡策，未聞儒者之六藝，安有史官之三才」，大約早年以蔭入仕，追隨其父檢校文字，接觸過史館秘籍。其父去世，居鄉守喪，並搜集其父著述，「辛勤四十年，僅逮什五」，於紹熙三年請洪邁爲序，「將鋟之木」。（《眉山王公玉臺集序》）在搜集編纂《玉臺集》之外，仍潛心史學，「冥搜故實，坐閱歲時，亹亹記録之多，寖寖編秩之廣」（《謝直秘閣表》），纂爲《東都事略》，並於淳熙十三年獻給朝廷。由承議郎、知龍州，除直秘閣，歷知階州，慶元中召爲吏部郎中。卒年不詳。

二　《東都事略》的撰著過程

《宋會要輯稿》崇儒五之四一於淳熙十三年八月二十六日載：「新知龍州王稱所進《東都事略》一百三十卷，計四十册，目録一册，付國史院。」又載其除直秘閣在十四年三月。《東都事略》卷首載洪邁薦表，末注：「三月十八日，三省同奉聖旨，王稱除直秘閣。」與《會要》所載吻合，則《東都事略》成書在淳熙十三年八月以前，是確切無疑的。至於具體成書時間甚至著作權問題，則存在不同説法。

其一，《東都事略》爲王賞所著。明陸應陽《廣輿記》卷一七載：「王賞，眉山人，撰《東都事略》一百三十五卷。」前人稱《廣輿記》多據《明一統志》删潤，而《明一統志》卷七一云：「王賞，當之弟。舉進士，累官禮部侍郎兼直學士，忤秦檜意，出知利州。賞爲文師蘇軾，有《玉臺集》。子稱，學問該洽。初除直秘閣、知龍州，有美政。後爲吏部郎中。嘗撰《東都事略》一百三十卷。」陸氏云云，未知所據。考嘉靖《四川總志》卷一二《王賞傳》全抄《明一統志》而成，僅末句改作「嘗傳《東都事略》一百二十卷」。曹學佺《蜀中廣記》卷四六《人物記・王賞》復抄《四川總志》，而末二句改作「歷吏部郎中，著《東都事略》一百二十卷」。又於卷九九《著作記》載王賞著「《玉臺集》《東都事略》一百三十卷」，或據《明一統志》著録，而忽略「子稱」二字，遂將王稱所著誤歸之其父名下，大爲疏略。至陳櫟學《事言要玄》地集等，則徑言「王賞，當弟，累禮侍，著《東都事略》」，可謂三人成虎了。蓋《明一統志》言王賞著《玉臺集》、其子稱著《東都事略》，並無錯誤，而《廣輿記》《蜀中廣記》諸書轉抄篡改，滋生異説。源流既清，其誤不辯自明。

其二，《東都事略》是王稱「父子之業」。清王士禛《跋東都事略》（《帶經堂集》卷九一）云：「王稱《東都事略》，淹貫有良史才，與曾子固《隆平集》頡頏上下。然《蜀志》載稱父禮部侍郎賞著《玉臺集》《東都事略》一百二十卷，則此書亦如遷、固之《史記》《漢書》本於談、彪耶？但未得此書全本，不知果百二十卷否？稱於父書之外，有所增益否？稱亦不當没其父之名，掩爲己有也。俟更考之。賞，眉山人。」王氏之説，蓋因誤信嘉靖《四川總志》及《蜀中廣記》所載而起，加之洪邁奏薦王稱有「稱之父賞，在紹興中亦爲實録修撰。稱承其緒餘，刻意史學」等語，《東都事略》卷首所載《除直秘閣告詞》亦有「乃父習知今事，長於敍述，而能克紹先志，論次舊聞，裒上成編，有補太史」之言，遂謂子承父業，媲美前修。當代也有學者持此説，認爲「他父親已寫成底本，由稱稍加增益，而成定稿，最後並由他投進，所以後來便由稱署名行世」①，支撑此説的證據是《續資治通鑑長編》引用《事略》不計其數，實則所謂引用均見於注中，而其注尚引《宋史》等書，顯非李燾原注，不足爲憑②。而宋代洪邁、李心傳以及《郡齋讀書志》《直齋書録解題》等並無父子共著之説，則其説後出，且由文獻傳鈔致誤而起，自不足取信。

因此，我們認爲《事略》爲王稱一人所編，縱貫全書的九十五處史論均以「臣稱曰」領起，已足以説明問題。

① 趙鐵寒：《〈東都事略〉題端》，《宋史資料萃編》本《東都事略》卷首。
② 參見蔡崇榜《宋代四川史學家王稱與〈東都事略〉》，《成都大學學報》一九八五年第二期；何忠禮：《王稱和他的〈東都事略〉》，《暨南學報》一九九二年三期。

且迄今爲止，尚未發現王賞編撰《事略》的力證。上述二説，皆出後人杜撰，今略爲疏理，不復深論。

其三，《事略》的史料來源，更值得探討，可惜研究者寥寥。究其原因，應與南宋史學大家李心傳的斷語相關。《建炎以來朝野雜記》甲集卷四論《續資治通鑑長編》《九朝通略》《東都事略》，於《事略》云：「（淳熙）十三年八月，又有知龍州王稱亦獻《東都事略》百三十卷於朝，洪内翰主之。明年春，除直秘閣。然其書特掇取五朝史傳及四朝實録附傳，而微以野史附益之，尤疏駁。」李氏直指《事略》取材於「五朝史傳及四朝實録附傳」等經刊修之二手史料，且附益以「野史」，因此以「尤疏駁」作結，雖有鄙薄之意，但也指出了《事略》主要的史料來源。所謂「五朝史傳」，《朝野雜記》没有明確記載，該書甲集卷一〇「史館專官」條云：「神宗嘗欲付曾子固以五朝史事，乃命爲史館修撰，使專典領其事。子固所草，俱不當神宗意，書不克成。」陸游《老學庵筆記》卷三載：「元豐中，命曾鞏獨修《五朝國史》，責任甚重，然亦僅進《太祖紀敍論》一篇，紀亦未及進，而鞏以憂去，史局遂廢。」可見，曾鞏所修《五朝國史》並未成書。後世刊行的曾鞏《隆平集》，又稱《五朝隆平集》，「是曾鞏録自國史實録的一種修史資料彙編」①。自「己酉南渡，國史散佚，靡有孑遺」（《建炎以來朝野雜記》甲集卷四），紹興初開始徵集，「後八九年而國書始備」（《建炎以來繫年要録》卷四三）。在此背景下，作爲修史副稿的《隆平集》初刊於紹興十二年，在淳熙間又有姚憲刊本。《事略》所録史料同於《隆平集》者不乏其例，甚至沿襲其誤者也比比皆是，足可證明《事略》曾參考《隆平集》，李氏所謂掇取「五朝史傳」，很可能即指《隆平集》。

至於「四朝實録」中的神宗、哲宗《實録》，曾在紹興年間重修，分別成於六年、八年（《建炎以來朝野雜記》甲集卷四），《徽宗實録》成書於紹興二十八年（《建炎以來繫年要録》卷一八〇），《欽宗實録》成書於乾道四年

① 王瑞來：《隆平集校證·前言》，中華書局二〇一九年版，第二七頁。

（《宋史》卷一六四《職官志四》），《事略》成書在後，掇取「四朝實録附傳」之説也成立。至於附益野史資料，的確是《事略》的特點，洪邁《舉王稱及龔敦頤表》亦説「其非國史所載而得之於旁搜者居十之一」。所謂「旁搜者」自然不止「野史」，還包括墓銘、行狀等出自宋人文集的資料，如卷四六《杜杞傳》、卷四八《曾致堯傳》即據歐陽修《杜公墓誌銘》《曾公神道碑》剪裁，而卷八七《司馬光傳》摘鈔蘇軾《司馬温公行狀》，改動很少。不過，由於史學理念的差異，李氏認爲「微以野史附益之，尤疏駁」，而洪氏則認爲「皆信而有證，可以據依」。

此外，有學者認爲李燾編《長編》，曾經引用《事略》，但經當代學者考證，此説已被否定；也有學者認爲《長編》與《事略》各自成書，全不相涉。從我們掌握的資料看，王稱是有機會參閲《長編》的。首先，《長編》成書在《事略》之前，其太祖至英宗五朝事上於乾道初，淳熙十年進獻全書。《事略》晚於《長編》三年進獻，參考《長編》是完全可能的。《事略》中一些史料異於《宋史》而同於《長編》，雖存在同源實録的可能，但也不能説與《長編》全不相干。其次，丹稜李氏與青神王氏爲世交，《新刊國朝二百家名賢文粹》卷一一一載王賞《答李仁甫書》，對李燾《反正議》極爲推賞，而對《漢監》略有異議，末云：「僕與尊丈厚善，而吾友見訪請問之勤，故敢以告。」王稱爲王賞少子，醉心史學，完全有向李燾請益的可能。李燾嘗著《續皇朝公卿百官表》九十卷，「以司馬光《百官表》未有繼者，乃遍求正史、實録，傍采家集、野史，增廣門類，起建隆迄靖康，合新舊官制，踵而成書，其後《續資治通鑑長編》蓋始於此」（《建炎以來繫年要録》卷一八三）。《事略》史源頗同此書，其本紀詳載制詔及宰輔拜罷，起建隆迄靖康，似與李燾書頗多關聯。

三　略論《東都事略》的影響與價值

《東都事略》共一百三十卷（其中范仲淹、蘇軾、司馬光傳各分上下卷，實爲一百三十三卷），含本紀十二卷、世家五卷、列傳一百零五卷、附録八卷。本紀除太祖、仁宗、徽宗爲二卷外，太宗、真宗、英宗、神宗、哲宗、欽宗均一卷。世家載皇后、皇子事，含皇后二卷，二十八人；皇子三卷，七十七人。列傳一百零五卷，載六百八十人（附傳一百三十一人），列傳中含類傳十三卷：《忠義傳》二卷、《循吏傳》一卷、《儒學傳》二卷、《文藝傳》二卷、《卓行傳》一卷、《隱逸傳》一卷、《外戚傳》一卷、《宦者傳》二卷、《僭僞傳》一卷。附録八卷，含遼國二卷、金國二卷、西夏二卷、西蕃一卷、交趾一卷。該書繼承《史記》《漢書》傳統，爲紀傳體史書，略紀北宋九朝史事，不設表、志，而以人物紀傳爲中心，尤以帝王將相爲重點，總結北宋興衰的歷史，以史爲鑒，其史學觀點在近百則「臣稱曰」史論中有較充分的體現。他强調宰輔和臺諫的作用，直面儒學與文學之士，議論平允，實事求是，不偏不黨，尤爲難得。不過，其主旨在維護封建統治，一方面對皇帝不惜虚美以示「忠君」，一方面又對少數民族政權采取明顯的敵視態度以示「正統」，帶有明顯的歷史局限性。

《事略》在淳熙十三年成書之後，適逢洪邁繼李燾續撰《四朝列傳》而獲采用，並舉薦於朝，因之聞名於世。陳振孫認爲：「其書《紀》《傳》《附録》略具體，但無志耳。《附録》用《五代史》例也。淳熙中上其書，得直秘閣。其所紀太簡略，未得爲全善。」（《直齋書録解題》卷四）評介尚稱公允。不過，南宋人對此書批評居多，李心傳云：「仁父修《四朝列傳》，垂就而卒。上命景盧續成之。景盧筆削舊史，乃無完篇，蓋素不相樂也。於是上促進書甚急，而新書未畢。王稱季平以《東都事略》來獻，遂取用焉。或者但見新書疏略舛誤甚多，而不知倉卒之間，不暇考擇也。書成進御，景盧援季平於朝，得直秘閣云。」（《建炎以來朝野雜記》甲集卷九）是謂洪邁新修《四朝列傳》取用《事略》，「不暇考擇」，因而「疏略舛誤甚多」，與卷四所稱《事略》「尤疏駁」大抵相同。趙希弁也認爲《事略》中「疏駁甚多」（《郡齋讀書志》卷五上《附志》）。王明清《揮麈後録》、李心傳《舊聞證誤》、岳珂《桯史》等書中尚有辨正《事略》記事之誤數條。《朱子語類》卷一三〇記朱熹評論云：

先生看《東都事略》，文蔚問曰：「此文字如何？」曰：「只是説得個影子。適間偶看《陳無己傳》，他好處都不載。」問曰：「他好處是甚事？」曰：「他最好是不見章子厚，不著趙挺之綿襖。傅欽之聞其貧甚，懷銀子見他，欲以賙之。坐間，聽他議論，遂不敢出銀子。如此等事，他都不載。如《黄魯直傳》，魯直亦自有好處，亦不曾載得。」文蔚問：「魯直好在甚處？」曰：「他亦孝友。」

這段文字反映了朱熹和王稱在學術見解和史學思想上的差異，王稱旨在以史爲鑒，總結北宋亡國教訓，故敍事不求「全善」，帶有略事重論的特徵。李心傳推崇《續資治通鑑長編》，述史尚繁，故指斥《事略》「疏略」，正如何忠禮先生所説「既有門户之見，亦有一定的史學環境——這就是與當時修史務求卷帙浩繁、內容詳博的風氣有關」①。因此，宋末王應麟在《玉海》卷四六《淳熙東都事略》中轉述李心傳語，至「以野史附益之」止，特意略去「尤疏略」三字，蓋不無所見。在上述對話中，朱熹站在道學家的立場，指斥《事略》諸多漏略，自然也免不了門户之見。

至元代，劉因稱「宋、金史皆未成，金史只有實録，宋事纂録甚多，而《東都事略》最爲詳備」（《静修集》續集卷三《敍學》）。因此官修《宋史》，於《事略》多有借鑒，但出於維護道學的目的，史臣「故意貶低王稱在史學上的地位，不給他立傳」②，《事略》的價值在元代並未得到足够的重視。隨着時代遷移，宋修國史、實録漸致亡佚，《事略》在明清之際，方爲人所重。明王褘撰《國朝名臣傳》，自序稱：「輒用正史之體，仿宋《東都事略》而爲之，其文雖不能馳騁，而辭則質；其事雖不能該博，而實則真，於是一代之人物可概見矣。」（《王忠文集》卷五

① 何忠禮：《王稱和他的〈東都事略〉》，《暨南學報》一九九二年三期，第六四頁。
② 同上。

《國朝名臣傳序》）清錢謙益説：

> 河南王損仲數爲余言，《東都事略》於宋史家爲優。……余觀作者之意，可謂專勤矣，貫穿一百六十餘年，爲北宋一代之史，以事在本朝，故孫而稱《事略》云爾。其書簡質有體要，視新史不啻過之。《本紀》載詔制之辭，與《朱勔傳》載《華陽宫記》之類，尤爲有識，信損仲之知言也。《本紀》最佳，《列傳》佳者幾十之五，亦多錯互可議。世有歐陽公筆削宋事以附《五代史記》之後，則是書亦《宋史》之世本外傳也。（《牧齋初學集》卷八五《書東都事略後》）

對《事略》評價極高。王士禎亦謂「王稱《東都事略》淹貫有良史才，與曾子固《隆平集》頡頏上下」（《帶經堂集》卷九一《跋東都事略》）。汪琬稱「其詞質而不俚，繁而不蕪，至於蔡京、王黼諸傳，則又約略《史記·封禪》《平準》諸體，雜議論於敘事之中，尤能推原禍亂所自始。流連反覆，三致意焉，此其文章，恐亦未可盡没也。元脱脱修《史》，大率采取於此，而中間用他書增補者，又不啻十之三四」（《堯峰文鈔》卷二五《校正東都事略前序》），並著《東都事略跋》三卷，以增補考訂其事。《四庫全書總目》評論説：

> 敘事約而該，議論亦皆持平。如康保裔不列於《忠義》，張方平、王拱辰不諱其瑕疵，皆具史識。熙寧之啓釁、元符之紹述，尤三致意焉。《朱勔傳》後附載僧祖秀《艮岳記》，蓋仿《三國志·諸葛亮傳》後附載文集目録及陳壽進表之例，雖非史法，亦足資考証。而南宋諸人，乃多不滿其書，蓋偁閉門著述，不入講學之宗派，黨同伐異，勢所必然，未可據爲定論也。近時汪琬復謂元修《宋史》，實據此書爲稿本。以今考之，惟《文藝傳》爲《宋史》所資取，故所載北宋爲多，南宋文人寥寥無幾。其餘事迹異同，如符彦卿二女爲周室后，而《宋史》闕其一；劉美本姓龔，冒附於外戚，《事略》直書其事，《宋史》采其家傳，轉爲之諱；趙普先閱章奏，田錫極論其非，而《宋史》誤以爲羣臣章奏必先白錫；楊守一

以涓人補右班殿直，遷翰林副使，而《宋史》誤作翰林學士；新法初行，坐倉糴米，吴申等言其不便，《宋史》誤以爲司馬光之言。至地名謚法，《宋史》尤多舛謬。元人修史，蓋未嘗考證此書，琬之言未得其實也。其中如張齊賢以雍熙三年忤旨出外，而誤作自請行邊，以副使王履楚辭誤屬之李若水，又不載王履於《忠義傳》，雖不免間有牴牾，然宋人私史，卓然可傳者，唯偁與李燾、李心傳之書而三，固宜爲考《宋史》者所寶貴矣。（《四庫全書總目》卷五〇）

館臣此論，堪稱允當，敘事簡明，議論平允，史識不凡，可資考證，的確是《事略》的特點和價值所在。

自明中葉以來，由於不滿《宋史》「潦草牽率」，治史者多欲重編，其中流傳至今者有明柯維騏《宋史新編》。朱彝尊《書柯氏宋史新編後》（《曝書亭集》卷四五）云：「先是，揭陽王昂撰《宋史補》，台州王洙撰《宋元史質》，皆略焉不詳，至柯氏而體稍備。其後臨川湯顯祖義仍、祥符王維儉損仲、吉水劉同升孝則咸有事改修，湯、劉稿尚未定，損仲《宋史記》沉於汴水，余從吴興潘氏鈔得，僅存。」改修諸編於北宋史多取《隆平集》與《事略》，與《宋史》相互質證考訂。邵晉涵嘗取《事略》與《宋史》對勘，「核其詳略同異，先成《考異》一書，爲將來作《宋志稿本」（《南江詩文鈔》卷八《與朱笥河學士書》）。於此可見《事略》在修史、訂史中的重要價值。此外，明錢士升刊削《宋史》爲《南宋書》六十八卷，亦有補續《東都事略》之意；邵晉涵聽從錢大昕的意見續修《南都事略》，更受《東都事略》的直接影響，可惜未完稿。其後臧壽恭「仿王偁（按：當作「王稱」）氏《東都事略》，爲《南都事略》若干卷，其體例則錢大昕氏以授邵晉涵氏，而未卒業者也」（《國朝文匯》丁卷卷一三楊峴《臧先生述》）。臧氏之書，雖未見傳世。但《事略》之影響，於此可見一斑。

近現代以來，對《事略》之研究與整理稍顯薄弱，但仍不乏卓有貢獻者。對《東都事略》的體例及價值，何忠禮先生與舒仁輝先生均有精彩論述。何先生認爲本書「敘事略而不疏，突出重點」，「仿陳壽《三國志》的某些做法，常於《列傳》後附載他文，以供考證」，「將《儒林傳》改爲《儒學傳》，恰當地反映了宋學勃興的狀况」，指出《事略》備載《長編》《宋史》等闕載之詔令等珍貴史料，可補二書之不足，可正二書之誤，「是宋代一部極爲重要的史學著作，無論從它的體裁、史料價值、貫穿於全書的史學思想和對後世的影響來看，都是值得注意和研究的」①。舒先生則比較《事略》與《宋史》記載之異同，指出《事略》於《本紀》備載詔令，於《列傳》備載奏疏及詩文，足資考證；又因原據史書多已失傳，不僅可訂《宋史》之誤，而且是研究北宋國史和實録的重要文獻；指出《事略》記事采用附傳、夾傳、合傳多種形式，且略中有詳，多記人物享年，爲《宋史》所不及；並通過史論細致分析王稱的史學思想，如忠君愛國，提倡分封制，扶正斥邪，表彰文學、儒學，以史爲鑒，並從天命與人事的角度總結北宋滅亡的原因等，均言之成理，頗有見地。②

總之，《事略》問世後，由於學術門户之見，在南宋並未受到足够重視。元人修史，雖曾利用《事略》，但不爲王稱父子立傳，門户之見仍存其間。至明中葉以後，時人利用《事略》質證《宋史》，《事略》在史料及史識方面的重要價值得以突顯，校勘研究之風相繼興起，《事略》的歷史地位逐步得到認同。《事略》備載詔令與奏疏及詩文，以及備載計用章、吕希績等十多人事迹，爲《宋史》闕載，其史料價值也爲後人肯定。加之《事略》所據之國史與實録在後世失傳，《事略》更成爲研治北宋史不可或缺之重要典籍，南宋建安人章定纂《名賢氏族言行類稿》六十卷，於北宋列傳多取自《事略》，清人徐乾學編《資治通鑑後編》考訂北宋史也多引《事略》。後人引《事略》以正《長編》《宋史》之誤更不計其數，更加彰顯了《事略》的重要價值。至後人認爲《事略》備載詔文係用

① 同上。
② 參見舒仁輝《〈東都事略〉與〈宋史〉比較研究》第三五—八〇頁。

《三國志》體例，以及《附録》用《五代史》例，並創設《儒學傳》等，並非確論。《事略》諸帝入《本紀》，是正史類常例。皇后、皇子入《世家》，蓋仿《新五代史》入《家人傳》之例，而更名《世家》，意在强化封建分封制，是變例。列傳下復設「外戚」「循吏」「儒學」等類傳，蓋仿《舊唐書》體例，《儒學傳》並非其創設。《附録》八卷記録與宋密切相關之少數民族政權，其體例實沿襲《新五代史》。可見，《事略》於正史體例並無發明創造，其編纂本書旨在總結北宋亡國之經驗教訓，自無意於發凡起例。清席世臣《東都事略序》稱其「書法謹嚴，敘事詳贍，蓋一代之良史也。凡史家記載關涉當代者，或狥私，或傷訐直。偁以宋人紀宋事，能區别是非，而持以平允。熙寧、元祐之際，賢姦消長，剖晰釐然。其泯其異同，以眉山老蘇與周、張諸子並列於《儒學傳》，此其識量卓越，誠非後人門户之見所可及也。其曰《東都事略》，蓋見南渡以來偷安一隅，不復以祖宗疆土爲念。偁既沈没下僚，無可建白，不得已網羅舊聞，用昭信史，垂戒將來。故於燕南用兵，平州納叛，靖康致禍之由，尤三致意焉。觀其命名之義，殆亦有禾黍榛苓之慨矣」，可謂善評。

四 《東都事略》版本流傳與校正説明

《事略》於淳熙年間編成，並於淳熙十三年進呈後，即由眉山程舍人宅刻於宋光宗紹熙年間，故該書爲避光宗諱，於「敦」「惇」字均缺末筆，而直書「擴」字，不避寧宗諱。但刻成後不過十來年，即遭遇嘉泰二年禁私史，與《長編》等私家撰史下史官考訂，「不許刊行」（《建炎以來朝野雜記》甲集卷六）。故《事略》在宋僅此一刻，即初刻本。由於刻印倉促，疏於校對，不僅刻字多誤，而且多俗體字、簡寫字，與王稱喜用古字的風格頗不統一，此刻難稱精良。但作爲祖本，其價值遠非後出諸鈔本、刻本可比。《遂初堂書目》、《郡齋讀書志》卷五上《附志》、《直齋書録解題》卷四著録《東都事略》當即此本，而《宋史・藝文志》不見著録。明代《世善堂藏書目録》卷上、

《國史經籍志》卷三、《澹生堂藏書目》卷四、《萬卷堂書目》卷二均著録《東都事略》一百三十卷，或即此刻本。至清代，此刻已罕見，以述古堂藏本最知名。據日本學者阿部隆一《中國訪書志》記載，此刻現存大略有三部，分别爲臺灣圖書館及日本宫内廳書陵部、静嘉堂文庫所珍藏。其中宫内廳書陵部藏本曾經由上海古籍出版社影印出版，收入安平秋等主編的《日本宫内廳書陵部藏宋元版漢籍選刊》第四輯。該藏本並非足本，其中多有鈔配，静嘉堂藏本也有配補，而臺灣圖書館所藏則爲全本，彌足珍貴。該本半葉十二行，行二十四字，左右雙欄，黑口，雙魚尾，上方記大小字數，下方記刻工名。目録後有「眉山程舍人宅刊行，已申上司，不許覆板」雙行木記。是本曾經近人張乃熊收藏，有張氏手書題記：「絳雲樓牙籤萬軸，獨缺此書，述古主人所引以自豪者也。此怡邸舊藏，初印精絶，爲宋槧中無上上品。董授經得自東瀛，以千金歸余家，會囑趙硯香重裝，因識如右。戊午冬日，吴興張乃熊呵凍書。」鈐有「望徵」「菦伯」「擇是居」「明善堂覽書畫印記」「怡府世寶」「安樂堂藏書記」「『國立』中央圖書館收藏」「張鈞衡印」「石銘收藏」「石銘秘笈」「菦圃收藏」「張澤湖印」「吴興張氏適園收藏圖書」等收藏印記。

臺灣圖書館還藏有無名氏覆宋刻本，行款格式一仍宋本，甚至卷一首頁中縫下方之刻工「高大全」名也一仍其舊。鈐有「『國立』中央圖書館收藏」「曾在東山徐復菴處」「文錦堂藏書」等印記。此本雖號稱覆宋刻，其實剜改較多，雖於宋本有所是正，但錯者亦復不少，故備受後人指責。清錢綺、繆荃孫均對此本撰有校勘記（校記稿本今藏於上海圖書館），張鈞衡取二書匯刊入《適園叢書》。曾由臺灣文海出版社影印覆刻本《東都事略》，又據《適園叢書》影印二書，附載其後，一並收入《宋史資料萃編》第一輯。文海本影印較早，嘉惠學林，故流傳較廣。據錢綺《東都事略校勘記序》云：

> 此本不知何人所刻，大約在康熙中。目録後有「眉山程舍人宅刊行」印記，係宋本原文。稱本眉

州人，故書刊於眉。稱書仿《史》《漢》，字都通古，重刻者悉仍其舊，最爲善本。惜版入俗手，不曉文義，妄加修改。昔於坊友處見初印本，剜改尚少，借以校讐，未及半而售去。今又見舊鈔本，行款字數悉同刻本，知是從述古堂本影鈔，與此本同出一原。又於予友吴子畬處得一本，惟某行二十五字，而校其異同，詳加勘核，摘其剜改之尤謬者條例於左，宋本及原字之誤亦表出之。乾隆乙卯，常熟席氏掃葉山房亦曾刊此書，是照已剜改之本重刊者，謬誤更多，不足取證。時道光己酉年十月，元和錢綺序。

核錢校與文海影印本文字行第悉合，蓋與錢綺、繆荃孫所校本印次相同，與所謂覆刻之「初印本」尚有差別，如卷首洪邁劄子「猥瑣」二字，初印本尚同宋刻作「嵬鎖」。而覆刻之初印本，後人多認爲是明刻本。繆荃孫《東都事略校勘記跋》云：

> 《東都事略》一百卅卷，世間流傳，以宋眉山程舍人所刻半葉十二行、行二十四字本爲最舊，明人翻刻之，五松閣仿刻之，楊局又翻五松本，各家書目未言有別本異同（天一閣藍格鈔本，不知何所出）。荃孫辛未在隆福寺書肆獲一舊鈔本，九行二十字本，擡寫空格，均自宋出，購而藏之四十年。去冬與程本對校，方知其佳。目録編次不同，《后妃傳》李宸妃、郭后、高后均不同，又脱沈貴妃一傳。加減字均屬有意，《王安石傳贊》易其半，蘇轍、孔文仲《傳贊》後有《考異》一篇。是程本在先，而此本改削增補，處處善於程本。爰仿《羣書拾補》例條舉如右。宣統辛亥閏月，江陰繆荃孫識。

繆氏所云「舊鈔九行二十字本」，今核所列諸后妃傳，大抵抄自《宋史·后妃傳》，文字小有異同；而二篇《傳贊》亦疑爲抄手臆改，或意在補注《事略》，並非王稱原本所有。至所云「五松閣仿刻」本，當即「清五松室仿宋刻本」，今美國國會圖書館、普林斯頓大學東亞圖書館、東京大學東洋文化研究所等多有收藏，蓋即據覆宋本翻印者，與國家圖書館所藏之振鷺堂影宋刻本、臺北故宮博物院圖書館所藏清蘇州寶華堂覆宋本，如出一轍，僅改换堂號而已，其印次甚至晚於無名氏覆宋本。

振鷺堂影刻本，扉頁題「宋王季平先生著」「振鷺堂藏板」，核其行款，與無名氏覆刻宋本無異，蓋同刻而翻印者，藏書目或題爲「影宋刻本」，似不確。國家圖書館藏本有吴騫題跋：「昔錢遵王有宋槧《東都事略》，榮木樓屢求不與，蓋宋槧最爲難得。丁酉之秋，偶從貢院前書肆收得影宋鈔本，雖亥豕間或不免，然視翻刻之妄改錯誤，則猶是中郎之虎賁也。適從知不足主人借得是本，因屬朱君允達彼此互校而還之。百卅卷之書，輒復求將伯之助，予之勤惰，於此亦可徵矣。是歲蜡月既望，兔牀記。」丁酉爲乾隆四十二年（一七七七），是本經朱允達「依拜經樓吴氏影宋鈔本校」，所校改處多與宋刻本合，如洪邁劄子「匱」作「鐀」，「猬琑」作「嵬鎖」，「■」作「邪」。偶有不合者，如王稱上表「心日馳於魏闕」，校云「馳，舊鈔作『懸』」，而宋刻本亦作「馳」。總體來看，朱允達校本繼承了覆宋本訂正宋刻本之優點，又將覆宋本誤改之處予以回改，在《事略》諸本中，堪稱佳本。

乾隆六十年（一七九五），席氏掃葉山房據覆宋本刻入《宋遼金元别史》叢書，半葉十二行，行二十四字，有乾隆乙卯（一七九五）席世臣自序，當據覆宋本重刊。錢綺謂其「照已剜改之本重刊者，謬誤更多，不足取證」。此本國内有南京、上海及國家圖書館等多家收藏，而在日本藏品則多達數十部。弘化三年（一八四六），日本武藏忍藩進修館據掃葉山房本重刊，有忍城主源忠國序。嘉永二年（一八四九），又有江户須原屋茂兵衛等重印本，可見《事略》在域外之影響。王炎主编《域外刻本古史要籍選刊》收有進修館刊本，北京燕山出版社二〇一九年影印出版。光緒九年（一八八三），淮南書局據五松閣覆宋本重刊，版式悉仿眉山程氏原刻，目録後之版權牌記亦同，唯换版心刻工姓名，各地圖書館多有收藏。

除刊本外，《事略》手鈔本亦復不少。國家圖書館藏有九行二十字、十一行十八字兩種明抄殘本，又藏有清初平庵抄九行十七字本，以及翁同龢跋十二行二十四字鈔本等。臺灣圖書館藏舊鈔本，每半葉十二行二十四字，鈐有「楊晉」「紫鶴」收藏印，有朱筆點校，多是校訂誤抄字。卷首王稱上表「馳」正作「懸」，疑與朱允達所據「拜經樓吴氏影宋鈔本」同源。而卷六六至卷七三、卷一一三至卷一三〇係鈔配，每半葉九行十七字，仍有硃筆校訂。清修《四庫全書》，據浙江孫仰曾家藏本鈔録，有學者稱四庫本最佳。該本於覆宋本之誤時有訂正，然沿襲其誤改宋本之例亦不少，可見孫仰曾家藏本亦即覆宋本。該本對醜化少數民族之「虜」「夷狄」等字予以改换，以及大改人名音譯用字及避清諱等，導致與原本文字頗多差異，難以稱善。

齊魯書社於二〇〇〇年出版《二十五别史》，收入孫言誠、崔國光點校本《東都事略》，爲迄今爲止唯一的標點本。該書以振鷺堂覆翻印本爲底本，予以分段、標點，對個别誤字有所訂正，而絶大多數原刻之誤則悉仍其舊。

綜上所述，無論是原刻初印之宋眉山程氏本，還是覆宋系列刻印本與鈔本及標點本，均存在諸多問題，特别是對《事略》原書之誤缺少訂正。我們這次整理，以宋刻本爲底本，以覆宋本爲對校本，參校四庫全書本、朱允達標校振鷺堂覆宋本以及舊鈔本，凡校改及重要異文均以校記逐頁標識；又核對參考《續資治通鑑長編》《宋會要輯稿》《隆平集》《宋史》和宋人文集、筆記等所載相關資料，糾謬釋疑，並對宰輔罷職及人物享年等予以考訂，作爲【校證】，列於各卷之後。本書對前人成果多有借鑒，凡引用處均一一標明，不没前人之好。何忠禮先生《〈王稱和他的〈東都事略〉〉》一文及舒仁輝先生《〈東都事略〉與〈宋史〉比較研究》一書，對本次整理有重大幫助，謹致謝忱！

限於學識及時間，本書之整理難稱滿意，尚祈方家教正。

凡例

一、本書以臺灣圖書館所藏南宋紹熙眉山程舍人宅刻本爲底本（簡稱「宋刻本」），校以文海出版社影印覆刻宋本（簡稱「覆宋本」）及所附錢綺《校勘記》（簡稱「錢校」）、繆荃孫《校記》（簡稱「繆校」），參校國家圖書館所藏朱允達標校振鷺堂覆宋本、臺灣圖書館所藏舊鈔本、上海古籍出版社《景印文淵閣四庫全書》本（簡稱「四庫本」），並參考《續資治通鑑長編》（省稱「《長編》」）、《宋會要輯稿》、《隆平集》、《宋史》和宋人文集、筆記等予以校證。

二、本書采用新式標點斷句，豎排。分段大體依照原書，原書段落過長者，依據文意稍加切分。以大字體排列原文於前，以小字體排列箋校内容於後，並以〔一〕、〔二〕、〔三〕爲序對應原文句末標注。

三、箋證内容主要爲史實考證：一是排比原書與《宋史》《隆平集》《宋會要輯稿》《續資治通鑑長編》所載史事，有歧異者，加以箋釋考訂；二是對原書所闕略人物卒年等信息，略加補注；三是將前人考證成果，列入相關條目之下。

四、校勘：

（一）凡底本文字可通者，一律不作改動，對校本可資參考異文，擇要置於校記中，一般異文從略。錢綺《校勘記》、繆荃孫《校記》内容，分别列入相關校記中，不再附於全書之後。

（二）凡底本有訛、脱、衍、倒等誤字，則據校本加以改正，校記書寫格式分别爲：「甲：原作『乙』，據某本改」「甲：原無，據某本補」「『甲』下原有『乙』字，據某本删」「甲乙：原作『乙甲』，據某本乙」。

(三)底本文字疑誤，而無校本依據者，一般不作改動，而於箋證中予以考證； 有他書確證底本爲誤者，審慎改動，並於校記中説明。

(四)底本明顯誤字，如「己、巳、已」「日、曰」等，徑予規範改正，不另出校記。

(五)凡因避諱改字，均回改爲正字，經「凡例」説明，且於首次出現處加校記回改，其後徑予回改。

(六)底本所用異體字，予以審慎規範； 對一些異形異寫或繁簡、俗體字，且不滋生歧義者，如「冊、册」「高、髙」「啟、啓」「錄、録」「既、旣」「尔、爾」「与、與」「斈、學」「畆、畝」「劔、劒、劍」「尽、盡」之類，則依《漢語大字典》《現代漢語規範字典》規範爲正字； 對「彊、强」「并、並」「于、於」等易滋歧義之字，則根據正文内容予以規範； 而人名、地名所用異體字，則不加規範。

(七)底本多用古字，亦時用今字。但凡古今字混用者，今統作今字，如「禪」底本多作「禫」，亦時用「禪」，今統作「禪」； 「法」或作「灋」，今統作「法」之類。

(八)底本一些誤刻字，如「穀」刻作「穀」，「檢」刻作「撿」，「揚」刻作「楊」等，均在首出處以校記説明，其後統改作正字，不復出校。

五、校注中引用文獻，一般不注版本，而於書末「參考文獻」中予以注明。

六、校注中引用《長編》《宋史》等比勘典籍，僅於每卷首出處詳列卷次篇名，其餘僅標書名卷次。

七、底本於正文前有目録、每卷下有「承議郎、新權知龍州軍州兼管内勸農事、管界沿邊都巡檢使借紫臣王稱上進」等題呈，今依整理例删之。

八、原書正文中不設傳主等標題，而於目録列之。 今目録仍依原書，而於正文傳主前空一行，以相區别。

目録

前言……一
凡例……一
舉龔敦頤王稱表……一
告詞……三
謝直秘閣表……三
東都事略卷第一……五
本紀一……五
太祖皇帝一……五
東都事略卷第二……一二
本紀二……一二
太祖皇帝二……一二
東都事略卷第三……二九
本紀三……二九
太宗皇帝……二九
東都事略卷第四……四五
本紀四……四五
真宗皇帝……四五
東都事略卷第五……六六
本紀五……六六
仁宗皇帝一……六六
東都事略卷第六……八〇
本紀六……八〇
仁宗皇帝二……八〇
東都事略卷第七……九九
本紀七……九九
英宗皇帝……九九
東都事略卷第八……一〇四
本紀八……一〇四
神宗皇帝……一〇四
東都事略卷第九……一二三

本紀九 …… 一二三
哲宗皇帝 …… 一二三
東都事略卷第十 …… 一三八
本紀十 …… 一三八
徽宗皇帝一 …… 一三八
東都事略卷第十一 …… 一五三
本紀十一 …… 一五三
徽宗皇帝二 …… 一五三
東都事略卷第十二 …… 一七二
本紀十二 …… 一七二
欽宗皇帝 …… 一七二
東都事略卷第十三 …… 一八五
世家一 …… 一八五
宣祖昭憲皇后杜氏 …… 一八五
太祖孝惠皇后賀氏 …… 一八六
孝明皇后王氏 …… 一八六
孝章皇后宋氏 …… 一八七
太宗淑德皇后尹氏 …… 一八七
懿德皇后符氏 …… 一八七
明德皇后李氏 …… 一八八
元德皇后李氏 …… 一八八
真宗章懷皇后潘氏 …… 一八八
章穆皇后郭氏 …… 一八九
章獻明肅皇后劉氏 …… 一八九
章懿皇后李氏 …… 一九一
章惠皇后楊氏 …… 一九一
仁宗廢后郭氏 …… 一九一
慈聖光獻皇后曹氏 …… 一九二
温成皇后張氏 …… 一九四
東都事略卷第十四 …… 二〇〇
世家二 …… 二〇〇
英宗宣仁聖烈皇后高氏 …… 二〇〇
神宗欽聖憲肅皇后向氏 …… 二〇一
欽成皇后朱氏 …… 二〇二
欽慈皇后陳氏 …… 二〇二
哲宗昭慈聖獻皇后孟氏 …… 二〇三

昭懷皇后劉氏……二〇五
徽宗顯恭皇后王氏……二〇五
顯肅皇后鄭氏……二〇五
顯仁皇后韋氏……二〇五
明達皇后劉氏……二〇六
明節皇后劉氏……二〇六
欽宗皇后朱氏……二〇六
東都事略卷第十五……二一一
世家三……二一一
宣祖五子……二一一
曹王光濟……二一二
魏王廷美……二一二
岐王光贊……二一四
太祖四子……二一四
滕王德秀……二一四
吴王德昭……二一四
舒王德林……二一五
秦王德芳……二一五
太宗九子……二一七
漢王元佐……二一七
昭成太子元僖……二一八
商王元份……二一八
越王元傑……二一九
鎮王元偓……二二〇
楚王元偁……二二一
周王元儼……二二一
崇王元億……二二三
東都事略卷第十六……二二八
世家四……二二八
真宗六子……二二八
温王禔……二二八
周王祐……二二八
昌王祇……二二八
信王祉……二二九
欽王祁……二二九
仁宗三子……二二九

揚王昉……二二九
雍王昕……二二九
荆王曦……二二九
濮安懿王……二三〇
英宗四子……二三三
吴王顥……二三三
潤王顔……二三五
益王頵……二三五
東都事略卷第十七……二三九
世家五……二三九
神宗十四子……二三九
成王佾……二三九
惠王僅……二三九
唐王俊……二三九
褒王伸……二三九
冀王僩……二四〇
豫王价……二四〇
徐王偊……二四〇
吴王佖……二四〇
儀王偉……二四〇
燕王俣……二四〇
楚王似……二四一
越王偲……二四二
哲宗一子……二四二
獻愍太子茂……二四二
徽宗三十一子……二四三
兖王檉……二四三
鄆王楷……二四三
荆王楫……二四三
肅王樞……二四四
景王杞……二四四
濟王栩……二四四
益王棫……二四四
邠王材……二四四
祁王模……二四四
莘王植……二四五

儀王朴……二四五
徐王棣……二四五
沂王㮙……二四五
鄆王棋……二四五
和王栻……二四五
信王榛……二四五
漢王椿……二四五
安康郡王楃……二四六
廣平郡王楗……二四六
相國公梴……二四六
陳國公機……二四六
瀛國公樾……二四六
建安郡王楧……二四六
嘉國公椅……二四六
温國公棟……二四六
英國公櫶……二四六
儀國公桐……二四七
昌國公柄……二四七
潤國公樅……二四七
欽宗一子……二四七
皇太子諶……二四七
東都事略卷第十八……二五〇
列傳一……二五〇
范質……二五〇
旻……二五一
杲……二五一
王溥……二五一
貽孫……二五二
貽永……二五二
魏仁浦……二五三
咸信……二五四
東都事略卷第十九……二五七
列傳二……二五七
韓令坤……二五七
石守信……二五七
保興……二五八

保吉 …… 二五八
元孫 …… 二五九
王審琦 …… 二五九
承衍 …… 二六〇
符彥卿 …… 二六〇
王景 …… 二六二
王晏 …… 二六三
王彥超 …… 二六三
武行德 …… 二六四
楊廷璋 …… 二六四
郭從義 …… 二六五

東都事略卷第二十 …… 二七一

列傳三 …… 二七一
慕容延釗 …… 二七一
李處耘 …… 二七一
繼隆 …… 二七二
繼和 …… 二七四
昭亮 …… 二七五
王全斌 …… 二七五
凱 …… 二七七
王仁贍 …… 二七七
崔彥進 …… 二七八
劉廷讓 …… 二七八

東都事略卷第二十一 …… 二八三

列傳四 …… 二八三
昝居潤 …… 二八三
張美 …… 二八三
向拱 …… 二八四
高懷德 …… 二八四
韓重贇 …… 二八五
崇訓 …… 二八五
張永德 …… 二八六
郭崇 …… 二八八
宋偓 …… 二八九
郭守文 …… 二九〇

東都事略卷第二十二 …… 二九四

列傳五 ……二九四
李筠 ……二九四
李重進 ……二九五
東都事略卷第二十三 ……二九八
列傳六 ……二九八
孟昶 ……二九八
玄喆 ……二九九
玄珏 ……三〇〇
劉鋹 ……三〇〇
李煜 ……三〇二
劉繼元 ……三〇五
東都事略卷第二十四 ……三一一
列傳七 ……三一一
錢俶 ……三一一
惟濬 ……三一二
惟演 ……三一三
高繼冲 ……三一四
周行逢 ……三一五
陳洪進 ……三一七
東都事略卷第二十五 ……三二二
列傳八 ……三二二
吴廷祚 ……三二二
元扆 ……三二二
李崇矩 ……三二三
繼昌 ……三二四
遵勗 ……三二四
楚昭輔 ……三二五
東都事略卷第二十六 ……三二八
列傳九 ……三二八
趙普 ……三二八
承宗 ……三三四
承煦 ……三三四
東都事略卷第二十七 ……三三六
列傳十 ……三三六
曹彬 ……三三六
璨 ……三三九

璋……三三九
琮……三四二
潘美……三四二
東都事略卷第二十八……三四八
列傳十一……三四八
馮繼業……三四八
折德扆……三四八
御勳……三四九
御卿……三四九
党進……三五〇
曹翰……三五一
崔翰……三五二
李懷忠……三五三
田重進……三五三
米信……三五四
東都事略卷第二十九……三五八
列傳十二……三五八
何繼筠……三五八
承矩……三五八
李謙溥……三五九
允則……三六〇
馬仁瑀……三六二
李漢超……三六三
郭進……三六三
姚内斌……三六五
董遵誨……三六五
賀惟忠……三六五
王彥昇……三六六
東都事略卷第三十……三六九
列傳十三……三六九
張昭……三六九
陶穀……三七〇
竇儀……三七一
儼……三七二
偁……三七四
劉温叟……三七四

燁……三七五
几……三七六
扈蒙……三七七
王祜……三七七
東都事略卷第三十一……三八一
列傳十四……三八一
薛居正……三八一
吕餘慶……三八二
端……三八二
劉熙古……三八四
沈倫……三八四
盧多遜……三八五
宋琪……三八六
石熙載……三八七
中立……三八七
東都事略卷第三十二……三九〇
列傳十五……三九〇
李昉……三九〇
宗諤……三九一
吕蒙正……三九二
居簡……三九五
張齊賢……三九五
宗誨……三九九
東都事略卷第三十三……四〇二
列傳十六……四〇二
張遜……四〇二
柴禹錫……四〇二
宗慶……四〇三
趙鎔……四〇三
楊守一……四〇四
弭德超……四〇四
東都事略卷第三十四……四〇六
列傳十七……四〇六
荆罕儒……四〇六
曹光實……四〇七
克明……四〇八

楊業……四〇九
延朗……四一〇
康保裔……四一一
繼英……四一二
東都事略卷第三十五……四一五
列傳十八……四一五
李穆……四一五
賈黄中……四一六
蘇易簡……四一七
錢若水……四一八
東都事略卷第三十六……四二三
列傳十九……四二三
郭贄……四二三
李至……四二三
王沔……四二四
辛仲甫……四二五
張宏……四二五
趙昌言……四二六
陳恕……四二七
温仲舒……四二八
劉昌言……四二八
東都事略卷第三十七……四三二
列傳二十……四三二
張洎……四三二
李昌齡……四三四
王化基……四三四
舉正……四三五
李惟清……四三五
夏侯嶠……四三六
楊礪……四三六
宋湜……四三七
東都事略卷第三十八……四三九
列傳二十一……四三九
宋白……四三九
楊徽之……四三九
徐鉉……四四〇

宋準 …… 四四一
梁周翰 …… 四四二
朱昂 …… 四四三
胡旦 …… 四四四
柳開 …… 四四四
東都事略卷第三十九 …… 四四八
列傳二十二 …… 四四八
田錫 …… 四四八
王禹偁 …… 四五二
東都事略卷第四十 …… 四五七
列傳二十三 …… 四五七
李沆 …… 四五七
維 …… 四五八
王旦 …… 四五八
素 …… 四六一
質 …… 四六二
東都事略卷第四十一 …… 四六五
列傳二十四 …… 四六五
向敏中 …… 四六五
畢士安 …… 四六六
寇準 …… 四六七
東都事略卷第四十二 …… 四七四
列傳二十五 …… 四七四
高瓊 …… 四七四
繼勳 …… 四七五
遵裕 …… 四七六
傅潛 …… 四七七
王超 …… 四七八
王繼忠 …… 四七八
葛霸 …… 四七九
懷敏 …… 四七九
馮守信 …… 四八〇
石普 …… 四八〇
東都事略卷第四十三 …… 四八五
列傳二十六 …… 四八五
王顯 …… 四八五

王繼英……四八五
周瑩……四八五
馬知節……四八六
王嗣宗……四八八
雷有終……四八九
簡夫……四九〇
東都事略卷第四十四……四九四
列傳二十七……四九四
陳堯叟……四九四
堯佐……四九四
堯咨……四九六
趙安仁……四九七
良規……四九八
陳彭年……四九九
任中正……五〇〇
中師……五〇〇
周起……五〇一
東都事略卷第四十五……五〇五
列傳二十八……五〇五
張詠……五〇五
馬亮……五〇七
薛映……五〇八
淩策……五〇八
李及……五〇九
東都事略卷第四十六……五一二
列傳二十九……五一二
邢昺……五一二
杜鎬……五一三
杞……五一四
晁迥……五一五
宗慤……五一六
孫奭……五一六
馮元……五一九
東都事略卷第四十七……五二三
列傳三十……五二三
楊億……五二三

劉筠……五二五
戚綸……五二六
梁顥……五二七
孫何……五二八
僅……五二八
東都事略卷第四十八……五三一
列傳三十一……五三一
曾致堯……五三一
鞏……五三一
肇……五三四
梅詢……五三六
錢昆……五三七
易……五三七
彥遠……五三八
明逸……五三九
勰……五三九
藻……五三九
東都事略卷第四十九……五四二
列傳三十二……五四二
王欽若……五四二
丁謂……五四五
馮拯……五四八
東都事略卷第五十……五五二
列傳三十三……五五二
曹利用……五五二
張耆……五五四
楊崇勳……五五五
東都事略卷第五十一……五五九
列傳三十四……五五九
李迪……五五九
東之……五六一
王曾……五六一
張知白……五六四
東都事略卷第五十二……五六八
列傳三十五……五六八
張士遜……五六八

呂夷簡……五七〇
公綽……五七四
公弼……五七四
公孺……五七六

東都事略卷第五十三……五七九
列傳三十六……五七九
魯宗道……五七九
薛奎……五八〇
王曙……五八二
益柔……五八三
蔡齊……五八三
延慶……五八五

東都事略卷第五十四……五八八
列傳三十七……五八八
夏竦……五八八
范雍……五九〇
程琳……五九一
姜遵……五九四
趙稹……五九四

東都事略卷第五十五……五九七
列傳三十八……五九七
李諮……五九七
盛度……五九八
王鬷……五九九
王博文……六〇〇
張觀……六〇二
鄭戩……六〇二
任布……六〇三

東都事略卷第五十六……六〇六
列傳三十九……六〇六
王隨……六〇六
章得象……六〇七
晏殊……六〇八
杜衍……六〇九

東都事略卷第五十七……六一四
列傳四十……六一四

宋綬……六一四
敏求……六一七
李若谷……六一七
淑……六一八
東都事略卷第五十八……六二四
列傳四十一……六二四
韓億……六二四
綜……六二六
絳……六二六
維……六二八
縝……六三一
東都事略卷第五十九上……六三五
列傳四十二上……六三五
范仲淹……六三五
東都事略卷第五十九下……六四二
列傳四十二下……六四二
純仁……六四二
純禮……六四七
純粹……六四八
東都事略卷第六十……六五一
列傳四十三……六五一
陳從易……六五一
楊大雅……六五二
李垂……六五二
仲昌……六五二
燕肅……六五三
胥偃……六五三
司馬池……六五四
孔道輔……六五五
宗翰……六五六
段少連……六五六
蔣堂……六五八
彭乘……六五九
趙師民……六六〇
彥若……六六〇
東都事略卷第六十一……六六四

列傳四十四……六六四
張亢……六六四
种世衡……六六五
詁……六六八
諤……六六八
誼……六七〇
劉滬……六七二
東都事略卷第六十二……六七五
列傳四十五……六七五
王德用……六七五
夏守贇……六七六
隨……六七七
郭承祐……六七七
許懷德……六七八
狄青……六七九
張孜……六八一
郭逵……六八二
東都事略卷第六十三……六八七
列傳四十六……六八七
丁度……六八七
吴育……六八八
充……六九〇
明鎬……六九二
高若訥……六九二
東都事略卷第六十四……六九六
列傳四十七……六九六
謝絳……六九六
蘇紳……六九七
葉清臣……六九九
楊察……七〇〇
尹洙……七〇一
孫甫……七〇四
石揚休……七〇五
東都事略卷第六十五……七〇九
列傳四十八……七〇九
賈昌朝……七〇九

宋庠……七一一
祁……七一三
呂夏卿……七一七
劉羲叟……七一七
東都事略卷第六十六……七二二
列傳四十九……七二二
陳執中……七二二
世儒……七二三
龐籍……七二四
梁適……七二六
子美……七二八
劉沆……七二八
東都事略卷第六十七……七三五
列傳五十……七三五
文彥博……七三五
及甫……七四二
東都事略卷第六十八……七四五
列傳五十一……七四五
富弼……七四五
紹庭……七五三
東都事略卷第六十九……七五六
列傳五十二……七五六
韓琦……七五六
忠彥……七六一
曾公亮……七六三
孝寬……七六四
東都事略卷第七十……七六七
列傳五十三……七六七
王堯臣……七六七
孫沔……七七〇
田況……七七一
程戡……七七二
東都事略卷第七十一……七七五
列傳五十四……七七五
張昪……七七五
孫抃……七七七

趙槩……七七九
胡宿……七八一
宗愈……七八三
東都事略卷第七十二……七八六
列傳五十五……七八六
歐陽修……七八六
棐……七九一
東都事略卷第七十三……七九四
列傳五十六……七九四
包拯……七九四
吴奎……七九六
趙抃……七九七
唐介……八〇〇
東都事略卷第七十四……八〇五
列傳五十七……八〇五
張方平……八〇五
王拱辰……八〇八
東都事略卷第七十五……八一三
列傳五十八……八一三
余靖……八一三
蔡襄……八一四
何郯……八一六
梅摯……八一七
許元……八一八
陳希亮……八一九
吴中復……八二〇
東都事略卷第七十六……八二四
列傳五十九……八二四
劉敞……八二四
攽……八二六
奉世……八二七
吕溱……八二七
賈黯……八二八
沈遘……八二九
鄭獬……八二九
祖無擇……八三一

東都事略卷第七十七……八三五
列傳六十……八三五
范鎮……八三五
百禄……八四〇
祖禹……八四一
東都事略卷第七十八……八四七
列傳六十一……八四七
吕誨……八四七
劉述……八五二
劉琦……八五四
東都事略卷第七十九……八五七
列傳六十二……八五七
王安石……八五七
安國……八六一
安禮……八六二
雱……八六三
東都事略卷第八十……八六六
列傳六十三……八六六
陳升之……八六六
王珪……八六七
蔡確……八七〇
東都事略卷第八十一……八七六
列傳六十四……八七六
邵亢……八七六
馮京……八七七
元絳……八七九
孫固……八八一
東都事略卷第八十二……八八五
列傳六十五……八八五
蔡挺……八八五
王韶……八八七
厚……八九〇
薛向……八九一
東都事略卷第八十三……八九六
列傳六十六……八九六
吕惠卿……八九六

張璪……八九九
蒲宗孟……九〇〇
東都事略卷第八十四……九〇四
列傳六十七……九〇四
郝質……九〇四
賈逵……九〇四
楊遂……九〇五
盧政……九〇五
燕達……九〇六
苗授……九〇七
劉昌祚……九〇八
劉舜卿……九〇九
東都事略卷第八十五……九一三
列傳六十八……九一三
王廣淵……九一三
王陶……九一四
陳薦……九一五
孫永……九一六
陳襄……九一七
孫洙……九一八
東都事略卷第八十六……九二三
列傳六十九……九二三
熊本……九二三
沈起……九二四
劉彝……九二五
沈括……九二六
徐禧……九二七
東都事略卷第八十七上……九三二
列傳七十上……九三二
司馬光……九三二
東都事略卷第八十七下……九四二
列傳七十下……九四二
康……九四五
劉恕……九四七
東都事略卷第八十八……九五〇
列傳七十一……九五〇

呂公著……九五〇
希哲……九五五
希績……九五五
希純……九五五
東都事略卷第八十九……九五九
列傳七十二……九五九
呂大防……九五九
大臨……九六一
劉摯……九六二
蘇頌……九六四
東都事略卷第九十……九六八
列傳七十三……九六八
王存……九六八
趙瞻……九六九
傅堯俞……九七〇
王巖叟……九七一
梁燾……九七三
鄭雍……九七四
東都事略卷第九十一……九七八
列傳七十四……九七八
滕元發……九七八
李師中……九七九
劉庠……九八一
趙卨……九八三
呂大忠……九八五
游師雄……九八六
東都事略卷第九十二……九九〇
列傳七十五……九九〇
楊繪……九九〇
李常……九九一
孫覺……九九二
覽……九九三
鮮于侁……九九四
馬默……九九五
東都事略卷第九十三上……九九九
列傳七十六上……九九九

蘇軾……九九九
東都事略卷第九十三下……一〇一〇
列傳七十六下……一〇一〇
蘇轍……一〇一〇
東都事略卷第九十四……一〇一六
列傳七十七……一〇一六
孔文仲……一〇一六
武仲……一〇一六
平仲……一〇一七
朱光庭……一〇一七
劉安世……一〇一八
彭汝礪……一〇二〇
呂陶……一〇二一
張舜民……一〇二三
豐稷……一〇二三
王覿……一〇二五
東都事略卷第九十五……一〇三一
列傳七十八……一〇三一
章惇……一〇三一
曾布……一〇三四
東都事略卷第九十六……一〇三七
列傳七十九……一〇三七
安燾……一〇三七
李清臣……一〇三九
許將……一〇四一
鄧潤甫……一〇四二
黃履……一〇四三
東都事略卷第九十七……一〇四八
列傳八十……一〇四八
林希……一〇四八
蔣之奇……一〇四九
章楶……一〇五〇
陸佃……一〇五一
温益……一〇五二
吴居厚……一〇五二
安惇……一〇五三

東都事略卷第九十八 …… 一〇五八
列傳八十一 …… 一〇五八
鄧綰 …… 一〇五八
洵武 …… 一〇六〇
蹇周輔 …… 一〇六一
序辰 …… 一〇六二
李定 …… 一〇六二
舒亶 …… 一〇六三
東都事略卷第九十九 …… 一〇六六
列傳八十二 …… 一〇六六
邢恕 …… 一〇六六
倞 …… 一〇六七
楊畏 …… 一〇六八
來之邵 …… 一〇七〇
上官均 …… 一〇七〇
董敦逸 …… 一〇七二
東都事略卷第一百 …… 一〇七五
列傳八十三 …… 一〇七五
鄒浩 …… 一〇七五
曾誕 …… 一〇七六
田晝 …… 一〇七七
常安民 …… 一〇七七
陳瓘 …… 一〇七八
陳祐 …… 一〇八〇
龔夬 …… 一〇八〇
任伯雨 …… 一〇八〇
張庭堅 …… 一〇八二
江公望 …… 一〇八三
東都事略卷第一百一 …… 一〇八七
列傳八十四 …… 一〇八七
蔡京 …… 一〇八七
卞 …… 一〇九二
攸 …… 一〇九三
翛 …… 一〇九五
東都事略卷第一百二 …… 一〇九八
列傳八十五 …… 一〇九八

趙挺之……一〇九八
張商英……一〇九九
何執中……一一〇一
鄭居中……一一〇二
劉正夫……一一〇四
東都事略卷第一百三……一一〇八
列傳八十六……一一〇八
張康國……一一〇八
劉逵……一一〇八
朱諤……一一〇九
林攄……一一一〇
管師仁……一一一一
侯蒙……一一一一
馮熙載……一一一二
東都事略卷第一百四……一一一五
列傳八十七……一一一五
姚兕……一一一五
麟……一一一六
折可適……一一一八
郭成……一一一八
劉仲武……一一一九
趙隆……一一二一
和詵……一一二二
東都事略卷第一百五……一一二五
列傳八十八……一一二五
徐勣……一一二五
陳師錫……一一二六
石公弼……一一二七
張克公……一一二九
黃葆光……一一二九
崔鶠……一一三一
東都事略卷第一百六……一一三四
列傳八十九……一一三四
王黼……一一三四
朱勔……一一三七
僧祖秀……一一三九

東都事略卷第一百七……一一四五
列傳九十……一一四五
种師道……一一四五
師中……一一四八
劉延慶……一一四九
何灌……一一五一
東都事略卷第一百八……一一五四
列傳九十一……一一五四
唐恪……一一五四
何㮚……一一五六
陳過庭……一一五八
聶昌……一一五九
孫傅……一一六〇
張叔夜……一一六一
東都事略卷第一百九……一一六六
列傳九十二……一一六六
王雲……一一六六
陳遘……一一六八
梅執禮……一一六九
程振……一一七一
司馬朴……一一七二
李熙靖……一一七三
譚世勣……一一七四
東都事略卷第一百十……一一七七
忠義傳九十三……一一七七
劉平……一一七七
季孫……一一七九
任福……一一七九
王珪……一一八〇
光祖……一一八〇
武英……一一八一
桑懌……一一八一
耿傅……一一八一
馬遂……一一八三
孔宗旦……一一八三
曹覲……一一八三

趙師旦……………一一八四
蘇緘……………一一八四
彭汝方……………一一八六
詹良臣……………一一八六
東都事略卷第一百十一……………一一九一
忠義傳九十四……………一一九一
傅察……………一一九一
蔣興祖……………一一九二
張確……………一一九二
朱昭……………一一九三
張克戩……………一一九四
郭滸……………一一九五
朱友恭……………一一九五
霍安國……………一一九五
李涓……………一一九六
劉翰……………一一九六
李若水……………一一九八
吴革……………一二〇〇
東都事略卷第一百一十二……………一二〇四
循吏傳九十五……………一二〇四
程羽……………一二〇四
珦……………一二〇五
王明……………一二〇五
陳靖……………一二〇五
薛顔……………一二〇七
邵曄……………一二〇七
張綸……………一二〇八
崔立……………一二〇九
趙尚寬……………一二〇九
高賦……………一二一一
許遵……………一二一二
魯有開……………一二一三
東都事略卷第一百十三……………一二一六
儒學傳九十六……………一二一六
聶崇義……………一二一六
郭忠恕……………一二一七

王昭素……一二二七
孔維……一二二八
李覺……一二二八
崔頤正……一二二九
偓佺……一二二九
孔宜……一二二九
穆脩……一二三一
李之才……一二三二
周堯卿……一二三二
代淵……一二三三
胡瑗……一二三四
孫復……一二三四
石介……一二三五
東都事略卷第一百十四……一二三二
儒學傳九十七……一二三二
李覯……一二三二
蘇洵……一二三二
王回……一二三四
周敦頤……一二三四
張載……一二三五
戩……一二三六
程顥……一二三六
頤……一二三七
顔復……一二三九
龔原……一二三九
游酢……一二四〇
王當……一二四〇
陳暘……一二四一
東都事略卷第一百十五……一二四七
文藝傳九十八……一二四七
趙鄰幾……一二四七
韓溥……一二四八
鄭文寶……一二四八
吴俶……一二四九
遵路……一二四九
樂史……一二五〇

黄目 …… 一二五〇
夏侯嘉正 …… 一二五一
羅處約 …… 一二五一
李建中 …… 一二五一
路振 …… 一二五二
崔遵度 …… 一二五二
石延年 …… 一二五三
蘇舜欽 …… 一二五四
梅堯臣 …… 一二五四
江休復 …… 一二五五
章望之 …… 一二五五
王令 …… 一二五六
文同 …… 一二五六
楊傑 …… 一二五七
郭祥正 …… 一二五七
楊蟠 …… 一二五八
東都事略卷第一百十六 …… 一二六三
文藝傳九十九 …… 一二六三
黄庭堅 …… 一二六三
秦觀 …… 一二六四
李廌 …… 一二六四
張耒 …… 一二六四
李昭玘 …… 一二六五
晁補之 …… 一二六五
詠之 …… 一二六五
陳師道 …… 一二六五
廖正一 …… 一二六六
李之儀 …… 一二六六
李格非 …… 一二六六
李公麟 …… 一二六七
米芾 …… 一二六八
賀鑄 …… 一二六八
劉涇 …… 一二六八
蔡肇 …… 一二六九
周邦彦 …… 一二六九
唐庚 …… 一二六九

鮑由……一二六九
倪濤……一二七〇
蘇元老……一二七〇
東都事略卷第一百十七……一二七六
卓行傳一百……一二七六
陳烈……一二七六
朱壽昌……一二七七
劉庭式……一二七八
鄭俠……一二七八
巢谷……一二八〇
徐積……一二八一
東都事略卷第一百十八……一二八四
隱逸傳一百一……一二八四
蘇澄隱……一二八四
陳摶……一二八四
种放……一二八五
郭震……一二八六
李瀆……一二八七
邢惇……一二八七
林逋……一二八七
徐復……一二八八
高懌……一二八八
張俞……一二八九
邵雍……一二九〇
常秩……一二九一
東都事略卷第一百十九……一二九五
外戚傳一百二……一二九五
杜審琦……一二九五
審瓊……一二九五
審肇……一二九五
審進……一二九六
王繼勳……一二九六
賀令圖……一二九七
劉美……一二九八
李用和……一二九八
璋……一二九九

瑋……一二九九
張堯佐……一三〇〇
曹佾……一三〇一
高士林……一三〇一
向宗回……一三〇二
宗良……一三〇二
東都事略卷第一百二十……一三〇八
宦者傳一百三……一三〇八
王繼恩……一三〇八
劉承規……一三〇九
秦翰……一三〇九
張崇貴……一三一〇
周懷政……一三一〇
雷允恭……一三一一
閻文應……一三一二
任守忠……一三一二
李憲……一三一三
王中正……一三一四
宋用臣……一三一五
東都事略卷第一百二十一……一三一九
宦者傳一百四……一三一九
童貫……一三一九
梁師成……一三二四
東都事略卷第一百二十二……一三二八
僭僞傳一百五……一三二八
張邦昌……一三二八
東都事略卷第一百二十三……一三三七
附録一……一三三七
遼國上……一三三八
東都事略卷第一百二十四……一三五一
附録二……一三五一
遼國下……一三五一
東都事略卷第一百二十五……一三五八
附録三……一三五八
金國一……一三五八

東都事略卷第一百二十六……一三六四
附録四……一三六四
金國二……一三六四
東都事略卷第一百二十七……一三七〇
附録五……一三七〇
西夏一……一三七〇
東都事略卷第一百二十八……一三七八
附録六……一三七八
西夏二……一三七八
東都事略卷第一百二十九……一三八三
附録七……一三八三
西蕃……一三八三
東都事略卷第一百三十……一三八九
附録八……一三八九
交趾……一三八九
參考文獻……一三九五

舉龔敦頤王稱表①

翰林學士、正奉大夫、知制誥兼侍講、兼修國史洪邁劄子奏：

臣切謂國家史册，雖本於金鐀②石室之藏，然天下遺文軼事散落人間，實賴山林博洽之士廣記備言，上送有司，以爲汗青之助。臣比以嵬鎖③下材，承乏四朝史院，翫歲引日，僅能奏篇。既蒙聖恩，策其裒粹寸長，褒進崇秩。於此有人焉，蓋嘗展施功緒，卓然成勢。臣若隱而不言，掠人之功以爲己力，揆之心顔，安所置愧？敢以龔敦頤、王稱④姓名冒聞宸扆。

敦頤者，和州布衣也。其曾祖原，昔爲泰陵實録院官，故其家藏書。念元祐黨籍諸臣及建中上書邪等⑤人，多表表立名節，經崇寧禁錮，靖康流離，子孫不能盡存，平生施爲，漫不可考，故慨然屬意，訪求闕遺，遂成《列傳

①標題爲點校者所加。

②鐀：覆宋本作「匱」。

③嵬鎖：覆宋本作「猥琑」，「琑」當爲「瑣」之誤。「鎖」通「瑣」，二字在本書中混用。「嵬瑣（鎖）」二字，宋人習用，如《宋宰輔編年録》卷一二「至於放黜嵬瑣，罷斥浮僞」等，今仍其舊。錢校云：「初印本、舊鈔本俱作『嵬鎖』，杭世駿《漢書蒙拾序》亦以『嵬鎖』爲『猥瑣』，當必有據。今剜改從俗爲『瑣』，又誤作『琑』，不成字。」

④王稱姓名：錢校云：「掃葉山房重刊本『稱』作『偁』，以下及卷首題銜、傳、贊並同。按《説文》禾部之稱解作銓，人部之偁解作揚，二字義各不同。今王稱字季平，取銓衡之義，自當從禾。況偁乃孝宗父秀王名，書中遇從人之偁皆缺筆，豈有當時所諱，而反以命名之理？明永樂中，别有王偁，預修《永樂大典》，或明人因此王偁而誤改耳。」

⑤邪等：錢校云：「初印本、舊鈔本俱作『邪等』。按：元符末以日食求直言，蔡京當國，誣以誹謗，貶七十一人。《宋史·徽宗紀》事在崇寧元年九月。又本書《崔鶠傳》云『蔡京條列元符上書人，分邪、正各有三等，鶠入邪等』，則二字乃當時名目。校者不得其解，剜作墨釘，謬。掃葉山房本改作『諫等』，尤謬。」

譜述》一百卷〔一〕。凡名在兩籍①者三百九人，而書於編者三百五②，其不可得而詳者四人而已。稱之父賞，在紹興中亦爲實録修撰。稱承其緒餘，刻意史學，斷自太祖，至於欽宗，上下九朝，爲《東都事略》一百三十卷。其非國史所載而得之於旁搜者居十之一，皆信而有證，可以據依。臣之成書，實於二者有賴。敦頤舉進士不第，今爲不理選限登仕郎，稱今以承議郎知龍州。欲望聖慈鑒二人鉛槧之勤，特加甄録，以爲學士大夫之勸。臣不勝昧死皇恐俟命之至。取進止。

三月十八日，三省同奉聖旨：王稱除直秘閣，龔敦頤特補上州文學〔二〕。

【箋證】

〔一〕《列傳譜述》一百卷：此書今未見傳本。敦頤後避光宗諱改名頤正，《直齋書録解題》卷五著録龔頤正撰《元祐黨籍列傳譜述》一百卷，《玉海》卷五八著録爲《元祐建中列傳譜述》一百卷，與洪邁所言當爲同一書，而《宋史·藝文志》著録「龔頤正《清江三孔先生列傳譜述》一卷」，或自此書摘出單行者，今亦未見傳本。

〔二〕據《宋會要輯稿》崇儒五之四一載：「（淳熙十三年）八月二十六日，詔：『新知龍州王稱所進《東都事略》一百三十卷，計四十册，目録一册，付國史院。』既而十四年三月十八日，翰林學士兼侍講、兼修國史洪邁奏：……詔王稱除直秘閣，龔敦頤特補與上州文學。」是則《東都事略》成書進呈於淳熙十三年八月，以洪邁奏薦而除官在十四年三月。元陸友仁《吴中舊事》有龔敦頤傳，云：「淳熙七年，周益公必大修國史，薦之，得旨給札繕寫（《列傳譜述》）以進。後七年，洪景盧以翰林學士領史事，復薦之，得上州文學。」與《會要》合。

①籍：原作「藉」，據《宋會要輯稿》崇儒五之四一及本書卷一〇一《蔡京傳》改。
②「三百五」下，《宋會要輯稿》崇儒五之四一有「人」字，是。

告詞

敕承議郎、新差權知龍州軍州兼管内勸農事、兼管界沿邊都巡檢使、賜緋魚袋王稱：弓冶之子，猶思繼承其業，矧貴而爲士者哉。爾敏識多聞，儒林之秀。惟乃父習知今事，長於敍述，而能克紹先志，論次舊聞，裒上成編，有補太史。顯揚之望，蓋不孤矣。道山寓直，斯文有光，其欽若於殊寵。可特授直秘閣，依前承議郎，差遣如故。

謝直秘閣表①

臣稱言：伏奉告命，除臣直秘閣者。謬述一經，冒徹宸旒之邃；誤膺再命，躐陞芸閣之華。省己兢惶，荷恩深厚。臣稱誠惶誠恐，頓首頓首。

伏念臣賦才冗瑣，受學空疏。蚤結髪於薦紳，粗服膺於簡策，未聞儒者之六藝，安有史官之三長。念昔先臣，少登鼎甲，忝甘泉之侍從，陪南度之衣冠，曾與編摩，肆掌書命。臣猥名牛馬之下走，敢謂箕裘之故家，聞《詩》《禮》以僅傳，撫簞瓢而無恙。冥搜故實，坐閲歲時，亹亹記録之多，寖寖編秩之廣。念食芹而甚美，亟抱璞以直前，上祈折衷於聖人，下將以俟於君子。曲荷帝心之善貸，驟加儒館之清名。幸則已多，報於何有？此蓋伏

①標題爲點校者所加。

遇皇帝陛下睿謨天錫，聖學日新，事深鑒於本朝，政若稽於先烈。宏遠之度，同符於藝祖；忠厚之澤，合德於仁宗。前事誠後事之師，家法乃治法所出，致兹菅蒯，亦與甄陶。臣敢不博采舊聞，仰酬洪造。不與校讎之列，夢長到於石渠；遠瞻咫尺之威，心日馳①於魏闕。臣無任瞻天望聖激切屏營之至。謹奉表陳謝以聞。臣稱誠惶誠恐，頓首頓首，謹言。

十月　日，承議郎、直秘閣、權知龍州軍州兼管内勸農事、兼管沿邊都巡檢使、借紫臣王稱上表。

①馳：舊鈔本、朱允達校本作「懸」。

東都事略卷第一

承議郎、新權知龍州軍州兼管内勸農事、管界沿邊都巡檢使借紫臣王稱上進①

本紀一

太祖啓運立極英武睿文神德聖功至明大孝皇帝，其先出於帝高陽氏之後，造父爲周穆王御，破徐偃，封趙城，因氏焉。自漢京兆尹廣漢居涿郡，遂爲涿郡人。至唐，而高祖僖祖皇帝生焉。僖祖仕至文安令〔一〕。曾祖順祖皇帝仕歷藩府從事，兼御史中丞〔二〕。皇祖翼祖皇帝少有大志，仕至涿州刺史，贈左驍衛上將軍〔三〕。

皇考宣祖皇帝少驍勇〔四〕，善騎射，而②雅好儒素。起家事趙王王鎔，時梁、晉争天下，晉求援於鎔，鎔命宣祖以五百騎赴之。莊宗嘉其勇敢，因③留之，命掌禁軍，爲飛捷指揮使。自同光至開運，逾二十年不遷，而宣祖亦未嘗以介意。漢乾祐中，王景崇以鳳翔叛〔五〕，宣祖與征討，禦之於寶雞，敗之，殺獲萬計。是役也，宣祖身先士卒，面中流矢，勇氣彌厲，以功遷護聖都指揮使。仕周，累遷龍捷左廂都指揮使、岳州團練使〔六〕。世宗征淮東，宣祖爲前軍副都指揮使，領兵先入維揚，禁止侵暴，民情大悦。世宗嘉之。未幾，以疾歸，與太祖會於壽春〔七〕。歸及中途而崩，贈武清軍節度使。

---

①底本於《目録》《本紀》《世家》《列傳》首卷下均有王稱題呈。
②射而：繆校作「善射」。
③因：繆校作「固」。

太祖即第二子也，以後唐天成二年二月十六日生於洛陽夾馬營。母昭憲皇后嘗夢日入懷而娠，生之夕，光照室中，胞衣如菡萏，體被金色，三日不變。幼受學於鄉先生辛文悦〔八〕，每歸，必令羣兒前導，路人往往避之。及長，天姿雄偉，性沉厚有大度。嘗遊復州，干王彦超，不爲所禮〔九〕。去依隨州董宗本〔一〇〕，鬱鬱不得志，又捨去，乃從周太祖於鄴〔一一〕。廣順初，補東西班行首。出爲滑州興順副指揮使，未行，會世宗自澶州入爲開封尹，以太祖爲馬直軍使。

顯德元年，世宗命太祖掌衛兵。太原劉崇寇澤、潞，世宗親征，陳於高平。大將樊愛能、何徽未戰而遁，世宗躬自督戰。太祖謂麾下曰：「主危如此，是吾致命之秋也。」即大呼，躍馬徑犯其鋒，萬衆披靡，崇大潰〔一二〕。世宗以太祖爲殿前都虞候，領嚴州刺史，加永州防禦使。世宗懲樊愛能、何徽之敗，欲以兵力威天下，命太祖訓練武藝超絶者，分隸殿前諸軍，自是禁衛盛矣。

二年〔一三〕，世宗命王景、向訓攻秦鳳，師久無功，然以餽運不繼，欲罷兵，意未能决，遣太祖視其形勢。使回，具言秦、鳳可攻①之狀，未幾悉平。

三年，世宗征淮，以太祖領親騎翼從，敗淮人於渦口〔一四〕。唐將皇甫暉、姚鳳率衆十五萬，塞清流關，太祖擊走之。暉退保滁州，斷橋自守，太祖追至城下，暉曰：「人各爲其主，願成列以决勝負。」太祖笑而許之。暉整陣以出，太祖擁馬項直入，左右馳突，大呼曰：「吾止取皇甫暉，他人非吾敵也。」手劍擊暉〔一五〕，生獲之，並擒姚鳳，遂下滁州。後數日，宣祖率兵夜半至城下，傳呼開門，太祖曰：「父子雖至親，城門，王事也，須明乃敢奉命。」至明乃入。又破江南兵於六合〔一六〕，斬首五千級。時韓令坤爲招討使，平揚州，唐主遣陸孟俊據蜀岡以逼其城，令

①可攻：繆校作「可取」。

坤潛議退師。太祖下令曰：「揚州兵敢有過六合者，吾當折其足。」令坤懼，始有固守之志。太祖率兵擊之，孟俊遁，爲追兵所殺。又破其齊王景達兵於六合，斬首萬級。是役也，軍士有不用命者，太祖奮劍斫其皮笠，陽爲督戰以識之。明日，索得數十人，斬以徇，於是皆死戰。宣祖崩，起復，拜定國軍節度使、殿前都指揮使〔一七〕。

四年，世宗復征淮，至壽州，命太祖率殿前諸兵擊紫金山連珠砦，拔之，遂下壽州。世宗還京師，以太祖領義成軍節度使。是歲，世宗征濠、泗，以太祖爲前鋒。周師以敵人壁於十八里灘，不能過淮①，世宗患之。太祖躍馬以濟，遂破其砦，乘勝攻泗州，焚郭門，奪月城。世宗親率精騎，與太祖夾淮東下。師及山陽東，太祖擒其保大軍節度使陳承昭以獻，遂拔楚州。又破淮人於迎②鑾江口。太祖抵南岸，焚其營柵，破之於瓜步，淮南平。唐主畏太祖威名，用間於世宗，遣使遺太祖書，以白金三千兩爲餽，太祖悉輸之内府，由是間乃不行。五年，改忠武軍節度使。

六年，世宗北征，以太祖將水陸之師，至瓦橋關，降其守將姚内斌。契丹將高模翰率數萬騎來援，陳於關城之北。太祖將百餘騎禦之，虜不敢動，遂引去，關南平。世宗不豫，還京師，以太祖爲殿前都點檢〔一八〕。世宗崩，恭帝嗣位，改鎮歸德。

七年春正月辛丑朔，鎮定馳驛上言太原劉承鈞結契丹入寇，乃命太祖統大軍北伐。癸卯出師，遣宣徽使昝居潤餞於郊。時京師多飛語，云「策點檢爲天子」。次陳橋驛，軍中共議推戴〔一九〕。戊夜③，軍士聚於驛門，俄而

①淮：舊鈔本硃筆旁批：「疑是『灘』字。」
②迎：原脱，據《舊五代史》卷一一八《周太祖紀》、《宋史》卷一《太祖紀一》補。
③戊夜：舊鈔本旁批「脱申字」，簽帖云：「以二卷『春正月乙巳詔改元』考之，應即癸卯出師之夜，『戊夜』云者，猶之乙夜云耳。旁批『脱申字』，疑有誤。」

列校畢集，曰：「我輩出萬死，冒白刃，爲國家破敵。天子幼，不如先策點檢爲天子，然後北伐。」於時太祖以飲餞宣勸，至醉臥閣中，不之省。遲明，軍士控弦露刃，直扣寢門，相與扶太祖出聽事，被以黄袍，諸校列拜曰：「諸軍無主，願策點檢爲天子。」傳呼萬歲，聲聞數十里。太祖叱之不退，即共擁太祖就馬南歸。太祖乃勒騎謂將校曰：「吾受命北征，爲汝輩推戴，吾有號令，汝能禀乎？」皆曰：「唯命。」太祖曰：「太后、主上，吾北面事之；朝廷大臣，吾之比肩也。汝等不得驚犯宫闈，侵陵朝貴。近世帝王初舉兵入京城，皆縱兵夯市，汝等不得夯市及犯府庫。從吾令，當厚賚汝；違吾令，則連營孥戮。」諸校再拜禀令，乃肅部伍，自仁和門入〔二〇〕。

諸校翼從太祖登明德門，軍士釋甲歸營，無敢動，太祖亦歸公府。宰相范質、王溥①、魏仁浦謁見，議遜位之禮。於是太祖詣崇元殿受禪②，召文武百官就列，至晡班〔二一〕，受恭帝制曰〔二二〕：

天生蒸民，樹之司牧，二帝推公而禪位，三王乘時以革命，其極一也。予末小子，遭家不造，人心已去，國命有歸。咨爾歸德軍節度使、殿前都點檢趙某，禀上聖之姿，有神武之略。佐我烈祖，格於皇天，逮事世宗，功存納麓，東征西怨，厥績茂焉。天地鬼神，享於有德；謳歌獄訟，歸於至仁。應天順民，法堯禪舜，如釋重負，予其作賓。嗚呼欽哉！祗畏天命。

宣徽使引太祖就龍墀北面拜受，宰相扶太祖升殿，易服東序，還即皇帝位。羣臣拜賀。詔曰：

周封杞宋，唐命介酅，所以重三恪之賓，奉二王之後也。其奉周帝爲鄭王，以承周祀，正朔服色，一依舊制，稱朕意焉。

①王溥：原作「王浦」，據覆宋本、四庫本及《隆平集》卷四、《宋史》卷二四九本傳改。
②禪：原作「禮」，禪之古字。《事略》好用古字，然並不統一，下文「法堯禪舜」即作「禪」。今統作「禪」，以下通改。

又尊帝太后爲周太后〔三〕，遷於西宮①。

【箋證】

〔一〕《宋會要輯稿》帝系一之一：「僖祖立道肇基積德起功懿文憲武睿和至孝皇帝，諱朓，漢京兆尹廣漢之後。生於燕薊，仕唐，歷永清、文安、幽都三縣令。建隆元年三月，追尊曰文獻皇帝，廟號僖祖。」《隆平集》卷一：「燕、薊之俗尚武，時有僖祖以儒學顯，終於縣令，歷水清、文安、幽都三邑。順祖即其子也。」

〔二〕《宋會要輯稿》帝系一之一：「順祖惠元睿明皇帝，諱珽，僖祖子。歷藩鎮從事，兼御事（按：當作「史」）中丞。建隆元年三月，追尊曰惠元皇帝，廟號順祖。」《隆平集》卷一：「少博學有時譽，終於御史中丞。翼祖即其子也。」

〔三〕《宋會要輯稿》帝系一之一：「翼祖簡恭睿德皇帝，諱敬，順祖子。歷營、薊、涿三州刺史。周顯德中，贈左〔驍〕衛上將軍。建隆元年三月，追尊曰簡恭皇帝，廟號翼祖。」驍衛，《會要》原脱「驍」字，據《事略》補。《宋史》卷一《太祖紀一》作「驍騎衛」，當衍「騎」字，蓋唐已改隋所設左右驍騎衛爲左右驍衛，故當從《事略》、《宋史》卷一〇六《禮志》等作「驍衛」爲是。

〔四〕《宋會要輯稿》帝系一之二：「宣祖昭武睿聖皇帝，諱弘殷，翼祖子，母曰簡穆皇后劉氏。仕周爲龍捷左廂都指揮使、岳州防禦使。顯德三年七月二十六日崩，贈武清軍節度使。建隆元年三月，追尊曰昭武皇帝，廟號宣祖。」《隆平集》卷一：「終贈太尉。」《宋史》卷一《太祖紀一》詳載宣祖事迹，末云：「卒，贈武清軍節度使、太尉。」

〔五〕王景崇：《宋史》卷一作「王景」，誤，當從《事略》。乾祐元年，王景崇據鳳翔反。二年，鳳翔節度使趙暉討平之。事見《舊五代史》趙暉傳、《資治通鑑》卷二八八。

〔六〕龍捷左廂都指揮使、岳州團練使：《宋史》卷一作「鐵騎第一軍都指揮使，轉右廂都指揮，領岳州防禦使」，《長編》卷一云：「皇

①「西宮」下，繆校有「服御供給一如舊」七字。

考周龍捷左廂都指揮使、岳州防禦使弘殷，謚曰昭武，廟號宣祖，陵曰安陵。」

〔七〕與太祖會於壽春：《宋史》卷一作「與世宗會壽春」，並記諫誅賣餅者及「與太祖分典禁兵」事，疑《事略》有誤。

〔八〕辛文悦：《長編》卷一〇：「有辛文悦者，不知何許人。上幼從文悦肄業，及即位，召見，授太子中允、判太府寺。周鄭王時在房州，上謂文悦長者，戊戌，命文悦知房州事。」《宋史》卷四三一有傳。

〔九〕干王彦超不爲所禮：《太平治迹統類》卷二：「（建隆二年）三月，上步自明德門，幸作坊宴射，酒酣，顧前鳳翔節度使、兼中書令王彦超曰：『卿曩在復州，朕往依卿，卿何不納我？』彦超降堦頓首，曰：『當時臣一刺史耳，勺水豈可容神龍乎？使臣納陛下，陛下安有今日？』上大笑而罷。」據《宋史》卷二五五《王彦超傳》，彦超出任復州刺史在後漢時。

〔一〇〕去依隨州董宗本：《長編》卷九：「遵誨，涿州人。父宗本，仕漢爲隨州刺史，上微時嘗往依焉。遵誨憑藉父勢，多所凌忽，嘗謂上曰：『每見城上有紫雲如蓋，又夢登高臺，遇黑蛇約長百餘丈，俄化爲龍，飛騰東北去，雷電隨之。是何祥也？』上皆不對。他日論兵戰事，遵誨理屈，即拂衣起。上乃辭宗本去，自是，遵誨亦不復見紫雲矣。」

〔一一〕從周太祖於鄴：《宋史》卷一：「會周祖以樞密使征李守真，應募居帳下。」《册府元龜》卷二六：「周太祖以乾祐二年討李守真，太祖決欲進攻。」《舊五代史》卷一一〇《周書・太祖紀》：乾祐元年春，「河中李守貞據城反」。七月十三日，「制授帝同平章事，即遣西征」。「八月六日，帝發離京師。二十日，師至河中」。據此，「從周太祖於鄴」當在後漢隱帝乾祐元年七、八月間。

〔一二〕崇大潰：《宋史》卷一作「漢兵大潰，乘勝攻河東城，焚其門，左臂中流矢，世宗止之」。

〔一三〕二年：《宋史》卷一闕載此年事。

〔一四〕「渦口」下，《宋史》卷一有「斬兵馬都監何延錫等」。

〔一五〕手劍擊暉：《宋史》卷一作「手刃暉中腦」。

〔一六〕破江南兵於六合：《宋史》卷一作「世宗命太祖率兵二千趨六合」，且繫此事於韓令坤議退師之後。考《舊五代史》卷一一六《周書七》云：「韓令坤欲棄揚州而迴，帝怒，急遣殿前都指揮使張永德帥親兵往援之，又命今上領步騎二千人屯於六合。」《宋史》

言「趨六合」，不確。

〔一七〕拜定國軍節度使殿前都指揮使：《宋史》卷一作「拜殿前都指揮使，尋拜定國軍節度使」。明王禕《大事記續編》卷七七繫此於廣順三年十月，云：「甲申，授趙匡胤定國軍節度使、殿前都指揮使。」並與《宋史》異。

〔一八〕以太祖爲殿前都點檢：《宋史》卷一記載較詳：「世宗在道，閱四方文書，得韋囊，中有木三尺餘，題云『點檢作天子』，異之。時張永德爲點檢，世宗不豫，還京師，拜太祖檢校太傅、殿前都點檢，以代永德。」

〔一九〕軍中共議推戴：《宋史》卷一云：「軍中知星者苗訓引門吏楚昭輔視日下復有一日，黑光摩蕩者久之。」《長編》卷一載「黄袍加身」事尤詳，可參看。

〔二〇〕《長編》卷一、《宋史》卷一並載韓通欲阻太祖而爲王彦昇所殺事，《事略》不載。

〔二一〕至晡班：覆宋本及《長編》卷一、《宋史》卷一並作「至晡，班定」。

〔二二〕受恭帝制：《長編》卷一：「至晡，班定，獨未有周帝禪位制書，翰林學士承旨新平陶穀出諸袖中，進曰：『制書成矣。』遂用之。」《宋史》卷一亦載其事，而二書均不載周恭帝禪位制文。

〔二三〕《長編》《宋史》並載奉周恭帝爲鄭王、尊符后爲周太后事，而均不載制文。

東都事略卷第二

本紀二

建隆元年春正月乙巳，詔改元，大赦天下，國號大宋〔一〕。己酉〔二〕，命官分告天地、社稷，遣中使乘傳齎詔諭天下。丁巳，祀周廟①〔三〕，因詔有司以時朝拜祭享，令有司議立宗廟。己巳，議立四廟〔四〕。鎮州言太原、契丹軍皆遁。二月乙亥，尊帝母南陽郡太夫人杜氏曰皇太后〔五〕。以周宰相范質兼侍中，王溥、魏仁浦仍同中書門下平章事，樞密使吴廷祚同中書門下二品。己卯，以吴越國王錢俶爲天下兵馬大元帥。三月壬戌〔六〕，有司上皇高祖文安府君謚曰文獻皇帝，廟號僖祖，皇高祖妣崔氏謚曰文懿皇后，陵曰欽陵；皇曾祖中丞府君謚曰惠元皇帝，廟號順祖，皇曾祖妣桑氏謚曰惠明皇后，陵曰康陵；皇祖驍衛府君謚曰簡恭皇帝，廟號翼祖，皇祖妣京兆郡夫人劉氏謚曰簡穆皇后，陵曰定陵；皇考武清府君謚曰昭武皇帝〔七〕，廟號宣祖，陵曰安陵。有司言國家受周禪，周木德，木生火，當以火德王，色尚赤，臘用戌。

夏四月，昭義軍節度使李筠叛，命石守信、高懷德率師討之〔八〕。五月己亥朔，日有食之。癸卯，石守信敗李筠於長平。丙午〔九〕，周六廟成。丁巳，詔親征。削奪李筠官爵〔一〇〕。吴廷祚爲東京留守，皇弟爲大内都點檢。己未，發京師。甲子〔一一〕，石守信、高懷德破李筠三萬衆於澤州南。六月辛巳〔一二〕，皇帝命衛士攻拔澤州，李筠伏

①「廟」字上，繆校有「四」字。

誅。乙酉，北伐潞州。丁亥，筠子守節降，澤、潞平。辛卯，赦天下。丁酉，班師。

秋七月戊申，皇帝至自澤、潞〔一三〕。八月戊辰朔，入閤〔一四〕。甲申，立琅邪郡夫人王氏爲皇后。趙普樞密副使。九月丙午，册四親廟。戊申，荆南高保融卒。淮南節度使李重進叛〔一五〕，命王審琦、李處耘、宋廷渥率師討之。削奪李重進官爵〔一六〕。

冬十月丁亥，詔親征，皇弟爲大内都點檢〔一七〕，吴廷祚爲東京留守〔一八〕。庚寅，發京師。十一月丁未〔一九〕，次揚州①，即日拔其城，李重進伏誅，揚州平。十二月己巳，班師。丁亥，皇帝至自揚州。泉州留從效稱藩〔二〇〕。

二年春，浚五丈河〔二一〕。上曰：「河渠之役，蓋非獲已，煩民奉己之事，朕不爲也。」

夏四月癸巳朔，日有食之。庚申，寬鹽麴法。五月癸亥朔，赦天下〔二二〕。六月甲午，皇太后杜氏崩。

秋七月壬申，以皇弟爲開封尹、同平章事。八月庚子，江南國主李景卒〔二三〕。

冬十月丙午，明憲皇后祔葬安陵。

三年春正月甲戌，詔曰：「民生在勤，所寶惟穀，先王之明訓也。朕奄宅中夏，爲之司牧，睠乃億兆，期臻富庶。矧農桑之業，爲衣食之原，今陽和在辰，土膏脉起，當播種之云始，慮遊隳之尚多②，苟力作之不勤，則秋斂之何望？諸州長吏等任居牧守，職司勸課，所宜敦率黎庶，勉厲農功。俾比屋之人，服勞於南畝；三時之務，無

---

①揚州：原作「楊州」，據覆宋本、四庫本改。本書揚州、楊州混用，今統作「揚州」，以下不一一出校。錢校云：「書中『揚』字皆係改刻。《漢書》中揚字有作楊者，當是初刻從木旁。」

②隳：錢校云：「舊鈔本同刊本初次剜改作『惰』，後仍改『隳』。此書凡怠惰字俱作『隳』，其有作『惰』者，皆第一次剜改也。」

失於西成。極其藨蓘之勤，用致茨梁①之詠。懋功信賞，國典在焉。」〔二四〕

二月甲午，詔常參官每五日以次轉對。三月丁亥，詔曰：「王者設棺槨之品，建封樹之制，所以厚人倫而一風化也。近代以來，遵用夷法，率多火葬，甚愆典禮，自今宜禁之。」乙巳〔二五〕，追册故會稽郡夫人賀氏爲皇后。夏五月〔二六〕，大修宫闕〔二七〕。六月癸巳，吴廷祚罷。冬十月辛丑，趙普樞密使，李處耘樞密副使。朗②州周行逢卒〔二八〕。十一月癸亥，詔曰：「古稱使於四方，不辱君命，可謂士矣。自今使諸道，敢有求托者，寘其罪。」荆南高保勖卒〔二九〕。十二月，衡州張文表叛〔三〇〕，攻潭州，周保權使來乞師。

是歲，周鄭王出居於房州。

乾德元年春正月庚申，慕容延釗、李處耘率師討張文表。二月，獲張文表〔三一〕。癸巳，克潭州。荆南高繼沖歸朝〔三二〕，得州三，縣十七。三月，克岳州。戊寅，克朗州，慕容延釗盡平湖南之地，得州十四，監一，縣六十六。夏四月甲申，曲赦③荆、湖。復增修宫闕〔三三〕，凡規爲制度，並上指授。既成，坐寢殿中，令洞開諸門，皆端直通豁，謂左右曰：「此如我心，小有斜曲，人皆見之。」秋九月，羣臣上尊號曰應天廣運仁聖文武皇帝〔三四〕。丁卯，李處耘貶〔三五〕。冬十一月癸亥，親享太廟。甲子，合祭天地於圜丘，以宣祖配，大赦天下，改元。十二月甲申，皇后王氏崩。

①梁：四庫本作『梁』。
②朗：原避始祖玄朗諱缺筆，今據《隆平集》卷一二、《宋史》卷二《太祖紀二》回改。下同改。
③曲赦：舊鈔本天頭硃批：「何爲『曲赦荆湖』，必有差誤也。曲赦爲不當赦而赦，不必赦而赦也。」

閏月辛未，改卜安陵〔三六〕。

二年春正月辛巳，詔曰：「箕子之陳八政，食爲之首；夷吾之述四民，農居其一。今土膏將起，勾萌畢達，平秩東作，乃其時也。諸州長吏等所宜敦率勸課，俾民力耕，謹視遊墮，勿令廢業，厚生務本，副予意焉。」大雨雪，震雹①。戊子，范質、王溥、魏仁浦罷〔三七〕。趙普同中書門下平章事〔三八〕，李崇矩樞密使。壬辰，詔曰：「先所置賢良方正能直言極諫、經學優深可爲師法、詳閑吏理達於教化三科〔三九〕，自今不限内外職官、前資見任、黄衣布衣，並許詣闕進狀，朕當親試焉。」己亥，王仁贍樞密副使〔四〇〕。二月，浚閔河②。

夏四月乙卯，葬宣祖皇帝、昭憲皇后於安陵，孝明、孝惠二后祔。乙丑，薛居正、吕餘慶並參知政事。

秋七月辛卯，令翰林學士承旨陶穀等四十三人〔四一〕，各舉任藩鎮通判者各一人。

冬十一月甲戌〔四二〕，詔以王全斌、崔彦進、王仁贍、劉光毅、曹彬分路伐蜀〔四三〕。十二月，王全斌克興州，與蜀軍戰於三泉，敗之。

三年春正月，劉光毅克夔州〔四四〕，王全斌克利州〔四五〕。己丑，克劍州。劉光毅克萬、施、開、忠四州〔四六〕，乘勝至遂州。甲午〔四七〕，王全斌之師至魏城，蜀主孟昶降。丁酉〔四八〕，赦蜀，得州四十六、縣二百四十〔四九〕。二月癸卯，命吕餘慶知成都府。王全斌殺蜀降兵二萬人〔五〇〕，於是兩川盜賊羣起，詔所在討之。

①震雹：舊鈔本作「雷雹」，硃筆旁批：「雹字似疑在雷字上。」
②閔河：繆校作「關河」，《宋史》卷一作「汴河」。

夏五月，孟昶至京師。戊子，赦天下。六月甲辰，以孟昶爲中書令，封秦國公。庚戌，昶卒。

冬十一月，契丹寇易州。

四年秋七月甲寅，詔曰：「豐年之詠，播於頌聲；廣蓄之訓，垂於載籍。今三時不害，百姓小康，田里無愁嘆之聲，壠畝有遺滯之穗。州縣長吏等職司牧養，義當勸率，俾及歲穰，各務儲積，或值凶歉，不至匱乏。古者倉廩實，禮節興，所宜禁民蒱博，勿致遊墮，戒其崇儉，免於靡穀①。申嚴條教，稱朕意焉。」王全斌克雅州〔五一〕，詔曰〔五二〕：「五代以來，兵亂相繼，國用不足，庸調繁興。朕歷試艱難，周知疾苦。省嗇用度，未嘗加賦；優恤災沴，率從蠲復。所在長吏，明加告諭。自今百姓有能廣植桑棗、墾闢荒田者，只輸舊租。」禁將帥取軍中精卒爲牙兵〔五三〕。

冬十一月癸丑，寬鹽禁〔五四〕。

五年春正月辛丑〔五五〕，王全斌、崔彥進、王仁贍並以在蜀貪殘殺戮貶。二月壬戌，沈倫樞密副使〔五六〕。

夏六月戊午朔，日有食之。

秋七月己酉〔五七〕，詔曰：「自夏以來〔五八〕，水旱爲沴，深慮民庶至於流離，宜令諸州長吏告民無轉徙，被災民蠲其賦。」

開寶元年春二月，立皇后宋氏。

①穀：繆校作「費」。

夏六月癸亥，詔曰：「人倫以孝慈爲先，家道以敦睦爲美。矧犬馬而有養，豈父子之異居？傷敗風化，莫此爲甚。應百姓祖父母、父母在者，子孫無得别籍異財，長吏其申戒之。」

秋七月，太原劉承鈞死。八月戊辰[五九]，羣臣上尊號曰應天廣運聖文神武明道至德仁孝皇帝。九月[六〇]，太原劉繼恩爲其臣侯霸榮所弑。

冬十月，以諸鎮節度爲環衛。十一月癸卯，合祭天地於圜丘，大赦天下，改元。

二年春二月戊午[六一]，詔親征太原。己未[六二]，皇弟留守京師。甲子，發京師。乙亥，駐蹕潞州。三月戊戌，皇帝至太原。決晉祠水灌城[六三]。

夏四月壬子[六四]，何繼筠敗契丹於陽曲。五月甲申，壅汾水，灌太原城。閏月戊申，太原南城陷，水注城中，劉繼元殺其宰相郭無爲。壬戌，皇帝以暑雨班師。六月癸巳，皇帝至自太原。

秋九月，大霖雨。

冬十月丁亥，詔曰：「昔西漢求吏民之明經術者，令與計偕，縣次續食，蓋優賢之道也。國家歲開貢部，敷求俊乂，四方之士，無遠弗届，而經途遐阻，資用或闕，朕甚愍焉。自今西川、山南、荆湖等道舉人，往來給券。」

三年春正月辛酉，詔諸道州府，察民有孝悌彰聞，德行純茂，擅鄉曲之譽，爲士庶推服者以聞。

夏四月辛未朔，日有食之。庚子，除河北鹽禁。

秋七月壬子，詔曰：「吏員冗多而求其治者，斯難也；奉禄鮮薄而責以廉者，無謂①也。與其冗員而重費，

①無謂：繆校作「更難」。

不若省官而益奉。諸道州縣官，宜以户口爲率，差減其員，舊奉外月增給五千。」〔六五〕九月己亥，命潘美、尹崇珂伐嶺南。壬子〔六六〕，潘美克富州。

冬十月，潘美克賀州〔六七〕。十一月，克昭、桂二州〔六八〕。十二月庚午，克連州〔六九〕。戊子，克韶州〔七〇〕。

四年春正月，潘美克英、雄二州〔七一〕。二月丁亥，克廣州〔七二〕，擒劉鋹，廣南平。得州六十，縣二百十四。辛卯，赦廣南。三月乙巳〔七三〕，詔曰：「百越①之人，久淪虐政，其令嶺南諸州長吏察僞政有害於民者以聞，當悉除之。」

夏五月乙未，皇帝御明德門受俘，釋鋹罪，以爲右千牛衛大將軍，封恩赦侯。

冬十月癸亥朔，日有食之。丙戌，詔②嶺南諸州劉鋹日煩苛賦斂並除之，平民爲兵者招誘復業〔七四〕。十一月己未〔七五〕，合祭天地於圜丘，始用繡衣鹵簿大赦天下。

五年春正月壬辰，大雨雪。禁民以鐵鑄佛像及浮圖〔七六〕。二月庚寅，劉熙古參知政事。

夏五月壬戌〔七七〕，廢嶺南媚川都，禁民采珠。是月霖雨，放後宮五十餘人。

秋九月丁巳朔，日有食之。癸酉，李崇矩罷。

六年春二月〔七八〕，周鄭王殂。

---

①越：繆校作「粤」。

②「詔」字下，繆校有「曰」字。

夏六月庚申，劉熙古致仕。

秋八月甲辰，趙普罷。九月丁卯，吕餘慶罷。己巳，皇弟封晉王。薛居正、沈倫並同中書門下平章事，盧多遜參知政事，楚昭輔樞密副使。壬申，詔晉王位宰相上。

冬十月甲申，葬周恭帝於順陵。

七年春二月庚辰朔，日有食之。丙戌〔七九〕，日中有二黑子。

秋九月，遣李穆使於江南，召李煜入朝，煜辭以疾，命曹彬、潘美征之。

冬十月〔八〇〕，克池州，曹彬頓兵於采石磯。十一月，曹彬等用浮梁以濟師〔八一〕。契丹來求通好〔八二〕。

八年夏四月庚午〔八三〕，吴越國王錢俶克常州。五月壬申，錢俶加太師。詔曰：「嶺表之俗，疾不呼醫，自皇化攸及，始知方藥，商人齎生藥度嶺者勿筭。」

秋七月辛未朔，日有食之。甲申，詔錢俶歸國。九月，克潤州〔八四〕。

冬十月己亥，李煜遣其臣徐鉉、周惟簡來乞緩師。壬寅，遣歸其國。命修西京宫闕〔八五〕。十二月己亥〔八六〕，曹彬克昇州，擒李煜，江南平，得州十九，軍三，縣一百八〔八七〕。江南既平，捷奏至，上因泣下，謂左右曰：「宇縣分割，民受其弊，思布聲教以撫養之。攻城之際，必①有横遭鋒刃，此實何罪〔八八〕？」因讀《尚書》，嘆曰：「堯舜之世，四凶之罪，止從投竄，何近代法綱②之密邪！」辛丑，赦江南。

①必：繆校作「民」。

②綱：原作「網」，據覆宋本改。

九年春正月戊辰朔，皇帝御明德門受俘〔八九〕，以李煜爲右千牛衛上將軍，封違命侯〔九〇〕。庚辰，詔以後月幸西京，有事於南郊。二月癸卯〔九一〕，羣臣上尊號曰應天廣運一統太平聖文神武明道至德仁孝皇帝，上以燕、晉未平，不許。羣臣復以立極居尊爲號，乃許。庚戌，曹彬樞密使。己未，吴越國王錢俶來朝。三月，詔俶歸國〔九二〕。壬申，享太廟。丙子，發京師。庚辰，謁安陵。賜河南府民今年田租之半，復奉陵户一年。辛巳，皇帝至西京。夏四月庚子，合祭天地於南郊。大赦天下。都民垂白者相謂曰：「我輩少經亂離，不圖今日復睹太平天子〔九三〕。」有泣下者。辛亥，皇帝至自西京。曹翰克江州〔九四〕。

秋八月丙辰，分兵五路以討太原。有神降於岐〔九五〕。

冬十月癸丑，皇帝崩於萬歲殿，聖壽五十，殯於殿之西階。羣臣上尊謚曰英武聖文神德皇帝，廟號太祖。明年四月乙卯，葬永昌陵。大中祥符元年，加上尊謚曰啓運立極英武聖①文神德玄功大孝皇帝。五年，再加上尊謚曰啓運立極英武睿文神德聖功至明大孝皇帝〔九六〕。

臣稱曰：烏虖！自三代以上，莫不得天下以正也。堯、舜傳之賢，而禹傳之子。湯、武雖以仁易暴，而湯有慙德。孔子謂「武未盡善」，則是湯、武尚處聖人之不幸也。太祖皇帝聰明齊聖，由揖遜而有天下，如堯與舜。至於天禄之傳，不歸之子而歸之弟，則賢於禹遠矣〔九七〕，况湯、武乎？烏虖！得天下以仁，棄天下如脱屣，數千百載之間，繼堯、舜之正者，唯太祖爲不可及也已。

①聖：繆校作「睿」。玄：繆校作「聖」，注云：「按：玄字，宋諱，應避。」

【箋證】

〔一〕國號大宋：《長編》卷一、《宋史》卷一並作「定有天下之號曰宋」。

〔二〕己酉：《長編》卷一於告天地社稷及諭天下並繫乙巳，注云：「遣使齎詔諭天下，《國史》在己酉，今從《實録》。告祀，《實録》在己酉，今從《國史》。二事一體，必同施行，恐不容相先後五日也。」諭天下、告祀二事，《宋史》所繫同《事略》，蓋並從《國史》。

〔三〕祀周廟：《長編》卷一作「命宗正少卿郭玘祀周廟及嵩、慶二陵」，《宋史》卷一作「命周宗正郭玘祀周陵廟」。《事略》非逐日紀事，蓋有所選擇，不如《長編》《宋史》詳細，故於丙午、戊申、辛亥等日，均略而不紀。今遵其例，於所載事例正訛補闕，而於所闕則仍其舊。

〔四〕議立四廟：《宋史》言「立太廟」。《長編》卷一有兵部尚書張昭等「請追尊高、曾四代號謚，崇建廟室，制可」之記載，則《事略》所言有據。

〔五〕南陽郡太夫人：《長編》卷一、《宋史》卷一並作「南陽郡夫人」，而《宋史》卷二四二《后妃傳》、卷一一〇《禮志》均作「南陽郡太夫人」，《事略》不誤。

〔六〕追尊四廟事，《長編》卷一亦於建隆元年三月壬戌載高祖幽都縣令朓、曾祖兼御史中丞珽、皇祖涿州刺史敬、皇考周龍捷左廂都指揮使岳州防禦使弘殷謚號、廟號、陵名，並謂「陵名號謚皆翰林學士、禮部侍郎、兼判太常寺事漁陽竇儼所撰定」，而《宋史》卷一則載於是年九月丙午奉册時。

〔七〕昭武：《長編》卷一同，《宋史》卷一作「武昭」，誤。

〔八〕石守信、高懷德率師討李筠事，《宋史》卷一繫於四月癸巳，《長編》卷一繫戊子，注云：「石守信等出軍，正史在戊子，《實録》在癸巳。戊子，四月十九日；癸巳，二十四日，今從其近者。」

〔九〕丙午：《宋史》卷一繫「己酉」，《長編》卷一云：「先是，改作周六廟於西京。己酉，廟成，遣光禄卿郭玘奉神主遷焉。」則《事略》誤。

〔一〇〕削奪李筠官爵：《長編》卷一繫甲辰，《太平治迹統類》卷一同，而《事略》連書於丁巳後，不確。

〔一一〕甲子：《皇宋十朝綱要》卷一同。據《長編》卷一、《宋史》卷一，破李筠澤州事當繫丁卯。

〔一二〕辛巳：《長編》卷一、《太平治迹統類》卷一同，《宋史》卷一繫辛未，蓋誤。

〔一三〕至自澤潞：《皇宋十朝綱要》卷一同。《宋史》卷一言「至自潞」，《長編》卷一於六月丁酉言「上發潞州」，則《事略》「澤」字當衍。

〔一四〕入閤：《宋史》卷一作「御崇元殿，行入閤儀」。

〔一五〕淮南節度使李重進叛：《長編》卷一、《宋史》卷一在九月己未，《事略》未書日期。

〔一六〕削奪李重進官爵，據《長編》卷一在癸亥，《事略》未書日期。

〔一七〕都點檢：《長編》卷一、《宋史》卷一並作「都部署」。

〔一八〕爲：《長編》卷一、《宋史》卷一並作「權」。

〔一九〕十一月：原脱，據《長編》卷一、《皇宋十朝綱要》卷一、《宋史》卷一補。

〔二〇〕泉州留從效稱藩：《宋史》卷一繫此事於十二月辛卯。

〔二一〕浚五丈河事，《長編》卷二、《宋史》卷一並繫建隆二年二月壬申。

〔二二〕赦天下：《長編》卷二作「德音降死罪囚，流以下釋之」，《宋史》卷一作「以皇太后疾，赦雜犯死罪已下」。

〔二三〕八月庚子江南國主李景卒：《長編》卷二載李景於六月「殂於南都」，《吴越備史》卷四云：「夏六月甲寅，豫章李景殂，子煜嗣位於金陵。」則《事略》所載有誤。《宋史》云：「甲辰，南唐主李景死，子煜嗣，遣使請追尊帝號，從之。」《長編》云：「八月甲辰，唐桂陽郡公徐邈奉其主景遺表來上。」當以《長編》所載爲是。

〔二四〕此詔又見《宋會要輯稿》食貨一之一五、《宋大詔令集》卷一八二，文辭多異。

〔二五〕乙巳：按建隆三年三月戊午朔，無乙巳日。而據《長編》卷三、《宋史》卷一，追册賀氏爲皇后在四月乙巳，則《事略》「乙巳」前當脱「夏四月」三字。

〔二六〕夏五月：因「乙巳」前漏書「夏四月」，故於「五月」前書「夏」字。

〔二七〕大修宫闕：《長編》卷三作「是月，始大治宫闕，仿西京之制，命韓重贇董其役」。

〔二八〕周行逢卒：《長編》卷三繫周行逢卒於九月末，注云：「據《九國志》，保權以九月襲父位，而《實録》於十月乙未乃書行逢卒，蓋因奏到之日耳。今從《九國志》，移附九月末。《十國紀年》亦繫之九月。」《事略》載於十月辛丑下，未知所據。

〔二九〕高保勖卒：據《長編》卷三在十一月甲戌，《事略》漏書日期。《長編》注云：「保勖卒於十一月二十日，從《行年紀》也，《國史》亦同，《九國志》乃在明年，今不取。」

〔三〇〕張文表叛事：《長編》卷三、《宋史》卷一並繫十二月甲辰。

〔三一〕獲張文表：《宋史》卷一云：「二月壬辰，周保權將楊師璠梟文表於朗陵市。」《長編》卷四繫「取潭州，執文表」於正月末。

〔三二〕《宋史》卷一繫「高繼沖歸朝」於二月甲午，繫「克潭州」於二月乙未，與《事略》不同。

〔三三〕修宫闕事：《長編》卷九繫於開寶元年正月乙巳。

〔三四〕上尊號事：《長編》卷四、《宋史》卷一並繫九月甲寅。

〔三五〕李處耘貶：《宋史》卷一作「責宣徽南院使兼樞密副使李處耘爲淄州刺史」。

〔三六〕改卜安陵：《長編》卷四作「命司天監浚儀趙修己、内客省使王仁贍等改卜於西京鞏縣西南四十里鄧封鄉南訾村」。

〔三七〕范質王溥魏仁浦罷：《長編》卷五乾德二年正月：「宰相范質、王溥、魏仁浦等再表求退。戊子，以質爲太子太傅、溥爲太子太保、仁浦爲左僕射，皆罷政事。」

〔三八〕趙普同中書門下平章事，據《長編》卷五、《宋史》卷一在正月庚寅，《事略》漏書日期。

〔三九〕「三科」下，《長編》卷五所載多出「並委州府解送吏部，試論三道，限三千字以上。而自曩及今未有應者，得非抱倜儻者恥肩於常調，懷讜直者難效於有司，必欲與自朕躬乎」一段。

〔四〇〕王仁贍樞密副使：《長編》卷五作「以樞密承旨王仁贍爲左衛大將軍、充樞密副使」。

〔四一〕承旨：原作「丞旨」，據四庫本及《長編》卷五改。

〔四二〕十一月：原作「十月」，按是年十月無甲戌日，據卷五、《宋史》卷一補「一」字。

〔四三〕劉光毅：原名光義，因避宋太宗名諱改名廷讓，又避諱改作「光乂」或「光毅」。

〔四四〕據《長編》卷五及《宋史》卷一，劉光毅拔夔州在上年十二月戊申，《事略》誤繫於此。

〔四五〕王全斌克利州：《宋史》卷二繫於正月壬午。

〔四六〕劉光毅取四州事，《宋史》卷二繫於正月癸巳。

〔四七〕甲午：《皇宋十朝綱要》卷一同。《長編》卷六、《宋史》卷二均繫於正月乙酉，是。

〔四八〕丁酉：原作「丙午」，按是年正月癸酉朔，無丙午日，故從《長編》卷六及《太平治迹統類》卷一改。《宋史》卷二繫於丙申，丙申爲孟昶降表至開封之日，《成都文類》卷一七載《曲赦蜀川詔》内有「自乾德三年正月二十四日昧爽以前」之語，二十四日即丙申日，赦書當頒於丁酉，故從《長編》。

〔四九〕得州四十六縣二百四十：《宋史》卷二作「得州四十五、縣一百九十八」。

〔五〇〕王全斌殺蜀降兵二萬人：《宋史》卷二云「王全斌殺蜀降兵二萬七千人於成都」，並繫於二月庚申，而《長編》卷六則繫於夏四月辛丑朔。

〔五一〕王全斌克雅州：《長編》卷七繫於閏八月甲子後，注云「更須考詳」。《皇宋十朝綱要》卷一繫閏八月丙寅。《事略》「王全斌克雅州」前當補「閏八月」三字。

〔五二〕此詔，《長編》卷七、《宋史》卷二繫閏八月乙亥。

〔五三〕禁將帥取軍中精卒爲牙兵，據《長編》卷七在閏八月己丑。牙兵：舊鈔本天頭硃批：「何爲牙兵？爲揀選精兵，爲隨身之用。後隨其官遷代，仍作營兵也。」

〔五四〕寬鹽禁：《長編》卷七云寬鹽麴：「詔重寬鹽麴法，官鹽闌入至百斤，煮鹻至五十斤；主吏販易及闌入百斤以上，乃死。蠶鹽入城市及商人闌入至三百斤以上，加役、流、杖、徒之等，亦從蠲減。私造酒麴至城郭五十斤以上，鄉閭一百斤以上；私酒入禁地二石三石以上，至有官署處四石五石以上者，乃死。法益輕，而犯者鮮矣。」

〔五五〕辛丑：據《長編》卷八「按以擅克削兵士裝錢、殺降致寇之由，全斌、仁贍、彥進皆具伏」在辛丑日，《宋史》卷二云：「甲寅，王全斌等坐伐蜀黷貨殺降，全斌責崇義軍節度使，崔彥進責昭化軍節度使，王仁贍責右衛大將軍。」《長編》亦繫貶責於甲寅日，是則按問在辛丑日，而貶責在甲寅日，《事略》誤。

〔五六〕壬戌沈倫樞密副使：《長編》卷八作「乙丑，以西川轉運使、給事中沈義倫爲户部侍郎，充樞密副使」。《宋宰輔編年録》卷一亦繫乙丑日，《事略》蓋誤。沈倫原名沈義倫，避太宗諱改名。

〔五七〕己酉：原作「己巳」，按是月戊子朔，無己巳日，故據《長編》卷八、《宋史》卷二改。

〔五八〕自夏：《長編》卷八作「夏秋」。

〔五九〕八月戊辰：《長編》卷八繫「羣臣三表上尊號曰應天廣運聖文神武明道至德」於九月癸未。

〔六〇〕九月：《宋史》卷二繫侯霸榮弑其主繼恩於九月己酉。

〔六一〕二月戊午：原作「正月戊午」，按是年正月己卯朔，無戊午日，據《長編》卷一〇、《宋史》卷二改。

〔六二〕己未：《宋史》卷二作「己酉」，誤。

〔六三〕決晉祠水灌城，據《長編》卷一〇在三月丙午。

〔六四〕壬子：《皇宋十朝綱要》卷一同。《長編》卷一〇、《宋史》卷二作「己未」。《長編》注云：「繼筠獻捷，《本紀》在壬子，今從《實録》。」

〔六五〕《長編》卷一一載此詔較詳，文辭多異，可參看。

〔六六〕壬子：《皇宋十朝綱要》卷一同。《長編》卷一一、《宋史》卷二並繫丁卯。

〔六七〕克賀州：《宋史》卷二繫於十月庚辰，《長編》卷一一云：「辛巳，曲赦賀州管内。」注云：「辛巳，十三日。庚辰十二日奏到。」

〔六八〕克昭桂二州：《宋史》卷二繫於十一月壬寅，《長編》卷一一繫於十月末，注云：「十一月初四日壬寅，昭、桂捷奏到，當其克時，必在此月末，但未得其日耳。」

〔六九〕克連州：《宋史》卷二繫於十二月壬申，《長編》卷一一繫於十一月，注云：「十二月初五日連州捷奏到，其克時當在此半月以後，但不得其實日耳。」

〔七〇〕克韶州：《皇宋十朝綱要》卷一同在戊子。《宋史》卷二繫於十二月辛卯，《長編》卷一一於十二月戊子下注云：「十二月二十四日辛卯，韶州捷奏始至，其捷時當在初旬也。據《十國紀年》，十二月七日乙亥，王師趨韶州。」

〔七一〕克英雄二州：《宋史》卷二繫於正月癸丑，《長編》卷一二繫於正月，注云：「十六日癸丑二州捷奏到。據《十國紀年》，克二州乃去年十二月，今附正月初。」

〔七二〕丁亥克廣州：《皇宋十朝綱要》卷一同。《長編》卷一二繫於辛未，《宋史》卷二繫於己丑。《長編》所紀乃入城日，《宋史》爲露布到京日，《事略》所紀蓋劉鋹降表到京日。

〔七三〕乙巳：《長編》卷一二繫此詔於丁巳，《宋史》卷二繫於丙午，詔文内容有所出入。

〔七四〕平民爲兵者招誘復業：《長編》卷一二作「平民爲兵者釋其籍，流亡者招誘復業」。

〔七五〕己未：原作「癸未」，按開寶四年十一月癸巳朔，無癸未日，據《長編》卷一二、《宋史》卷二改。

〔七六〕禁民以鐵鑄佛像及浮圖：《長編》卷一三繫於正月丁酉日。

〔七七〕壬戌：《長編》卷一三、《宋史》卷三並作「丙寅」。

〔七八〕二月：《長編》卷一四、《宋史》卷三並繫三月乙卯朔。《長編》云「房州言周鄭王殂」，則《事略》云卒於二月，或亦有據。鄭王名柴宗訓，事迹見《舊五代史》卷一二〇《恭帝紀》。

〔七九〕丙戌：原作「丙子」，是月庚辰朔，無丙子日，據《宋史》卷三改。

〔八〇〕冬十月：據《長編》卷一五、《宋史》卷三，克池州在閏十月己酉，駐軍采石在壬戌，則《事略》「十月」當作「閏十月」。

〔八一〕「爲浮梁以濟」，《宋史》卷三繫於閏十月丁卯。

〔八二〕契丹來求通好：《長編》卷一五於十一月甲午下載：「契丹涿州刺史耶律琮致書於權知雄州、内園使孫全興，其略云：『兩朝初無纖隙，若交馳一介之使，顯布二君之心，用息疲民，長爲鄰國，不亦休哉！』辛丑，全興以琮書來上，上命全興答書，並修好焉。」

〔八三〕庚午：《長編》卷一六繫「吴越兵圍常州」在癸丑，《宋史》卷三繫於丁巳。

〔八四〕克潤州：《長編》卷一六、《宋史》卷三並繫於九月戊寅，《事略》未書日期。

〔八五〕命修西京宫闕：《長編》卷一六、《宋史》卷三在十月丁巳，《皇宋十朝綱要》卷一繫壬寅，《事略》漏書日期。

〔八六〕十二月己亥：《長編》卷一六同。《宋史》卷三繫江南平於十一月乙未。

〔八七〕縣一百八：《宋史》卷三作「縣一百八十」。

〔八八〕此實何罪：《長編》卷一六作「此實可哀也」。

〔八九〕御明德門受俘，《長編》卷一七、《宋史》卷三並繫正月辛未，是。

〔九〇〕封違命侯，《長編》卷一七、《宋史》卷三並繫正月乙亥，是。

〔九一〕癸卯：《長編》卷一七作「己亥」。

〔九二〕假歸國，《長編》卷一七繫於三月辛未。

〔九三〕「天子」下，《長編》卷一七有「儀衛」二字。

〔九四〕曹翰克江州：《長編》卷一七、《宋史》卷三繫四月丁巳，《事略》漏書日期。

〔九五〕有神降於岐：《長編》卷一七繫於十月庚戌下，云：「初，有神降於盩厔縣民張守真家。」

〔九六〕再加上尊謚曰啓運立極英武睿文神德聖功至明大孝皇帝：汪琬《東都事略跋》卷上：「按：太祖廟議，最爲紛紛。考之祭法，父曰考，祖曰王考，曾祖曰皇考。至於父之兄弟，則《爾雅》稱世父、叔父，從無假借稱考者也。乃不依《禮經》，而援引唐故事爲據。真宗既稱太祖爲皇伯考，而又自稱孝子，名實不順，何其謬也？且太宗於太祖則稱孝弟，冠孝字於弟之上，其義何居？當時禮官俚俗不經如此，後來諸大儒諱言祖宗之失，遂不復有所正者矣。」

〔九七〕賢於禹遠矣：舊鈔本天頭批：「大禹夫子尚云無間，豈黄袍倏着，千載疑案者所可同日語哉。三代以下，雖有神聖之君，其去堯、舜、禹、湯、文、武遠矣。」

東都事略卷第三

本紀三

太宗至仁應道神功聖德文武睿烈大明廣孝皇帝，宣祖第三子也。母曰昭憲皇后，后夢神人捧日寘於懷，遂有娠。以晉天福四年十月甲辰，生於開封府浚儀縣崇德北坊官舍，赤光滿室。幼穎悟，好讀書。宣祖爲將，征淮上，克州縣，諸將皆爭子女玉帛，宣祖爲訪其書籍，歸以遺太宗，謂之曰：「文武立身之本，汝其勉之。」及長，隆準龍顔，望之儼然。周顯德初，補右班殿直，遷供奉官。五年，改殿前祗候供奉官都知。太原劉承鈞結契丹寇沿邊，命太祖北伐，太宗從行。至陳橋，爲六軍推戴，太祖①受周禪，以太宗爲殿前都虞候，領睦州防禦使。太祖征澤、潞，留爲大内都點檢，領泰寧軍節度使。太祖征李重進，又爲大内都點檢〔一〕。二年，爲開封尹，同平章事。乾德二年，拜中書令。開寶初②，太祖征太原，以爲京師留守。六年，封晉王，有詔班宰相上。九年十月癸丑，太祖崩，奉遺詔即皇帝位，大赦天下。庚申，以皇弟廷美爲開封尹，封齊王。太祖子德昭始封武功郡王，盧多遜同中書門下平章事，楚昭輔樞密使。十一月甲子，追册故尹氏及越國夫人苻氏爲皇后③。丁卯，詔曰：「帝堯之化，

①太祖：繆校作「天人齊歸，太祖勉」。
②開寶初：繆校作「開寶之初」。
③「追册」句：繆校作「追册故尹氏女贈皇后，册立越國夫人苻氏爲皇后」，且云：「按：尹氏女先殁，所以書『追册』，又書『贈皇后』；苻氏現在宫庭，應云册立某氏爲皇后。今混而一之，誤。」苻氏：錢校作「苻氏」，云：「初印本、舊鈔本俱作『苻氏』。按宋本劉知幾《史通》，苻姓之苻只從竹頭，浦起龍《通釋》辨之甚詳。」

實先於敦族；成周之制，爰後於異姓。自今朝會，齊王廷美，武功郡王德昭，位宜在宰相上。」

太平興國元年冬十二月甲寅，大赦天下，改元〔二〕。

二年春二月庚子，皇帝更名。

夏四月乙卯，葬英武聖文神德皇帝於永昌陵。

秋八月，作崇聖殿。

冬十一月丁亥朔，日有食之，既。

三年春三月己酉，吴越國王錢俶來朝。

夏四月己卯，陳洪進以漳、泉兩州歸於有司，得縣十四。五月乙酉，赦漳、泉。吴越國王錢俶以國歸於有司，得州十三，軍一，縣八十六。丁亥，徙封錢俶爲淮海國王。戊子，赦兩浙。

秋七月乙酉，大雨震電。八月，黄河清。甲戌，羣臣上尊號曰應運統天聖神文武皇帝〔三〕。

冬十一月丙申，合祭天地於圜丘，大赦天下。

四年春正月庚寅，以潘美伐太原。石熙載僉書樞密院事〔四〕。二月辛亥，詔幸鎮州。丙辰，沈倫爲東京留守。甲子，發京師。三月乙未，郭進大破契丹於石嶺關。

夏四月庚戌，石熙載樞密副使〔五〕。壬戌，皇帝幸太原〔六〕。折御卿克岢嵐軍〔七〕。乙丑，克隆州。己巳，克嵐州。辛未，皇帝幸太原城，以手詔論劉繼元。五月壬午，幸城南。癸未，劉繼元降，釋其罪〔八〕。太原平，得州十，軍一，縣四十一。乙酉，赦太原。己丑，以劉繼元爲右衛上將軍，封彭城郡公。丁酉，隳隆州。六月庚申，北征。庚午，次幽州。

秋七月甲申，班師。乙巳，皇帝至自范陽。八月甲戌，武功郡王德昭薨〔九〕。

冬十月乙亥，皇弟廷美進封秦王。

五年秋七月丁未，討交州。

冬十一月丙午，以秦王廷美爲東京留守。己酉，詔幸北邊。壬子，發京師。戊午，駐蹕於大名。十二月乙酉，皇帝至自大名。

六年春三月己酉，太祖子德芳薨。交州行營大破賊軍於白藤江口〔一〇〕。

夏六月甲戌，薛居正薨。

秋九月乙未朔，日有食之。辛亥，趙普爲司徒兼侍中，石熙載樞密使。秦王廷美乞班趙普下〔一一〕，從之。壬子，詔曰：「古者，振木鐸於路，所以來四方之風謠；設獸樽於庭，所以延羣臣之諫諍。在朝内外官，自今或知民間利病及時政得失，並得直言無隱。」

冬十月癸酉，羣臣上尊號曰應運統天睿文英武大聖至德廣孝皇帝〔一二〕。十一月辛亥〔一三〕，合祭天地於圜丘，大赦天下。癸丑，楚昭輔罷〔一四〕。

七年春三月癸巳朔，日有食之。乙巳，以皇弟廷美爲西京留守〔一五〕。交州遣使來謝罪〔一六〕。唐州蝗〔一七〕。

夏四月甲子，竇偁、郭贄並參知政事，柴禹錫樞密副使。盧多遜罷〔一八〕。丁丑〔一九〕，皇弟廷美勒歸第，盧多遜流崖州。庚辰，沈倫貶〔二〇〕。五月己酉，夏州李繼捧來朝，以其地來獻，得州四，縣八。繼捧之弟繼遷叛〔二一〕。丙辰，皇弟廷美降封涪陵公，房州安置。

秋七月甲午，皇子德崇封衛王，德明廣平郡王。

冬十月己卯，竇偁薨。十二月戊午朔，日有食之。閏月丙午〔二二〕，赦銀、夏等州，令諸州置農師〔二三〕。

八年春正月戊寅，曹彬罷。己卯，王顯、弭德超並樞密副使。癸未，詔曰：「養老乞言，哲王之丕訓；觀民設教，載籍之大猷。故遒人振鐸以采詩，刺史褰帷而按部，所以參考風俗，周知其淑慝；延訪耆艾，詳求於利病，斯爲茂典，可舉而行。宜令州縣長吏，或部内有耆德高年爲鄉里所信者，並須延問民間疾苦、吏治得失，退而①行之，以稱吾意。」甲申，詔曰〔二四〕：「《傳》云：『能以禮讓爲國乎，何有？』宜令開封府及諸州於衝要處設榜刻《儀制令》，論如律。」二月戊子朔，日有食之。三月庚申，宋琪參知政事。甲申，除福建諸州鹽禁。

夏四月壬子，弭德超流瓊州。六月己亥，王顯樞密使。

秋七月辛未，郭贄罷〔二五〕。庚辰，李昉參知政事。八月庚戌，石熙載罷〔二六〕。

冬十月己酉，趙普罷〔二七〕，皇子元佐封楚王，元佑陳王，皇第三子封韓王，元俊冀王，元傑益王。十一月壬子，宋琪、李昉並同中書門下平章事。甲寅，令宰相班諸王上。壬申，李穆、吕蒙正、李至並參知政事，張齊賢、王沔並同僉書樞密院事。

①退而：繆校作「速舉」。

雍熙元年春正月壬戌，求遺書於天下。乙丑，涪陵公廷美卒。癸酉，李穆薨。

夏四月甲午，詔以今年十一月有事於泰山。五月，廢諸州農師。丁丑，乾元、文明殿災。六月丁亥，詔求直言。上謂近臣曰：「朕訪求讜議，以規己失。昔禹拜昌言，世稱其明。今之諫者，苟能切①中時病，朕豈惜夏禹之拜乎？」壬寅，詔罷封泰山，以冬至有事於南郊。

秋八月丁酉，親祠太一宫。

冬十一月丁卯，合祭天地於圜丘，大赦天下，改元。十二月庚辰，錢俶改封漢南國王。壬辰，德妃李氏立爲皇后。

二年秋九月庚戌，楚王宫火②。辛亥，楚王③元佐廢。閏月乙未，詔曰：「嶺南之俗④，民間⑤嫁娶、喪葬、衣服制度，委所在長吏漸加戒厲，俾遵條式。其殺人祭鬼，病不求醫，僧置妻孥，深宜化導，使之悛革⑥。」

冬十二月庚子朔，日有食之。丙辰，宋琪、柴禹錫罷〔二八〕。

三年春正月庚寅，命曹彬、崔彦進、米信、田重進、潘美北伐契丹。戊戌，李至罷〔二九〕。三月，曹彬克契丹固安城，田重進破契丹於飛狐北，潘美自西陘與契丹遇，追至寰州，克之。辛巳，曹彬克涿州。潘美取朔州，又取應

---

①切：原脱，據繆校及《長編》卷二五補。
②火：朱校本作「災」。
③楚王：朱校本云：「按《世家》太宗九子，長漢王元佐以雍熙二年廢，此云『楚王』，疑誤。」又云：「元佐以太平興國八年進封楚王，至徽宗立，改封漢王，此云『楚王』，不誤。」
④之俗：《長編》卷二六作「諸州」。
⑤間：原脱，據繆校補。
⑥「悛革」下，《長編》卷二六有「無或峻法，以致煩擾」八字。

州〔三〇〕。田重進圍靈丘〔三一〕。

夏四月，潘美克雲州〔三二〕。五月，曹彬等與契丹戰於岐①溝關〔三三〕，我師敗績。潘美還代州〔三四〕。徙雲、應、寰、朔四州之民，分置河東及京西，計口給田，免其租役。六月戊戌朔，日有食之。辛仲甫參知政事〔三五〕。

秋八月丁酉，王沔、張宏並樞密副使。雲州觀察使楊業與虜戰，死之〔三六〕。

冬十二月，王師敗績於君子館〔三七〕。

四年春二月丙申，錢俶封南陽國王。甲寅，錢俶改封許王。

夏四月癸巳，張宏罷〔三八〕，趙昌言樞密副使。

冬十一月庚辰，詔曰：「王者設班爵以馭貴，差禄秩以養賢，所以責之廉隅，懋其官業也。奉給之數，宜從優厚。應百官奉錢給佗物以八分爲十者，自今給其實數。」

端拱元年春正月戊辰，黄河清。乙亥，親耕藉田，始三推。上曰：「朕志在勤農，恨不得終於千畝，豈止以三推爲限哉？」遂耕數十步。大赦天下，改元。二月丙申，李昉罷〔三九〕，趙普爲太保兼侍中，吕蒙正同中書門下平章事，皇子元僖封許王，皇第三子封襄王，元份越王②。錢俶徙封鄧王，王沔參知政事，張宏樞密副使，楊守一僉書樞密院事。庚戌，皇子元偓封徐國公，元偁涇國公。三月乙丑，趙昌言貶〔四〇〕。乙亥，誅侯莫、陳利用於商州。

①岐：原作「歧」，據本書卷二七《曹彬傳》及《長編》卷二七改。

②「越王」上，繆校有「封」字。

秋八月甲子〔四一〕，鄧王錢俶薨。九月乙酉，楊守一卒。

二年秋七月己卯，張齊賢樞密副使，張遜僉書樞密院事。戊子，彗出東井。八月丙辰，大赦天下。

冬十二月庚申，詔曰①：「古先哲王，托居人上，蓋務求於至治，豈有尚於虚名？矧乃皇帝之稱，已極崇大，爰自唐室，始加美號，徇臣子之愛戴，著方策之典常，踵事增華，積習無改。朕博考載籍，追法古道，既異三五之舊制，深懼賓實之有逾，憮然自思，不遑寧處。自今四方所上表，宜秪稱皇帝。」上又謂宰相曰：「皇帝二字，亦不可兼，蓋起於秦始皇，後②代因之不改。朕比欲止稱王，但以諸子封王，爲不便耳。」羣臣上表請復尊號〔四二〕，上不許。又上法天崇道文武皇帝〔四三〕，詔去「文武」二字，乃許。

淳化元年春正月戊寅朔，改元。戊子，趙普罷〔四四〕。

秋八月己巳，禁川、峽、嶺南采牲〔四五〕。

二年春閏二月辛未，日有食之。三月乙丑，辛仲甫罷〔四六〕。

夏四月辛巳，張齊賢、陳恕並參知政事，張遜、温仲舒、寇準並樞密副使，張宏罷〔四七〕。

秋七月，李繼遷歸順。九月丁酉，王沔、陳恕罷〔四八〕。己亥，吕蒙正罷〔四九〕。李昉、張齊賢並同中書門下平章

①曰：原作「自」，據覆宋本、四庫本及《長編》卷三〇改。

②後：原作「彼」，據覆宋本、四庫本、錢校及《長編》卷三〇改。錢校云：「初印本、舊鈔本『後』俱作『彼』，從宋本原誤。」

事，賈黄中、李沆並參知政事。癸卯，王顯罷〔五〇〕。甲辰，張遜知樞密院事，温仲舒、寇準同知院事。

三年春正月乙巳，詔曰：「昔舜之有天下也，選於衆而舉善人①，則不仁不善②者斯遠矣。矧今提封至廣，設官尤衆，銓選既限於常調，英俊或沉於下僚，俾振滯淹，屬在倫類③。《傳》不云乎：『如有所譽者，其有所試矣。』朕當親覽而進之，其令常參官④舉升朝官各二人。」二月乙丑朔，日有食之。

夏五月，旱。

秋七月己酉〔五一〕，太師趙普薨。

冬十一月己亥，開封尹許王元僖薨。

四年春正月辛卯，合祭天地於圜丘，以宣祖、太祖並配，大赦天下。二月己未朔，日有食之。盜起於蜀〔五二〕。

夏六月丙寅，張齊賢罷〔五三〕。壬申，張遜、寇準罷〔五四〕，柴禹錫知樞密院事，吕端參知政事，劉昌言同知樞密院事。

秋八月丙辰朔，日有食之。

①善人：繆校作「皋陶」。
②不善：繆校無。
③屬在倫類：繆校作「何所仰止」。
④「升朝官」下原有「者」字，據繆校删。

冬十一月辛未〔五五〕，李昉、賈黄中、李沆①、温仲舒並罷〔五六〕，吕蒙正同中書門下平章事，趙鎔、向敏中同知樞密院事，蘇易簡參知政事。丁丑，趙昌言參知政事。十二月，賊推李順爲首，陷蜀州，又陷邛州，又陷②永康軍。

五年春正月，李順陷漢州〔五七〕，又陷彭州〔五八〕。癸酉，命李繼隆討李繼遷。甲戌，命内侍王繼恩率兵討李順。二月〔五九〕，李順陷成都府。

夏四月，李繼隆克夏州，擒趙保忠以獻〔六〇〕，詔釋之〔六一〕，授右千牛衛上將軍，封宥罪侯〔六二〕。壬寅，王師克劍州。五月，克閬州，又克巴州，師進③破賊十萬，遂克成都〔六三〕，李順之黨並伏誅〔六四〕。秋八月，蜀寇平〔六五〕。九月壬申，皇第三子爲開封尹，封壽王，大赦天下。上謂壽王曰：「政教在得人心而不擾之，得人心莫若示之以誠信，不擾之無如鎮之以清淨。推是而行，雖虎兕亦當馴狎，况於人乎！《書》曰：『撫我則后，虐我則讎。』信哉斯言也，爾宜戒之！」乙亥，寇準參知政事。丁丑，詔曰：「朕惟蜀川，文翁之化在焉。乃者盗興畎畝，連陷州城，静言思之，非民之咎，蓋由朕委任非當，燭理不明，親民之官失於綏養，筦榷之吏恣其誅求致然也。念兹失德，是務責躬，永鑒前非，庶無貳過。咨爾民庶，當體朕懷。」是歲大有年。

至道元年春正月戊申朔，改元。丙辰，上清宫成，上曰：「朕在藩邸，以先帝所賜，營是宫，欲以祈福而庇民

①李沆：原作「李昉」，據覆宋本、四庫本及《長編》卷三四改。
②又陷：繆校作「及」。
③進：繆校作「追」。

也。」癸亥，趙昌言罷〔六六〕。戊辰，錢若水同知樞密院事，劉昌言罷〔六七〕。三月庚申，詔曰〔六八〕：「國家郡縣至廣，吏員衆多，自公卿以至卑品，逮千萬數，皆懷材抱器，明習利病，非開言路，曷導下情？宜令幕職、州縣等官，並許言公私利害，附傳置以聞。」

夏四月癸未，吕蒙正罷〔六九〕，吕端同中書門下平章事。蘇易簡、柴禹錫罷〔七〇〕，張洎參知政事。甲申，趙鎔知樞密院事。甲辰，開寶皇后宋氏崩。

秋八月壬辰，詔以皇第三子開封尹壽王爲皇太子，大赦天下，改元。

二年春正月辛亥，合祭天地於圜丘，大赦天下。二月庚辰，李昌齡參知政事。

秋七月丙寅，寇準罷〔七一〕。

三年春正月丙子，温仲舒、王化基並參知政事，李惟清同知樞密院事，張洎罷〔七二〕。乙酉，葬孝章皇后於昌陵之北。二月，靈州行營大破李繼遷〔七三〕，繼遷遁。辛丑，皇帝不豫。三月癸巳，皇帝崩於萬歲殿，聖壽五十九，殯於殿之西階。羣臣上尊謚曰神功聖德文武皇帝，廟號太宗。十月己酉，葬永熙陵。大中祥符元年，加上尊謚曰至仁應運神功聖德文武大明廣孝皇帝〔七四〕。五年，再加上尊謚曰至仁應運神功聖德文武睿烈大明廣孝皇帝。

臣稱曰：太宗以英睿之姿，佐太祖定天下，開子孫帝王萬世之業。故太祖勤勤於傳襲，非特以昭憲顧命而已。太宗以明繼聖而能廣文之聲，卒其伐①功，乃大一統。於時北自常碣，南極嶺表，東際海岱，西接洮隴，宋之威德，斯爲盛矣！

【箋證】

〔一〕都點檢：《宋史》卷四《太宗紀一》作「都部署」。

〔二〕改元：汪琬《東都事略跋》卷上：「逾年改元，此人君即位之常禮。太祖崩於開寶九年十月，太宗即以十二月二十二日改太平興國元年，何汲汲也！《容齋隨筆》謂：『去新春纔八日，計嶺蜀之遠，制書到時，已是二年之春。是時宰相薛居正、沈倫、盧多遜不考引故實，致使人君即位，而無元年，大不可也。』予謂太宗之意，似蔑其兄，然使先君不得正其終，而已亦不得正其始，謂之何哉？」

〔三〕聖神：《宋會要輯稿》帝系一之三、《長編》卷一九、《宋史》卷四諸書均作「聖明」。

〔四〕石熙載僉書樞密院事：《長編》卷二〇、《宋史》卷四並繫正月癸巳，《事略》漏書日期。

〔五〕石熙載樞密副使：《長編》卷二〇在庚申，《宋史》卷四與《事略》同繫庚戌。

〔六〕皇帝幸太原：與下文「皇帝幸太原城」重複，當從《長編》卷二〇作「車駕發鎮州，幸太原」。

〔七〕折御卿克岢嵐軍：《長編》卷二〇在四月乙卯，《皇宋十朝綱要》卷二、《宋史》卷四與《事略》並次壬戌後。

〔八〕劉繼元降釋其罪：《長編》卷二〇載劉繼元於癸未夜遣使納款，甲申遲明，待罪臺下，詔釋其罪。

〔九〕德昭薨：《宋史》卷四作「德昭自殺」，《長編》卷二〇詳載其「自刎」事，可參看。

〔一〇〕交州行營大破賊軍於白藤江口，《皇宋十朝綱要》卷二、《宋史》卷四繫於三月壬戌，《長編》卷二一於三月己未下備載其事。

---

①卒：繆校作「泯」。伐：四庫本作「成」。錢校云：「卒其伐功，舊鈔本同。此用《詩序》語，刊本初改作『成』，後仍改『伐』。」

〔一一〕秦王廷美乞班趙普下，《長編》卷二二繫於壬子。

〔一二〕至德：《宋會要輯稿》帝系一之四、《長編》卷二二、《宋史》卷四諸書均作「至明」。

〔一三〕辛亥：原作「癸亥」，據下文「癸丑」及《長編》卷二二、《宋史》卷四改。

〔一四〕癸丑楚昭輔罷：《長編》卷二二作「己未，乃以昭輔爲左驍衛上將軍」，《宋史》卷四繫於辛酉。

〔一五〕廷美爲西京留守，《長編》卷二三繫於癸卯，《宋史》卷四繫於乙未。

〔一六〕交州遣使來謝罪：《長編》卷二三繫於三月甲寅，《事略》未書日期。

〔一七〕唐州蝗：《長編》卷二三繫於三月辛酉，《事略》未書日期。

〔一八〕盧多遜罷：《長編》卷二三、《宋史》卷四均繫「盧多遜罷爲兵部尚書」於四月戊辰，《事略》未書日期。

〔一九〕丁丑：原作「乙丑」，據《長編》卷二三、《宋史》卷四改。

〔二〇〕沈倫貶：《長編》卷二三太平興國七年四月庚辰載左僕射、兼門下侍郎、同平章事沈倫責授工部尚書。

〔二一〕繼遷叛逃事，《長編》《宋史》均不繫於此。《宋史》卷四繫於六月乙亥，云「繼遷奔地斤澤」。《長編》卷二五則於雍熙元年九月始補敍云：「初，李繼捧入朝，其弟夏州蕃落使繼遷留居銀州。及詔發繼捧親屬赴闕，獨繼遷不樂内徙，時年十七，勇悍有智謀，僞稱乳母死，出葬郊外，以兵甲寘棺中，與其黨數十人奔入蕃族地斤澤。」可見，《事略》所書「叛」，當指拒不赴闕而遠去事，當依《宋史》繫於六月。

〔二二〕閏月：原脱，按是年十二月戊午朔，無丙午日，《長編》卷二三、《宋史》卷四均繫「赦銀、夏等州」於閏十二月辛亥，據補「閏月」二字。

〔二三〕令諸州置農師：《長編》卷二三在閏十二月庚戌，《事略》連書於丙午後，誤。

〔二四〕《宋大詔令集》卷一四八載此詔，文辭大異，茲録於下：「《傳》云：『能以禮讓爲國乎，何有？』故斑白不遊於市井，負販相避於道塗。耕歷山者有讓畔之風，入周境者成息訟之美。浩穰之地，民庶實繁，宜申明於舊章，用激清於薄俗。《儀制令》云：『賤避貴，少避長，輕避重，去避來。』宜刻其字，違者論法。」

〔二五〕郭贄罷：《宋史》卷四云：「參知政事郭贄罷爲秘書少監。」

〔二六〕石熙載罷：《長編》卷二四：「樞密使石熙載，始以病足不能履步，多請告，及寢疾，上幸其第臨問，太醫診視，久之未愈，上表求解職。庚戌，罷爲右僕射。」

〔二七〕趙普罷：《長編》卷二四云：「司徒、兼侍中趙普罷爲武勝節度使、兼侍中。」

〔二八〕宋琪柴禹錫罷：《宋史》卷五作「門下侍郎兼刑部尚書、平章事宋琪罷守本官」。

〔二九〕李至罷：《宋史》卷五作「參知政事李至罷爲禮部侍郎」。

〔三〇〕潘美取應州，《長編》卷二七、《宋史》卷五繫於三月丁亥。

〔三一〕田重進圍靈丘，《長編》卷二七、《宋史》卷五繫於三月丙申。

〔三二〕潘美克雲州，《長編》卷二七、《宋史》卷五繫於四月辛丑。

〔三三〕戰於岐溝關，《長編》卷二七、《宋史》卷五繫於五月庚午。

〔三四〕潘美還代州：《宋史》卷五云：「丙子，召曹彬、崔彦進、米信歸闕，命田重進屯定州，潘美還代州。」

〔三五〕辛仲甫參知政事：據《長編》卷二七、《宋史》卷五在六月甲辰，《事略》漏書日期。

〔三六〕楊業死事，《宋史》卷五繫於五月。《長編》卷二七、《皇宋十朝綱要》卷二同《事略》。

〔三七〕劉廷讓君子館之敗，《皇宋十朝綱要》卷二在十二月丙午，《宋史》卷五繫於十二月壬寅，《長編》卷二七亦於壬寅下載之。

〔三八〕張宏罷：《宋宰輔編年録》卷二：「四月癸巳，張宏罷樞密副使。自樞密副使左遷御史中丞。」

〔三九〕李昉罷：《宋史》卷五作「中書門下平章事李昉爲尚書右僕射」。

〔四〇〕趙昌言貶：《宋史》卷五作「貶樞密副使趙昌言爲崇信軍行軍司馬」。

〔四一〕甲子：《長編》卷二九、《太平治迹統類》卷二、《宋史》卷五並作「戊寅」，是。

〔四二〕羣臣上表請復尊號：《長編》卷三〇繫於十二月甲子。

〔四三〕又上法天崇道文武皇帝，《長編》卷三〇繫於十二月戊辰，《宋史》卷五繫於十二月辛酉。

〔四四〕趙普罷：據《宋宰輔編年録》卷二，趙普「罷爲太保兼中書令，充西京留守、河南尹」。

〔四五〕采牲：覆宋本、四庫本改作「采材」，誤。《宋會要輯稿》刑法二之四云：「淳化元年八月二十七日，峽州長楊縣民向祚與兄向收共受富人錢十貫，俾之采牲。巴峽之俗，殺人爲犧牲以祀鬼，以錢募人求之，謂之采牲。」可證宋刻本不誤。錢校引葉廷琯案語云：「此二條（賈黄中、李沆）因但有剜改之迹，而未察所由誤，故不著刊語。後仿此。」可謂審慎。

〔四六〕辛仲甫罷：《宋宰輔編年録》卷二云：「仲甫罷參知政事。給事中罷爲工部尚書、知陳州。」

〔四七〕張宏罷：據《宋宰輔編年録》卷二，張宏罷樞密副使，爲吏部侍郎。

〔四八〕王沔陳恕罷：據《宋宰輔編年録》卷二，王沔、陳恕並罷參知政事。沔自户部侍郎、恕自給事中並罷守本官。

〔四九〕吕蒙正罷：據《宋宰輔編年録》卷二，吕蒙正罷相，自户部尚書罷爲吏部尚書。

〔五〇〕王顯罷：據《宋宰輔編年録》卷二，王顯罷樞密使，自檢校太傅責授隨州刺史、崇信軍節度觀察處置等使。

〔五一〕己酉：《宋史》卷五同。《長編》卷三三繫於乙巳，並云「是夕，卒。己酉，上聞訃悲悼」，《名臣碑傳琬琰集》上卷一宋太宗御製《趙中令公普神道碑》亦謂其卒於七月十四日乙巳，則十八日己酉當爲朝廷聞訃之日。

〔五二〕盗起於蜀：《宋史》卷五：「永康軍青城縣民王小波聚徒爲寇，殺眉州彭山縣令齊元振。」

〔五三〕張齊賢罷：《宋史》卷五：「吏部侍郎、平章事張齊賢罷爲尚書左丞。」

〔五四〕張遜寇準罷：《長編》卷三四：「宣徽北院使、知樞密院事張遜責授右領軍衛將軍，左諫議大夫、同知院事寇準罷守本官。」

〔五五〕十一月辛未：《長編》卷三四、《宋宰輔編年録》卷二、《宋史》卷五均繫十月辛未，疑《事略》誤。

〔五六〕李昉賈黄中李沆温仲舒並罷：《長編》卷三四淳化四年十月：「辛未，右僕射、平章事李昉，給事中、參知政事賈黄中、李沆，左諫議大夫、同知樞密院事温仲舒，並罷守本官。」

〔五七〕李順陷漢州：《長編》卷三五、《宋史》卷五繫於正月戊午。

〔五八〕陷彭州：《長編》卷三五、《宋史》卷五繫於正月己未。

〔五九〕二月：《長編》卷三五、《宋史》卷五並繫於正月己巳，是。又《長編》有「二月甲申朔，上始聞成都陷」之記載，或爲《事略》所據。

〔六〇〕克夏州，擒趙保忠：《皇宋十朝綱要》卷二、《宋史》卷五繫於三月。

〔六一〕詔釋之：《長編》卷三六、《宋史》卷五並繫於五月丙寅。

〔六二〕封宥罪侯：《長編》卷三六繫於五月丁卯。

〔六三〕克成都：《長編》卷三六、《皇宋十朝綱要》卷二、《宋史》卷五均繫五月丁巳。

〔六四〕李順之黨並伏誅：汪琬《東都事略跋》卷上：「《紀》中淳化五年五月，王師克復成都，李順之黨皆伏誅。《隆平集》亦言『擒順獻首，餘黨招捕無遺』。然考《夢溪筆談》，景祐中，有人告李順尚在廣州。巡檢使臣陳文璉捕得之，乃真李順也，年已七十餘。推驗明白，因赴闕，覆按皆實。朝廷以平蜀功賞已行，不欲暴其事，但斬順，賞文璉二官。蓋從來行間將士濫冒功賞者多矣，如狄武襄寧失儂智高者，有幾人哉？又《揮麈録》亦載此，且言有張舜卿奏真宗曰：『臣聞順已遁去。』當時固已有知其事者。又《貴耳集》，方臘後亦不知所終，就禽者非臘也。」

〔六五〕蜀寇平：《長編》卷三六、《皇宋十朝綱要》卷二、《宋史》卷五均繫「蜀寇漸平，下詔罪己」於九月丁丑。《事略》獨記於八月，蓋因王繼恩以平定功授宣徽使而言，實誤。

〔六六〕趙昌言罷：《宋宰輔編年録》卷二：「正月癸亥，趙昌言罷參知政事。自給事中出爲川峡都部署，尋改户部侍郎，罷政事，知鳳翔府。」

〔六七〕劉昌言罷：《宋史》卷五：「樞密副使劉昌言罷爲給事中。」

〔六八〕《宋會要輯稿》帝系九之三載此詔，較詳，可參看。

〔六九〕吕蒙正罷：《長編》卷三七：「吏部尚書、平章事吕蒙正罷爲右僕射。」

〔七〇〕蘇易簡柴禹錫罷：《宋宰輔編年録》卷二：「柴禹錫罷知樞密院事。自宣徽北院使罷爲鎮寧軍節度使、知涇州。蘇易簡罷參知政事。自給事中、參知政事罷爲禮部侍郎，出知鄧州。」

〔七一〕寇準罷：《宋史》卷五：「給事中、參知政事寇準罷守本官。」

〔七二〕張洎罷：《長編》卷四一、《宋史》卷五：「參知政事張洎罷爲刑部侍郎。」

〔七三〕破李繼遷，《宋史》卷五繫於二月丙申朔，《皇宋十朝綱要》卷二載於二月庚子。

〔七四〕應運：《宋會要輯稿》帝系一之九、《長編》卷六九、《宋史》卷七並作「應道」。下同。

東都事略卷第四

本紀四

真宗膺符稽古成功讓德文明武定章聖元孝皇帝〔一〕，太宗第三子也，母曰元德皇后李氏。以開寶元年十二月生於開封第，赤光照室。幼而聰睿，姿表奇異，與諸王戲，好作戰陳之狀，自稱元帥。太祖愛之，謂之曰：「汝爲天子否？」對曰：「由天命耳。」太平興國八年，拜同中書門下平章事，封韓王。端拱元年，加侍中、荊南淮南節度使，封襄王。淳化五年，爲開封尹，進封壽王。至道元年八月，立爲皇太子，仍判府事。

三年三月癸巳，太宗崩，奉遺制即皇帝位於匱前。

夏四月乙未，尊皇后曰皇太后，大赦天下。皇弟元份封雍王〔二〕，元傑兗王，元偓彭城郡王，元偁安定郡王，元儼曹國公。李至、李沆並參知政事〔三〕。五月丁卯，詔求直言極諫。甲戌，李昌齡貶〔四〕。丁亥，立秦國夫人郭氏爲皇后。六月戊戌，皇叔廷美追復秦王。辛丑，詔天下勿得以祥瑞來獻。甲辰，皇兄元佐復封楚王。乙巳，追册莒國夫人潘氏爲皇后。錢若水罷〔五〕。

秋八月己亥，曹彬樞密使兼侍中，趙鎔罷〔六〕，向敏中、夏侯嶠並樞密副使，李惟清罷〔七〕。

冬十月己酉〔八〕，葬神功聖德文武皇帝於永熙陵。十二月丙申，追尊帝母賢妃李氏爲皇后。

咸平元年春正月辛酉朔，改元。甲申，有彗出營室北。二月甲午，詔曰：「昔之哲王，樂聞己過，博延讜論，庸致時雍。矧予①冲人，始嗣基業，政化猶鬱，星變遽彰，敢忘責躬，以答垂譴？其令有位，極言無隱。」

夏五月戊午朔，日有食之。

冬十月丙戌朔，日有食之②。戊子，吕端罷〔九〕，張齊賢、李沆並同中書門下平章事，李至罷〔一〇〕。己丑，温仲舒、夏侯嶠罷〔一一〕，向敏中參知政事，楊礪、宋湜並樞密副使。

二年春閏三月庚寅，詔開言路。

夏六月，詔曰〔一二〕：「服用之制，條式具存。儻奢僭不懲，則耗蠹兹甚〔一三〕。自今臣庶有鋪金泥玉之飾，其禁之③。」戊午，曹彬薨。

己丑〔一四〕，王顯樞密使。秋八月乙卯，羣臣上尊號曰崇文廣武聖明仁孝皇帝〔一五〕。癸酉，楊礪薨。九月庚辰朔，日有食之。

冬十一月丙戌，合祭天地於圜丘，奉太祖、太宗並配，大赦天下。契丹寇邊。乙未，詔幸河北。己酉，李沆留守京師。十二月甲寅，發京師。戊午，駐蹕澶州。甲子，次大名。契丹寇威虜軍，王師破契丹於五合川〔一六〕。

三年春正月己卯朔，益州軍亂〔一七〕。向敏中權同知樞密院事〔一八〕。契丹寇河間，康保裔死之〔一九〕。庚寅〔二〇〕，赦河北〔二一〕。壬辰，宋湜薨。甲午，發大名。益州叛軍推王均爲首〔二二〕。庚子，皇帝至自大名。二月癸亥，王顯

①予：原作「于」，據四庫本改。
②日有食之：繆校作「日又食」。
③其禁之：繆校作「速宜禁止」。

罷〔二三〕，周瑩、王繼英並知樞密院事，王旦同知院事。三月戊寅朔，日有食之。己卯，葬元德皇后〔二四〕。

夏五月丁丑，赦天下〔二五〕。六月丁卯，向敏中爲河北、河東宣撫大使。

冬十月，雷有終復益州〔二六〕，王均伏誅〔二七〕。十一月壬午，詔曰：「在昔黃帝有下風之問，伯禹有昌言之拜，勤納規諫，以致雍和，君臣叶心，上下無壅，永念於此，予心惕然。間者深詔朝倫①，大闢言路，而箝結相尚，啓沃無聞，豈朕之誠信未孚邪？將庶官狃於因循也②？今順③考舊規，延進讜議，凡朕躬過失，時政違尤④，教令之闕遺，人情之壅閼，並可條上，勿或緘藏。言近訐者亦議優容，文不工者許其直致，固⑤將親覽，宜體至懷。」甲申，張齊賢罷〔二八〕。

四年春二月丙寅，詔舉賢良方正直言極諫。三月庚寅，呂蒙正、向敏中並同中書門下平章事。辛卯，王化基罷〔二九〕，王旦參知政事，馮拯、陳堯叟同知樞密院事。

夏四月己未，王欽若參知政事。

秋九月，李繼遷陷清遠軍〔三〇〕。

冬十一月，王顯大破契丹於威虜軍〔三一〕。

---

①深詔朝倫：《長編》卷四七同，繆校作「頒詔朝廷」。
②也：《長編》卷四七作「邪」。
③順：繆校作「遍」。
④違尤：《長編》卷四七作「有違」。
⑤固：繆校作「朕」。

五年春二月癸酉，詔曰：「比司帑廪者，以羨剩爲勞①，蓋出納之際有所輕重，此可責而不可獎也。宜令有司嚴加戒勵，無復使然。」三月，李繼遷陷靈州，守臣裴濟死之〔三二〕。

夏六月己卯，周瑩罷〔三三〕。

秋七月甲午朔，日有食之。

冬十月丁亥，向敏中罷〔三四〕。十一月壬寅，合祭天地於圜丘，大赦天下。己酉，皇子祐封信國公〔三五〕。

六年夏四月，契丹入寇，王超逆戰於定州之望都，王繼忠陷於陳〔三六〕。辛巳，皇子祐薨。

秋七月癸丑，兖王元傑薨。九月甲辰，吕蒙正罷〔三七〕。

冬十二月甲子，詔曰：「朕爲民司牧，罔敢逸豫，冀聞闕政，屢詔讜言，而羣臣奏封，罕有極陳得失，豈詢求之未至，何循默以自持？其令御史臺諭内外官各上所見，勿爲顧避。」李繼遷攻西凉。戊寅，赦天下。

景德元年春正月丙戌朔，大赦天下，改元。辛丑，京師地震。丁未，復震。二月，西凉潘羅支擊李繼遷，繼遷中流矢死〔三八〕。三月己亥，皇太后崩於萬安宫。

秋七月丙戌，李沆薨。庚寅，畢士安參知政事。八月己未，畢士安、寇準並同中書門下平章事，王繼英樞密使，馮拯、陳堯叟並改僉書樞密院事。契丹入寇。九月②乙巳，河决澶州。閏月，以王欽若判天雄軍〔三九〕。契丹

①以羨剩爲勞：《長編》卷五一作「多收羨餘以爲課績」。

②九月：原脱。按是年八月癸丑朔，無乙巳日，且閏九月，據下文「閏月」及《長編》卷五七、《宋史》卷七補「九月」二字。

將撻覽率衆寇威虜、順安軍，又與契丹主及其國母寇定州，駐於陽城淀以求和。契丹寇岢嵐軍〔四〇〕。

冬十月，王繼忠以契丹來請和，命曹利用使於契丹〔四一〕。丁未，皇弟元份留守京師。十一月辛亥，契丹寇瀛州〔四二〕，又逼冀州〔四三〕。庚午，皇帝親征。王繼忠爲契丹請和。契丹率衆犯澶州，射殺其將撻覽〔四四〕。丙子，幸北砦。戊寅，移御澶州北城行宮。曹利用還。十二月庚辰朔，日有食之。契丹使韓杞①來請和。詔諸將按兵〔四五〕。壬辰，赦河北。癸巳，皇弟元份疾，以王旦權留守。甲午，發澶州。契丹使丁振來上誓書〔四六〕。契丹出塞〔四七〕。戊戌，皇帝至自澶州。

二年春正月庚戌朔，大赦天下。

夏四月己亥，詔河北諸州葺城池。癸卯，王欽若罷〔四八〕，馮拯參知政事。六月，趙德明歸款〔四九〕。

秋七月甲子，詔復賢良方正能直言極諫、博通墳典達於教化、才識兼茂明於體用、武足安邊洞明韜略、運籌決勝軍謀宏遠、才任邊寄堪爲將帥六科。八月戊寅，雍王元份薨〔五〇〕。

冬十月乙酉，畢士安薨。十一月丁巳，合祭天地於圜丘，大赦天下。皇弟元偓封寧王〔五一〕，元偁舒王，元儼廣陵郡王。

三年春二月丁亥，王繼英薨。戊戌，寇準罷〔五二〕，王旦同中書門下平章事。己亥，王欽若、陳堯叟並知樞密院事，趙安仁參知政事，韓崇訓、馬知節僉書樞密院事。

①韓杞：原作「韓玘」，據本書卷五〇《曹利用傳》及《長編》卷五八、《宋史》卷七、《遼史》卷一四改。

冬十月，葬明德皇后〔五三〕。

四年春正月甲辰，陳堯叟留守京師。己未，皇帝朝謁諸陵，發京師。丙寅〔五四〕，奠獻安陵、永昌、永熙陵及諸后陵。二月己巳，幸西京。辛卯，發西京。甲午，次鄭州。遣使謁周嵩、慶二陵〔五五〕。三月己亥，皇帝至自西京。夏四月辛巳，皇后郭氏崩。甲午，詔曰：「榷酤之利，素有定規，過求羡贏，是縱掊克。自今中外不得增課，庶以息民。」五月丙申朔，日有食之。六月乙卯，葬莊穆皇后。秋七月，宜州軍校陳進以宜州亂〔五六〕，陷柳象州、懷遠軍〔五七〕。八月庚子，韓崇訓罷〔五八〕。冬十月，曹利用擊敗賊黨，陳進伏誅〔五九〕。乙卯，詔曰：「拷掠之法，素著科條，非理擅行，茲謂慘酷。諸道官司應有非法訊囚之具，一切毀棄。」

大中祥符元年春正月乙丑，天書《大中祥符》三篇降於左承①天闕之上。戊辰，大赦天下，改元。夏四月甲午，詔以十月有事於泰山。王欽若、趙安仁爲泰山封禪經度制置使〔六〇〕。丙午，作玉清昭應宮。五月戊子，詔貴戚進奉物勿以銷金文繡爲飾。六月乙未，天書再降於泰山醴泉〔六一〕。庚戌，赦兖州。辛亥，羣臣上尊號曰崇文廣武儀天尊道寶應章感聖明仁孝皇帝。秋八月己丑，上太祖、太宗尊謚。九月庚申，向敏中留守京師。甲子，皇帝奉天書告太廟。冬十月辛卯，發京師。辛亥，享昊天上帝於泰山之圜壇，陳天書於左，奉太祖、太宗配，命羣臣享五方帝諸神

①承：原作「丞」，據本書卷四九《王欽若傳》及《長編》卷六六、《宋史》卷七改。

於山下。大赦天下〔六二〕。丙辰，次兗州。十一月戊午，幸曲阜，進謁文宣王廟，加上文宣王曰玄聖文宣王。丁丑，皇帝至自泰山。壬午，以正月三日爲天慶節。甲申，親享六室。十二月，皇弟元儼封榮王〔六三〕。

二年冬十月甲午，詔天下置天慶觀。十一月丙辰，皇帝作《文武七條》，賜文臣任轉運使以下至知縣、武臣任將帥以下至巡檢者。

三年春閏二月戊辰，赦京畿。

秋八月，詔以來年春有事於汾陰，以陳堯叟爲祀汾陰經度制置使〔六四〕。

冬十一月，陝州黄河清。十二月，又清〔六五〕。向敏中留守京師〔六六〕。

四年春正月丙申，以六月六日天書再降日爲天貺節〔六七〕。丁酉，皇帝奉天書發京師。庚子，至汜水。辛丑，望拜諸陵。二月辛酉，皇帝詣脽①上，祀后土地祇，奉太祖、太宗配，大赦天下〔六八〕。三月，次西京〔六九〕。丙申，謁安陵、永昌、永熙、元德皇后陵。

夏四月，皇帝至自汾陰〔七〇〕。皇弟元偓封相王〔七一〕。五月乙未，詔曰：「峻極之岳，神靈主焉，其加上五嶽帝號。」

---

①脽：原作「睢」，形近而誤，據《長編》卷七五改。

秋七月壬申，詔兩浙、福建、荆湖、廣南路諸州每歲丁錢四十五萬四百千，悉降①之。甲午，馮拯罷〔七二〕。八月乙巳，河决通利軍〔七三〕。

五年夏四月戊申，向敏中同中書門下平章事。三司言民有販茶違法者，許同居告。上曰：「以利而壞風俗，可乎？」不許。

秋八月丙申朔，日有食之。九月戊子，王欽若、陳堯叟並樞密使、同平章事，馬知節樞密副使，丁謂參知政事，趙安仁罷〔七四〕。

冬十月戊午，九天司命天尊降於延恩殿，諭以本人皇九天之一，乃趙始祖，再降爲黄帝，後唐時復降，主趙氏之族。己未，大赦天下。閏月己巳，上天尊聖號曰聖祖上靈高道九天司命保生天尊大帝。辛未，謁謝太廟。壬申，詔避聖祖名，以七月一日爲先天節，十月二十四日爲降聖節。乙亥，上聖祖母懿號曰元天大聖后，又加上太廟六室尊謚。丙子，羣臣上尊號曰崇文廣武感天尊帝②應真佑德上聖欽明仁孝皇帝。十一月丙申，親祀玉皇於朝元殿，以聖祖、太祖、太宗配。十二月壬申，改謚孔子爲至聖文宣王。丁亥，以德妃劉氏爲皇后。

六年春正月辛酉，詔宗正寺以帝籍爲玉牒。

夏五月，赦東京、建安軍〔七五〕，以鑄玉皇、聖祖、太祖、太宗尊像成故也。

①降：《長編》卷七五、《宋史》卷八並作「除」。
②帝：《宋會要輯稿》禮四九之一〇、《長編》卷七九、《宋史》卷八作「道」，是。

秋七月癸卯，詔天下勿稅農器。八月庚申，詔以來春親謁亳州太清宮。辛酉，以丁謂爲奉祀經度制置使。庚午，加上老子號曰太上老君混元上德皇帝。

冬十二月戊午朔，日有食之。丙寅，寇準留守京師。

七年春正月壬寅，皇帝奉天書發京師。己酉，朝謁太清宮。庚戌，幸亳州，謁聖祖殿。乙卯，次應天府。丙辰，詔曰：「應天府，太祖興王之邦也。其建南京，作鴻慶宮。」二月辛酉，皇帝至自亳州。壬申，恭謝天地於南郊，大赦天下。三月丁未，皇子封慶國公。

夏四月丙子，舒王元偁薨。六月乙亥，王欽若、陳堯叟、馬知節罷〔七六〕。寇準樞密使。

秋七月癸卯，王嗣宗、曹利用並樞密副使〔七七〕。九月辛卯，上玉皇聖號曰太上開天執符御曆含真體道玉皇大天帝〔七八〕。

冬十二月己未，作元符觀。

八年春正月壬午朔，大赦天下。

夏四月壬戌，寇準罷〔七九〕。王欽若、陳堯叟復爲樞密使。丙寅，詔曰〔八〇〕：「倉庾出納，自今勿得以羨餘爲吏課。」壬申，榮王宮火。五月庚子，放宮人一百八十四人〔八一〕。丙午，皇弟元儼降封端王〔八二〕。詔宗室皇親及外庭臣庶之家〔八三〕，不得以銷金、戭金、金線之類爲衣服器用。六月己酉朔，日有食之。閏月己卯，大赦天下。

秋七月戊午，王嗣宗罷〔八四〕。

冬十一月辛酉，皇弟元儼封彭王。十二月辛卯，皇子封壽春郡王。

九年春正月丙辰，張旻樞密副使。

夏五月，景靈宮、會靈觀、兖州景福宫、太極觀成〔八五〕。

秋七月，蝗。八月丙戌，陳堯叟罷〔八六〕。九月甲辰，丁謂罷〔八七〕。丙午，陳彭年、王曾、張知白並參知政事，任中正樞密副使。宗哥唃厮羅入寇，曹瑋擊敗之〔八八〕。

冬十一月乙卯，詔改元。

天禧元年春正月，薦獻玉皇大天帝於玉清昭應宫，上聖祖天尊大帝仙服於景靈宫〔八九〕。辛亥，恭謝天地於南郊，大赦天下。以四月一日爲天祺節〔九〇〕。二月戊寅，皇弟元偓封徐王。己亥，陳彭年薨。

夏四月乙亥，頒聖祖金寶牌於天下。五月戊申，王旦爲太尉、侍中，遇軍國重事，不限時日入預參决。六月壬申，赦西京①。

秋七月丁巳，王旦罷〔九一〕。八月庚午，王欽若同中書門下平章事，張旻罷〔九二〕。戊寅，免牛税。九月癸卯，王曾罷〔九三〕。李迪參知政事，馬知節知樞密院事，曹利用、任中正、周起並同知院事。

冬，大雪〔九四〕。

二年春二月丁卯，皇子封昇王。

①赦西京：繆校作「重赦西京」。

夏四月庚寅，赦天下。閏月①癸卯，馬知節罷〔九五〕。作祥源觀〔九六〕。五月壬戌，詔曰：「民勤稼穡，家有儲偫，所以備流行之災。而末俗澆浮，罕務蓄積，歲或小歉，便至流亡，豈教導之方未甚篤也？今禾麥將稔，令所在長吏躬親勉諭，無使復然。」甲子，徐王元偓薨。六月乙未，曹利用知樞密院事。

秋七月壬申，赦天下。八月甲辰，詔以皇子昇王爲皇太子，大赦天下。壬子，皇弟元儼封通王。

冬十二月丙午，張知白罷〔九七〕。

三年春三月戊午朔，日有食之。是月，朱能以天書降於乾祐山中〔九八〕。

夏六月甲午，王欽若罷〔九九〕。河決滑州〔一〇〇〕。戊戌，寇準同中書門下平章事，丁謂參知政事。

秋七月壬申，羣臣上尊號曰體元御極感天尊道應真寶運文德立功②上聖欽明仁孝皇帝。八月丁亥，大赦天下。

冬十一月乙卯，詔曰：「自今犯酒麴、銅鍮等條，有死刑者去之。」己巳，月③重輪。辛巳〔一〇一〕，合祭天地於圜丘，大赦天下。十二月辛卯，皇弟元儼封涇王，曹利用、丁謂並樞密使，任中正、周起並副使。

四年春正月乙丑，曹瑋僉書樞密院事。三月己卯，向敏中薨。

夏六月丙申，寇準罷〔一〇二〕。

①閏月：原脱，按四月無癸卯日，《長編》卷九一閏四月下載「癸卯，以宣徽南院使、知樞密院事馬知節爲彰德軍留後」，據補。
②寶運文德立功：繆校作「崇運文德武功」，《長編》卷九四、《宋史》卷八作「寶運文德武功」。
③月：繆校作「日」。

秋七月丙寅，李迪同中書門下平章事，馮拯樞密使。庚午〔一〇三〕，丁謂同中書門下平章事。癸酉，誅内侍周懷政。八月乙酉，任中正、王曾並參知政事，錢惟演樞密副使。九月丙辰，周起、曹瑋罷〔一〇四〕。丁卯，赦天下。

冬十一月戊辰，丁謂、李迪罷〔一〇五〕。己巳，謂仍赴中書視事，馮拯同中書門下平章事。庚午，詔：「自今除軍國大事朕自親決，餘皆委皇太子同宰相、樞密使等參議施行。」閏①十二月乙亥，皇帝不豫。

五年春正月癸巳，赦天下。丁酉，張士遜樞密副使。

秋七月甲戌朔，日有食之。

乾興元年春正月辛未朔，改元。二月庚子朔，大赦天下。詔自今中外所上表，咸去稱號。羣臣請上尊號曰應天尊道欽明仁孝皇帝，從之〔一〇六〕。庚戌，皇帝不豫〔一〇七〕。戊午，皇帝崩於延慶殿，聖壽五十五，殯於殿之西階。羣臣上尊謚曰文明章聖元孝皇帝，廟號真宗。

冬十月己酉，葬永定陵。天聖二年，加上尊謚曰文明武定章聖元孝皇帝。慶曆七年，再加上尊謚曰膺符稽古神功讓德文明武定章聖元孝皇帝。

臣稱曰：宋興，承五季之餘，天下得離兵革之苦。至真宗之世，太平之治，洽如也。咸平以來，君明臣良，家給人足，刑措不用。契丹請和，示以休息；德明納款，撫以恩信。於是朝帝陵，封岱宗，祀

①閏：原脱。按下言「十二月乙亥」，是年十二月丁丑朔，無乙亥日，而《長編》卷九六、《宋史》卷八並載真宗「不豫」於閏月乙亥，據補「閏」字。

汾脽①〔一〇八〕，謁亳社，絶代曠典，莫不具舉，禮樂明備，頌聲洋溢，崇本報功，以告神明②，千載一時，豈不休哉！噫，守成之賢，致治之盛，周成康、漢文景可以比德矣！

【箋證】

〔一〕膺符稽古成功：《宋史》卷六《真宗紀一》作「應符稽古神功」。《宋會要輯稿》帝系一之一一、禮五八之二九、《長編》卷一六一等諸書並同《事略》，當是。

〔二〕元份等加封：《宋史》卷六繫於四月癸卯。

〔三〕李至、李沆並參知政事：《長編》卷四一、《宋史》卷六繫於四月甲辰。

〔四〕李昌齡貶：《長編》卷四一作「户部侍郎、參知政事李昌齡責授忠武節度行軍司馬」。

〔五〕錢若水罷：《長編》卷四一作「工部侍郎、同知樞密院事錢若水罷爲集賢院學士，判院事」。

〔六〕趙鎔罷：《宋史》卷六作「知樞密院事趙鎔爲壽州觀察使」。

〔七〕李惟清罷：《宋史》卷六作「同知樞密院事李惟清爲御史中丞」。

〔八〕己酉：原作「乙酉」，按是年十月壬辰朔，無乙酉日，據《長編》卷四二、《宋史》卷六改。

〔九〕吕端罷：《長編》卷四三：「冬十月，宰相吕端久被病，詔免朝謁，就中書視事。累上疏求解。戊子，罷爲太子太保。」

〔一〇〕李至罷：《長編》卷四三：「工部尚書、參知政事李至罷爲武勝節度使。」

---

①脽：原作「睢」，據《長編》卷七五改。

②以告神明：繆校作「以答神貺」。

〔一一〕温仲舒夏侯嶠罷：《長編》卷四三：「己丑，吏部侍郎、參知政事温仲舒罷爲禮部尚書，樞密副使、給事中夏侯嶠罷爲户部侍郎。」

〔一二〕《宋會要輯稿》輿服四之五載此詔，繫於咸平二年正月，《長編》卷四四則繫於五月丁亥：「令有司禁臣庶泥金鋪金之飾，違者坐其家長。」則《會要》正月或爲五月之誤。《事略》繫六月，不確。

〔一三〕兹甚：《宋會要輯稿》輿服四之五作「滋甚」，是。

〔一四〕己丑：按是年六月壬子朔，無己丑日，據《長編》卷四五、《宋史》卷六王顯除樞密使在七月己丑，《事略》「己丑」前當補「秋七月」三字。

〔一五〕秋八月乙卯羣臣上尊號曰崇文廣武聖明仁孝皇帝：《長編》卷四五於咸平二年七月乙巳載：「羣臣表上尊號曰崇文廣武聖明仁孝，詔不允。自是五上表，乃從之。」《事略》於「己丑」條前漏書「秋七月」，故於「八月」前書「秋」。

〔一六〕王師破契丹於五合川：《長編》卷四五、《皇宋十朝綱要》卷三載之於十二月丁卯，《事略》未書日期。

〔一七〕益州軍亂始末，《長編》卷四六記載較詳，可參看。

〔一八〕向敏中權同知樞密院事，《長編》卷四六繫於正月辛巳。

〔一九〕康保裔死事，《長編》卷四六載於正月甲申下，《宋史》卷六繫於正月癸未。

〔二〇〕庚寅：原作「庚申」，按是年正月己卯朔，無庚申日，據《宋史》卷六改。

〔二一〕赦河北：《長編》卷四六繫於正月辛卯，後《宋史》卷六所載一日。

〔二二〕益州叛軍推王均爲首事，《宋史》卷六亦於正月甲午後書之，而《長編》卷四六則於正月己卯后連書之，並繫「王均率衆陷漢州」於辛巳，於辛卯「引衆攻綿州」，至甲午則書「上始聞王均反」，當以《長編》所載爲是。

〔二三〕王顯罷：《長編》卷四六：「樞密使王顯罷爲山南東道節度使、同平章事。」

〔二四〕己卯葬元德皇后：《長編》卷四七、《皇宋十朝綱要》卷三、《宋史》卷六繫元德皇太后葬事於四月乙卯，《長編》云：「改葬元德皇太后於永熙陵側，奉神主祔享別廟。」檢《宋會要輯稿》禮三一之二一云：「準詔改卜園陵，請以三年庚子三月二十日啓攢宮，二十五日發引，四月八日掩皇堂，祔葬永熙陵。」乙卯爲四月八日，可證《事略》「己卯」當爲「乙卯」之形誤，當置於夏四月，且「元德皇后」當稱「元德皇太后」。

〔二五〕丁丑赦天下：《長編》卷四七：「五月丁丑朔，德音：『降天下死罪囚，流以下釋之，十惡至死、劫殺、故殺、謀殺、犯枉法贓，論如律。……天下吏民，有武藝及材力過人者，令長吏薦送赴闕。益州亂軍，除王均及其同謀人不赦外，應脅從軍民，如能歸順，並當釋之。』」蓋即《事略》所謂「赦天下」。《宋史》卷六載：「五月丁卯，詔天下死罪減一等，流以下釋之，十惡至死、謀故劫殺、坐贓枉法者論如律。」按是年五月丁丑朔，無丁卯日，《宋史》誤。

〔二六〕雷有終復益州：《長編》卷四七、《宋史》卷六繫於十月甲辰，《事略》未書日期。

〔二七〕王均伏誅：《長編》卷四七繫於十月乙丑，《事略》未書日期。《宋史》卷六：「己丑，雷有終追斬王均於富順監，禽其黨千餘人。」按是年十月甲辰朔，無己丑日，《宋史》「己丑」當爲「乙丑」之形誤。

〔二八〕甲申張齊賢罷：《長編》卷四七：「甲午，齊賢罷守本官。」《宋宰輔編年録》卷三：「十一月丙申，張齊賢罷相。罷歸兵部尚書班。」《宋史》卷六：「丙申，張齊賢罷爲兵部尚書。」卷二一〇《宰輔表一》：「十一月丙申，門下侍郎張齊賢以朝會失儀，守本官免。」《事略》「甲申」似爲「丙申」之誤。

〔二九〕王化基罷：《長編》卷四八：「兵部侍郎、參知政事王化基罷爲工部尚書。」

〔三〇〕李繼遷陷清遠軍，《宋史》卷六亦繫九月，《長編》卷四九：「（九月）庚午，清遠軍都監段義逾城叛降於李繼遷。」或即其事。

〔三一〕大破契丹，奏捷於十一月丙子，而實戰於十月十六日甲寅，即長城口之捷，其事詳見《長編》卷五〇。《事略》與《宋史》卷六（繫於壬申後）所紀日月，蓋指捷報而言。

〔三二〕靈州失陷事，《皇宋十朝綱要》卷三、《宋史》卷六繫於三月丁酉，《長編》卷五一繫於三月甲辰後，謂三月「戊申，西面部署司以聞」。

〔三三〕周瑩罷：《宋史》卷六：「以宣徽南院使、知樞密院事周瑩爲永清軍節度使。」

〔三四〕向敏中罷：《宋史》卷六：「平章事向敏中罷爲户部侍郎。」

〔三五〕祐：《宋史》卷六作「玄祐」，《事略》係避宋聖祖玄朗諱而止稱「祐」。《宋會要輯稿》帝系二之一一：「寶元二年十月九日，端明殿學士、翰林侍讀學士、宗正寺修玉牒官李淑言：『悼獻太子名上一字犯聖祖諱，請止書曰祐。』從之。」

〔三六〕契丹入侵事，《長編》卷五四繫於四月丙子。

〔三七〕吕蒙正罷：《長編》卷五五：「司空、平章事吕蒙正七上表求退，甲辰，罷爲太子太師，封萊國公。」

〔三八〕繼遷中流矢死：《長編》卷五六景德元年正月景德壬子下載：「李繼遷之陷西涼也，都首領潘囉支僞降，繼遷受之不疑。未幾，囉支遽集六谷蕃部及者龍族合擊之，繼遷大敗，中流矢，創甚，奔還，至靈州界三十井死。」《皇宋十朝綱要》卷三亦於正月載「保吉中流矢死」，《宋史》卷七《真宗紀二》及《事略》並於二月載之，而《遼史》卷一四《聖宗紀五》則載「西平王李繼遷薨」於統和二十一年五月丁巳，當是。

〔三九〕王欽若判天雄軍，《長編》卷五七、《宋史》卷七繫於閏月乙亥，是。

〔四〇〕契丹入侵諸事，《長編》卷五七繫於閏月二十二日（癸酉），《宋史》卷七繫於閏月乙亥後，《皇宋十朝綱要》卷三載之於十月，蓋追述也。

〔四一〕曹利用使契丹事，《長編》卷五八、《皇宋十朝綱要》卷三繫於十月丙午。

〔四二〕契丹攻瀛州，《長編》卷五八於十一月辛亥朔述之，《宋史》卷七繫於乙卯。

〔四三〕逼冀州，《長編》卷五八繫於十一月乙卯下，《宋史》卷七繫於己未。

〔四四〕契丹請和、射殺撻覽事，《長編》卷五八、《皇宋十朝綱要》卷三、《宋史》卷七並繫於十一月甲戌。

〔四五〕詔諸將按兵：《長編》卷五八景德元年十二月辛巳載：「詔左神武軍大將軍王榮、寄班供奉官鄭懷德領龍衛兵馬，與滄州部署荆嗣會於淄、青，防寇之南渡也。詔永興軍兵除先追赴河陽及量留本州外，並令部署許均領赴行在。」
〔四六〕丁振上誓書，《長編》卷五八、《宋史》卷七繫於乙未。
〔四七〕契丹出塞，《長編》卷五八、《宋史》卷七繫於丁酉。
〔四八〕王欽若罷：《長編》卷五九：「工部侍郎、參知政事王欽若素與寇準不協，還自天雄，再表求罷，繼以面請，上敦諭不能奪，乃置資政殿學士，以欽若爲之，仍遷刑部侍郎。」
〔四九〕趙德明歸款，《長編》卷六〇、《宋史》卷七繫於六月辛卯。
〔五〇〕元份薨，《長編》卷六一繫於八月庚辰，《宋史》卷七與《事略》繫於戊寅，《宋會要輯稿》禮四一之二載其卒於八月二十六日（戊寅），《事略》不誤。
〔五一〕元偓等封王，《長編》卷六一、《宋史》卷七並繫癸亥，《事略》未書日期。
〔五二〕寇準罷：《長編》卷六二：「中書侍郎、兼工部尚書、平章事寇準罷爲刑部尚書。」
〔五三〕葬明德皇后，《長編》卷六四、《宋史》卷七並繫十月丁酉，《事略》未書日期。
〔五四〕丙寅：當作「丁卯」。《長編》卷六五：「丙寅，齋於永安鎮行宮，太官進蔬膳。丁卯，夜漏未盡三鼓，上乘馬，卻輿輦繖扇，至安陵外次，易素服，步入司馬門，行奠獻之禮。次詣永昌、永熙陵，又各詣下宫。凡上宫用牲牢祝册，有司奉事，下宫備膳羞，内臣執事，百官皆陪位。又詣元德皇太后陵奠獻，又於陵南設幄殿，祭如下宫禮。」《宋史》卷七：「丙寅，次永安鎮。丁卯，帝素服詣諸陵。」
〔五五〕謁周嵩、慶二陵事，《長編》卷六五繫於二月乙未。
〔五六〕宜州亂事，《長編》卷六五繫於六月乙卯，並云七月「甲戌，奏至」，《宋史》卷七繫於甲戌。

〔五七〕陷柳象州懷遠軍：《皇宋十朝綱要》卷三載「陳進陷柳州」於七月丙寅。

〔五八〕韓崇訓罷：《長編》卷六六：「檢校太傅、簽署樞密院事韓崇訓……庚子，授齊州防禦使。」

〔五九〕誅陳進事，《長編》卷六六繫於九月甲申，並云「遣于德潤馳奏其事」，卷六七於十月癸卯言「于德潤至自象州」。《事略》繫此於十月，《宋史》卷七繫於十月甲午朔後，不確。

〔六〇〕王欽若、趙安仁爲泰山封禪經度制置使，《長編》卷六六、《宋史》卷七並繫於四月乙未，《事略》連書之，故略去日期。

〔六一〕天書再降事，《宋史》卷七及《事略》同繫六月乙未，《長編》卷六九繫於六月甲午，並云「明日，跪授中使捧詣闕」，則乙未當爲詣闕奏報之日。

〔六二〕大赦天下，《長編》卷七〇、《宋史》卷七繫於十月癸丑，《事略》連書於辛亥後，漏繫日期。

〔六三〕元儼封榮王，《長編》卷七〇、《宋史》卷七在十二月辛丑，《事略》未書日期。

〔六四〕《長編》卷七四、《宋史》卷七繫汾陰詔在八月丁未朔，陳堯叟爲祀汾陰經度制置使在戊申，《事略》略去日期。

〔六五〕陝州黄河清，《長編》卷七四繫於十一月庚子，《宋史》卷八繫於己亥後。又清，《長編》卷七四繫於十二月丙午，《宋史》卷七繫於十二月，《事略》均不書日期。

〔六六〕向敏中留守京師，《長編》卷七四在十二月丙辰，《事略》略去日期。

〔六七〕以六月六日天書再降日爲天貺節：《長編》卷七一大中祥符二年五月載：「壬戌，詔兗州長吏以天書降泰山日詣天貺殿建道場設醮，以其日爲天貺節。」注：「節名，據《實録》，四年正月乃定，今並書。」《皇宋十朝綱要》卷三、《宋史》卷八《真宗紀三》並於四年正月載：「丙申，詔以六月六日天書再降日爲天貺節。」有「詔」字是。

〔六八〕大赦天下，《長編》卷七五、《宋史》卷八繫於二月壬戌，《事略》連書於二月辛酉下，不確。

〔六九〕次西京，《長編》卷七五、《宋史》卷八並在三月己卯，《事略》漏書日期。

〔七〇〕至自汾陰，《長編》卷七五、《宋史》卷八繫於四月甲辰朔，《事略》略去日期。

〔七一〕皇弟元偓封相王：《長編》卷七五、《宋史》卷八繫於四月甲子，《事略》略去日期。

〔七二〕馮拯罷：《長編》卷七六：「工部尚書、參知政事馮拯以疾求辭，優詔不許，且作詩諭意。拯復三表固請，甲午，罷爲刑部尚書、知河南府、知西京留守司事。」

〔七三〕河決通利軍，《長編》卷七六繫於八月戊辰，《宋史》卷八繫於乙丑後。

〔七四〕趙安仁罷：《長編》卷七八：「參知政事、刑部侍郎趙安仁罷爲兵部尚書。」

〔七五〕赦東京、建安軍，《長編》卷八〇繫於五月丙午，《事略》未繫日期。

〔七六〕王欽若陳堯叟馬知節罷：《長編》卷八二：「樞密使王欽若罷爲吏部尚書，陳堯叟爲户部尚書，副使馬知節爲潁州防禦使。」

〔七七〕癸卯王嗣宗曹利用並樞密副使：《長編》卷八三、《宋史》卷八並載王嗣宗、曹利用爲樞密副使在七月甲辰，《宋史》云：「癸卯，太白晝見。甲辰，以同州觀察使王嗣宗、内客省使曹利用並爲樞密副使。」《事略》繫癸卯下，蓋誤。

〔七八〕上玉皇聖號曰太上開天執符御曆含真體道玉皇大天帝：《長編》卷八三大中祥符七年九月：「辛卯，内出御札與天下臣庶，尊上玉皇大帝聖號曰太上開天執符御曆含真體道玉皇大天帝，以來年正月一日躬申薦告，仍定儀式頒下。」據此，則《事略》「上」前當有「詔以來年正月一日」等字，《宋史》卷八書作「上玉皇聖號曰太上開天執符御歷含真體道玉皇大天帝」，亦不確。《皇宋十朝綱要》卷三於大中祥符八年正月壬午朔書「上玉皇大帝聖號曰太上開天執符御曆含真體道玉皇大天帝」，是。

〔七九〕寇準罷：《長編》卷八四：「以樞密使、同平章事寇準爲武勝軍節度、同平章事。」

〔八〇〕《事略》所載此詔爲節文，《長編》卷八四所載較詳，可參看。

〔八一〕庚子放宫人一百八十四人：此條當移置「衣服器用」後。《事略》因書「壬午」（三日）爲「丙午」（二十七日）而誤將「庚子」（二十一日）置前。

〔八二〕丙午皇弟元儼降封端王：《長編》卷八四、《宋史》卷八並繫於壬午，是。《事略》「丙午」當爲「壬午」之誤。

〔八三〕詔宗室皇親及外庭臣庶之家：此詔《長編》卷八四繫於五月癸巳，《事略》漏書日期。《宋史》卷八連書於五月壬辰後。《皇宋十朝綱要》卷三繫於壬申，誤。

〔八四〕王嗣宗罷：《長編》卷八五：「樞密副使王嗣宗罷爲大同節度使。」

〔八五〕景靈宫等成，《長編》卷八七繫於五月丙辰，《事略》漏書日期。

〔八六〕陳堯叟罷：《長編》卷八七：「樞密使、同平章事陳堯叟罷爲右僕射。」

〔八七〕丁謂罷：《長編》卷八八：「兵部尚書、參知政事丁謂罷爲平江節度使。」

〔八八〕據《長編》卷八八、《宋史》卷八，曹瑋言擊敗唃厮羅在九月丁未。

〔八九〕《長編》卷八九、《宋史》卷八繫薦獻玉皇大天帝於正月辛丑朔，上聖祖寶册於正月壬寅。

〔九〇〕以四月一日爲天祺節：《長編》卷八九、《皇宋十朝綱要》卷三並於正月壬戌云「詔以四月一日爲天祺節」，《事略》不書日期，且漏書「詔」字。「天祺節」，《長編》作「天禎節」，《宋史》卷八作「天祥節」，祺、祥二字，因避宋仁宗名諱而改。

〔九一〕王旦罷：《長編》卷九〇：「王旦以病，堅求罷相。……丁巳，以旦爲太尉，仍領玉清昭應宫使，特給宰相俸料之半。」

〔九二〕張旻罷：《長編》卷九〇：「樞密副使張旻罷爲河陽三城節度使。」

〔九三〕王曾罷：《長編》卷九〇：「給事中、參知政事王曾罷爲禮部侍郎。」

〔九四〕冬大雪：《長編》卷九〇、《宋史》卷八並載十一月「乙卯，幸太一宫，大雪」。

〔九五〕馬知節罷：《宋史》卷二一〇《宰輔表一》：「閏四月癸卯，馬知節自檢校太尉、宣徽南院使、知樞密院事以彰德軍節度觀察留後免。」

〔九六〕作祥源觀，《宋史》卷八繫於閏四月丁未後，《皇宋十朝綱要》卷三繫於閏月甲寅，《長編》卷九二則於五月癸亥載「詔祥源觀先營正殿，餘俟明年興葺」。

〔九七〕張知白罷：《長編》卷九二：「工部侍郎、參知政事張知白與宰相王欽若議論多相失，因稱疾辭位，丙午，罷爲刑部侍郎、翰林侍讀學士、知天雄軍。」

〔九八〕是月朱能以天書降於乾祐山：《長編》卷九三亦繫於三月末，注云：「按《稽古録》於是年三月載寇準奏天書降乾祐山中，今用此爲據，繫之三月末。」《皇宋十朝綱要》卷三載於四月。

〔九九〕王欽若罷：《長編》卷九三：「左僕射、平章事王欽若罷爲太子太保。」

〔一〇〇〕河決滑州，《長編》卷九三繫於六月乙未。

〔一〇一〕辛巳：《長編》卷九四、《皇宋十朝綱要》卷三、《宋史》卷八均作「辛未」。

〔一〇二〕寇準罷：《長編》卷九五：「以右僕射、兼中書侍郎、平章事寇準爲太子太傅、萊國公。」

〔一〇三〕庚午：原作「庚子」，是年七月無庚子日，據《長編》卷九六、《宋史》卷八改。

〔一〇四〕丙辰周起曹瑋罷：《長編》卷九六於九月己未載：「以樞密副使周起爲户部侍郎、知青州，簽署樞密院事曹瑋爲宣徽南院使、環慶路都部署、兼管勾秦州兵馬。」而《太平治迹統類》卷五亦載其事於九月丙辰。

〔一〇五〕丁謂李迪罷：《宋史》卷八：「罷謂爲户部尚書，迪爲户部侍郎。」

〔一〇六〕上尊號，從之，《長編》卷九八、《宋史》卷八繫於二月癸卯。

〔一〇七〕庚戌皇帝不豫：《長編》卷九八、《宋史》卷八繫「帝不豫增劇」於二月甲寅。

〔一〇八〕汾脽：原作「汾睢」，據《長編》卷七五改。

東都事略卷第五

本紀五

仁宗體天法道極功全德神文聖武睿哲明孝皇帝，真宗第六子也。母曰章懿皇后李氏，嘗夢二日在天，其一忽墜，以裾承之，自是有娠，以大中祥符三年四月十四日生。是日大雷震。章獻明肅皇后以爲己子。七年，爲左衛上將軍，封慶國公。八年，拜中正軍節度使兼侍中，進封壽春郡王。天禧元年，兼中書令。二年，爲建康軍節度使、太保，封昇王。八月，立爲皇太子。仁宗容止莊重，不妄言笑。四年，詔中書、樞密院及諸司非大事並委皇太子、資善堂裁處以聞。

乾興元年春二月戊午，真宗崩，奉遺制即皇帝位於柩前，尊皇后曰皇太后。以皇帝尚幼，軍國事兼權取皇太后處分。己未，大赦天下。丙寅，丁謂以司徒、馮拯以司空兼侍中，皇叔元儼封定王。三月乙酉，作受命寶。夏六月庚申，誅内侍雷允恭。癸亥，丁謂貶，任中正罷〔一〕。秋七月辛未，王曾同中書門下平章事，吕夷簡、魯宗道並參知政事。丙子，錢惟演樞密使。八月乙巳，皇帝、皇太后初御承明殿，垂簾決事。九月己卯，以天書從葬永定陵。冬十月己酉，葬文明章聖元孝皇帝於永定陵。十一月丁卯朔，錢惟演罷〔二〕。張知白樞密副使〔三〕。

天聖元年春正月丙寅朔，改元。

秋七月辛巳，放天下逋欠。八月丙午，赦天下〔四〕。九月丙寅，馮拯罷〔五〕，王欽若以司空同中書門下平章事。

二年春二月癸未，皇太后詔宰臣曰：「吾受先帝顧托之深，皇帝富於春秋，助成正道，用乂斯民，期見抱孫之歡，永遂含飴之樂，此吾之志也。更賴三事庶尹、百工①羣司，勉悉乃心，同底於道。」

夏五月丁亥朔，日有食之〔六〕。

秋八月丙辰朔，詔自今舉官已遷改而貪污者，許元舉官以狀聞；不以實者，劾其罪。

冬十一月甲午，加上真宗尊謚。丁酉，合祭天地於圜丘，大赦天下。羣臣上尊號曰聖文睿武仁明孝德皇帝，上皇太后尊號曰應元崇德仁壽慈聖皇太后。乙巳，立皇后郭氏。

三年夏四月壬子朔，詔恤刑獄。

冬十月辛酉，晏殊樞密副使。十一月戊申，王欽若薨。十二月，張知白同中書門下平章事〔七〕。乙丑，張耆樞密使〔八〕。

四年夏五月壬午，詔曰②〔九〕：「國家勤恤黎庶，必期無訟，而生齒之繁，犯者頗衆，朕甚閔焉。應天下大辟

①工：繆校作「辟」。

②此詔繆校多異文，且與《長編》不同，録此備考：「勤恤」作「培恤」，「之繁」作「日繁」，「犯」作「不意犯」，「舉駮」作「苛駮」。

情理可憫及刑名疑慮者，具案以聞，有司無得舉駮。」閏月，減江、淮發運司歲漕止六百萬石〔一〇〕。六月，建州、劍州、邵武軍大水〔一一〕。庚寅，大雨震雷，平地水數尺，壞京城民舍。河南府、鄭州大水〔一二〕。

秋九月乙卯，詔曰：「講學之廢久，而執卷者不知經義，非上之教導有失邪？其令講官孫奭、馮元舉京朝官博通經術者，以名聞。」

冬十月甲戌朔，日有食之。十二月丁亥，皇帝白皇太后，欲元日率百官先上皇太后壽，然後受朝，太后曰：「豈可爲吾而後元會之禮哉？」王曾奏曰：「陛下以孝奉母儀，而太后以謙全國體，請如太后令。」

五年春正月壬寅朔，皇帝率百官上皇太后壽於會慶殿，朝於天安殿。己未，晏殊罷〔一三〕。戊辰，夏竦樞密副使。三月，秦州地震。

夏五月癸亥，楚王元佐薨。

冬十一月癸丑，合祭天地於圜丘，大赦天下。

六年春二月壬午，張知白薨。三月丙申朔，日有食之。壬子，張士遜同中書門下平章事。姜遵、范雍樞密副使〔一四〕。辛酉，建太一宫〔一五〕。

夏四月甲申，流星大如斗。

秋七月，河北大水。九月，遣近臣十七①人巡行河北〔一六〕。

①「十七」上，繆校有「一」字。

七年春正月癸卯，曹利用罷〔一七〕。二月庚申朔，魯宗道薨。丙寅，張士遜罷〔一八〕，呂夷簡同中書門下平章事。夏竦、薛奎參知政事〔一九〕，陳堯佐樞密副使。三月癸未，詔曰：「國家設制策之科，將博詢於鯁議，有能規朕躬之過失，陳宰相之闕遺，糾中外之姦回，斥左右之朋比，述未明之機事，貢無隱之密謀，以至臺省之官，阿私而罔上；郡國之吏，專恣以濫刑，或通受貨財，潛行請托；或恃憑權勢，敢事貪殘，並許極言，朕當親覽。其令百官遇起居日轉對，在外臣僚，亦許具實封以聞。」

夏四月庚寅，大赦天下。六月丁未，玉清昭應宮災。甲寅，王曾罷〔二〇〕。

秋八月丁亥朔，日有食之。詔以天下職田租送官，以數上三司均給之。辛卯，夏竦樞密副使，陳堯佐、王曙並參知政事。

冬十月丙午，京師地震。十一月癸亥，皇帝率百官上皇太后壽於會慶殿。

是歲，皇叔元儼封鎮王〔二一〕。

八年秋九月乙丑，姜遵薨。己巳，趙稹樞密副使。

冬十月丙申，詔罷榷池鹽地分。初，陝西、京西、京南路許解鹽，餘皆榷之，議者以輦運之役困軍民。至是，京西、京北、河東、京東路並聽以見錢①金銀輸京師榷貨務，就池給鹽。其後商賈流通，而官課損矣。十一月戊辰，合祭天地於圜丘，大赦天下。

①見錢：繆校作「現征」。

九年春二月癸巳，詔曰：「天下吏給職田，所以惠養廉節也。而貪汙之人，並緣爲私，侵漁細民，滋以爲害。比詔有司，皆從停罷①，如聞勤事之吏，禄薄不足以自養，朕甚愍焉。其復職田②。」

冬十月丙戌〔二二〕，詔曰：「朕遵列聖之謀，荷慈宸之教，於兹八年矣。而搢紳之間，名節罔勵，矜勞者掠美以近名，希進者行險以徼寵，詆誣執政，干撓有司。分屏翰者，或奏請之靡厭；主按察者，或寬縱之爲得。貪而無耻，姑務營私，老而非材，曾不知退。繇廉耻之未飭，致風化之靡醇，此豈朕之所望哉？用稽彝訓，申儆羣倫。苟少冒於官箴，將自投於公憲。布告遐邇，體朕意焉③。」

明道元年春二月庚戌，張士遜同中書門下平章事。丁卯，順容李氏爲宸妃，是日薨。

秋七月乙酉，王曙罷〔二三〕。八月庚子朔，晏殊樞密副使〔二四〕。丙午，殊參知政事。甲寅，楊崇勳④樞密副使。壬戌，文德殿成。是夜，禁中火。乙丑，詔求直言。丁卯，大赦天下。

冬十一月甲戌，恭謝天地於天安殿，遂謁太廟，大赦天下，改元。癸未，皇叔元儼徙封孟王。辛卯，封荊王。

十二月壬寅，楊崇勳樞密使。

---

①停罷：繆校作「銷訖」。
②「職田」後，《長編》卷一一〇有「即多占佃夫若無田而令出租者，以枉法論」二句。
③體朕意焉：繆校作「弗得置之度外，自罹三尺」。
④楊崇勳：原作「王崇勳」，據覆宋本、四庫本及《長編》卷一一一、《宋史》卷二一〇《宰輔表一》改。

二年春二月乙巳，皇太后饗太廟，羣臣上皇太后尊號曰應元齊聖顯功崇德慈仁寶①壽皇太后。丁未，皇帝祀神農於壇，乃就耕位執耜，行籍田之禮，三推，有司請止，上曰：「朕將耕之終畝，以勸天下之力農。」乃耕十二步而止。大赦天下。羣臣上尊號曰睿聖文武體天法道仁明孝德皇帝。三月庚寅，皇太后不豫，大赦天下。甲午，皇太后崩於寶慈殿。

夏四月，罷命婦進獻祈乞恩澤，凡表奏無得緣親戚投進。禁中事有傳宣，令有司實封覆奏。内批改官及與差遣，未得即行，委中書、樞密院審取處分。天下毋得創修寺觀，聖節所進香合、山儀並停。上親政，中外大悦〔二五〕。己未，吕夷簡、張耆罷，李迪同中書門下平章事，夏竦、陳堯佐、范雍、趙稹、晏殊罷，王隨參知政事，李諮樞密副使，王德用僉書樞密院事。五月癸酉，詔曰：「大行皇太后保佑沖人，十有二年，恩勤至矣。而言者罔識大體，詆訐一時之事，非所以慰朕孝思也。其垂簾日詔命，中外毋輒以言。」上親覽政，而言者多譏斥垂簾日事，上惡其持情近薄，故禁之。乙亥，李諮以父憂起復。六月甲午朔，日有食之。

秋七月戊子，詔曰：「比年以來，蝗旱作沴，郡國交奏，日月相仍，豈朕德之不明，將天時之適爾？夙夜循省，咎②實在予。自今尊號去『睿聖文武』四字，仍令中外各直言極諫，朕將親覽焉。」八月庚申，以内藏錢百萬賜三司。初，三司以用度不足告於上，上曰：「國家禁錢，本無内外，蓋以助經費也。」自是歲歉或調發，則出内藏以濟之。

冬十月丁酉，葬莊獻明肅皇后於永定陵。戊午，張士遜、楊崇勳罷〔二六〕，吕夷簡同中書門下平章事，王曙樞

---

①寶：繆校作「保」。
②咎：繆校作「疚」。

密使，宋綬參知政事，王德用、蔡齊樞密副使。十一月癸亥朔，薛奎罷〔二七〕。十二月乙卯，皇后郭氏廢。丁巳，詔改元。

景祐元年夏閏六月甲子，泗州淮、汴溢。

秋八月壬戌，有星孛於張、翼。癸亥，王曙薨。庚午，王曾樞密使。辛未，以星變大赦天下。九月甲辰，立皇后曹氏。

冬十月，西戎寇邊。

二年春二月戊辰，李迪罷〔二八〕，王曾同中書門下平章事，王隨、李諮並知樞密院事，王德用、韓億同知院事，蔡齊、盛度並參知政事。

夏四月庚午，詔曰：「雅樂之作，治道所基，郊丘宗廟之祠，朝廷饗侑之禮，人神和會，兹實重焉。爰命有司，考正鍾律。應中外臣僚暨州里儒學、草澤博聞之士，能洞曉古今雅樂制作及音律得失、灰琯測候之法，並許所在薦聞，或自言官司，將較試之。」

五月甲申朔，詔曰：「朕恭惟太祖皇帝受天命〔二九〕，建大業，可謂有功矣。二聖繼統，重熙累洽，可謂有德矣。其令禮官稽按典籍，辨崇配之序，定二祧之位，中書、門下審加詳閲，以稱朕心。」於是禮院言：「我太祖經綸草昧，遂有天下，功宜爲帝者祖。太宗勤勞制作，真宗財成①治定，德宜爲帝者宗。三廟並萬世不毁，至於升

①財成：覆宋本、四庫本作「功成」。錢校云：「初印本、舊鈔本俱作『財成』。用《易·泰卦》文，剜改非。」

侑上帝，請自今以太祖爲定配，二宗爲迭配。將來皇帝親祠，請以三聖並侑。」中書、門下奏請如禮官議，詔恭依。庚寅，禁銷金、縷金之飾。

秋七月戊戌，羣臣上尊號曰景祐體天法道欽文聰①武聖神孝德皇帝。九月，新樂成〔三〇〕。己酉，建睦親宅、廣親宅。

冬十一月戊子，廢后郭氏薨。乙未，合祭天地於圜丘，大赦天下。

三年秋七月，初置大宗正司〔三一〕。八月己酉②，詔〔三二〕：「天下士庶之家，凡室宇非邸店③、樓閣，無得四鋪④作鬬八⑤；非品官，無得起門屋；非宮室、寺觀，無得綵繪棟宇及間朱梁柱。器用無得純金及表裏用朱；非三品以上及宗室、戚里之家，無得金稜器及用玳瑁器；非命婦，無得金爲首飾及真珠裝綴首飾、衣服；凡帟幕、架帕、牀裙，無得用純錦。民間無得乘檐子；其用兜子者，所舁無得過二人；非五品以上，無得乘鬧裝銀鞍；其乘金塗銀粧條子促結鞍轡，自文武升朝以上聽。違者物主、工匠並以違制論，過百日而不變毀者坐之。」

冬十一月戊寅，保慶太后楊氏薨。十二月，李諮薨，王德用知樞密院事，章得象同知院事〔三三〕。

①聰：繆校作「右」。
②己酉：原作「乙酉」，是年八月無乙酉日，據《長編》卷一一九、《宋史》卷一〇改。
③店：覆宋本、四庫本均作「第」。錢校云：「《説文》無第字，古只作弟，當是初刻從古。」朱校本：「第，抄本『店』。」
④四鋪：原作「四輔」，據《長編》卷一一九、《宋史》卷一五三改。
⑤鬬八：繆校作「闋」，並謂「八」爲衍字，誤。

四年夏四月甲子，吕夷簡、王曾、宋綬、蔡齊罷[三四]，王隨、陳堯佐並同中書門下平章事，盛度知樞密院事，韓億、程琳、石中立並參知政事，王鬷同知樞密院事。六月乙亥，杭州大風雨。

秋七月戊申，有星數百西南流。

冬十二月，忻、代、并三州地震[三五]。

寶元元年春正月甲辰，麟、府州及陝西大雨雹。三月戊戌，王隨、陳堯佐、韓億、石中立罷[三六]，張士遜、章得象並同中書門下平章事，王鬷、李若谷①並參知政事，王博文、陳執中並同知樞密院事。

夏四月辛未[三七]，王博文薨。乙亥，張觀同知樞密院事。

秋七月丙辰，大臣以將郊上尊號，上曰：「唐穆宗謂强②我懿號，不若使我爲有道之君；加我虚尊，不若居我於無過之地。朕常愛斯言。」羣臣請不已，上刊③「英睿」二字而受之。於是上尊號曰寶元體天法道欽文聰④武聖神孝德皇帝。冬十一月庚戌，合祭天地於圜丘，大赦天下。十二月甲子，京師地震。趙元昊反[三八]，僭號於夏州。

二年夏五月壬子，王德用罷[三九]，夏守贇同知樞密院事。六月壬午，削奪元昊在身官爵，仍除屬籍，有能生

①李若谷：原作「李若冰」，據覆宋本、四庫本及《長編》卷一二二、《宋史》卷一〇改。
②强：原作「彊」，據《長編》卷一二二改。以下凡「强」之異體「彊」字，均統作「强」。
③「刊」字下，繆校補「去」字。
④聰：繆校作「右」。

擒及斬首來獻者，與除定難軍節度使。

秋八月甲戌，皇子生。

十一月①戊子，出禁中真珠估緡三十萬，賜三司。上曰：「此無用之物，不欲捐棄，不若散之民間，收其直助給邊儲，亦可紓吾民之力也。」丁酉，盛度、程琳罷〔四〇〕。壬寅，王鬷知樞密院事，宋庠參知政事。十二月，夏人犯保安軍，狄青敗之〔四一〕。

康定元年春正月丙辰朔②，日有食之。乙亥，元昊圍延州，劉平、石元孫與賊戰於三川口，王師敗績，平死之。二月丙午，赦延州保安軍，改元。夏守贇罷〔四二〕。三月戊寅，王鬷、陳執中、張觀罷〔四三〕，宋綬、晏殊並知樞密院事，王貽永同知院事。

夏四月丙午，誅内侍黄德和。五月壬戌，張士遜以太傅致仕，吕夷簡同中書門下平章事。六月丁亥③，夏守贇同知樞密院事。

秋八月戊申④，夏守贇罷〔四四〕，杜衍同知樞密院事。九月壬午，李若谷罷〔四五〕，宋綬、晁宗慤參知政事，鄭戩同知樞密院事。戊辰，王師失利於三川砦。晏殊樞密使，王貽永、鄭戩、杜衍並改副使。辛未〔四六〕，范仲淹以任福等出師攻賊白豹城，破之。

①「十一月」前，按本書文例當補「冬」字。
②丙辰朔：原作「庚戌」，按是月無庚戌日，據《長編》卷一二六、《皇宋十朝綱要》卷五、《宋史》卷一〇改。
③丁亥：原作「乙亥」，是年六月無乙亥日，據《長編》卷一二七、《宋史》卷一〇改。《宋史》卷二一一《宰輔表二》誤作「七月丁亥」。
④戊申，原作「戊午」，是年八月癸未朔，無戊午日，據《長編》卷一二八、《宋史》卷一〇改。

冬十一月，范仲淹以葛懷敏出師出歸娘谷，與夏人戰，敗之。十二月，宋綬薨〔四七〕。

【箋證】

〔一〕丁謂貶任中正罷：《宋史》卷二一〇《宰輔表一》：「六月癸亥，丁謂自左僕射、太子少師、同平章事以太子少保分司西京。」「六月丙寅，參知政事任中正坐救丁謂，以太子賓客知鄆州。」《長編》卷九八、《宋史》卷九《仁宗紀一》所載同，是知丁謂、任中正非同時被貶，《事略》漏記任中正罷官日期。

〔二〕錢惟演罷：《長編》卷九九：「樞密使錢惟演罷爲保大節度使、知河陽。」

〔三〕張知白樞密副使，《長編》卷九九、《宋史》卷九均繫於十一月壬午，《事略》漏記日期。

〔四〕丙午赦天下：《長編》卷一〇一：「丙午，命侍御史知雜事姜遵同放天下欠負。」而八月赦天下事，《長編》在丙申，《宋史》卷九亦云：「丙申，下德音，減天下囚罪一等，杖以下釋之。」

〔五〕馮拯罷：《長編》卷一〇一：「馮拯罷爲武勝節度使、檢校太尉、兼侍中、判河南府。」

〔六〕日有食之：《宋史》卷九不言日食，《長編》卷一〇二云：「司天監言日當食。已而不食，中書奉表稱賀。」《事略》言日食，不確。

〔七〕張知白同中書門下平章事，《長編》卷一〇三、《宋史》卷九同繫十二月癸丑，《事略》漏書日期。

〔八〕張耆：《長編》卷一〇三、《宋史》卷九均作「張旻」，《長編》云「旻尋改名耆」。

〔九〕《長編》卷一〇四所載詔文，言辭大異，可參看。

〔一〇〕減江、淮發運司歲漕米事，《長編》卷一〇四、《宋史》卷九均繫於閏月戊申，《事略》漏書日期。

〔一一〕建州等大水，《長編》卷一〇四繫於六月丙戌，《宋史》卷九繫於六月丁亥，《事略》不書日期。

〔一二〕鄭州大水，《長編》卷一〇四繫於六月癸巳，《事略》不書日期。

〔一三〕己未晏殊罷：《宋史》卷九同。《長編》卷一〇五云：「庚申，降樞密副使、刑部侍郎晏殊知宣州。」

〔一四〕姜遵范雍樞密副使：據《長編》卷一〇六、《宋史》卷九，姜遵爲樞密副使在三月癸丑，范雍在三月己未。

〔一五〕辛酉建太一宫：《長編》卷一〇六、《宋史》卷九並載建西太一宫於三月壬戌。

〔一六〕遣近臣巡行事，《長編》卷一〇六繫於九月乙巳。

〔一七〕曹利用罷：《長編》卷一〇七：「樞密使曹利用罷，以保平節度使、守司空、檢校太師兼侍中判鄧州。」

〔一八〕張士遜罷：《長編》卷一〇七：「禮部尚書、平章事張士遜爲刑部尚書、知江寧府。」

〔一九〕夏竦、薛奎參知政事，《長編》卷一〇七、《宋史》卷九並繫於二月丁卯，《事略》漏書日期。

〔二〇〕王曾罷：《長編》卷一〇八：「門下侍郎、兼吏部尚書、平章事王曾罷爲吏部尚書、知兗州。」

〔二一〕元儼封鎮王，《長編》卷一〇八繫於九月戊午。

〔二二〕丙戌：《長編》卷一一〇載此詔於十月乙未。

〔二三〕乙酉王曙罷：《長編》卷一一一：「乙酉，工部侍郎、參知政事王曙罷爲資政殿學士、户部侍郎，以疾自請也。」《宋史》卷一〇《仁宗紀二》作「丁酉，王曙罷」，繫日誤。

〔二四〕晏殊樞密副使，《長編》卷一一一、《宋史》卷一〇同繫於八月辛丑，《宋宰輔編年録》卷四與《事略》同繫八月庚子朔。

〔二五〕親政諸舉措，《長編》卷一一二、《宋史》卷一〇同繫於四月壬子。

〔二六〕張士遜楊崇勳罷：《長編》卷一一三：「門下侍郎、兼兵部尚書、平章事張士遜罷爲左僕射、判河南府，樞密使、山南東道節度使楊崇勳罷爲河陽三城節度使、同平章事、判許州。」

〔二七〕薛奎罷：《長編》卷一一三：「禮部侍郎、參知政事薛奎罷爲資政殿學士、户部侍郎、判都省。」

〔二八〕李迪罷：《長編》卷一一六：「工部尚書、平章事李迪罷爲刑部尚書、知亳州。」

〔二九〕「朕恭惟」前，《長編》卷一一六多出「王者奉祖宗，尚功德。故禋天祀地，則侑神作主，審禘合食，則百世不遷」數句。

〔三〇〕九月新樂成：卷《宋史》卷一〇言：「九月壬寅，按新樂。」

〔三一〕置大宗正司，《長編》卷一一九、《宋史》卷一〇繫於七月乙未，《事略》漏書日期。

〔三二〕《長編》卷一一九所載詔文，較此爲詳。

〔三三〕《長編》卷一一九、《宋史》卷一〇繫李諮薨於十二月丙寅，王德用、章得象事於辛卯，《事略》不書日期。

〔三四〕吕夷簡王曾宋綬蔡齊罷：《長編》卷一二〇：「右僕射、兼門下侍郎、平章事吕夷簡罷爲鎮安節度使、同平章事、判許州，右僕射、兼門下侍郎、平章事王曾罷爲左僕射、資政殿大學士、判鄆州，吏部侍郎、參知政事宋綬罷爲尚書左丞、資政殿學士，禮部侍郎、參知政事蔡齊罷爲吏部侍郎，歸班。」

〔三五〕三州地震，《長編》卷一二〇、《宋史》卷一〇繫於十二月甲申，《事略》未書日期。

〔三六〕王隨陳堯佐韓億石中立罷：《長編》卷一二一：「門下侍郎、平章事王隨罷爲彰信節度使、同平章事，户部侍郎、平章事陳堯佐罷爲淮康節度使、同平章事、判鄭州，户部侍郎、參知政事韓億罷歸本班，禮部侍郎、參知政事吕夷簡罷爲户部侍郎、資政殿學士。」

〔三七〕辛未：《長編》卷一二二、《宋史》卷一〇均作「癸酉」。

〔三八〕趙元昊反，《長編》卷一二二、《宋史》卷一〇並載「丙寅，鄜延路都鈐轄司言趙元昊反」。

〔三九〕王德用罷：《長編》卷一二三：「宣徽南院使、定國節度使、知樞密院事王德用……壬子，罷爲武寧節度使，赴本鎮。」

〔四〇〕盛度程琳罷：《長編》卷一二五：「降武寧節度使、知樞密院事盛度爲尚書右丞、知揚州，尚書左丞、參知政事程琳爲光禄卿、知潁州。」

〔四一〕夏人犯保安軍事，《長編》卷一二五繫於十一月，云：「西賊寇保安軍，鄜延鈐轄盧守懃等擊走之。」注云：「賊寇保安，《稽古録》在十二月，據范雍疏則在十一月。《實録》於十二月初九日書盧守懃等功賞，凡功賞必因奏到乃行，保安被賊，决在十一月，不在十二月也。今校正，從范疏繫十一月末。」則《事略》當據賞功月書之。《長編》於十二月乙丑（九日）載「賞保安軍守禦之功」云「（狄）青功最多，故超四資授官」，是爲《事略》「狄青敗之」所本。

〔四二〕夏守贇罷：《宋宰輔編年録》卷四云：「二月丙午，夏守贇罷同知樞密院事，除宣徽南院使、陝西經略緣邊招討使。」《長編》卷一二六、《宋史》卷一〇、卷二一一《宰輔表二》載其事於二月丁亥。

〔四三〕王鬷陳執中張觀罷：《長編》卷一二六：「工部侍郎、知樞密院事王鬷，右諫議大夫、知樞密院事陳執中，給事中、同知樞密院事張觀並罷。鬷知河南府，執中知青州，觀知相州。」

〔四四〕夏守贇罷：《長編》一二八：「戊申，宣徽南院使、鎮海節度使、同知樞密院事夏守贇罷爲天平節度使、判澶州。」

〔四五〕九月壬午李若谷罷：《宋史》卷二一一《宰輔表二》：「九月戊午，李若谷自參知政事以疾授資政殿大學士、吏部侍郎、提舉會靈觀。」《長編》卷一二八、《宋史》卷一〇同在戊午，《事略》「壬午」當爲「戊午」之誤。

〔四六〕辛未：《長編》卷一二八繫攻白豹城事於九月壬申，《皇宋十朝綱要》卷五繫於九月庚午。

〔四七〕宋綬薨，《長編》卷一二九、《宋史》卷一〇繫於十二月癸卯，《事略》漏書日期。

東都事略卷第六

本紀六

慶曆①元年春二月辛卯，韓琦以任福等與賊戰於好水川，任福及耿傅、桑懌、王珪、武英死之〔一〕。己亥，皇子昕薨。

夏五月乙丑，皇子昉薨〔二〕。辛未，宋庠、鄭戩罷〔三〕，王舉正參知政事，任中師、任布並樞密副使。秋八月，元昊寇麟、府二州〔四〕。戊子，元昊陷豐州，守臣王餘慶死之〔五〕。乙未，毀潼關。九月乙亥，詔天下立義倉。

冬十一月丙寅，合祭天地於圜丘，大赦天下，改元。

二年春正月，契丹聚兵幽、薊。三月丁巳，杜衍宣撫河東。辛酉，晁宗慤罷〔六〕。己巳，契丹遣蕭英、劉六符來求關南地。

夏四月庚寅〔七〕，命富弼使於契丹。五月丁巳〔八〕，陞大名府爲北京。戊辰②，詔自中宫已下，並不得衣銷金、

①曆（歷）：錢校云：「此本『歷』字，俱係乾隆中剜改。」

②戊辰：原作「戊寅」，按是年五月癸卯朔，無戊寅日，據《長編》卷一三六、《宋史》卷一一改。

縷金、蹙金、陷金、明金、泥金、楞金、背金、欄金、盤金、織金、線金①、撚金等。

秋七月丙午，任布罷〔九〕。戊午，呂夷簡判樞密院，章得象兼樞密使，富弼還。癸亥，再使契丹。九月丙午，呂夷簡改兼樞密使。乙丑，契丹遣耶律②仁先、劉六符來修好。閏月③甲午，葛懷敏與元昊戰於定川砦，敗績〔一〇〕。

冬，元昊求納款〔一一〕。

三年春正月辛未，封皇子曦爲鄧王〔一二〕，是日薨。癸巳，延州言元昊稱夏國，遣賀從勗④來納款。二月，遣梁適使於契丹〔一三〕。三月戊子，呂夷簡守司空〔一四〕，軍國大事與中書、門下、樞密院同議以聞。晏殊同中書門下平章事兼樞密使，賈昌朝參知政事。

夏四月癸卯，以邵良佐使夏州。甲辰，韓琦、范仲淹並樞密副使。乙巳，杜衍樞密使，夏竦罷〔一五〕。甲子，呂夷簡罷與議軍國大事。五月丁卯⑤朔，日有食之。乙亥，忻州地震。丁亥，置武學。戊子，雨。上曰：「天久不雨，將害民田，朕每焚香上禱於天。昨寢殿中，聞雷遽起，冠帶露立殿庭，須臾雨霑衣，或冀枯苗尚可救。」

---

①線金：原作「金線」，據《長編》卷一三六乙。

②耶律：原作「邪律」，據《長編》卷一三七、《遼史》卷九六《耶律仁先傳》改。本書「耶律」均作「邪律」，下通改作「耶律」，不一一加注。

③閏月：原脱。按是年九月辛丑朔，無甲午日，據《長編》卷一三六、《宋史》卷一一補。

④賀從勗：勗，因避宋神宗諱缺末筆，或改作「勉」，或作「勖」。

⑤丁卯：原作「乙卯」，五月無乙卯日，據《長編》卷一四一、《宋史》卷一一及錢校改。錢校云：「當從《宋史》作『丁卯』。案《宋史》四月戊戌朔，丁卯是。」

秋七月丙子①，王舉正罷〔一六〕。甲戌〔一七〕，任中師宣撫河東，范仲淹宣撫陝西。元昊遣使來〔一八〕。八月丁未，范仲淹參知政事，富弼樞密副使。癸丑，以韓琦宣撫陝西。九月乙亥，任中師罷〔一九〕。

冬十月，詔韓琦等曰：「比以中外人望，故決意用卿等。今琦暫往陝西，仲淹、弼宜與宰相得象盡心國事，毋或有所顧避。其當世急務有可建明者，悉爲朕陳之。」壬寅〔二〇〕，詔曰：「《虞典》考三載之績，《周官》計羣吏之治，考課則有限年之制，入官則有循資之格。然非褒沮善惡，則不激厲；非甄别流品，則不憤發。特須程式，以茂官箴。自今京朝官有舉官五人方得磨勘外，郎至卿、監亦如之。其舉者不足，增二年。」甲子，鄭戩奏城水洛。冬②十一月丙寅，上清宫災。庚寅，韓琦使還〔二一〕。

四年春正月乙亥，荆王元儼薨。丙子〔二二〕，宜州歐希範叛，破環州。癸未，詔：「自今見任兩府及兩省已上官，不得陳乞子弟親戚爲館職。其進士及第三人已上者，一任回無過犯，須進經術十卷，下兩制看詳可否召試，入優等，方得除館職。或闕人，即以嘗有兩府臣僚二人或大兩省已上三人保薦者，並令進文字，然後補試之。」丁亥，詔曰：「《周禮》大司樂掌學政，以六藝教國子。漢制，光禄勳典仕籍③，以四行察三省郎。今蔭法之所原，古典刑之是憲。夫冢嗣先録，以篤爲後之體；支子限年，以明入官之重。非惟爲國造士，是乃爲臣立家。咨爾百僚，體朕兹意。」壬辰，詔曰：「廉素者士之常，而富貴者是人之所欲也。昔先帝詔復公田，合王制班禄之差，得聖人養賢之道。然郡縣受地，有無不齊，其議所以均之。」

①丙子：原作「甲子」，七月無甲子日，據《長編》卷一四二、《宋史》卷一一改。
②冬：前已書「冬十月」，按文例當衍。
③仕籍：原作「任藉」，覆宋本同，據《皇朝文鑑》卷三二張方平《條制資蔭敕》改。

三月壬申〔二三〕，詔曰：「夫儒者通乎天地人之理，而兼明古今治亂之原，可謂博矣。然學者不得騁其說，而有司務先聲病章句以牽拘之，則吾豪儁奇偉之士，何以奮焉？士有明純樸茂之美，而無教學養成之法，其飭身勵節者，使與不肖之人雜而並進，則夫懿德敏行之賢，何以見焉？今朕建學興善，以尊子大夫之行，而更革弊法，以盡學者之材，其於教育之方，勤亦至矣。有司其務嚴訓導，精察舉，以稱朕意。學者其思進德修業，而無失其時。」於是諸路州、府、軍、監並立學，如修學者多及二百人以上，許更置縣學。

夏四月，令杜杞往平歐希範〔二四〕。五月庚午，忻州地震。丙戌，元昊遣使來稱臣，更名曩霄。

秋七月，水洛城成〔二五〕。庚戌，范仲淹宣撫陝西、河東〔二六〕。癸未，契丹遣耶律元衡來告舉兵攻夏州。八月，富弼宣撫河北〔二七〕。戊戌，保州軍亂。九月辛酉①，田況以李昭亮平保州。庚午，晏殊罷〔二八〕。甲申，杜衍同中書門下平章事兼樞密使，賈昌朝樞密使，陳執中參知政事。

冬十一月己卯②，改謚真宗五后尊謚。壬午，合祭天地於圜丘，大赦天下。十二月乙未，封曩霄爲夏國主。

五年春正月乙酉，范仲淹、富弼罷〔二九〕。丙戌，杜衍罷〔三〇〕，賈昌朝同中書門下平章事兼樞密使，王貽永樞密使，宋庠參知政事，吳育、龐籍樞密副使。二月辛卯，詔曰：「比者京朝官須因人保任，始得遷官。朕念廉士或不能以自進也，其罷之。」三月己未，詔大宗正寺曰：「朕思古之人君，莫不厚親戚以輔王室，始邦家而化天下。宋興八十餘載，宗室蕃衍，宜令睦親宅諸院教授官課經典文詞以聞。」辛酉，韓琦罷〔三一〕。甲子，杜杞誘歐希範醢之。

---

①辛酉：原作「辛卯」，是年九月己未朔，無辛卯日，據《長編》卷一五二、《宋史》卷一一改。

②己卯：原作「壬寅」，是年十一月戊午朔，無壬寅日，據《長編》卷一五三、《宋史》卷一一改。

甲申，赦陝西。戊申，章得象罷〔三二〕，陳執中同中書門下平章事兼樞密使。庚戌，吴育參知政事，丁度樞密副使。秋七月戊申①，廣州地震。八月庚午②，荆南、岳州地震。

冬十月乙卯，契丹使來獻捷。辛酉，升祔章獻、章懿於真宗廟室，大赦天下。庚辰③，宰相罷兼樞密使。

六年春二月戊寅，青州地震。三月辛巳朔，日有食之。庚寅，登州地震。五月④甲申，雨雹，地震。秋八月癸酉，吴育樞密副使，丁度參知政事。九月辛卯⑤，登州地震。上曰〔三三〕：「山東連歲⑥地震，宜防未然之變，其下登州嚴武備。」

七年春二月己未⑦，賈昌朝、吴育罷〔三四〕，夏竦樞密使，文彦博樞密副使。丁酉，文彦博參知政事，高若訥樞密副使。

冬十月乙丑，河陽、許州地震。十一月乙未，加上真宗尊謚。戊戌，合祭天地於圜丘，大赦天下。王則反於貝州。

①戊申：原作「甲子」，是年七月甲申朔，無甲子日，據《長編》卷一五六、《宋史》卷一一改。
②八月庚午：原作「乙卯」，是年七月無乙卯日，據《長編》卷一五七、《宋史》卷一一改。
③庚辰：原作「庚戌」，是年十月癸丑朔，無庚戌日，據《長編》卷一五七、《宋史》卷一一改。
④「五月」前，按文例應補「夏」字。
⑤辛卯：原作「丁卯」，是年九月戊寅朔，無丁卯日，據《長編》卷一五九改。
⑥歲：原脱，據《長編》卷一五九補。錢校云：「『連』字下誤空，疑有『次』字。」
⑦二月己未：《長編》卷一六〇、《宋史》卷一一、卷二一一《宰輔表二》並作「三月乙未」，《事略》蓋誤。

八年春正月丁丑，文彦博宣撫河北。閏月辛丑，文彦博平貝州。甲辰，赦河北。戊申，文彦博同中書門下平章事。甲子，衛士作亂於禁中。丙寅①，王則伏誅。

夏四月壬辰，丁度罷[三五]，明鎬參知政事。五月，夏竦罷[三六]，宋庠樞密使，龐籍參知政事。六月甲午，明鎬薨。河北大水[三七]。

冬十二月乙丑朔，詔改元。

皇祐元年春正月甲午朔，日有食之。二月，淯井蠻寇邊。

秋八月壬戌，陳執中罷[三八]，宋庠同中書門下平章事，龐籍樞密使，高若訥參知政事，梁適樞密副使。九月，廣源州蠻寇邕州[三九]。

二年春三月戊子朔，詔以九月有事於明堂。

夏四月乙丑，詔曰：「明堂之禮，前代並用鄭康成、王肅義説，兼祭昊天上帝，已爲變禮。國朝自祖宗以來，三歲一親郊，即遍祭天地，而百神靡不從祀。明堂正當三歲親郊之期，而禮官所定上祭昊天五帝，而不及地祇，又配坐不及祖宗，未合三朝之制。今移郊爲大享，蓋爲民祈福。若祭天而不祭地，又祖宗不得遍配，於禮未安。其將來親祀明堂，宜合祭昊天、皇地祇，奉太祖、太宗、真宗並配，而五帝、神州、地祇亦親獻，日月河海諸神悉如

①丙寅：原作「丙午」，次戊申、甲子後，誤。據《長編》卷一六二、《宋史》卷一一並作「丙寅」，據改。

圜丘從祀之數，以稱朕躬事天地祖宗神靈之意。」五月，廣源州蠻遁〔四〇〕。

秋九月辛亥，大享明堂，大赦天下。

冬十一月，秀州地震〔四一〕。

三年春三月庚申，宋庠罷〔四二〕。

夏五月，眉州進《瑞麥圖》〔四三〕。上曰：「朕嘗禁四方瑞物，今則西川麥秀，可謂真瑞矣。其賜田夫束帛，以敦勸之。」六月，無爲軍獻芝草〔四四〕。上曰：「朕以豐年爲瑞，賢臣爲寶，至於草木蟲魚之異，焉足尚哉！仍戒州郡，自今無得以聞。」

秋七月丙辰，詔曰：「兖州仙源縣，自國朝以來，以①孔子子孫知縣事，使奉承廟祀。近歲廢而不行，非所以尊先聖也。自今宜以孔子子孫知縣事。」

冬十月，作隆儒殿〔四五〕。庚子，文彦博罷〔四六〕，龐籍同中書門下平章事，高若訥樞密使，梁適參知政事，王堯臣樞密副使。

四年夏四月，廣源州蠻儂智高反。五月乙巳，儂智高陷邕州，司户參軍孔宗旦死之。癸丑，儂智高陷横州。丙辰，陷貴州。庚申，陷龔州。辛酉，陷藤州，又陷梧州，又陷封州，守臣曹覲死之。壬戌，陷康州，守臣趙師旦死之。癸亥，儂智高陷端州。丙寅，儂智高圍廣州。六月丁亥，狄青樞密副使。

①以：原無，據《長編》卷一七〇補。

秋七月壬戌，智高去。九月庚午，命狄青討儂智高。
冬十月丁丑，儂智高陷賓州。甲申，智高入據邕州。十一月壬寅朔，日有食之。
五年春正月戊午，狄青敗儂智高於歸仁鋪，智高遁。二月甲申，赦廣南。三月甲子〔四七〕，奉太祖御容赴滁州，太宗御容赴并州，真宗御容赴澶州，立原廟。
夏四月壬申，狄青還。五月乙巳，狄青樞密使，高若訥罷〔四八〕。丁未，孫沔樞密副使。六月乙亥①，奏新樂。
秋閏七月壬申，龐籍罷〔四九〕，陳執中、梁適並同中書門下平章事，劉沆參知政事〔五〇〕。
冬十一月己巳，合祭天地於圜丘，大赦天下。
至和元年春正月癸酉，貴妃張氏薨。三月己巳，王貽永、孫沔罷〔五一〕，王德用樞密使，田況副使〔五二〕。庚辰②，改元。
夏四月甲午朔③，日有食之。
秋七月丁卯，程戡參知政事。戊辰，梁適罷〔五三〕。八月丙午，劉沆同中書門下平章事。
冬十月辛卯朔，太白晝見。

①乙亥：原作「己亥」，是年六月己巳朔，無己亥日，據《長編》卷一七四、《宋史》卷一二改。
②庚辰：原作「庚申」，是年三月乙丑朔，無庚申日，據《長編》卷一七六、《宋史》卷一二及錢校改。錢校云：「當從《宋史》作『庚辰』。考三月乙丑朔，上有己巳，『庚申』字誤。」
③甲午：原作「甲申」，是年四月無甲申日，據《長編》卷一七六、《宋史》卷一二及錢校改。錢校云：「當從《宋史》作『甲午』。」

二年春三月丙子，詔封孔子後爲衍聖公。

夏四月己亥，契丹遣使以其主繪像來獻，且求御容。六月，陳執中罷〔五四〕。戊申〔五五〕，文彦博、富弼並同中書門下平章事。

冬十二月庚戌，太白晝見。

嘉祐元年春正月庚申，皇帝不豫〔五六〕。甲子，大赦天下。二月甲辰，御延和殿。閏三月癸未，王堯臣參知政事，程戡樞密副使。

夏四月，河北大水。壬子，河決商胡。六月乙亥，太社、太稷壇壞。己卯，詔曰：「迺者淫雨降災，大水爲沴，兩河之間決溢爲患，皆朕不德，天意所譴。其令中外實封言時政闕失，毋有所諱。」

秋七月，彗出紫微垣。八月庚戌朔，日有食之。癸亥，狄青罷〔五七〕，韓琦樞密使。九月辛卯，恭謝天地於大慶殿，大赦天下，改元。

冬十一月辛巳，王德用罷〔五八〕，賈昌朝樞密使。十二月戊申朔，劉沆罷〔五九〕，曾公亮參知政事。

二年春三月丁丑，雄、霸州地震〔六〇〕。乙未①，契丹遣耶律防來求御容。

秋八月丁卯，天下置廣惠倉。九月，契丹遣蕭扈來求御容〔六一〕。

---

①乙未：原作「三月己未」，是年三月無己未日，前已書三月丁丑，援例删「三月」，據《長編》卷一八五、《宋史》卷一二改「己未」爲「乙未」。

冬十月乙巳，以張昇奉御容使於契丹〔六二〕。

三年夏六月丙午，文彥博罷〔六三〕，韓琦同中書門下平章事，賈昌朝罷〔六四〕，宋庠、田况樞密使，張昇副使。丁卯①，交趾獻異獸。

秋八月己未，王堯臣薨。

冬閏十二月丁丑，詔曰：「朕惟國之取士，士之待舉，皆不可以曠久，亦不可以泛冗，冗則課校不審，久則賢儁或滯。用間歲之期，而約貢舉之數，以精其選，著爲定法，申敕有司，而高下之②。往嘗不次而用，若猶例進，終至溢員，故增其任以舉其材，緩其進以圖其效，此天下之士所同欲，而朕果於必行也。若夫高材異行，施於有政，忠謨嘉猷，見諸行事，已試之狀，爲衆所推，必有非常之恩，以示至公之道③。咨爾多士，體朕意焉。」

四年春正月丙申朔，日有食之。三月辛卯〔六五〕，詔：「凡宮室之制，器用之度，冠服之章，妾媵之數，其令中外各遵守前後詔條，違者御史臺及開封府糾察以聞。諸路即委轉運使、提點刑獄及長吏，如詔施行。」

夏四月癸酉④，詔曰：「先王推紹天之序，尚尊賢之義，褒其後嗣，賓以殊禮，豈非聖人稽古報功之大典哉！國家受命之元，繼周而王，雖民靈欣戴，曆數允集，而虞賓將遜，德美丕顯。頃者，推原本始，褒及支庶，恩則厚

---

①丁卯：原作「乙亥」，是年六月庚子朔，無乙亥日，據《長編》卷一八七、《宋史》卷一二改。
②而高下之：《長編》卷一八八作「而高第之人」，較佳。《長編》所載詔文，與此多異，可參看。
③「至公之道」下，繆校多「不使大器淹滯」六字。
④「癸酉」下，繆校有「早上步禱」四字。

矣，而義未稱。將上采姚、姒之舊，略循周、漢之典，詳其世嫡，優以公爵，異其仕進之路，申以土田之錫，俾寢廟有奉，庶幾乎《春秋》通三統之義，厚先代之制矣。其以柴氏最長一人封崇義公，與河南、鄭州差遣，給公田十頃，以奉周祀。至知州資敍，即別與差遣，却取以次近親人襲爵，永爲定式。」五月丙辰，田况罷〔六六〕。六月己卯①，放宮女二百一十四人。

冬十月癸酉，祫祭於太廟，大赦天下。

五年夏四月癸未，程戡罷〔六七〕，孫抃樞密副使。五月，京師地震〔六八〕。六月乙丑，詔曰：「朕聞前代之稱治者，君臣同心，上下輯睦，人知禮義之節，俗無激訐之風，何其德之盛也！朕雖弗敏，切嘗慕焉。自今臣僚如有輒上封章告人罪及以赦前事言者，並當訊劾之。言事之臣雖許風聞，宜務大體，如事關朝政，無憚極論，自餘小過細故，勿須察舉。」

秋七月庚戌，詔曰〔六九〕：「夫和平醇一之政行，則民休美之氣應；險刻媮薄之路啓，則民戚慘之變生。蓋風化之感天下，其猶影響之相從也。御史執法嘗爲朕言，宜深詔執事以遏浮競之風。其令中書門下務采端厚忠實，可以表厲風俗之士，並進於朝，以啓迪朕心；其詭激辨巧，敢涉朋比之迹者，必行放棄之罰。庶幾朝廷清明，百異消弭，以起治平。咨爾攸司，其服朕命。」

冬十一月辛丑，宋庠罷〔七〇〕，曾公亮樞密使，張昇、孫抃參知政事，歐陽修、陳升之、趙槩並樞密副使。

---

①己卯：原作「辛亥」，而是年六月癸亥朔，無辛亥日，據《長編》卷一八九改。《宋史》卷一二繫辛卯日，《長編》云：「己卯，放宮人二百一十四人，修陰教以應天變也。」注云：「按司馬氏《日記》云：六月己卯，以去夜月食，出宮女百餘人，以應天變，修陰教。而《實録》乃於辛卯日書此事，恐誤也，今從《日記》。」

六年春三月己亥，富弼以母喪罷。

夏四月庚辰，陳升之罷〔七一〕，包拯樞密副使。六月壬子朔，日有食之。

秋七月癸巳，詔曰：「朕惟善治之主，以天下耳目爲視聽，而不自任其聰明。耳目之官，今臺諫之任也。夫以四海之廣，萬事之衆，臺官數人，不能以周知，固將詢及士大夫。而其間傾邪險害之徒，不惟朝廷義理所在，謂職在言責，執必施行，輒徇己之愛憎，倚依形似，扇造語言，以中善良，豈朕所以圖治之意哉！昔夏后氏之時，官師相規，漢之公卿耻言人過，今吾士大夫乃違古人之守，蹈薄俗之爲，日益之流，漫不知止，甚無謂也。其令中書門下開儆百工，務行敦實。」閏八月庚子，曾公亮同中書門下平章事，張昪樞密使。歐陽修參知政事，胡宿樞密副使〔七二〕。

冬十月壬辰，詔以皇姪起復，知宗正寺。

七年春正月乙亥，詔自今南郊以太祖皇帝定配。三月乙卯，孫抃罷〔七三〕，趙槩參知政事，吴奎樞密副使。

夏五月庚午，包拯薨。

秋八月己卯，詔曰：「人道親親，王者之所先務也。蓋二帝之隆治由斯出，朕甚慕之。右衛大將軍、岳州團練使某，皇兄濮安懿王之子，而朕之猶子也。少鞠於宫中，而聰智仁賢，見於夙成。向者選於宗子近籍，命以治宗正之事，使者數至其第，乃崇執謙退，久不受命，朕默然有嘉焉。朕承先帝遺緒，奉承聖業，罔敢失墜。夫立愛之道，自親者始，固可以厚天下之風，而上以嚴夫宗廟也。其以爲皇子。」九月辛亥，大①享明堂，大赦天下。

①「大」字前，繆校有「率皇子」三字。

八年春二月癸未，皇帝不豫。甲申，赦天下。三月辛未，皇帝崩於福寧殿，聖壽五十四。甲午，殯於殿之西階。羣臣上尊謚曰神文聖武明孝皇帝，廟號仁宗。冬十月甲午，葬永昭陵。元豐六年，加上尊謚曰體天法道極功全德神文聖武睿哲明孝皇帝。

臣稱曰：神文皇帝即位四十二年，恢廓有聖度，以大公至正臨御，不爲喜怒愛憎之所遷，尊敬大臣，容受直諫。其於宮室苑囿，無所興作。三司請以玉清舊地爲御苑，上曰：「吾奉先帝苑囿，猶謂其廣，何以苑爲？」其事天地、宗廟，則齊栗不自勝，或遇時變，必跣足露立，致禱於庭，退則靜思所以致變者。所幸張貴妃，每責以正禮，見其以珠玉爲飾，則卻而不視，帷帟衾裯，多施以繒絁。元昊不臣，懷以文德；契丹渝盟，敦守大信。專務恭儉，以德化民。天下大辟有疑而情可閔者，皆令上讞之，所活歲以千數。吏有失①入死者，則終身不用。嘗曰：「朕未嘗詈人以死，況敢濫刑罰乎！」是以四海之内，舉熙熙然，至於昆蟲草木，各安其生。又能傳政賢明，克昌景祚，烏虖仁哉！

【箋證】

〔一〕任福等戰死，《長編》卷一三一繫於二月癸巳（十四日）。

〔二〕皇子昉薨：《長編》卷一三二：「贈皇長子爲太傅，封褒王，賜名昉，謚懷靖，與豫王同葬於永安。」《宋史》卷一一《仁宗紀三》亦

①失：原作「先」，據覆宋本、四庫本改。

云「追封」，不言其薨於五月乙丑。

〔三〕宋庠鄭戩罷：《長編》卷一三二：「右諫議大夫、參知政事宋庠守本官、知揚州；樞密副使、右諫議大夫鄭戩加資政殿學士、知杭州。」

〔四〕元昊寇麟府二州，《長編》卷一三二、《宋史》卷一一均繫於七月末。

〔五〕王餘慶戰死，《長編》卷一三三繫於八月乙未。

〔六〕晁宗慤罷：《長編》卷一三五：「右諫議大夫、參知政事晁宗慤，罷爲給事中、資政殿學士，以久被疾故也。」

〔七〕庚寅：《長編》卷一三五、《宋史》卷一一均作「庚辰」。

〔八〕丁巳：《長編》卷一三六、《宋史》卷一一均作「戊午」。

〔九〕任布罷：《長編》卷一三七：「樞密副使、給事中任布罷爲工部侍郎、知河陽。」

〔一〇〕葛懷敏戰死事，《長編》卷一三六繫於閏九月癸巳，《皇宋十朝綱要》卷五在閏九月壬辰。

〔一一〕冬元昊求納款：《長編》卷一三八慶曆二年十月丙寅：「契丹遣林牙、保大節度使蕭偕來報撤兵。」《皇宋十朝綱要》卷五云：「丙寅，契丹遣使來貢並致誓書，報撤兵。」《宋史》卷一一記作：「丙寅，契丹遣使來再致誓書，報撤兵。」所記略有不同，《事略》謂「元昊求納款」或即其事。

〔一二〕封皇子曦爲鄧王：「鄧王」，《宋會要輯稿》帝系一之六〇、《長編》卷一三九、《宋史》卷一一並作「鄂王」。曦封鄂王，《宋會要》在慶曆二年十二月，《長編》《宋史》在三年正月庚午朔，《事略》在三年正月辛未。至曦卒日，《長編》《事略》《宋史》同在正月辛未，而《宋會要》在正月一日，所載各異。《事略》謂封鄧王與薨同在辛未（二日），或係誤傳，「鄧」當爲「鄂」之誤。

〔一三〕梁適使契丹，《長編》卷一三九繫於二月庚戌。

〔一四〕司空：《宋史》卷二一一《宰輔表二》：「三月戊子，呂夷簡自司空、平章軍國事以疾授司徒、監修國史，與議軍國大事。」《長編》卷一四〇、《宋史》卷一一亦作「司徒」，《事略》「司空」當爲「司徒」之誤。

〔一五〕夏竦罷：《長編》卷一四〇：「宣徽南院使、忠武節度使夏竦赴本鎮。」

〔一六〕王舉正罷：《宋史》卷二一一《宰輔表二》：「七月丙子，王舉正自參知政事以資政殿學士知許州。」

〔一七〕甲戌：《長編》卷一四二、《宋史》卷一一作「甲申」，疑是。

〔一八〕元昊遣使，《長編》卷一四二繫於七月乙酉，《事略》漏書日期。

〔一九〕任中師罷：《長編》卷一四三：「樞密副使、給事中任中師求補郡，乙亥，罷爲禮部侍郎、資政殿學士、知永興軍。」

〔二〇〕壬寅：《長編》卷一四四、《宋史》卷一一均作「甲申」，疑是。《長編》所載壬戌詔，遠較《事略》爲詳，可參看。

〔二一〕韓琦使還：《長編》卷一四五：「庚寅，詔陝西宣撫使韓琦、副使田況赴闕。」

〔二二〕丙子：據《長編》卷一四六，歐希範叛破環州在正月甲子。

〔二三〕壬申：《長編》卷一四七、《宋史》卷一一均作「乙亥」。

〔二四〕杜杞往平歐希範，《長編》卷一四八、《宋史》卷一一均繫於四月丁酉，《事略》漏書日期。

〔二五〕水洛城成，《長編》卷一五一在七月壬申，云：「賜修水洛城禁軍及弓箭手緡錢。」

〔二六〕庚戌范仲淹宣撫陝西河東：是年七月無庚戌日，《事略》繫日有誤。范仲淹宣撫陝西、河東，《長編》卷一五〇、《宋史》卷一一均繫於六月壬子，是。

〔二七〕富弼宣撫河北，《長編》卷一五〇、《宋史》卷一一均繫於八月甲午，《事略》漏書日期。

〔二八〕晏殊罷：《長編》卷一五二：「刑部尚書、平章事、兼樞密使晏殊罷爲工部尚書、知潁州。」

〔二九〕范仲淹富弼罷：《宋史》卷二一一《宰輔表二》：「正月乙酉，范仲淹自右諫議大夫以資政殿學士出知邠州兼陝西四路緣邊安撫使，富弼自右諫議大夫以資政殿學士、京東西路安撫使兼知鄆州，用錢明逸疏也。」

〔三〇〕杜衍罷：《長編》卷一五四：「工部侍郎、平章事、兼樞密使杜衍罷爲尚書左丞、知兗州。」

〔三一〕韓琦罷：《長編》卷一五五：「辛酉，琦罷樞密副使，加資政殿學士、知揚州。」

〔三二〕章得象罷：《長編》卷一五五：「工部尚書、平章事、兼樞密使章得象罷爲鎮安節度使、同平章事、判陳州。」

〔三三〕「上曰」條，《長編》卷一五九繫於十月甲戌。

〔三四〕賈昌朝吴育罷：《長編》卷一六〇：「乙未，工部侍郎、平章事賈昌朝罷爲武勝節度使、同平章事、判大名府、兼北京留守司、河北安撫使；樞密副使、右諫議大夫吴育爲給事中，歸班。」

〔三五〕壬辰丁度罷：《宋宰輔編年録》卷五：「四月壬申，丁度罷參知政事。」《宋史》卷一一亦在壬申，而《長編》卷一六四、《宋史》卷二一一《宰輔表二》則繫於四月辛未。《長編》云：「辛未，罷度爲紫宸殿學士、兼翰林侍讀學士，從度之請也。度罷以癸未，今從《百官表》。」《事略》作壬辰，疑誤。

〔三六〕五月夏竦罷：《宋史》卷二一一《宰輔表二》：「五月辛酉，夏竦自樞密使以檢校太師依前同平章事、河陽三城節度使判河南府兼西京留守司，以何郯論其姦邪故也。」《長編》卷一六四、《宋史》卷一一亦繫五月辛酉，《事略》漏書日期。

〔三七〕河北大水：《長編》卷一六四：「癸酉，河決澶州商胡埽。」而《宋史》卷一一則繫六月丙子。《事略》所言「大水」，當指河決商胡埽事。

〔三八〕陳執中罷：《長編》卷一六七：「工部侍郎、平章事陳執中罷爲兵部尚書、知陳州。」

〔三九〕廣源州蠻寇邕州，《長編》卷一六七、《皇宋十朝綱要》卷六繫其事於九月乙巳，《事略》未書日期。

〔四〇〕廣源州蠻遁，《長編》卷一六八繫其事於五月戊申，《事略》未書日期。

〔四一〕秀州地震，《長編》卷一六九繫其事於閏十一月辛酉夜，《宋史》卷一二《仁宗紀四》繫於閏十一月丙寅，而《宋史》卷六七《五行志》則繫十一月丁酉，可見地震頻發。

〔四二〕宋庠罷：《長編》卷一七〇：「諫官包拯、吴奎、陳旭言工部尚書、平章事宋庠不戢子弟，在政府無所建明。又言庠聞有劾章，即求退免，表既再上，乃不待答，復入視事。庚申，罷爲刑部尚書、觀文殿學士、知河南府。」

〔四三〕眉州進《瑞麥圖》，《長編》卷一七〇繫於五月辛亥，《事略》未書日期。

〔四四〕無爲軍獻芝草，《長編》卷一七〇繫於六月丁亥，《事略》未書日期。

〔四五〕作隆儒殿，《長編》卷一七一繫於十月乙酉，《事略》未書日期。

〔四六〕文彦博罷：《長編》卷一七一：「禮部尚書、平章事文彦博罷爲吏部尚書、觀文殿大學士、知許州。」

〔四七〕甲子：《宋史》卷一二作「癸亥」，《長編》卷一七四同《事略》。《宋會要輯稿》禮一三之二：「皇祐五年三月……二十四日，迎赴滁州奉安。」則《事略》等所記爲遣使之日，而《會要》所記方爲奉安之日。

〔四八〕高若訥罷：《長編》卷一七四：「乙巳，樞密使、户部侍郎高若訥，罷爲尚書左丞、觀文殿學士、兼翰林侍讀學士、同羣牧制置使。」

〔四九〕龐籍罷：《長編》卷一七五：「壬申，户部侍郎、平章事龐籍以本官知鄆州。」

〔五〇〕劉沆參知政事，《長編》卷一七〇、《宋史》卷一二均在皇祐三年三月，《事略》誤繫於此。

〔五一〕王貽永孫沔罷：《長編》卷一七六：「樞密使、彰德節度使、同平章事王貽永，數以疾求罷。己巳，罷爲景靈宫使，加右僕射、兼侍中。」而孫沔罷，《長編》卷一七六、《宋史》卷一二均在至和元年二月壬戌，《事略》連書於此，且順序錯誤。

〔五二〕田況副使，《長編》卷一七六、《宋史》卷一二均在至和元年二月壬戌，《事略》連書於三月己巳後，誤。

〔五三〕梁適罷：《宋史》卷二一一《宰輔表二》：「七月丁卯，中丞孫抃等劾梁適。戊辰，適罷，守本官出知鄭州。」

〔五四〕六月陳執中罷：《長編》卷一八〇至和二年六月：「戊戌，吏部尚書、平章事陳執中罷爲鎮海節度使。」《宋史·宰輔表二》亦繫六月戊戌，與文彦博、富弼除授同日，《事略》失考，誤作「戊申」於後。

〔五五〕戊申：據《長編》卷一八〇、《宋史》卷一二，當作「戊戌」，且移置「六月」下。《宋史·宰輔表二》：「六月戊戌，文彦博自忠武節度使、檢校太尉兼知永興軍加禮部尚書、同平章事、昭文館大學士兼譯經潤文使，富弼自宣徽南院使、檢校太保、判并州加户部侍郎、同平章事、集賢殿大學士。」

〔五六〕皇帝不豫，《長編》卷一八二、《宋史》卷一二均繫於正月甲寅朔，而《長編》於庚申日詳述皇帝病症及議「肆赦消災」等。

〔五七〕狄青罷：《長編》卷一八三：「樞密使、護國節度使狄青罷樞密使，加同平章事、判陳州。」

〔五八〕王德用罷：《長編》卷一八四：「樞密使、河陽三城節度使、同平章事王德用罷樞密使，爲忠武節度使、同平章事、景靈宮使。」

〔五九〕劉沆罷：《長編》卷一八四：「壬子，兵部侍郎、平章事劉沆罷爲工部尚書、觀文殿大學士、知應天府。」《宋史》卷一二亦繫於正月壬子，《事略》誤繫於戊申朔。

〔六〇〕雄、霸州地震，《長編》卷一八五於三月庚辰言：「以雄、霸地震，詔緣邊長吏安撫軍民，轉運、提點刑獄司察其疾苦，及刑獄之冤濫者。」《宋史》卷一二繫於二月，不得其具體日期。

〔六一〕契丹遣蕭扈來求御容，《長編》卷一八六、《宋史》卷一二均繫九月庚子，《事略》漏書日期。

〔六二〕以張昪奉御容使於契丹：《宋史》卷一二作「遣胡宿報使契丹」。《長編》卷一八六繫其事於十月己酉：「翰林學士、兼侍讀學士、工部郎中、知制誥、史館修撰胡宿爲回謝契丹使，禮賓使李綬副之。且許以御容，約因賀正使置衣篋中交致焉。」注云：「張唐英云遣張昪送御容，契丹具儀仗，拜謁驚嘆。按張昪非送御容者，今不取。」《事略》蓋以嘉祐二年三月戊戌「遣張昪報使契丹」事繫此，誤。

〔六三〕文彦博罷：《長編》卷一八七：「吏部尚書、平章事文彦博，罷爲河陽三城節度使、同平章事、判河南府。」

〔六四〕賈昌朝罷：《宋史》卷二一一《宰輔表二》：「六月丙午，賈昌朝自樞密使以行尚書左僕射、檢校太師兼侍中、景靈宮使領鎮安軍節度使。」

〔六五〕三月辛卯：按是年三月乙未朔，無辛卯日。《長編》卷一八九、《宋史》卷一二並繫此詔於四月辛卯，疑《事略》繫月誤。

〔六六〕田況罷：《長編》卷一八九：「樞密使、禮部侍郎田況暴中風瘖，久在病告，十上章求去位。丙辰，罷爲尚書右丞、觀文殿學士兼翰林侍讀學士，提舉景靈宫。」

〔六七〕程戡罷：《長編》卷一九一：「樞密副使、吏部侍郎程戡罷爲觀文殿學士兼翰林侍讀學士、同羣牧置制使。」

〔六八〕京師地震，《長編》卷一九一、《宋史》卷一二繫於五月己丑，《事略》漏書日期。

〔六九〕《長編》卷一九二載此詔，文辭多異，可參看。

〔七〇〕宋庠罷：《長編》卷一九二：「樞密使、兵部尚書、同平章事宋庠罷爲河陽三城節度使、同平章事、判鄭州。」

〔七一〕陳升之罷：《長編》卷一九三：「樞密副使、右諫議大夫陳旭爲資政殿學士、知定州。」《宋史》卷二一一《宰輔表二》：「旭後改名升之。」

〔七二〕歐陽修參知政事、胡宿樞密副使，《長編》卷一九五、《宋史》卷一二均繫閏八月辛丑，《事略》漏書日期。

〔七三〕孫抃罷：《長編》卷一九六：「禮部侍郎、參知政事孫抃爲觀文殿學士兼翰林侍讀學士、同羣牧制置使。」

東都事略卷第七

本紀七

英宗體乾膺歷①隆功盛德憲文肅武睿聖宣孝皇帝，濮安懿王第十三子也，母曰仙遊縣君任氏。以天聖十年正月三日，生宣平坊宅。仁宗鞠養於宫中。景祐三年，授左監門衛率府副率。四年，遷率府率。五年，遷左千牛衛將軍，又遷左領軍衛將軍。寶元二年，皇子生，以慶曆元年十一月壬申出還濮邸，特授右千牛衛大將軍。皇祐元年②，遷右衛大將軍，岳州團練使。仁宗春秋高，皇嗣未立，至和三年不豫，天下共以爲憂，大臣文彦博、富弼、韓琦及范鎮、司馬光、吕誨等屢以爲言。嘉祐六年，英宗居濮王憂，乃命起復右衛大將軍，遷秦州防禦使、知大宗正寺，固辭不受。七年，立以爲皇子。

八年春三月辛未，仁宗崩。奉遺制即皇帝位於柩前〔一〕，尊皇后曰皇太后〔二〕。癸酉，大赦天下。丙子〔三〕，皇帝不豫。己卯，詔請皇太后權同處分軍國事。

夏四月己酉〔四〕，立皇后高氏。皇長子封安國公〔五〕，顥祁③國公〔六〕。五月，富弼樞密使〔七〕。

秋九月辛亥，皇長子封淮陽郡王，顥封鄂國公。冬十月甲午，葬神文聖武明孝皇帝於永昭陵。十一月④己

①膺歷：《宋史》卷一三《英宗紀》作「應曆」。而《宋會要輯稿》帝系一之一一、《長編》卷三三六、《宋大詔令集》卷一四一等作「膺歷」。
②元年：《宋史》卷一三《英宗紀》作「二年」。
③祁：原作「祈」，據本書卷一六、《宋史》卷二四六《吴王顥傳》及繆校改。
④十一月：原脱。按十月戊辰朔，無己酉日，考《宋史》卷一三載「赦兩京」事於十一月己酉，據補「十一月」三字。

西，赦兩京〔八〕。

治平元年春正月，改元〔九〕。

夏五月戊申，皇太后歸政。六月①己亥，皇長子封潁王②，顥封東陽郡王。冬十一月，籍陝西鄉丁爲義勇軍〔一〇〕。十二月，吴奎以父憂罷，王疇樞密副使〔一一〕。

二年春二月癸卯，王疇薨。三月己巳，頒《明天曆》。

夏五月癸亥，陳升之樞密副使。

秋七月癸亥，富弼罷〔一二〕。庚辰，張昪罷〔一三〕。文彦博樞密使，吕公弼副使〔一四〕。八月庚寅，大雨。乙未，詔曰：「蓋聞古之聖賢在位，陰陽和，風雨時，日月光，星辰静，黎民阜蕃，以底休平，朕甚慕之。朕猥以眇身，托於王公之上，夙夜以思，懼不能上承先帝鴻業。而比年以來，水潦爲沴，乃八月庚寅大雨，京師室廬墊傷，被溺者衆，大田之稼，害於有秋。竊迹災變之來，曾不虚發，豈朕之不敏於德，而不明於政歟？將天下刑獄滯冤，賦徭煩苦，民有愁嘆亡聊之聲，以奸其順氣歟？不然，何天戒之甚著也？今③飭躬焦思，欲消復大異④，而未聞在位者

①六月：原作「閏月」，是年閏五月丙寅朔，無己亥日，考《長編》卷二〇二、《宋史》卷一三趙頊封潁王在六月己亥，據改。
②潁王：原作「頴王」，據《長編》卷二〇二、《宋史》卷一三改。「頴」爲「潁」之俗字，古書多與「穎」形近而誤，以下凡用作地名、水名之「頴」徑改作「潁」。
③「今」上，繆校有「朕」字。
④消復大異：繆校作「消弭災異」。

之忠言，進①祈自新，厥路何由焉？應中外臣僚，並許上實封言時政闕失及當世之利病，可以佐元元者，悉心以陳，毋有所諱。執政大臣皆朕之股肱，協德交修，以輔朕之不逮。」

冬十一月壬申，合祭天地於圜丘，大赦天下。

三年春正月丁丑，皇太后手書：「濮安懿王譙國夫人王氏、襄國夫人韓氏、仙遊縣君任氏，宜令皇帝稱親，即園立廟。」詔曰〔一五〕：「稱親之禮，謹遵慈訓。追崇之典，豈易克當。且欲以塋②爲園，即園立廟。」既而御史呂誨等言濮王典禮未正，議遂寢。三月癸酉，上以雨潦，詔諸路轉運使、提點刑獄體量刑獄冤滯，民間疾苦，速行辨理，及加賑恤，如事稍重，即具聞奏。

夏四月丙申〔一六〕，詔曰：「夫左道亂法，淫祀③敗俗，與夫賊善良之人，皆古之所甚禁，而在上者所同疾也。自今轉運使常行檢察，毋得寬縱。」庚戌，胡宿罷〔一七〕，郭逵同僉書樞密院事。

秋九月壬子朔，日有食之。夏人寇慶州。

冬十月丁亥，詔今後每三年一開科場。郭逵宣撫陝西，兼權判渭州。甲辰，羣臣上尊號曰體乾膺歷文武聖孝皇帝〔一八〕。十一月戊午，皇帝不豫。十二月壬寅，立皇長子潁王爲皇太子，大赦天下。

四年春正月丁巳，皇帝崩於福寧殿，聖壽三十八，殯於殿之西階。羣臣上尊謚曰憲文肅武宣孝皇帝，廟號英

---

①進：繆校作「將」。
②塋：原作「瑩」，據覆宋本、四庫本改。
③淫祀：原作「淫祝」。據覆宋本、四庫本及《宋史》卷一三《英宗紀》改。

宗。秋八月癸酉，葬永厚陵。元豐六年，加上尊謚曰體元膺歷隆功盛德憲文肅武睿聖宣孝皇帝。

臣稱曰：英宗皇帝之在潛藩也，允蹈恭儉，力行禮義，而天資明睿，物望攸屬。仁宗皇帝雅知其賢，授以重器。在位五載，盡循父道，雖以憂勤損壽，然甚盛之德，固已度越前王，憲章後嗣矣。

【箋證】

〔一〕奉遺制即皇帝位於匶前：據《長編》卷一九八、《宋史》卷一三《英宗紀》，在夏四月壬申朔，《事略》不書日期，或有所回避。《皇宋十朝綱要》卷六載：「四月壬申朔，未明，輔臣入至寢殿。皇后定議，詔皇子入，諭以遺詔，即皇帝位。」然於此不書「夏四月壬申朔」，致下癸酉、丙子、己卯承接三月，大誤。

〔二〕尊皇后曰皇太后：《長編》卷一九八、《宋史》卷一三在四月丙子，《事略》前置於此。

〔三〕丙子：《長編》卷一九八、《皇宋十朝綱要》卷六、《宋史》卷一三並載英宗不豫於乙亥。

〔四〕己酉：《長編》卷一九八、《皇宋十朝綱要》卷六、《宋史》卷一三並載高皇后立於四月庚子。

〔五〕皇長子封安國公：《長編》卷一九八嘉祐八年四月：「丁亥，以皇子、右千牛衛將軍仲鍼爲安州觀察使、光國公。」《宋會要輯稿》禮四九之二〇、《宋史》卷一三亦作「光國公」，《事略》漏書日期，且誤「光」爲「安」。

〔六〕顥祁國公：《長編》卷一九八：「右内率府副率仲糾爲和州防禦使、樂安郡公。」封皇子事，《宋史》卷一三與《長編》並繫四月丁亥，在立后之前。且是時仲糾封樂安郡公，至九月辛亥始封祁國公，賜名顥，《長編》卷一九八、卷一九九明載其事。《事略》連書於此，繫時多誤。

〔七〕富弼樞密使，《長編》卷一九八、《宋史》卷一三均繫於五月戊午，《事略》漏書日期。

〔八〕赦兩京：《宋史》卷一三：「己酉，減東西二京罪囚一等，免山陵役户及靈駕所過民租。」

〔九〕改元，《皇宋十朝綱要》卷七、《宋史》卷一三繫於正月丁酉朔，是。

〔一〇〕籍陝西鄉丁爲義勇軍，《長編》卷二〇三、《皇宋十朝綱要》卷七、《宋史》卷一三均繫於十一月乙亥，《事略》漏書日期。

〔一一〕吴奎以父憂罷、王疇樞密副使，《長編》卷二〇三繫於十二月丙午，吴奎父吴懷德卒於十一月戊子，《事略》連載於此，不書日期。

〔一二〕富弼罷：《長編》卷二〇五：「樞密使、户部尚書、同平章事富弼累上章以疾求罷，至二十餘。上固欲留之，不可。癸亥，罷爲鎮海節度使、同平章事、判河陽。」

〔一三〕張昪罷：《宋史》卷二一一《宰輔表二》：「庚辰，張昪自樞密使辭疾，以檢校太尉、同平章事、彰信軍節度使判許州。」

〔一四〕文彦博樞密使呂公弼副使：《宋史・宰輔表二》：「七月庚辰，文彦博……除樞密使。辛巳，呂公弼自工部侍郎、權三司使、樞密直學士除守本官、樞密副使。」《長編》卷二〇五所載呂公弼除樞密副使同在辛巳日，《事略》連書，漏繫辛巳日。

〔一五〕皇太后手書、赦詔，《長編》卷二〇七所載較詳，可參看。

〔一六〕丙申：《宋史》卷一三作「丙午」。

〔一七〕胡宿罷：《長編》卷二〇八：「樞密副使、禮部侍郎胡宿，累乞致仕。庚戌，罷爲吏部侍郎、觀文殿學士知杭州。」

〔一八〕羣臣上尊號事，《長編》卷二〇九、《宋史》卷一三均繫於四年正月庚戌朔。考《長編》卷二〇八於十月丙午言：「羣臣以來歲元會，表上尊號曰體乾膺曆文武聖孝皇帝，詔不許，五表乃許之。」則《事略》蓋紀羣臣表請上尊號事，繫時誤。

東都事略卷第八

本紀八

神宗體元顯道帝德王功英文烈武欽仁聖孝皇帝，英宗長子也，母曰宣仁聖烈皇后高氏。以慶曆八年四月十日，生於濮安懿王之宮邸，祥光照室。初授率府副率，遷率府率。嘉祐五年，遷右千牛衛將軍。英宗入繼大統，拜安州觀察使，封安國公〔一〕，加同中書門下平章事、忠武軍節度使，封淮陽郡王。治平元年，進封潁王。

四年春正月丁巳，英宗崩，奉遺制即皇帝位於柩前。尊皇太后曰太皇太后，皇后曰皇太后〔二〕。戊午，大赦天下。丙寅，吴奎樞密副使。戊辰，韓琦以司空兼侍中，皇弟顥封昌王，頵樂安郡王。二月，詔曰〔三〕：「朕常侍先帝左右，恭聞德音：『以本朝舊制，士大夫之子有尚帝女者，輒皆升行，以避舅姑之尊。習行既久，義甚無謂，豈可以富貴之故，屈人倫長幼之序也？自今宜革之。』」三月壬申，歐陽修罷〔四〕。癸酉，吴奎參知政事。閏月庚子，詔求直言。

夏六月辛未，詔曰：「農，天下之本也。祖宗以來，務加惠養。比下寬恤之令，賜蠲復之恩，然而歷年於兹，未極富盛。間因水旱，頗致流離①，深惟其故，殆州郡差役仍重，勞逸不均，喜爲浮冗之名，不急之務，以奪其時而害其財故也。其令逐路轉運司下州縣，如官吏有差役利害可以寬減者，實封條析以聞。」

①離：原作「庯」，據覆宋本、四庫本改。

秋八月己巳，京師地震。癸酉，葬憲文肅武宣孝皇帝於永厚陵。九月辛卯，皇弟顥封歧王，頵高密郡王。辛丑，韓琦及吴奎、陳升之罷[五]，吕公弼樞密使，張方平、趙抃並參知政事，韓絳、邵亢樞密副使。癸卯，郭逵罷[六]。

冬十月己酉，張方平以父憂罷。癸酉，种諤率兵取綏州。十一月①戊寅，詔百官轉對。

熙寧元年春正月甲戌朔，日有食之，改元。丙申，趙槩罷[七]，唐介參知政事。

秋七月癸酉，詔：謀殺已傷，案問欲舉自首，從謀殺減二等論。己卯，陳升之知樞密院事。羣臣上尊號曰奉元憲道文武仁孝皇帝。司馬光入直，因言：「上尊號非先王令典，願陛下推而不居。」上用光言[八]，不許，遂終身不受尊號。甲申，京師地震。乙酉，又震。是夕，月有食之。辛卯，京師地再震。八月甲辰，京師地震。甲子，詔封太祖之後爲王。九月辛未，封從式安定郡王。

冬十一月丁亥，合祭天地於圜丘，大赦天下。十二月庚申，造神臂弓。辛酉，邵亢罷[九]。

二年春二月己亥，富弼同中書門下平章事。庚子，王安石參知政事。甲子，陳升之、王安石同制置三司條例。三月乙酉，詔曰：「朕以爲欲致治於天下者，必富之而後可。今縣官之費不給，而民財大屈，故特詔輔臣置司於内，以革其大弊。夫事顓於所習，則能明乎得失之原。今將榷②天下之財，而資之於有司能習知其事者焉，

①十一月：原脱，按是年十月丙午朔，無戊寅日。《皇宋十朝綱要》卷七云：「十一月戊寅，詔以星變、地震，令百僚轉對極論時政得失。」《宋史》卷一四亦云「戊寅，詔求直言」，據補「十一月」三字。

②榷：原作「權」，據《宋會要輯稿》職官五之一、《宋大詔令集》卷一八四改。

則其所得必精，所言必通，聚而求之①，固足以成吾富民之術。若夫苛刻之論，務欲朘削於下而斂怨於上者，斯亦朕之不取。宜令三司判官、諸路監司及内外官，限受詔後兩月，各具財用利害聞奏。」

夏四月甲辰，詔曰：「方夏大旱，麥將槁，朕惟災變之來，蓋不虚發，豈朕政令未孚，聽納靡中，以致厥咎與？其罷同天節上壽，公卿大夫其勉修厥職，以圖修復。」丁未，唐介薨。丙辰，詔曰：「《傳》曰『近臣盡規』，以其榮耻與上同也。今此在位者，視朕過失與朝廷政事之闕，默而不言，乃或私議竊嘆，若以其責不在己，夫豈皆習見成俗，以爲當然？其以有含章懷寶，待倡而發者也。今百度隳②弛，風俗偷墮薄惡③，災異譴告不一，此誠忠賢助朕憂惕，以創制改法，救弊除患之時。宜令侍從官自今視朕過失與朝廷政事之闕，無有巨細，各具章極言無隱。噫！言善而不用，朕有厥咎；道之而不言，爾爲不恭。朕將用此考察在位所以事君之實，而明黜陟焉。」丁巳，遣使八人，相度農田、水利、税賦、科率、徭役利害④。五月壬辰，太皇太后遷居慶壽宮。

冬十月丙申，富弼罷〔一〇〕，陳升之同中書門下平章事。十一月，韓絳同制置三司條例〔一一〕。甲戌，詔裁宗室授官法，唯宣祖、太祖、太宗之子，擇其後一人爲公，世世不絶。其餘元孫之子，將軍以下聽出外官；祖免之子，更不賜名授官，許令應舉。初，吕夷簡在仁宗時，改宗室補環衛官，驟增廩給，其後費大而不可止。至韓琦爲相，嘗議更之而不果。上即位，遂行之。閏月壬子，置諸路提舉常平廣惠倉，行青苗法，應郡縣每歲春秋未熟，據民

①之：原作「足」，據《宋會要輯稿》職官五之一、《宋大詔令集》卷一八四、鄭獬《鄖溪集》卷八《賜中書門下詔》改。
②隳：原作「墮」，據司馬光《傳家集》卷四三、《皇朝文鑑》卷四九《上體要疏》改。
③偷墮薄惡：覆宋本、四庫本作「偷惰薄蝕」。錢校云：「偷惰薄蝕，初印本、舊鈔本俱作『薄惡』，屬上不屬下，剜改非。」
④「利害」下，繆校有「及清宿弊」四字。

等第，以常平及廣惠倉錢①斂散取息。

三年春正月，詔〔一二〕：「諸路常平、廣惠倉給散青苗錢，本以惠恤貧乏，並取民情願。今慮官吏不體此意，追呼均配抑勒，翻成騷擾。其令諸路提點刑獄官體量覺察，違者立以名聞。敢沮抑願請者，按罰亦如之。」二月壬申，司馬光樞密副使，光辭。三月己亥，廷試進士，始用策。

夏四月己卯，趙抃罷〔一三〕，韓絳參知政事。五月，罷條例司〔一四〕。壬子，罷入閤。戊午，新作來遠驛。六月丁丑，宗室承亮等襲封。

秋七月壬辰，吕公弼罷〔一五〕，馮京樞密副使。九月，夏人寇慶州。乙未，韓絳宣撫陝西。庚子，曾公亮罷〔一六〕。辛丑，馮京參知政事，吴充樞密副使。

冬十月，夏人寇環慶〔一七〕。戊寅，陳升之以母憂罷。十一月，韓絳爲陝西、河東宣撫使〔一八〕。十二月乙丑，行保甲法於諸路。丁卯，韓絳、王安石並同中書門下平章事，王珪參知政事。

四年春二月丁巳朔，罷貢舉詞賦科，以經術取士。壬申，皇弟頵封嘉王。夏人犯延州〔一九〕，慶州軍亂〔二〇〕。三月丁未，韓絳罷〔二一〕。

夏五月己亥，月有食之。司農寺以免役法頒天下〔二二〕。

秋九月辛卯，大享明堂，大赦天下。夏國主秉常請綏州〔二三〕。

①「錢」上，繆校有「所貯」二字。

冬十一月丙申，月有食之。增廣太學，置三舍〔二四〕。

五年春二月丙寅，蔡挺樞密副使。三月丙午，京師置市易務。

夏六月乙亥，置武學。

冬十月，王韶收復鎮洮軍〔二五〕。十二月壬午，陳升之樞密使。

六年春正月辛亥，詔奉僖祖神主爲太廟始祖。二月丙申，克河州，遂復洮、岷、疊、宕等州。

夏四月甲戌朔，日有食之。己亥，文彦博罷〔二六〕。

冬十月，章惇開梅山〔二七〕。十二月癸未，詔在京納免行錢。旱。

七年春正月乙卯，皇子俊封永國公。二月甲申，吐蕃青宜結鬼章圍河州，景思立與戰於踏白城，死之〔二八〕。三月丙午，王韶軍寧河，解河州圍。己酉，木征降〔二九〕。丙辰，遼主遣蕭禧來言蔚、應、朔三州地界，命韓縝報聘，又命劉忱、蕭士元、吕大忠同商量地界於代州。乙丑，詔曰：「朕涉道日淺，晻於致治，政失厥中，以干陰陽之和。乃冬迄春，旱暵爲虐，四海之内，被災者廣。間詔有司，損常膳，避正殿，冀以塞責消變。歷日滋久，未蒙休應，嗷嗷下民，大命近止，中夜以興，震惕靡寧。永惟其咎，未知攸出。意者朕之聽納不得於理與？獄訟非①其情與？

①非：繆校作「失」。

賦斂失①其節與？忠謀讜言鬱於上聞，而阿諛壅蔽以成其私者衆與？何嘉氣之久不效也？應中外文武臣僚，並許實封直言朝政闕失。朕將親覽，考求其當，以輔政理。三事大夫，其務悉心交儆，成朕志焉。」

夏四月己巳，上以久旱見輔臣，嗟嘆懇惻，王安石曰：「水旱常數，堯、湯所不免。陛下即位以來，累年豐稔，今旱暵雖遠，但當修益人事，以應天災耳。」上曰：「朕所以恐懼如此者，正爲人事有所未修也。」辛未，頒方田制度。丙戌，王安石罷[三〇]，韓絳同中書門下平章事，吕惠卿參知政事。己丑，詔曰：「朕嘉先王之法，澤於當時而傳於後世，可謂盛矣。故夙興夜寐，八年於兹，度時之宜，造爲法令，布之四方，皆稽合先王，參考羣策而斷自朕志。已行之效，固已可見[三一]。士大夫其務奉承之，以稱朕意。」遼主遣蕭素、梁穎來[三二]。五月②辛亥，罷制科。

秋九月，蔡挺請置三十七將[三三]：河北十七，府界七，京東十，京西三。冬十一月③己未，合祭天地於圜丘，大赦天下。王韶樞密副使[三四]。

八年春正月庚子，蔡挺、馮京罷[三五]。二月丙寅，皇子傭封景國公。癸酉，王安石同中書門下平章事。三月庚子，遼主再遣蕭禧來，命韓縝乘驛會議。癸丑，命沈括使於遼。

夏四月戊寅，吴充樞密使。庚寅，廢沙苑監。閏月己未，陳升之罷[三六]。壬子，宗室世居反，伏誅。

秋八月庚戌，韓絳罷[三七]。

①失：繆校作「過」。

②五月：原脱。按原書於四月書「辛亥，罷制科」，而是年四月戊辰朔，無辛亥日。《宋史》卷一五於五月載：「辛亥，罷賢良方正等科。」《長編》卷二五三亦於五月辛亥言其事，據補「五月」二字。

③十一月：原作「十月」，是年十月乙丑朔，無己未日，據《長編》卷二五八、《皇宋十朝綱要》卷一〇上、《宋史》卷一五補「一」字。

冬十月庚戌，吕惠卿罷〔三八〕。丁酉〔三九〕，彗出軫。己亥，詔求直言。壬寅，大赦天下。十二月壬寅，元絳參知政事，曾孝寬僉書樞密院事。乙巳，皇子倜薨。交趾陷欽、廉、白三州〔四〇〕。辛亥，命趙卨、李憲討之。尋罷憲，以郭逵爲宣撫使〔四一〕，而卨副之。

九年春正月庚辰〔四二〕，交趾陷邕州，守臣蘇緘死之。

秋八月壬辰，詔司農寺罷鬻天下祠廟。

冬十月丙午，王安石罷〔四三〕，吴充、王珪並同中書門下平章事，馮京知樞密院事。十二月甲午，遣内侍李憲措置邊事。

十年春二月己亥，王韶罷〔四四〕。丙午，交趾李乾德納款。

夏五月，廖恩叛於南劍州。

秋八月①己亥，廖恩降。

冬十月癸巳，詔濮安懿王諸子襲封濮國，主②奉祠事，後承襲遍，即傳長孫。庚子，皇子俊薨。十一月甲戌，合祭天地於圜丘，大赦天下。十二月壬午，詔改元。丁亥，皇第六子封均國公，价建國公。

①八月：原作「七月」，是年七月己酉朔，無己亥日，《長編》卷二八四於是年八月有「己亥，提舉捉殺福建路賊盗彭孫言廖恩等已降」之記載，《皇宋十朝綱要》卷一〇上亦記「廖恩降」於八月，據改。

②主：原作「王」，據《長編》卷二八五改。

元豐元年春正月庚申，月有食之。閏月壬辰，孫固同知樞密院事。己亥，曾孝寬以父憂罷。

秋九月乙酉，吕公著、薛向並同知樞密院事。

冬十月丁未，重修都城畢工，興役凡三年。十二月壬子，皇子价薨。置大理獄〔四五〕。

二年春，瀘州蠻乞弟反，以韓存寶討之〔四六〕。三月庚辰〔四七〕，以内侍宋用臣導洛通汴。

夏五月庚辰，詔曰：「濮安懿王，先帝斟酌典禮，即園立廟，詔王子孫歲時奉祀，義叶恩稱，後世無得議焉。今三夫人名位或未正，塋域或異處，有司置而不講，曷足以彰先帝甚盛之德，仰承在天之志乎？三夫人可並稱曰王夫人，命主司擇歲月遷祔濮園。」甲申，元絳罷〔四八〕。戊子，蔡確參知政事。六月，清汴成〔四九〕。

冬十月庚戌，赦天下。乙卯，太皇太后曹氏崩。十二月乙巳，詔酌《周官》賓興之意，立太學三舍選察升補之法。

三年春二月丙午，章惇參知政事。三月乙丑，吴充罷〔五〇〕。癸酉，葬慈聖光獻皇后於永昭陵。

秋七月甲戌①，詔曰：「朕惟皇以道，帝以德，王以業，各因時制名，用配其實，何必加崇稱號以自飾哉！秦、漢以來，尊天子曰皇帝，其亦至矣。朕承祖宗之休，宅士民之上，凡虚文繁禮，悉已革去，而近司羣辟，猶或時以稱號見請，雖出於歸美報上之忠，然非朕所以若稽先王之意。自今每遇大禮，罷上尊號。」癸未，彗出西方。丙戌，詔曰：「乃孟秋癸未，彗出西方，朕甚懼焉。其令中外臣僚並許直言朝政闕失，朕虚心以改。」丁亥，詔

①「甲戌」下，繆校有「彗又現軫乙亥」六字，並云：「按：乙亥不當去，去則甲戌之詔移爲乙亥之詔矣。」

曰〔五一〕：「孝莫大於嚴父，嚴父莫大於配天，而屬有尊親之殊，禮有隆殺之別。故遠而尊者祖，則祀於郊之圜丘而配天；邇而親者禰，則祀於國之明堂而配上帝。圜丘祀天則對越諸神，明堂則上帝而已。故其所配如此，然後足以適尊親遠近之義。其將來祀英宗皇帝於明堂，惟以配上帝，餘從祀羣臣悉罷。」

八月乙巳，詔曰：「朕嘉成周以事建官，以爵制禄，小大詳要，莫不有敍，分職率屬，而萬事條理。國家受命百年，而官政尚愧前聞。參酌損益，趨時之宜。使臺、省、寺、監之官，實典職事；領空名者，一切罷去，而易之以階，因以制禄。凡厥恩數，悉如舊章。中書具奏。」

九月乙亥，初行官制。辛巳，大享明堂，用新樂，大赦天下。癸未，薛向、孫固並改樞密副使。丙戌，皇弟顥封雍王，頵曹王，馮京樞密使，薛向罷。丁亥，吕公著改副使。

冬十月甲戌，月有食之。十一月己丑朔，日有食之。

四年春正月，改五路義勇爲保甲〔五二〕。辛亥，馮京罷〔五三〕，孫固知樞密院事，韓縝同知院事。三月癸卯，章惇罷〔五四〕。甲辰，張璪參知政事。

夏四月，种諤言夏人害其主①秉常，議討之。遣内侍王中正節制鄜延，内侍李憲節制環慶、涇原，高遵裕以環慶之師，劉昌祚以涇原之師，种諤②以鄜延之師，問罪夏人〔五五〕。辛未，月有食之。五月庚子〔五六〕，皇子僩薨。

秋七月癸卯〔五七〕，斬韓存寶於軍，更命林廣將存寶兵平乞弟。九月乙酉，復蘭州。

①主：原作「王」，據四庫本及《宋史》卷一六《神宗紀三》改。
②种諤：原作「种誼」，據本書卷八六《徐禧傳》、卷一二八《附録六》及《長編》卷三三〇、《太平治迹統類》卷一五改。

冬，諸將之師至靈州城下，敗績。十二月，詔班師。林廣與乞弟戰，敗之〔五八〕。

五①年春正月，林廣追逐乞弟至歸徠州〔五九〕。二月癸巳，還師。

夏四月壬子，日有食之②。癸丑〔六〇〕，更官制，以王珪爲尚書左僕射兼門下侍郎，蔡確尚書右僕射兼中書侍郎。章惇門下侍郎，張璪改中書侍郎，蒲宗孟尚書左丞，王安禮尚書右丞〔六一〕。丁丑，呂公著罷〔六二〕。六月丙辰，詔：「自今事不以大小，並中書省取旨，門下省覆奏，尚書省施行。三省同得旨，更不帶『三省』字行出。」是日，輔臣有言：「中書省獨取旨，事體太重。」上曰：「三省體均，中書省揆而議之，門下省審而覆之，尚書省承而行之。苟有不倫③，自可論奏，不當緣此以亂體制也。」

秋八月壬子，皇第六子封延安郡王。甲戌〔六三〕，城永樂。夏人來攻〔六四〕，九月④戊戌，城陷，徐禧、李稷、李舜舉死之。

冬十一月乙酉，奉安祖宗神御於景靈宮，大赦天下。

六年春正月丁丑朔，新玉輅毀。

夏閏六月乙亥朔，夏國主秉常納款。壬辰，皇子佖封儀國公。庚子，加上仁宗、英宗尊謚。

---

①五：原作「三」，據覆宋本、四庫本改。
②錢校云：「日有食之：依本書例，『日』字上當有『朔』字。」
③倫：原作「論」，據庫本及繆校改。《長編》卷三二七作「當」。
④九月：原在「甲戌」前，據錢校及《長編》卷三二九移置於此。

秋七月丙辰，孫固罷〔六五〕，韓縝知樞密院事，安燾同知院事。八月丁亥，月有食之。辛卯，蒲宗孟罷〔六六〕，王安禮尚書左丞，李清臣尚書右丞。

冬十月，夏國主秉常遣使來〔六七〕。甲戌，皇第十一子封寧國公。十一月丙午，祭昊天上帝於圜丘，大赦天下。

七年春三月丁巳，皇子延安郡王侍宴於集英殿。

秋七月甲寅，王安禮罷〔六八〕。八月己丑，皇子俁封成國公。

冬十一月庚午，皇子似封和國公。

八年春正月戊戌，皇帝不豫。甲辰，大赦天下。三月甲午朔，皇太后垂簾，立皇子延安郡王爲皇太子。乙未，大赦天下。戊戌，皇帝崩於福寧殿，聖壽三十八，殯於殿之西階。羣臣上尊謚曰英文烈武聖孝皇帝〔六九〕，廟號神宗。冬十月乙酉，葬永裕陵。紹聖二年，加上尊謚曰紹天法古運德建功欽仁皇帝〔七〇〕。崇寧三年，再加上尊謚曰紹天法古運德建功英文烈武欽仁聖孝皇帝〔七一〕。政和三年，改上尊謚曰體元顯道帝德王功英文烈武欽仁聖孝皇帝〔七二〕。

臣稱曰：宋自建隆迄於治平，百年之間，四聖相授，深仁厚澤，浹於人心者至矣。承平日久，事多舒緩，神宗皇帝乃慨然圖乂，立政造事，以新一代之治。於是廣親親之道以睦九族，尊經術之士以作人材，弛力役以便民，通貨財而阜國。時散薄斂，以行補助之政；嚴修保伍，以爲先事之防。興水土之利而厚農桑，分南北之祀而侑祖禰，酌六典以正百辟，制九軍而攘四夷。凡所制作，欲以遠迹治古，可謂厲精之主矣〔七三〕。雖然，鋭於始者其終必悔，神宗末年，蓋亦悔矣，而臣下不能將順其意，此後日繼述之論所由起也。

【箋證】

〔一〕安國公：《宋會要輯稿》禮四九之二〇、《長編》卷一九八、《皇宋十朝綱要》卷八、《宋史》卷一三並作「光國公」，疑《事略》誤。

〔二〕尊皇太后曰太皇太后、皇后曰皇太后，《長編》卷二〇九、《宋史》卷一四繫於正月己未。《事略》連書於此，故未繫日。

〔三〕此詔《長編》卷二〇九繫於二月壬辰，《事略》漏書日期。《長編》所載詔文較詳，可參看。

〔四〕歐陽修罷：《長編》卷二〇九：「尚書左丞、參知政事歐陽修爲觀文殿學士、刑部郎中、知亳州。」

〔五〕韓琦及吴奎陳升之罷：《宋宰輔編年録》卷七：「九月辛丑，韓琦罷相。自守司空、兼侍中、魏國公除守司徒、兼侍中、檢校太師、鎮安、武勝軍節度使、判相州。」「同日，吴奎罷參知政事。爲資政殿學士、户部侍郎、知青州。」「同日，陳升之罷樞密副使。自禮部侍郎爲觀文殿學士、尚書右丞、知越州。」

〔六〕郭逵罷：《宋史》卷二一一《宰輔表二》：「癸卯，郭逵自同簽書樞密院事以宣徽南院使判鄆州。」

〔七〕趙槩罷：《宋宰輔編年録》卷七：「正月丙申，趙槩罷參知政事。爲吏部尚書、觀文殿學士、知徐州。」

〔八〕上用光言：《國朝諸臣奏議》卷二五載司馬光《上神宗乞斷以聖意勿受尊號之請疏》有「臣今月十七日準内降曾公亮等上尊號第三表，檢會舊例，合降不允批答」之語，末注引手詔批答言及「甲申地震」，則《事略》總述其事於此，未按先後順序記事，故言「終身不受尊號」。

〔九〕邵亢罷：《宋宰輔編年録》卷七：「十二月辛酉，邵亢罷樞密副使。以資政殿學士、給事中知越州。」

〔一〇〕富弼罷：《宋宰輔編年録》卷七：「十月丙申，富弼罷相。除檢校太師，依前行左僕射、同平章事，武寧軍節度使判亳州。」

〔一一〕韓絳同制置三司條例，《皇宋十朝綱要》卷九、《宋史》卷一四繫於十一月乙丑，《事略》漏書日期。

〔一二〕此詔《宋史》卷一五《神宗紀三》繫於正月乙卯，《事略》漏書日期。

〔一三〕趙抃罷：《宋宰輔編年録》卷七：「四月己卯，趙抃罷參知政事。自右諫議大夫罷爲資政殿學士、知杭州。」

〔一四〕罷條例司，《皇宋十朝綱要》卷九、《宋史》卷一五繫於五月甲辰，《事略》漏書日期。

〔一五〕吕公弼罷：《宋宰輔編年録》卷七：「七月壬辰，吕公弼罷樞密使。爲吏部侍郎、觀文殿大學士、知太原府。」

〔一六〕曾公亮罷：《長編》卷二一五：「庚子，左僕射、兼門下侍郎、平章事曾公亮爲司空、兼侍中、河陽三城節度使、集禧觀使。」

〔一七〕夏人寇環慶，《長編》卷二一六繫於十月丙寅後。

〔一八〕韓絳爲陝西、河東宣撫使，《長編》卷二一七、《皇宋十朝綱要》卷九、《宋史》卷一五繫於十一月乙卯，《事略》漏書日期。

〔一九〕夏人犯延州：《皇宋十朝綱要》卷九載「夏人陷撫寧堡」於二月甲戌，《宋史》卷一五繫於三月丁亥，《事略》未書日期。

〔二〇〕慶州軍亂：《長編》卷二二〇、《皇宋十朝綱要》卷九繫於二月庚辰，《宋史》卷一五繫於三月戊子，《事略》未書日期。

〔二一〕韓絳罷：《宋史》卷一五：「韓絳坐興師敗衂罷，以本官知鄧州。」

〔二二〕司農寺以免役法頒天下，《長編》卷二二三繫於五月庚子，《事略》連書於己亥後。

〔二三〕夏國主秉常請綏州，《長編》卷二二六、《皇宋十朝綱要》卷九、《宋史》卷一五繫於九月庚子，《事略》漏書日期。

〔二四〕增廣太學，置三舍，《長編》卷二二七、《皇宋十朝綱要》卷九、《宋史》卷一五並繫十月戊辰，《事略》誤繫於十一月。

〔二五〕王韶收復鎮洮軍：《長編》卷二三九載賞「收復鎮洮軍之勞」於十月甲申，「改鎮洮軍爲熙州」在戊戌。

〔二六〕文彦博罷：《長編》卷二四四：「樞密使、劍南西川節度使、守司空兼侍中文彦博罷，授守司徒兼侍中、河南節度使、判河陽，從所乞也。」

〔二七〕章惇平梅山蠻，《長編》卷二四七、《皇宋十朝綱要》卷九、《宋史》卷一五並繫十月辛未，《事略》未書日期。

〔二八〕景思立戰死事，《長編》卷二五〇亦繫於二月甲申，《皇宋十朝綱要》卷九、《宋史》卷一五繫於乙未。《長編》言：「是日，上始聞景思立等敗歿，熙河路經略司具奏也。」則乙未爲奏報到京日，距景思立戰死已有十一天。

〔二九〕王韶大敗木征事，據《長編》卷二五二四月丁酉條記載：「三月丙午，度洮……進兵寧河寨。甲寅，……通路至河州。……四月辛巳，師自河州閭精谷出踏白城西與蕃賊戰，斬千餘級。壬午，進至銀川，破賊堡十餘，燔七千餘帳，斬二千餘級。癸未，分兵北至黄河，西至南山，復斬千餘級。又遣將領兵入踏白城，葬祭陣亡將士。甲申，回軍至河州。乙酉，進築阿納城，前後斬七千餘級，燒二萬帳，獲牛羊八萬餘口。木征率酋長八十餘人，詣軍門降。」《皇宋十朝綱要》卷一〇上、《宋史》卷一五亦繫木征降於四月乙酉，是《事略》將大破西蕃事連書於此，而將四月乙酉誤作三月己酉。

〔三〇〕王安石罷：《長編》卷二五二：「禮部侍郎、平章事、監修國史王安石罷爲吏部尚書、觀文殿大學士、知江寧府。」

〔三一〕「固已可見」下，《長編》卷二五二有「而其間當職之吏，有不能奉承，乃私出己見，妄爲更益，或以苛刻爲名，或以因循爲得，使吾元元之民，未盡蒙澤。雖然，朕終不以吏或違法之故，輒爲之廢法，要當博謀廣聽，案違法者而深治之。間有未安，考察修完，期底至當」一段，爲《事略》删節，致語意不全。

〔三二〕遼主遣蕭素，梁穎來，《長編》卷二五二四月丁酉記其事，注：「《新紀》於丁酉日書遼人遣樞密副使蕭素議疆事於代州，《舊紀》無之。」

〔三三〕置三十七將事，《長編》卷二五六、《宋史》卷一五並繫於九月癸丑。

〔三四〕王韶樞密副使：《長編》卷二五八熙寧七年十二月丁卯：「觀文殿學士兼端明殿學士、龍圖閣學士、禮部侍郎、知熙州王韶爲樞密副使。」《事略》漏書月日，誤載其事於冬十月後。

〔三五〕蔡挺馮京罷：《長編》卷二五九：「樞密副使、右諫議大夫蔡挺爲資政殿學士、判南京留司御史臺。」「參知政事、右諫議大夫馮京守本官知亳州。」

〔三六〕閏月己未陳升之罷：《長編》卷二六三熙寧七年閏四月：「乙未，樞密使、禮部尚書、同平章事陳升之罷爲鎮江軍節度使、同平章事、判揚州。」《宋史》卷一五、卷二一一《宰輔表二》亦在乙未，《事略》蓋誤「乙」爲「己」。

〔三七〕韓絳罷：《長編》卷二六七：「吏部侍郎、平章事、監修國史韓絳罷爲禮部尚書、觀文殿大學士、知許州。」

〔三八〕十月庚戌吕惠卿罷：《宋史》卷二一一《宰輔表二》：「十月庚寅，吕惠卿以參知政事守本官知陳州。」《長編》卷二六九、《宋宰輔編年録》卷八、《宋史》卷一五均繫十月庚寅，《事略》蓋誤「庚寅」爲「庚戌」。

〔三九〕丁酉：當作「乙未」，見《長編》卷二六九、《宋史》卷一五。《長編》十月七日乙未「彗出軫」注云：「舊説於丁酉日乃書『太史奏彗出軫』，今從《新紀》。《實録》亦繫之丁酉，蓋因太史奏乃書耳。」

〔四〇〕交趾陷欽、廉、白三州，據《長編》卷二七一：「十一月二十日陷欽州，十二月二十日奏方到。廉州當是十一月二十三日陷，十二月二十二日奏到。」《事略》連書於此，未記日期。

〔四一〕郭逵爲宣撫使，據《長編》卷二七三在熙寧九年二月戊子，《事略》連書於此。

〔四二〕庚辰：《宋史》卷一五作「戊辰」，而《長編》卷二七二云「二十三日，交賊陷邕州，蘇緘死之」，二十三日即庚辰，《皇宋十朝綱要》卷一〇上亦在庚辰，疑《宋史》繫日誤。

〔四三〕王安石罷：《長編》卷二七八：「左僕射、兼門下侍郎、平章事、昭文館大學士、監修國史王安石罷爲鎮南軍節度使、同平章事、判江寧府。」

〔四四〕王韶罷：《長編》卷二八〇：「樞密副使、禮部侍郎王韶爲户部侍郎、觀文殿學士、知洪州。」

〔四五〕置大理獄，《長編》卷二九五、《宋史》卷一五繫其事於十二月戊午，《皇宋十朝綱要》卷一〇上繫於丁巳。

〔四六〕韓存寶討乞弟事，《長編》卷二九五載「乞弟領兵讎殺生界夷人」於十二月，卷二九六於二年二月壬子載梓州路轉運司言「去年十一月，蠻乞弟率衆犯邊」，《宋史》卷一五及《長編》卷二九六均有二月乙卯命王光祖討乞弟的記載，光祖或爲存實部屬，故《事略》記載如此。至三年三月，乞弟興兵犯戎州，五月甲申，再命韓存寶經制瀘州蠻賊事（《長編》卷三〇四）。

〔四七〕庚辰：《長編》卷二九七、《皇宋十朝綱要》卷一〇上、《宋史》卷一五並作「庚寅」。

〔四八〕元絳罷：《長編》卷二九八：「工部侍郎、參知政事元絳知亳州。」

〔四九〕清汴成，《長編》卷二九八：「清汴成，四月甲子起役，六月戊申畢工，凡四十五日。」《事略》未書日期。

〔五〇〕吴充罷：《宋史》卷一六《神宗紀三》：「工部侍郎、同平章事吴充罷爲觀文殿大學士、西太一宫使。」

〔五一〕《長編》卷三〇六載此詔及八月乙巳詔較詳，可參看。

〔五二〕改五路義勇爲保甲，《長編》卷三一一繫於正月庚戌。

〔五三〕馮京罷：《長編》卷三一一：「樞密使、正議大夫兼羣牧制置使馮京爲光禄大夫、觀文殿學士、知河陽。」

〔五四〕章惇罷：《長編》卷三一一：「太中大夫、參知政事章惇以本官知蔡州。」

〔五五〕問罪夏人：據《長編》卷三一二，种諤於四月庚申、丙子奏請伐夏，朝廷遣王中正節制鄜延，並議「於陜西、河東五路聚集軍馬」「準備應副」，並在四月。《宋史》卷一六於七月庚寅云：「西邊守臣言夏人囚其主秉常，詔陜西、河東路討之。」《長編》卷三一四於七月庚寅載問罪夏人手詔，則是四月議討之，七月始興兵，《事略》連書於此。

〔五六〕庚子：《長編》卷三一二作「庚戌」。

〔五七〕癸卯：《長編》卷三一四、《宋史》卷一六作「甲辰」。

〔五八〕林廣敗乞弟，《長編》卷三二一載，十二月一日，林廣軍次阿徐池，辛未（十九日），破乞弟於納江。《事略》未書日期。

〔五九〕林廣追逐乞弟至歸徠州，《長編》卷三二二繫於正月己丑。

〔六〇〕癸丑：《長編》卷三二二、《皇宋十朝綱要》卷一〇下、《宋史》卷一六並作「癸酉」，是。

〔六一〕章惇等改官，《長編》卷三二二、《宋史》卷一六均繫於四月甲戌，《事略》連書於癸丑後，誤。

〔六二〕呂公著罷：《長編》卷三三二：「正議大夫、同知樞密院呂公著爲光禄大夫、資政殿學士、知定州。」

〔六三〕「甲戌」前原有「九月」二字，是年九月無甲戌日，《長編》卷三二九、《宋史》卷一六並繫城永樂於八月甲戌，《事略》繫月誤。錢校云：「考是月己卯朔，無甲戌，《宋史》在八月，是。」據此，兹移「九月」至「戊戌」前。

〔六四〕夏人來攻：《長編》卷三二九：「（九月）甲申，永樂城成。初興版築，敵數來争，皆敗去。」「丁亥，賊三十萬衆攻城，珍率兵禦之，將官寇偉、李師古、高世才、夏儼、程博古及使臣十餘人、士卒八百餘人戰没，賊遂圍城。」則自築城即受攻，至九月城陷，《事略》連書於此，未細考月日。

〔六五〕孫固罷：《長編》卷三三七：「太中大夫、知樞密院孫固爲通議大夫、觀文殿學士、知河陽，固以疾求去位也。」

〔六六〕蒲宗孟罷：《長編》卷三三八：「中大夫、尚書左丞蒲宗孟守本官知汝州。」

〔六七〕秉常遣使來，《長編》卷三四〇、《宋史》卷一六並繫十月癸酉朔，《事略》失書日期。

〔六八〕王安禮罷：《長編》卷三四七：「尚書左丞王安禮爲端明殿學士、知江寧府。」

〔六九〕羣臣上尊謚，據《長編》卷三五八載，在元豐八年七月丁酉，《事略》未書日期。

〔七〇〕紹聖二年加上尊謚曰紹天法古運德建功欽仁皇帝：《會要》《宋史》諸書不載此謚號。而《宋會要輯稿》禮五八之四四、《宋史》卷一八《哲宗紀二》、卷一〇八《禮志》及《宋大詔令集》卷一四二所載紹聖二年加謚均爲「紹天法古運德建功英文烈武欽仁聖孝」（《事略》繫於崇寧三年）。

〔七一〕崇寧三年再加上尊謚曰紹天法古運德建功英文烈武欽仁聖孝皇帝：《宋會要輯稿》禮五八之四四、《宋史》卷一八《哲宗紀二》、卷一〇八《禮志》及《宋大詔令集》卷一四二載崇寧三年加謚「體元顯道帝德王功英文烈武欽仁聖孝皇帝」（《事略》繫於政和三年），《續資治通鑑》卷八九載崇寧三年十一月癸巳加上「體元顯道」之謚，《考異》云：「《東都事略》作『紹天法古運德建功英文烈武欽仁聖孝皇帝』，蓋誤以紹聖二年所上之謚移於是年耳。今從《宋史·徽宗紀》。」」《山右石刻叢編》卷一七《惠潤和尚塔銘》胡聘之跋云：「神宗生於慶曆八年，即位後以生日爲同天節。兹碑所云『紹天皇帝』者，乃舉尊謚言。《東都事略·神宗本紀》：

「紹聖二年，加上尊謚曰紹天法古運德建功欽仁皇帝。崇寧三年，再加上尊謚曰紹天法古運德建功英文烈武欽仁聖孝皇帝。政和三年，改上尊號曰體元顯道帝德王功英文烈武欽仁壽孝皇帝。」是碑作於政和辛卯中元日，辛卯爲政和元年，在未改『體元』謚以前，故仍舉『紹天』之號。畢沅《續通鑑》於崇寧三年十一月辛巳，即書改上神宗謚曰體元顯道帝德王功英文烈武欽仁壽孝皇帝，而謂《東都事略》誤以紹聖二年所上之謚移於是年。今碑作於政和辛卯，上距崇寧三年已歷七年之多，使當時已改謚體元，不應仍舉『紹天』舊號。王偁以本朝人述祖宗尊謚，豈宜錯謬乃爾？恐《事略》不誤，而史轉誤矣。」

〔七二〕政和三年改上尊謚曰體元顯道帝德王功英文烈武欽仁聖孝皇帝：《宋會要輯稿》禮五八之四四云「政和三年八月二十九日，又再加上今號」爲「體元顯道法古立憲帝德王功英文烈武欽仁聖孝皇帝」，《宋史》卷二一《徽宗紀三》、卷一〇八《禮志》所載略同，《事略》不載「法古立憲」之謚號。錢大昕《諸史拾遺》卷四考證神宗謚號云：「案：元豐八年九月上大行皇帝謚曰英文烈武聖孝，紹聖二年九月加上謚曰紹天法古運德建功英文烈武欽仁聖孝，崇寧三年十一月更上謚曰體元顯道帝德王功英文烈武欽仁聖孝，政和三年十一月加上謚曰體元顯道法古立憲帝德王功英文烈武欽仁聖孝，是神宗謚凡四改，此《紀》（《宋史·神宗本紀》）所書者，紹聖二年所上。而《東都事略》及《歷代紀年》所書者，乃崇寧三年所上也。《東都事略》則云『紹聖二年加謚紹天法古運德建功欽仁，崇寧三年加謚紹天法古運德建功英文烈武欽仁聖孝，政和三年改上謚曰體元顯道帝德王功英文烈武欽仁聖孝』，而無『法古立憲』四字。《歷代紀年》則以『體元顯道』十六字爲崇寧所定，而不載政和之加謚，與《紀》皆不合。竊意太祖、太宗開創之主，謚止十六字，而政和加神宗謚至廿字，似非情理。又王偁、晁公邁皆南宋初人，所書不應有誤。且謚號當以後定者爲正，而此紀獨否，於史例似亦疏。然考岳珂《愧郯録》謂崇寧、政和間始用繼述友恭之論，屢定徽稱，神宗凡一改再增，而溢於祖宗者四字，是神宗實有廿字之謚。《紀》止書十六字，殆史臣之微文乎？」今按：神宗「體元顯道」二十字之謚，加上於政和三年，《會要》《宋史》及《皇宋十朝綱要》卷八均有明確記載；《宋大詔令集》卷一四二既載崇寧三年所加「體元顯道」十六字謚，又載政和三年正月十一日《神宗謚加四字哲宗改上舊謚御筆手詔》，可爲加上二十字謚之佐證；《宋會要輯稿》禮一四之七三載徽宗《親祭方澤禮成告永裕陵表》（政和四年五月十二日）、《北海集》卷一九《溫州景靈宮奉安昭慈聖獻皇后神御奏告帝后祝文》均稱「神宗體元顯道法古立憲帝德王功英文烈武欽仁聖孝皇帝」，可爲「神宗實有廿字之謚」之鐵證。《宋史》及《事略》止書十六字謚，或許正因二十字謚「溢於祖宗者四字」，爲南宋人所不認同。《事略》所據史料，或經篡改，故所記加謚次第與諸書多不合。

〔七三〕可謂厲精之主矣：舊鈔本天頭批：「神宗用安石，羣小用事，正人斥逐殆盡，堅行新法，民不聊生，天下幾覆，君臣似醉如狂。靖康之禍，皆胎於此，而史臣諛稱若此乎？然亦寓貶於褒之意，身在本朝，不得不爾也。」

東都事略卷第九

本紀九

哲宗憲元繼道顯德定功欽文睿武齊聖昭孝皇帝，神宗第六子也，母曰欽成皇后朱氏〔一〕。以熙寧九年十二月七日生，赤光照室。十年，授天平軍節度使，封均國公。元豐五年，改鎮彰武，封延安郡王。七年，神宗宴百官於集英殿，哲宗初侍立於朝，天表粹温，進止中度。宰臣王珪稱賀，神宗曰：「皇家慶事，與卿等同之。」令皇子與珪等相見，珪等再拜稱謝。八年春，神宗寢疾彌留。二月癸未，王珪奏言：「去冬常奉聖訓，皇子延安郡王來春出閣，願蚤建東宮。」又奏請皇太后權同聽政，神宗首肯。越明日，三月甲午朔，皇太后垂簾於福寧殿。是日，立哲宗爲皇太子。

戊戌，神宗崩，奉遺制即皇帝位於柩前，尊皇太后曰太皇太后，皇后曰皇太后，德妃朱氏爲皇太妃〔二〕。己亥，大赦天下。皇叔顥封楊王，頵荆王，皇弟封遂寧郡王，佖大寧郡王，俁咸寧郡王，似普寧郡王〔三〕。

夏四月辛未，詔寬保甲養馬。壬申，罷免役錢。五月乙未，詔求直言。庚戌，王珪薨。戊午，蔡確尚書左僕射兼門下侍郎，韓縝尚書右僕射兼中書侍郎，章惇知樞密院事，司馬光門下侍郎。六月丁亥，詔曰：「朕紹承燕謀，獲奉宗廟，初攬庶政，鬱於大道，夙夜祗畏，不敢皇寧，懼無以章先帝之休烈，而安輯天下之民。永惟古之王者，御政之始，必明目達聰以防壅蔽，敷求讜言以輔不逮，然後物情遍以上聞，利澤得以下究。《詩》不云乎：『訪予落止。』此成王所以求助，而羣臣所以進戒，上下交儆，以遂文武之助，朕甚慕焉。應中外臣寮及民庶，並許實封直言朝政闕失、民間疾苦，在京於登聞檢、鼓院投進，在外於所屬州軍驛置以聞。朕將親覽，以考其中而施行之。」

秋七月戊戌，呂公著尚書左丞。罷保甲。八月丙子，月有食之①，既。

冬十月乙酉，葬英文烈武聖孝皇帝於永裕陵。丙戌，罷方田。

元祐元年春正月庚寅朔，改元。丙戌，太皇太后詔曰：「原廟之立，所從來久矣。前日神宗皇帝初即祠宮，並建寢殿，以崇嚴祖考，其孝可謂至矣。今神宗既已升祔，於故事當營館御，以奉神靈。而宮垣之東，密接民里，欲加開展，則懼成煩擾。欲采搢紳之議，皆合帝后爲一殿，則慮無以稱神宗欽奉祖考之意。聞治隆殿後有園池，以后殿推之，本留以待未亡人也。可即其地立神宗原廟。吾萬歲之後，當從英宗皇帝於治隆，上以寧神明，中以成吾子之志，下以安民之心，不亦善乎！」二月乙丑，罷雇役。丁卯，詔內外待制、大中大夫以上各舉監司二人。閏月庚寅，蔡確罷，司馬光尚書左僕射兼門下侍郎。壬辰，呂公著門下侍郎。丙午，李清臣②尚書左丞，呂大防尚書右丞。辛亥，章惇罷〔四〕。乙卯，范純仁同知樞密院事。

夏四月己丑，韓縝罷〔五〕。壬寅，呂公著尚書右僕射兼中書侍郎，文彥博以太師平章軍國重事。五月丁巳朔，韓維門下侍郎。

秋七月辛酉，詔以十科舉士。八月辛卯，罷俵青苗。壬辰，皇弟偲封祁國公。九月丙辰朔，司馬光薨。辛

---

①月有食之：覆宋本、四庫本作「日有食之」。錢校云：「初印本、舊鈔本俱作『月』」。按：此書日月食皆書，考是年七癸巳、八壬戌朔，丙子月十五日，月字是。」

②李清臣：原作「李清司」，錢校云：「『司』當作『臣』。」《長編》卷三六九、《宋史》卷一七均作「李清臣」，據改。

酉，大享明堂，大赦天下。己卯，張璪罷〔六〕。

冬十一月①戊午，吕大防中書侍郎，劉摯尚書右丞。以浮屠、安强、葭蘆、米脂四砦歸於夏人〔七〕。

二年春三月丁巳〔八〕，太皇太后詔曰：「祥、禫既終，典策告具，而有司遵用章獻明肅皇后故事，予當受册於文德殿。雖皇帝盡孝愛之意，務極尊崇；而朝廷有損益之文，各從宜稱。仰惟章獻明肅皇后，輔佐真廟，擁佑仁宗，茂業豐功，宜見隆異。顧予凉薄，絶企徽音，稽用舊儀，實有慙德。所有將來受册，可止就崇政殿。」太皇太后諭執政曰：「母后臨朝，非國家盛事。文德殿天子正牙，豈女主所當御哉？」

夏四月，旱。辛卯，詔曰：「朕承祖宗之休，獲紹大統，而涉道日淺，昧於致治，萬事失中，以干陰陽之和。乃自冬迄夏，旱暵爲虐，四方之内，被災者廣，生民嗷嗷，無所告勞。永維②災變之來，蓋不虚發，意者朕之聽納不得於理與？功罪失當而賦税無節與？民力屈竭而土木不息與？抑忠言壅於上聞，而德澤不下流與？何大③異之滋至也！非克己思過，洗心修德，其何以答塞天變，協至大和。可自今避正殿，减常膳。公卿大夫，其勉修厥職，共圖消復。」

己亥，太皇太后詔曰：「有司奏，受册當依典故，在從吉之後。夫册典備物，以致隆名，國之盛禮也。行於和平之日，懼不克稱，况今旱暵爲虐，苗稼將槁，民則何罪，咎實在予。雖側躬永思，損膳自戒，尚慮無以塞責消變，

①十一月：原作「十月」，是年十月乙酉朔，無戊午日，據《長編》卷三九一、《宋史》卷一七補「一」字。
②維：原作「爲」，據覆宋本、四庫本改。《長編》卷三九八、《太平治迹統類》卷一八作「惟」。錢校云：「初印本、舊鈔本俱作『永爲』，此承原本之誤。」
③大：覆宋本、四庫本及《長編》卷三九八並作「災」。錢校云：「初印本、舊鈔本『災』俱作『大』，此承原本之誤。」

而有司乃於此時欲以隆名盛禮加我，是實①予之不德。所有將來受册禮宜權停罷〔九〕。」

丁未，詔曰〔一〇〕：「祖宗設六科之選，策三道之要，以網羅天下賢儁。先皇帝興學校，崇經術，以作新人材，變天下之俗，故科目之設，有所未皇②。今天下之士多通於經術而知所學矣，宜復制策之科，以徠拔俗之材，裨於治道。蓋乃帝王之道，損益趣時，不必盡同，同歸於治而已。今復置賢良方正能直言極諫科，自今年爲始。」

西蕃酋鬼章犯南川砦，遂城洮州，遣游師雄行邊〔一一〕。五月丁卯③，李清臣罷〔一二〕，劉摯尚書左丞，王存尚書右丞。六月辛丑，安燾知樞密院事。

秋七月辛未，韓維罷〔一三〕。八月，游師雄以种誼入洮州，擒鬼章青宜結以獻〔一四〕。

三年夏四月辛巳，吕公著以司空平章軍國事，吕大防尚書左僕射兼門下侍郎，范純仁尚書右僕射兼中書侍郎。孫固門下侍郎，劉摯中書侍郎，王存尚書左丞，胡宗愈尚書右丞，趙瞻僉書樞密院事〔一五〕。六月，夏人寇邊〔一六〕。荆王頵薨〔一七〕。

秋七月癸丑，太皇太后詔有司褒崇皇太妃，討論典故以聞。夏人寇邊〔一八〕。八月，皇叔顥封徐王〔一九〕。

冬閏十二月甲辰，詔百官觀新樂。甲寅〔二〇〕，太皇太后詔曰：「官冗之患，所從來尚矣。流弊之極，實萃於今。以闕計員，至相倍蓰。上有久閑失職之吏，則下有受害無告之民，故命大臣考求其本，苟非裁損入流之數，無以澄清取士之原。吾今自以眇身，率先天下。永惟臨御之始，嘗敕有司，蔭補私親，舊無定限，自惟薄德，敢配

①實：《長編》卷三九八作「重」。
②皇：《長編》卷三九九作「遑」。
③丁卯：原作「丁亥」，按是年五月壬子朔，無丁亥日，據《長編》卷四〇一、《宋史》卷二一二《宰輔表三》，劉摯、王存除宰輔並在五月丁卯，據改。

前人？已詔家庭之恩，止從母后之比。今當又損，以示必行。夫以先帝顧托之深，天下責望之重，苟有利於社稷，吾無愛於髮膚。矧此恩私，實同豪末。忠義之士，當識此誠，各忘内顧之恩①，共成節約之制。今後每遇聖節、大禮、生辰，合得親屬恩澤，並四分減一，皇太后、皇太妃準此。」

四年春二月甲辰，吕公著薨。三月己卯，胡宗愈罷〔二一〕。

夏五月甲申，月有食之。六月甲辰，范純仁、王存罷〔二二〕。丙午，韓忠彦尚書左丞，許將尚書右丞，趙瞻同知樞密院事。

秋七月庚辰，安燾以母憂罷。九月辛巳，大享明堂，大赦天下。

冬十一月癸未，孫固知樞密院事，劉摯門下侍郎，傅堯俞中書侍郎。

五年春二月庚戌，文彦博致仕。三月丙寅朔，趙瞻薨。壬申，韓忠彦同知樞密院事，蘇頌尚書左丞。

夏四月丙午，孫固薨。自去冬不雪②，至於五月丁亥始雨〔二三〕。

冬十二月辛卯朔，許將罷〔二四〕。

六年春二月辛卯，劉摯尚書右僕射兼中書侍郎，王巖叟僉書樞密院事。癸巳，蘇轍尚書右丞。

---

①恩：《宋會要輯稿》后妃一之一五、《長編》卷四一九、《蘇文忠公全集》卷四〇均作「心」，是。

②雪：原作「雷」，覆宋本同，四庫本作「雨」，錢校云「雷當作雨」。《長編》卷四四二於五月乙亥注：「《舊録》云：『自去年冬無雪，至是始雨。』按《政目》，是月八日已得雨矣，今不取。」是底本「雷」當爲「雪」之形誤，據《長編》改。

秋，上清儲祥宮成〔二五〕。

冬十月庚午，幸太學。十一月乙酉朔，劉摯罷〔二六〕。辛丑，傅堯俞薨。

七年夏四月己未，立皇后孟氏。甲子，詔皇后具六禮。五月戊戌，御文德殿發册，以吕大防爲奉迎使。六月辛酉，蘇頌尚書右僕射兼中書侍郎，蘇轍門下侍郎，韓忠彦知樞密院事，范百禄中書侍郎，梁燾尚書左丞，鄭雍尚書右丞，劉奉世僉書樞密院事。王巖叟罷〔二七〕。

秋九月壬辰，太皇太后謂輔臣曰：「郊祀，依仁宗先帝故事。」吕大防、蘇轍、蘇頌以天地合祭爲是，范百禄以元豐六年南郊分祀上帝，配以太祖，未可輕改。大防等議，以皇帝即位，未嘗親祀天地，合行合祭之禮爲有名。遂降詔曰〔二八〕：「國家郊廟時祀，祖宗以來，命官攝事，惟三歲一親郊，則饗清廟，冬至合祭天地於圜丘。元豐間，有司援周制，以合祭不應古義，先帝詔定親祠北郊之儀，未之及行。是歲郊①不設皇地示位，而宗廟之饗，率如權制。朕以涼昧，嗣承六聖休德鴻緒，今兹禋禮，奠幣上帝，祼鬯廟室，而地示大神，久未親祀。矧朕方郊見天地之始，其冬至日南郊，宜依熙寧十年故事，設皇地示位，以嚴並貺②之報。」

冬十一月癸巳，合祭天地於圜丘，大赦天下。

八年春三月甲申，蘇頌罷〔二九〕。辛卯，范百禄罷〔三〇〕。

①「郊」下，覆宋本空一格，《長編》卷四七七有「祀」字。
②貺：原作「况」，據《長編》卷四七七、《太平治迹統類》卷二二改。

夏四月癸丑，詔曰：「方夏暑時，動植之類皆以遂其長養，而吾民觸禁抵法，繫縛囹圄。其深文之吏，或不能體朕欽恤之意，因循延蔓，久不爲決，干陰陽之和，非細故也。其詔天下官師①之長，敬若時令，哀矜庶獄，以丕應朕志。」

丁巳，詔曰〔三一〕：「朕惟祖宗嚴奉郊廟，每以三歲對越二儀。先帝元豐之末，講方丘特祭之儀，蓋將補一代之闕容，振百王之墜典。朕以菲德，嗣守丕基，列聖已行，謹當遵奉，先朝未舉，懼不克堪。理既不疑，事無可議。今後南郊合祭天地，依元祐七年例施行。」

六月戊午，梁燾罷〔三二〕。

秋七月丙子朔，范純仁尚書右僕射兼中書侍郎。八月辛酉，太皇太后不豫。戊辰，大赦天下。九月戊寅，太皇太后高氏崩於壽殿。是月，皇帝親政。

紹聖元年春二月丁未，李清臣中書侍郎，鄧潤甫尚書右丞〔三三〕，鄭雍尚書左丞〔三四〕。己酉，葬宣仁聖烈皇后於永厚陵。三月壬申朔，日有食之。乙亥，呂大防罷〔三五〕。戊子，皇叔顥封冀王。丁酉，蘇轍罷〔三六〕。

夏四月癸丑，改元。壬戌，章惇尚書左僕射兼門下侍郎，范純仁罷〔三七〕。閏月癸酉，詔罷十科舉士。甲申，安燾門下侍郎。五月甲辰，詔進士專治經術。辛亥，劉奉世罷〔三八〕。乙丑，鄧潤甫薨。丁卯，復免役、保甲法。六月癸未，曾布同知樞密院事。貶責元祐臣寮〔三九〕。

秋九月庚戌，罷制科。

①官師：《宋大詔令集》卷二〇二作「官司」。

冬十二月甲午，貶責元祐史官范祖禹、趙彦若、黄庭堅。

二年春三月，加上神宗尊謚。

夏四月庚午，詔恤刑獄。

秋九月辛亥，大享明堂，大赦天下。

冬十月甲子，鄭雍罷〔四〇〕。甲戌，許將尚書左丞，蔡卞尚書右丞。辛巳，皇叔顥封楚王。十一月乙未，安燾罷〔四一〕。

三年春正月庚子，韓忠彦罷〔四二〕。二月，夏人犯邊〔四三〕。戊子，詔罷合祭，自今間因大禮之歲，以夏至之日，躬祭地祇於北郊。三月辛亥，皇弟佖封申王，皇弟封端王。

六月，夏人寇邊〔四四〕。

秋七月癸卯，月有食之。九月，折可適與夏人戰於雞靶①嶺，敗之。己酉，滁州、沂州地震。壬子，楚王顥薨。乙卯，皇后孟氏廢居瑶華宫。

冬十月，夏人犯邊〔四五〕。

四年春正月庚戌，李清臣罷〔四六〕。二月，章惇言司馬光等已追貶，而吕大防、劉摯、梁燾等亦宜量罪示罰，凡

①雞靶：原作「雞艳」，據本書卷一二八改。

三十七人，皆貶。甲子，文彦博降太子少保〔四七〕。閏月壬寅，曾布知樞密院事，林希同知院事，許將中書侍郎，蔡卞尚書左丞，黄履尚書右丞。

夏六月癸未朔，日有食之。

秋八月己酉，彗出西方。九月壬子，詔曰：「彗出西方，災譴爲大，朕甚懼焉。公卿各宜悉心修政，輔朕不德，仍許中外臣僚直言朝政闕失，朕將親覽。」乙卯，大赦天下。

元符元年春三月戊午，殺内侍陳衍。乙丑，咸陽民段義獻玉璽。甲戌，皇弟俁封莘王，似簡王，偲永寧郡王。夏四月壬辰，林希罷〔四八〕。五月戊申朔，皇帝受①傳國寶。吕惠卿帥師破夏人於大沙堆〔四九〕。六月戊寅朔，改元。

冬十一月甲子，祀昊天上帝於圜丘，大赦天下。

二年春三月，遼國遣蕭德崇來〔五〇〕。

夏四月癸巳，皇弟偲封睦王。五月癸亥，進築②西安城於天都山。六月，詔親祀北郊，並依南郊儀制〔五一〕。秋八月，皇子生，赦天下〔五二〕。丁酉，王贍招納青唐王子瞎征。九月庚子朔，夏國遣使來。丁未，以賢妃劉氏立爲皇后。閏月，收復青唐，以瞎征、隴拶等來歸〔五三〕。辛巳，黄履罷〔五四〕。乙未，皇子莀〔五五〕。

①受：原作「授」，據四庫本、錢校及《長編》卷四九八、《宋史》卷一八改。錢校云：「當作『受』，宋本原誤。」

②築：原作「策」，據《長編》卷五一〇、本書卷一二八《附録六》、《宋宰輔編年録》卷一〇改。

三年春正月戊寅，大赦天下。己卯，皇帝崩於福寧殿，聖壽二十五，殯於殿之西階。羣臣上尊謚曰欽文睿武昭孝皇帝〔五六〕，廟號哲宗。八月①壬寅，葬永泰陵。崇寧三年，加上尊謚曰憲元繼道世德揚功欽文睿武齊聖昭孝皇帝〔五七〕。政和三年，改上尊謚曰憲元繼道顯德定功欽文睿武齊聖昭孝皇帝〔五八〕。

臣稱曰：哲宗皇帝爰自沖年，嗣膺大歷。是時宣仁共政，登進忠賢，以安天下，故元祐致治之盛，庶幾仁宗。及紹聖親政，起熙、豐舊人而用之，元祐政事，一切務以相反。烏虖！哲宗之英毅開敏，有能致之資，惜乎大臣不以忠厚而事其上也。

【箋證】

〔一〕欽成：《宋史》卷一七《哲宗紀一》作「欽聖」，誤。

〔二〕尊皇太后曰太皇太后、皇后曰皇太后、德妃朱氏爲皇太妃，《宋史》卷一七繫於三月庚子。《事略》連書於此，故未繫日。

〔三〕皇叔顥等加封，《長編》卷三五三、《宋史》卷一七繫於三月庚申，《事略》未繫日期。

〔四〕章惇罷：《長編》卷三七〇：「正議大夫、知樞密院事章惇，累有臣僚上言輕薄無行，……宜解機務，可守本官、知汝州。」

〔五〕韓縝罷：《長編》卷三七四：「正議大夫、守尚書右僕射、兼中書侍郎韓縝爲光禄大夫、觀文殿大學士、知潁昌府。」

〔六〕張璪罷：《長編》卷三八八：「正議大夫、中書侍郎張璪爲光禄大夫、資政殿學士、知鄭州。」

〔七〕歸還四砦，《長編》卷三九七繫於元祐二年三月。

①八月：原作「七月」，是年七月丙寅朔，無壬寅日，本書卷一九《徽宗紀一》及《宋史》卷一八改。

〔八〕丁巳：《宋史》卷一七繫「太皇太后手詔止就崇政殿受册」於三月壬戌，與《長編》卷三九六及《事略》不同。

〔九〕「宜權停罷」下，《長編》卷三九八所載詔文尚有「仍詔諸路監司分督郡縣刑獄，其繫囚若干人，照事理輕者從宜處決配奏，未可處決者，仍責限結絶。其監司如所分地遠，力不能徧，或有故不可躬行，並委官催促」一段；「受册禮」前有「行」字，是。

〔一〇〕《事略》所録此詔爲略文，《長編》卷三九九所載較全，可參看。

〔一一〕城洮州事，《長編》卷三九九於四月癸卯劉舜卿奏後注云：「或於此載鬼章城洮州事，已附五月二日。」游師雄行邊事，《長編》卷四〇二於六月甲申趙卨奏後始言之，注云：「游師雄行邊，《實録》不書其初命，因與劉舜卿相度城西關，附見於此。師雄爲軍器監丞，《政目》在元年十二月六日，師雄行邊以七月三日至熙河，則其發京師亦必在五月末、六月初也。六月八日，師雄又請勞問包順等，《實録》始載其出使官名，蓋此時師雄受命未久耳。不知《實録》不詳載師雄初命何故，當考。《編年》稱師雄以四月行邊，因鬼章犯南川寨，城洮州，即載之。」則《事略》蓋從《編年》統書鬼章入侵事於此，未暇詳考月日，正如《長編》注所云「《編年》云四月遣師雄，誤也」。

〔一二〕李清臣罷：《長編》卷三九九繫「通議大夫、守尚書左丞李清臣以資政殿學士知河陽」於四月戊申，《宋史》卷一七、卷二一二《宰輔表三》同，《事略》誤繫於五月，且與劉摯、王存除宰輔連書，失考。

〔一三〕韓維罷：《長編》卷四〇三：「辛未，正議大夫、守門下侍郎韓維爲資政殿大學士、知鄧州。」

〔一四〕擒鬼章青宜結事，《長編》卷四〇四、《宋史》卷一七繫於八月丁未，《事略》漏書日期。

〔一五〕孫固、劉摯、王存、胡宗愈、趙瞻除職，《長編》卷四〇九、《宋史》卷一七繫於四月壬午，《事略》連書於辛巳後，不確，「孫固」前當脱「壬午」二字。

〔一六〕夏人寇邊：《長編》卷四一二、《宋史》卷一七並載：「辛丑，夏人寇塞門寨。」《事略》漏書日期。

〔一七〕荆王頵薨，《長編》卷四一二、《宋史》卷一七並繫於七月戊申，《事略》誤繫於六月。

〔一八〕夏人寇邊：《長編》卷四一二於七月丙寅載夏人寇康固寨事，《皇宋十朝綱要》卷一二亦載「夏人寇龕谷寨及東關堡」於七月丙寅。

〔一九〕皇叔顥封徐王，《長編》卷四一三、《宋史》卷一七並繫於八月己卯，《事略》漏書日期。

〔二〇〕甲寅：按是年閏十二月癸卯朔，甲寅當爲十二日，《宋會要輯稿》后妃一之一五載此詔於十五日，《蘇文忠公全集》卷四〇則作十四日，當考。

〔二一〕胡宗愈罷：《長編》卷四一三：「己卯，尚書右丞胡宗愈爲資政殿學士、知陳州。」

〔二二〕范純仁王存罷：《長編》卷四二九：「甲辰，宣制：以大中大夫、守尚書右僕射范純仁依前官爲觀文殿學士、知潁昌府，中大夫、守尚書左丞王存爲端明殿學士、知蔡州。」

〔二三〕丁亥：據《長編》卷四四二、《宋史》卷一七，當作「乙亥」。《長編》據《政目》云「八日已得雨」，乙亥爲十一日，丁亥則爲二十三日，不得云「始雨」，《事略》蓋誤。

〔二四〕許將罷：《長編》卷四五二：「中大夫、守尚書右丞許將爲太中大夫、資政殿學士、知定州。」

〔二五〕上清儲祥宫成，《長編》卷四六六、《宋史》卷一七繫於九月壬子，《事略》漏書月日。

〔二六〕劉摯罷：《長編》卷四六八：「太中大夫、守尚書右僕射兼中書侍郎劉摯爲觀文殿學士、知鄆州。」

〔二七〕王巖叟罷：《長編》卷四七三繫於五月丙午：「樞密直學士、簽書樞密院事王巖叟爲端明殿學士、知鄭州。」《宋史》卷一七、卷二一二《宰輔表三》同。《事略》誤繫於六月辛酉。

〔二八〕《長編》卷四七七、《宋史》卷一七繫此詔於九月戊戌，《事略》漏書日期。

〔二九〕蘇頌罷：《宋史》卷一七與《事略》均繫三月甲申，《長編》卷四八二、《宋宰輔編年録》卷一〇、《宋史》卷二一二《宰輔表三》則繫三月癸未。《長編》云：「壬午，詔尚書右僕射蘇頌累上表引年，乞解機政，可依所請，特除觀文殿大學士，充集禧觀使，所有實封食邑，依自來體例施行，於今月六日宣麻。癸未，左光禄大夫、尚書右僕射兼中書侍郎蘇頌依前官觀文殿大學士、集禧觀使。」

〔三〇〕范百禄罷：《長編》卷四八二：「辛卯，中書侍郎范百禄奏……詔以百禄爲大中大夫，充資政殿學士、知河中府。」

〔三一〕《長編》卷四八三載此詔較詳，可參看。

〔三二〕梁燾罷：《長編》卷四八四：「戊午，中大夫、守尚書左丞梁燾充資政殿學士、同醴泉觀使。」

〔三三〕鄧潤甫尚書右丞：《宋史》卷一八《哲宗紀二》同作「右丞」。而《宋會要輯稿》儀制一三之一三、選舉一之一三、《皇宋十朝綱要》卷一一、《九朝編年備要》卷二四、《太平治迹統類》卷二四、《宋宰輔編年録》卷一〇、《宋史》卷二一二《宰輔表三》及《事略》與《宋史》本傳並作「尚書左丞」，又據《宋宰輔編年録》卷一〇載《温伯尚書左丞制》有「是用擢升左轄，進貳揆臣」之語，可證《事略》「右丞」當作「左丞」。

〔三四〕鄭雍尚書左丞：《宋會要輯稿》《長編》《皇宋十朝綱要》《宋史》諸書，並未見鄭雍是時除左丞之記載。考《宋宰輔編年録》卷一〇及《宋史》卷二一二《宰輔表三》，鄭雍自元祐七年六月繼蘇轍爲尚書右丞，至紹聖二年罷職前，未見除尚書右丞者，可見紹聖元年鄭雍仍爲尚書右丞。而元祐八年六月梁燾罷尚書左丞，照理應由鄭雍繼任，不知何故改由鄧温伯「就院除尚書左丞」（《宋會要輯稿》選舉一之一三），其間事由，史書闕載，存疑俟考。本書卷九〇及《宋史》卷三四二《鄭雍傳》並言「拜尚書右丞，改左丞」，《宋會要輯稿》職官七八之二八言「（紹聖）二年十月二日，太中大夫、守尚書左丞鄭雍罷爲資政殿學士、知陳州」，《寶真齋法書贊》卷一七《林文節紹聖日記前帖》引李氏《續通鑑長編》記紹聖二年八月施珣獄事，有云：「是年東府則章惇左僕射、安燾門下侍郎、李清臣中書侍郎、鄭雍尚書左丞，西府則韓忠彦知樞密院、曾布同知院，共政者只此六人耳。」可證紹聖二年鄭雍爲尚書左丞，大約尚書左丞鄧潤甫上任三月即卒，改由鄭雍繼任，故《事略》連書於此，而致兩誤。

〔三五〕吕大防罷：《宋宰輔編年録》卷一〇：「三月乙亥，吕大防罷相。觀文殿大學士、右光禄大夫、知潁昌府，改知永興軍。」

〔三六〕蘇轍罷：《宋宰輔編年録》卷一〇：「丁酉，蘇轍罷門下侍郎。自太中大夫依前官知汝州。」

〔三七〕范純仁罷：《宋宰輔編年録》卷一〇：「范純仁罷相。爲右正議大夫，充觀文殿大學士、知潁昌府、京西北路安撫使。」

〔三八〕劉奉世罷：《宋宰輔編年録》卷一〇：「五月辛亥，劉奉世罷簽書樞密院事。爲端明殿學士、真定府路安撫使兼知成德軍。」

〔三九〕貶責元祐臣寮事，《宋史》卷一八《哲宗紀二》繫於七月丁巳，《事略》漏書月日。

〔四〇〕鄭雍罷：《宋宰輔編年録》卷一〇：「十月甲子，鄭雍罷尚書右丞。自太中大夫除資政殿學士、知陳州。」

〔四一〕安燾罷：《宋宰輔編年録》卷一〇：「十一月乙未，安燾罷門下侍郎。自右正議大夫除觀文殿學士、知河南府。」

〔四二〕韓忠彦罷：《宋宰輔編年録》卷一〇：「正月丙子，韓忠彦罷知樞密院事。自太中大夫除觀文殿學士、知真定府。」是年正月壬辰朔，無丙子日，《事略》與《宋史》卷一八作「庚子」，是。

〔四三〕夏人犯邊：《皇宋十朝綱要》卷一四、《宋史》卷一八載：「丁亥，夏人寇義合砦。」

〔四四〕夏人寇邊：《皇宋十朝綱要》卷一四載「夏人犯順寧寨」於六月，《宋史》卷一八載「夏人寇寧順砦」於八月辛酉。

〔四五〕夏人犯邊：《皇宋十朝綱要》卷一四：「十月壬戌，涇原鈐轄王文振進兵破夏人没煙新寨，斬首三千餘級。」《宋史》卷一八云：「壬戌，夏人寇鄜、延，陷金明砦。」

〔四六〕李清臣罷：《宋宰輔編年録》卷一〇：「正月庚戌，李清臣罷中書侍郎。自正議大夫除資政殿大學士、知河南府。」

〔四七〕文彦博降太子少保，《宋宰輔編年録》卷一〇、《宋史》卷一八並繫二月甲申（二十九日）。《事略》既載追貶司馬光、吕大防、劉摯、梁燾等事於前，而《宋史》載追貶司馬光等於二月己未（四日），追貶吕大防等於二月癸未（二十八日），據此可斷《事略》「甲子」（九日）爲「甲申」之誤。

〔四八〕林希罷：《長編》卷四九七：「中大夫、同知樞密院事林希罷同知樞密院事、知亳州。」

〔四九〕大沙堆之捷，《長編》卷四九八繫其事於五月一日，吕惠卿奏報於五月十三日（庚申）。《皇宋十朝綱要》卷一四亦載「鄜延都鈐轄苗履破夏人於大沙堆，斬獲甚衆」於庚申。

〔五〇〕遼國遣蕭德崇來：《長編》卷五〇七云：「丙辰，遼國泛使左金吾衛上將軍、簽書樞密院事蕭德崇，副使樞密直學士、尚書禮部侍郎李儼見於紫宸，曲宴垂拱殿，其遣泛使止爲夏國遊説息兵及還故地也。」《宋史》卷一八同繫三月壬辰，《事略》漏書日期。

〔五一〕親祀北郊依南郊儀制詔，《長編》卷五一一繫於六月丙申（二十五日），《宋會要輯稿》禮二八之五八繫於六月二十七日，《事略》漏書日期。

〔五二〕秋八月皇子生赦天下：《長編》卷五一四、《宋史》卷一八繫「皇子生」於八月戊寅，繫「赦天下」於八月辛巳，《事略》連書於此，未書日期。

〔五三〕青唐之捷，《長編》卷五一六繫於閏九月壬申，《皇宋十朝綱要》卷一四在癸酉，《事略》未書日期。

〔五四〕黄履罷：《長編》卷五一六：「辛巳，通議大夫、守尚書右丞黄履罷尚書右丞、知亳州。」

〔五五〕皇子茂，《宋史》卷一八載「己未，越王茂薨」，《長編》卷五一六與《事略》同繫乙未，是月庚午朔，無己未日，是，《宋史》誤。

〔五六〕羣臣上尊謚，《宋史》卷一八繫於四月己未。

〔五七〕加謚憲元繼道世德揚功欽文睿武齊聖昭孝皇帝，《宋史》卷一八繫於崇寧三年七月，《宋會要輯稿》禮五八之五七繫於政和三年八月二十九日，《皇宋十朝綱要》卷一一繫於政和三年十一月。

〔五八〕改謚憲元繼道顯德定功欽文睿武齊聖昭孝皇帝，《宋史》卷一八同繫於政和三年，而《宋會要輯稿》禮五八之六二繫於崇寧三年七月二十三日（《宋大詔令集》卷一四二同），《皇宋十朝綱要》卷一一繫於崇寧三年十一月。

東都事略卷第十

本紀十

徽宗體神合道駿烈遜功聖文仁德憲慈顯孝皇帝，神宗第十一子也，母曰欽慈①皇后陳氏，以元豐五年十月十日生。后就館之月，陰雨彌旬，既誕，天氣澄霽。六年，授鎮寧軍節度使，封寧國公〔一〕。八年，封遂寧郡王〔二〕。紹聖三年，拜平江、鎮江軍節度使，封端王〔三〕。

元符三年春正月己卯，哲宗崩，皇太后坐福寧殿東，垂簾，謂宰臣章惇等曰：「皇帝已棄天下。」惇等哭，皇太后曰：「皇帝無子，天下事須早定。」惇獨厲聲曰：「當立同母弟。」皇太后曰：「神宗諸子，申王長而有目疾，次即端王當立。」惇曰：「以年則申王長當立，以禮律同母弟簡王當立。」皇太后曰：「俱是神宗子，豈容分別？當立端王。」惇等唯唯承命。王入，即皇帝位於福寧殿。奉遺制，皇太后權同處分軍國事。庚辰，大赦天下。癸未，追册貴儀陳氏爲皇太妃。丙戌，皇兄佖封陳王。戊子〔四〕，皇弟俣封衛王，似蔡王，偲定王。

二月丁未，立皇后王氏。庚申，韓忠彦門下侍郎，黄履尚書右丞。三月，太史言四月朔日當食。庚寅，詔曰〔五〕：「太史前告，天將動威，日有食之，期在正陽之月，變異甚鉅，殆不虛生。夙夜以思，未燭厥理。將以彌綸初政，消弭天菑，自非藥石之規，孰開朕聽？况今周行之内，人有所懷；芻蕘之中，言皆可采。凡朕躬之闕失，

①欽慈：原作「欽成」，據錢校及《宋會要輯稿》禮四九之二二、《宋史》卷一九《徽宗紀一》改。錢校云：「欽成乃哲宗母，非徽宗母也。」

若左右之忠邪，政令之否臧，風俗之媺惡，朝廷之德澤有不下究，閭閻之疾苦有不上聞，咸聽直言，毋有忌諱。」

夏四月丁酉朔，日有食之。甲辰，韓忠彦尚書右僕射兼中書侍郎，李清臣門下侍郎，蔣之奇同知樞密院事。庚戌，皇長子生〔六〕。辛亥，大赦天下。五月癸酉，皇太后詔曰：「瑶華廢后累經大霈，其位號禮數，令三省、樞密院詳議以聞。」丙子，廢后孟氏復爲元祐皇后，皇后劉氏爲元符皇后〔七〕。乙酉，蔡卞罷〔八〕。

秋七月丙寅朔，皇太后歸政。癸酉，赦天下。八月壬寅，葬欽文睿武昭孝皇帝於永泰陵。丁未，詔曰〔九〕：「朕恭惟仁宗皇帝躬天地之度，以仁治天下，授英宗以神器之重，措宗社於泰山之安。功隆德厚，孰可擬議？神宗皇帝以聖神不世出之資，慨然大有爲於天下，規模宏遠，凛凛乎三代之風。而廟祏之制，未及尊崇之典，闕孰甚焉！其令禮官考定仁祖、神考廟制，詳議以聞。」庚戌，禮官言：「二宗之廟，請如聖詔，永祀不祧，與天無極。」詔恭依。建景靈西宫。九月庚午，皇長子封韓國公。辛未，章惇罷〔一〇〕。

冬十月丁酉，韓忠彦尚書左僕射兼門下侍郎。壬寅，曾布尚書右僕射兼中書侍郎。己未，詔曰：「神考以天縱之聖，厲精治道，内修法度，外闢境土，新一代之典則，以遺我後人。而往者任事之臣，用心或過，朕所不取。朕於爲政取人，無彼時此時之間。斟酌可否，舉措損益，惟時之宜；旌别忠邪，用捨進退，惟義所在。使政事不失其當，人材各得其所，則能事畢矣。無偏無黨，正直是與，常用中以與天下休息〔一一〕，以成朕繼志述事之美。咨爾中外，服我訓誡。」

十一月庚午，詔改元。戊寅，安燾知樞密院事。庚辰，黄履罷〔一二〕。辛卯，范純禮尚書右丞。十二月戊申，赦天下。

是歲，以湟、廓、鄯三州歸於青唐〔一三〕。

建中靖國元年春正月壬戌朔，有赤氣起東北，彌亘西方。甲戌，皇太后向氏崩於慈寧殿。

夏四月辛卯朔，日有食之。五月丙寅，葬欽聖憲肅皇后於永裕陵，欽慈皇后陳氏改祔裕陵〔一四〕。六月庚寅朔，皇長子封京兆郡王。戊午，范純禮罷〔一五〕。

秋七月丙戌，安燾罷〔一六〕。丁亥，蔣之奇知樞密院事，陸佃尚書右丞，章楶同知樞密院事。九月，趙諗反於渝州〔一七〕。

冬十月乙未，李清臣罷〔一八〕。十一月庚申，陸佃尚書左丞，温益尚書右丞。庚辰①，祀昊天上帝於圜丘，大赦天下。詔改元。

崇寧元年春正月，河東地震〔一九〕。二月戊戌，趙諗伏誅。庚子，皇子焕封魏國公。辛丑，皇太妃朱氏薨。

夏五月庚申，韓忠彦罷〔二〇〕。戊辰，欽成皇后祔葬裕陵〔二一〕。己卯，陸佃罷〔二二〕。庚辰，許將門下侍郎，温益中書侍郎，蔡京尚書左丞，趙挺之尚書右丞。閏六月壬戌，曾布罷〔二三〕。

秋七月戊子，蔡京尚書右僕射兼中書侍郎。甲午，都省置講議司。庚子，章楶罷〔二四〕。八月辛未，開封府置居養院。甲戌，蔡京請天下並置學養士，仿太學三舍，爲考選升補之法。己卯，趙挺之尚書左丞，張商英尚書右丞。建辟雍外學〔二五〕。

冬十月癸亥，蔣之奇罷〔二六〕，蔡卞知樞密院事〔二七〕。甲戌，元祐皇后復居瑶華宫。十一月乙酉，溪洞徽州並誠州納土。甲辰，詔曰：「元符末，下詔求直言，蓋欲廣朕聞見，裨益政治。比以所上章疏付之有司，考其邪正，

①庚辰：原作「庚申」，與前重複，據《宋史全文》卷一四、《宋史》卷一九改。

令具名來上。其間忠言讜議，指陳闕失，力陳父子兄弟繼述友恭之義者四十一人，悉令旌擢，以勸多士。内有附會姦慝，誣毀先帝政事，總五百四十一人。然言有淺深，罪有輕重，取其詆譏謗斥尤甚者三十①人，可逐之遠方；次等四十一人，其言亦多詆訕，各逐等第責降，以戒爲臣之不忠者。」戊申，皇子楷封高密郡王。

二年春正月乙未，辰、沅溪洞納土〔二八〕。壬寅〔二九〕，温益薨。丁未，蔡京尚書左僕射兼門下侍郎。二月甲寅，以元符皇后劉氏爲太后，居崇恩宫。甲子〔三〇〕，蔡京以陝西鑄大銅錢當十，夾錫錢當二。夏四月己巳，大赦天下。戊寅，趙挺之中書侍郎，張商英尚書左丞，吴居厚尚書右丞，安惇同知樞密院事。五月己亥，皇子楫封楚國公。

秋七月戊寅朔，青唐來納土。八月戊申，張商英罷〔三一〕。九月庚寅，詔曰：「本朝僖祖至仁宗，始備七世。當英宗祔廟，上祧順祖。暨神考祔廟，又祧翼祖。則哲宗祔廟，父子相承，當爲一世。祧遷之序，典禮可稽。令禮官詳議聞奏。」其後禮官言當祧宣祖。甲辰，詔曰：「自京師至於郡縣，春秋祈報遍於天下者，唯社稷爲然。今守、令不深惟其故，以是爲不急之祀，壇壝不修，民得畜牧種蓺於其間，春秋行事，取具臨時。乃或器用弗備，粢盛弗蠲，齋祓弛懈，祼獻失度，甚不副朕稱秩祀典之意。其令監司巡歷所至，察不如儀者。」

三年春正月戊子，詔江、池、饒、建州鑄當十大錢。二月丁未，州縣置漏澤園。壬子，皇子楫封南陽郡王。三月丁亥，仿《周官》司圜之法，令諸州築圜土以居强盗貸死者，晝則役作，夜則拘之。視罪之輕重，以爲久近之

①三十：《宋會要輯稿》職官六八之五作「三十八」。

限，許出圜土充軍，無過者縱釋之〔三二〕。辛丑，大内災。

夏四月辛酉，皇子楫封樂安郡王。乙丑，罷講議司。王厚復青唐。五月癸酉，樂安郡王楫薨〔三三〕。丙申，詔曰：「乃者有司以哲宗嗣承神考，父子相繼，自當爲世，故上祧宣祖。惟我祖考功隆德大，萬世不祧者，今已五宗，則七廟當祧者二宗而已。遷毀之禮，近及祖考，殆非先王尊祖奉先之意。其議奏〔三四〕。」

六月丙午，詔諸路州軍未置學處並置學養士。壬子，置筭學。丁巳，籍元祐姦黨〔三五〕，以司馬光爲首，凡三百九人，刻石於文德殿門之東壁。

秋七月，上神宗、哲宗尊謚〔三六〕。八月丙午，許將罷〔三七〕。九月乙亥，趙挺之門下侍郎，吴居厚中書侍郎，張康國尚書左丞，鄧洵武尚書右丞。皇子樞封吴國公。癸巳，建九廟〔三八〕。

冬十月，夏人寇涇原〔三九〕。己巳，詔已祧翼祖、宣祖廟並復。十一月甲戌，幸太學辟雍。丙戌，皇子杞封冀國公。丁亥，詔曰：「昔神考嘗議以三舍取士，而罷州郡科舉之令。其法始於畿甸，而未及行於郡國。肆朕纂圖，制詔有司講議其方，成書來上，悉推行之，設辟雍於國郊，以待士之升貢者。其詔天下，除將來科場如故事外，並罷①州郡發解及省試法，其取士並繇學校升貢。」丙申，祀昊天上帝於圜丘，大赦天下。十二月戊午，安惇薨。

四年春正月丙戌，詔於帝鼐宫立大角鼎星祠〔四〇〕。丙申，蔡卞罷〔四一〕。二月己酉，置三衛府〔四二〕。甲寅，張康國知樞密院事，劉逵同知院事，何執中尚書左丞。乙卯，頒《方田法》於天下〔四三〕。閏月，趙懷德降〔四四〕。三月甲辰，趙挺之尚書右僕射兼中書侍郎。戊午，復銀州。丁卯，牂柯、夜郎納土。

①罷：《宋會要輯稿》選舉四一之四作「嚴」。

夏五月乙丑，詔曰：「民爲邦本，本固邦寧。天下承平日久，民既庶矣，而養生送死，尚未能無憾，朕甚憫焉。今鰥寡孤獨既有居養之法，若疾而無醫，則爲之置安濟坊；貧而不葬，則爲之置漏澤園。朕之志於民深矣，監司、守令奉行毋忽。」六月丙子，興復解池鹽寶。戊子，趙挺之罷〔四五〕。

秋七月丁巳，京畿四面置輔①〔四六〕，屏衛京師。八月，九鼎成。甲申，奉安九鼎。戊子，詔即國丙巳之地建明堂。辛卯，詔曰：「道形而下，先王體之，協於度數，播於聲詩，其樂與天地同流。《雅》《頌》不作久矣！去聖逾遠，遺聲弗存。迺者得隱逸之士於草茅之賤，獲英莖之器於受命之邦，適時之宜，以身爲度，鑄鼎以起律，因律以制器，按協於庭，八音克諧。祖宗積累之休，上帝克相②，豈朕之德哉！昔堯有《大章》，舜有《大韶》，三代之王，亦各異名。今追千載而成一代之制，宜賜名曰《大晟》。朕將薦郊廟，享鬼神，和萬邦，與天下共之，豈不美與！其舊樂勿用。」時蔡京用魏漢律鑄鼎作樂，漢律取《尚書》身爲度之義，以上年二十四當四六之數，取上中指以爲黄鍾之寸，而生度量權衡以作樂，而京爲緣飾之。詔陝西置蕃學。

九月己亥，大赦天下。詔元祐黨人徙移近地〔四七〕，惟不得至四輔畿甸。乙巳，詔曰：「三時務農，一時講武，先王之政也。應京畿三路保甲，並於農隙時教閱。」

冬十月壬辰，日有黑子。十二月乙亥，詔大司成考德行道藝，歲貢之③。

---

①輔：原作「鋪」，覆宋本、四庫本同。按《宋會要輯稿》方域五之二五云「京畿四面置輔郡，以拱州爲東輔，鄭州爲西輔，潁昌府爲南輔，開德府爲北輔」，《宋史》卷二〇亦云「置四輔郡」，《玉海》卷一六云「置輔郡」，《事略》「鋪」爲「輔」之形誤，據改。

②「克相」下，繆校有「之靈」二字。

③「貢之」下，繆校有「士」字。

五年春正月庚子，彗出西方〔四八〕。甲辰，吴居厚門下侍郎，劉逵中書侍郎。乙巳，詔曰：「乃孟春之夕，星文變見，朕甚懼焉。應中外臣僚，並許直言朝政闕失。朕虚心以改，以銷乾象之變。」詔元祐、元符係籍黨人朝堂及外處石刻，並令①除毁。丁未，大赦天下。罷方田。壬子，罷圜土。二月丙寅，蔡京罷〔四九〕。趙挺之尚書右僕射兼中書侍郎。三月丙辰，蔡王似薨。

夏五月辛亥，皇子栩封魯國公。

秋七月壬寅，詔改元。

冬十月壬戌，詔曰：「有天下者尊事上帝，敕命惟幾，敢有弗虔！而釋氏之教，修營佛事，妄以天帝次於鬼神之列，瀆神逾分，莫此之甚，其能克享上帝之心乎！有司其除削之，以稱朕嚴恭寅畏之意。」十一月辛卯，陳王佖薨。十二月己未，劉逵罷〔五〇〕。

大觀元年春正月戊子朔，大赦天下。置議禮局於尚書省〔五一〕。甲午，蔡京尚書左僕射兼門下侍郎。壬寅，吴居厚罷〔五二〕。壬子，何執中中書侍郎，鄧洵武尚書左丞，梁子美尚書右丞。丁巳，詔曰：「古之學者，三年通一經，十有五年則五經皆通。熙寧中，進士以經術。今已三十餘年，士益習矣。自今學生願兼他經者聽，量立陞進之法，使天下全材異能得以進焉。」三月丁酉，趙挺之罷〔五三〕。何執中門下侍郎，鄧洵武中書侍郎，梁子美尚書左丞，朱諤尚書右丞。甲寅，詔以八行取士〔五四〕。

①令：繆校作「速」。

夏五月己丑，皇子棫封揚①國公。張懷素以吳儲、吳侔謀反，伏誅。庚寅，鄧洵武罷〔五五〕。甲午，頒新樂。六月己未，梁子美中書侍郎。乙亥，朱諤薨。

秋八月丁巳，皇弟似封魏王，偲鄧王，皇第九子封蜀國公。己未，上僖祖徽號曰僖祖立道肇基積德起功懿文憲武睿和至孝皇帝〔五六〕。庚申，徐處仁尚書右丞，林攄同知樞密院事。九月辛亥，大享明堂，大赦天下。

冬十月辛酉，蘇州地震。癸亥〔五七〕，大雨雹。徐處仁以母憂罷。閏月丙戌，林攄尚書左丞，鄭居中同知樞密院事。十一月壬戌，詔曰：「朕承祖宗休烈，萬邦作孚，典章文物，於斯爲盛。永惟受命之符，當有一代之制，而尚循秦六璽之用，度越百年之久，或未大備。自天申命，地不愛寶，獲金玉於異土，得好工於編氓。八寶既成，夐無前比，殆天所授，非人能爲，顧何德以承之哉？夫制而用之，存乎其人，天人相因，自然之理，足以繼志烈考而傳之萬世。可以來年正月朔旦，御大慶殿，恭受八寶。」

二年春正月壬子朔，皇帝受八寶，大赦天下。庚申，皇弟俁封燕王，偲越王，皇長子封定王，楷嘉王，樞建安郡王，杞文安郡王，栩安康郡王，棫濟陽郡王，皇第九子封廣平郡王。丙子，以内侍童貫爲武康軍節度使。三月甲子，皇子材封魏國公。乙亥，皇子模封鎮國公。黄河清。

夏五月庚戌朔，日有食之。乙丑，洮州溪哥城王子臧征僕哥降〔五八〕。六月乙酉，涪州夷族納土。

秋八月丙申，梁子美罷〔五九〕。九月辛亥，林攄中書侍郎，余深尚書左丞。壬申，皇子植封吳國公。癸酉，皇后王氏崩。

①揚：原作「楊」，據《宋史》卷二〇改。

冬十一月辛酉，訪求古禮器。壬戌，詔討論臣庶祭禮。癸亥，詔曰：「禮當追述三代之意，適今之宜。《開元禮》不足爲法，今親制《冠禮沿革》，付議禮局。餘五禮，令視此編次。」十二月壬辰〔六〇〕，葬靖和皇后於裕陵之次〔六一〕。

三年春正月丁卯，夷州納土。己巳，胡耳西道蠻納土。二月丙子朔，播州納土。三月壬申，張康國薨。

夏四月戊寅，林攄罷〔六二〕。癸巳，鄭居中知樞密院事，管師仁同知院事。癸卯，余深中書侍郎，薛昂尚書左丞，劉正夫尚書右丞。六月甲戌朔，管師仁罷〔六三〕。丁丑，蔡京以太師罷〔六四〕。辛巳，何執中尚書左僕射兼門下侍郎。

秋八月乙酉，皇子朴封雍國公。九月，皇子棣封徐國公〔六五〕。

江淮大旱，自六月不雨，至於冬十月。十二月，詔東南罷鑄夾錫錢〔六六〕。

四年春二月己丑，余深門下侍郎，張商英中書侍郎，侯蒙同知樞密院事。丁酉〔六七〕，罷河東、河北、京東鑄夾錫錢。

夏五月丁未，彗出奎婁。戊午，大赦天下。余深罷〔六八〕。六月乙亥，張商英尚書右僕射兼中書侍郎。丙申，薛昂罷〔六九〕。

秋七月戊申，皇子楞封冀國公〔七〇〕。八月乙亥，劉正夫中書侍郎，侯蒙尚書左丞，鄧洵仁尚書右丞。庚辰，吴居厚門下侍郎。閏月己酉，詔太廟親祠不用犬牲〔七一〕。九月丙寅朔，日有食之。

冬十月丁酉，立貴妃鄭氏爲皇后。鄭居中罷〔七二〕。庚申，吴居厚知樞密院事〔七三〕。十一月丁卯，祀昊天上帝於圜丘，大赦天下，詔改元。十二月，罷内藏東北出剩鹽鈔及六路上供錢鈔。

【箋證】

〔一〕授鎮寧軍節度使、封寧國公，《宋會要輯稿》禮四九之二三、《皇宋十朝綱要》卷一五、《宋史》卷一九繫於元豐六年十月。

〔二〕封遂寧郡王，《宋會要輯稿》禮四九之二三、《皇宋十朝綱要》卷一五繫於元豐八年三月。

〔三〕封端王，《宋會要輯稿》禮四九之二三、《皇宋十朝綱要》卷一五繫於紹聖三年三月。

〔四〕戊子：《宋史》卷一九作「己丑」，疑是。

〔五〕元符日食求言詔，《皇宋十朝綱要》卷一五、《宋史全文》卷一四、《宋史》卷一九並繫三月辛卯，《宋會要輯稿》帝系九之一九繫三月二十四日（辛卯），晚《事略》一日。

〔六〕皇長子生，《宋史》卷一九繫「長子亶生」於四月己酉，《皇宋十朝綱要》卷一五、《宋史全文》卷一四與《事略》同繫庚戌，相差一日。

〔七〕尊皇后劉氏爲元符皇后，《皇宋十朝綱要》卷一五、《宋史》卷一九在正月辛巳徽宗即位後，《事略》誤置於此。

〔八〕蔡卞罷：《宋宰輔編年録》卷一一：「五月乙酉，蔡卞罷尚書左丞。資政殿學士、知江寧府。」

〔九〕本書所載此詔有删略，《宋會要輯稿》禮一五之五四載有全文，繫於八月二十三日（丁巳），較本書所繫「丁未」晚十日。又本書與《宋史》卷一九並載禮官考議及二廟永祀不祧之詔於庚戌（十六日），則《會要》「二十三日」或爲「十三日」之誤。

〔一〇〕章惇罷：《宋宰輔編年録》卷一一：「九月辛未，章惇罷左僕射。依前特進、知越州。」

〔一一〕常用中以與天下休息：《宋大詔令集》卷一九五所載原詔作「體常用中，祗率大下，以與天下休息」。《事略》所載，多有删節。

〔一二〕黄履罷：《宋宰輔編年録》卷一一：「庚辰，黄履罷尚書左丞。除資政殿大學士，依前左正議大夫，充提舉中太乙宫兼集禧觀公事。」

〔一三〕以湟廓鄯三州歸於青唐：《宋史》等書未見明確記載。《皇宋十朝綱要》卷一四於二月戊午載：「詔王贍棄鄯州，引兵歸湟州，仍喻溪巴温或小隴拶依舊主青唐，當議授以河西留後。」或即其事。

〔一四〕欽慈皇后陳氏改祔裕陵：按《皇宋十朝綱要》卷一五、《宋史》卷一九云「葬欽聖憲肅皇后、欽慈皇后於永裕陵」，本書卷一四《世家二·欽慈皇后陳氏》云「陪葬永裕陵」，則《事略》「裕陵」前當補「永」字。

〔一五〕范純禮罷：《宋宰輔編年録》卷一一：「六月戊午，范純禮罷尚書右丞。自中大夫罷，依前官知潁昌府。」

〔一六〕安燾罷：《宋宰輔編年録》卷一一：「七月丙寅，安燾罷知樞密院事。自左正議大夫罷，授觀文殿學士，依前官知河南府兼西京留守。」

〔一七〕趙諗反於渝州：《皇宋十朝綱要》卷一六：「九月乙酉，夔路轉運司言，太學博士趙諗謀不軌，詔監察御史王資深乘傳鞫實。」汪琬《東都事略跋》卷上：「《紀》中建中靖國元年趙諗反於渝州，崇寧元年諗伏誅。按《玉照新志》：『諗之先本渝州獠賊，其族黨來降，賜以國姓。至諗，不量力，乃與其黨李造、賈時成等宣言欲誅君側之惡，頗肆狂悖，然實無弄兵事也。時事既變，諗亦息心，來京師注官。曾文肅當國，一見奇其才，薦擢國子博士。諗請告蜀中，其徒以前事告變。獄成，諗伏誅，父母妻子悉皆流竄。改渝州爲恭州。文肅亦坐責。』據此，則《紀》中所書，非實録也。又《春渚紀聞》：『畢漸爲狀元，諗第二。』諗既掇巍科，乃以一語不戒，陷身叛逆。獄吏不訊其實，史官不核其由，名之曰反，不亦悲乎？又按，是時獨刑部郎中王吉甫引律以謂『口陳欲反之言，心無真實之狀』，吉甫亦坐絀。」

〔一八〕李清臣罷：《宋宰輔編年録》卷一一：「十月乙未，李清臣罷門下侍郎。自右光禄大夫依前官資政殿學士、知大名府兼北京留守。」

〔一九〕河東地震：《宋史》卷一九云「正月丁丑，太原等十一郡地震」，《事略》未書日期。

〔二〇〕韓忠彦罷：《宋宰輔編年録》卷一一：「庚申，韓忠彦罷左僕射。觀文殿大學士、知大名府兼北京留守。」

〔二一〕欽成皇后祔葬裕陵：按《宋史》卷一九云「戊寅，葬欽成皇后於永裕陵」，又卷一二三《禮志》七六云「謚曰欽成皇后，五月，祔葬永裕陵」，則《事略》「裕陵」前當補「永」字。本書繫祔葬於戊辰，而《宋史》卷一九繫戊寅，相差十日，而《宋會要輯稿》后妃一之四云「五月二十四日陪葬永裕陵」，二十四日即戊寅，《事略》蓋誤。

〔二二〕陸佃罷：《宋宰輔編年録》卷一一：「己卯，陸佃罷尚書左丞。依前太中大夫、知亳州。」

〔二三〕曾布罷：《宋宰輔編年録》卷一一：「閏六月壬戌，曾布罷右僕射。觀文殿大學士、右銀青光禄大夫、知潤州。」

〔二四〕章楶罷：《宋宰輔編年録》卷一一：「庚子，章楶罷同知樞密院事。自通議大夫罷爲資政殿學士、中太乙宫使。」

〔二五〕建辟雍外學：《宋史》卷一九於八月甲戌載：「詔天下興學貢士，建外學於國南。」《皇宋十朝綱要》卷一六於十月戊辰載：「蔡京奏立外學，列上七條，尋賜名辟雍。」與《事略》異。

〔二六〕蔣之奇罷：《宋宰輔編年録》卷一一：「十月癸亥，蔣之奇罷知樞密院事。自右正議大夫授依前官充觀文殿學士、知杭州。」

〔二七〕蔡卞知樞密院事，《宋宰輔編年録》卷一一與《事略》同繫癸亥，而《宋史》卷一九繫十月戊寅。

〔二八〕乙未辰沅溪洞納土：《皇宋十朝綱要》卷一六：「正月乙酉，知荆南舒亶奏平辰、沅州猺。」《宋史》卷一九亦在乙酉，與《事略》異。

〔二九〕壬寅：《宋史》卷一九作「壬辰」。

〔三〇〕甲子：《通鑑長編紀事本末》卷一三六作「庚午」。

〔三一〕張商英罷：《宋宰輔編年録》卷一一：「八月戊申，張商英罷尚書左丞。自通議大夫授依前官知亳州。」

〔三二〕「仿周官司圜之法」至「無過者縱釋之」，爲尚書省奏議，見《宋會要輯稿》刑法四之三二。

〔三三〕趙楫薨，《宋史》卷一九繫於四月壬申，相差一日，《宋會要輯稿》帝系一之四一亦謂卒於四月。

〔三四〕其議奏：本書所載此詔爲節文，此句《宋會要輯稿》禮一五之五六作「可令所司集官議定，詳具典禮以聞」。

〔三五〕丁巳籍元祐姦黨：《宋史》卷一九繫其事於六月戊午，晚此一日，似重定黨籍於丁巳，而下詔刻石則在次日戊午。《皇宋十朝綱要》卷一六於六月壬戌載：「蔡京奏已書姦黨姓名三百九人，姓名頒之天下。」

〔三六〕上神宗、哲宗尊謚，據《宋會要輯稿》禮五八之五〇、五二、六二、六四載，其謚議上於崇寧三年七月二十三日（甲午），而奉上册寶則在十一月二十三日（癸巳），故《宋史》卷一九繫其事於十一月癸巳。

〔三七〕許將罷：《宋宰輔編年録》卷一一：「八月丙午，許將罷門下侍郎。自特進除依前官充資政殿學士、知河南府。」

〔三八〕建九廟：《皇宋十朝綱要》卷一六：「癸巳，用禮部尚書徐鐸議，始建九廟。」《宋史》卷一九繫「立九廟」於十月己巳，與《宋會要輯稿》帝系一之二「三年十月二十九日，立九廟」等記載吻合，蓋始建於九月癸巳（二十三日），建成於十月己巳（二十九日）。

〔三九〕夏人寇涇原，《宋史》卷一九繫十月戊午，《皇宋十朝綱要》卷一六載「癸丑，西賊犯熙寧寨及蕩羌寨」，《事略》未書日期。

〔四〇〕立大角鼎星祠，《宋史》卷一〇四《禮志第五十七》有「復於帝鼐之宫，立大角鼎星祠，崇寧四年八月，奉安九鼎」之記載；《宋史》卷二〇《徽宗紀二》繫「奠九鼎於九成宫」於八月甲申；《九朝編年備要》卷二七繫「鑄九鼎」於崇寧三年正月，並云：「是冬十月，帝鼎成。四年八月，九鼎成，立大角鼎星祠。」是則立大角鼎星祠當在四年八月甲申。而《文獻通考》卷九〇《郊社考》謂「四年三月，九鼎成」，或誤。《事略》所繫爲下詔日期，與《宋會要輯稿》禮五一之二二所繫「四年正月十七日」吻合。

〔四一〕蔡卞罷：《宋宰輔編年録》卷一一：「正月丙申，蔡卞罷知樞密院事。自金紫光禄大夫依前官充資政殿大學士、知河南府。」

〔四二〕置三衛府：《皇宋十朝綱要》卷一六：「二月己酉，置三衛郎、中郎等官。」《宋史》卷二〇：「己酉，置親衛勳衛翊衛郎、中郎等官，以勳戚近臣之兄弟子孫有官者試充。」則三衛指親衛、勳衛、翊衛。然二書並言置官，不及置府事。而蔡絛《鐵圍山叢談》卷四有「崇寧初，建三衛府，多大臣與勳戚子弟」之記載，則三衛府蓋一時習稱，《宋史》不言其建置。

〔四三〕頒方田法：按《宋會要輯稿》食貨六三之一八九云：「四年二月十六日，復頒《方田法》。」與《事略》所繫相合，則「頒」字上似當補「復」字。

〔四四〕趙懷德降，《皇宋十朝綱要》卷一六、《宋史》卷二〇繫「受趙懷德降」於閏月己丑，《事略》未書日期。

〔四五〕趙挺之罷：《宋宰輔編年録》卷一一：「六月戊子，趙挺之罷右僕射。授金紫光禄大夫、觀文殿大學士、中太乙宫使。」

〔四六〕京畿四面置輔郡，《宋史》卷二〇繫於七月辛丑（六日），《玉海》卷一六與《事略》同繫於丁巳（二十二日）。

〔四七〕詔元祐黨人徙移近地，《宋史》卷二〇繫於九月乙巳，《事略》連書於己亥後，漏書日期。

〔四八〕彗出西方，《宋史全文》卷一四繫於正月甲午朔，《皇宋十朝綱要》卷一六、《宋史》卷二〇繫於戊戌（五日），而《事略》繫於庚子（七日）。

〔四九〕蔡京罷：《宋宰輔編年録》卷一一：「二月丙寅，蔡京罷左僕射。授守司空、安遠軍節度使、開府儀同三司、中太乙宫使。」

〔五〇〕劉逵罷：《宋宰輔編年録》卷一一：「十二月己未，劉逵罷中書侍郎。依前中大夫、知亳州。」

〔五一〕置議禮局於尚書省，《皇宋十朝綱要》卷一七、《宋史》卷二〇繫其事於正月庚子，《事略》連書於戊子後。

〔五二〕吴居厚罷：《宋宰輔編年録》卷一二：「壬寅，吴居厚罷門下侍郎。自右光禄大夫授資政殿學士、依前官充太乙宫使。」

〔五三〕趙挺之罷：《宋宰輔編年録》卷一二：「三月丁酉，趙挺之罷右僕射。授特進、觀文殿大學士、佑神觀使。」

〔五四〕詔以八行取士，《皇宋十朝綱要》卷一七、《宋史》卷二〇繫於三月甲辰（十八日），《宋會要輯稿》選舉一二之三三載此詔於三月十八日，《事略》「甲寅」當爲「甲辰」之誤。

〔五五〕鄧洵武罷：《宋宰輔編年録》卷一二：「五月庚寅，鄧洵武罷中書侍郎。依前中大夫、知隨州。」

〔五六〕上僖祖徽號，《宋史》卷二〇繫於九月己酉（二十六日），《宋會要輯稿》帝系一之一三載蔡京等請上徽號於八月四日，加上徽號於九月二十五日，《事略》繫時蓋誤。又「曰僖祖」，「僖祖」二字當爲衍文。

〔五七〕癸亥：《宋史》卷二〇作「己巳」。

〔五八〕臧征僕哥降，《皇宋十朝綱要》卷一七繫於五月壬子（三日），《宋史》卷二〇繫於壬戌（十三日），與《事略》異。

〔五九〕梁子美罷：《宋宰輔編年録》卷一二：「八月丙申，梁子美罷中書侍郎。授資政殿學士、依前正奉大夫、知鄆州。」

〔六〇〕壬辰：《宋十朝綱要》卷一七、《宋史》卷二〇並作「壬寅」。

〔六一〕葬靖和皇后於裕陵之次：「裕陵」，本書卷一四《世家二・徽宗顯恭皇后王氏》及《皇宋十朝綱要》卷一七、《宋史》卷二〇俱作

「永裕陵」，《事略》當脱「永」字。

〔六二〕林攄罷：《宋宰輔編年録》卷一二：「四月戊寅，林攄罷中書侍郎。依前正奉大夫、知滁州。」

〔六三〕管師仁罷：《宋宰輔編年録》卷一二：「六月甲戌朔，管師仁罷同知樞密院事。自中大夫罷授資政殿學士、依前官充佑神觀使。」

〔六四〕蔡京以太師罷：《宋宰輔編年録》卷一二：「丁丑，蔡京罷左僕射。爲太師，守太乙宫使。」

〔六五〕皇子棣封徐國公，《宋史》卷二〇繫九月癸丑，《事略》漏書日期。

〔六六〕罷東南鑄夾錫錢，《宋十朝綱要》卷一七繫於十二月戊戌，《宋史》卷二〇繫己亥，《事略》漏書日期。

〔六七〕丁酉：《宋十朝綱要》卷一七、《宋史》卷二〇作「壬辰」。

〔六八〕余深罷：《宋宰輔編年録》卷一二：「五月戊午，余深罷門下侍郎。除資政殿學士、依前中大夫、知青州。」《宋史》卷二〇繫「余深罷」於五月丙寅（二十八日），卷二一二《宰輔表》亦繫丙寅，而《宋會要輯稿》職官七八之三二則繫於二十八日，疑《事略》與《宋宰輔編年録》繫日同誤。參見王瑞來《宋宰輔編年録校補》第七五四頁。

〔六九〕薛昂罷：《宋宰輔編年録》卷一二：「丙申，薛昂罷尚書左丞。授資政殿學士、依前中大夫、知江寧府。」

〔七〇〕樗：原作「樗」，據本書卷一一、《宋史》卷二〇改。舒仁輝《〈東都事略〉與〈宋史〉比較研究》第一四五頁認爲「《事略·徽宗紀》作『樗』，顯誤」，今從其説。

〔七一〕太廟親祠不用犬牲：《通鑑長編紀事本末》卷一三六、《宋十朝綱要》卷一七繫閏八月己亥後。

〔七二〕鄭居中罷：《宋宰輔編年録》卷一二：「十月丁酉，鄭居中罷知樞密院事。自正奉大夫、知樞密院事罷授依前官觀文殿學士，領中太乙宫使。」

〔七三〕吴居厚知樞密院事，《宋史》卷二一二《宰輔表三》與《事略》及《宋宰輔編年録》同繫庚申，而《宋史》卷二〇則繫於戊戌後。

東都事略卷第十一

本紀十一

政和元年春正月戊寅，皇子棋封定國公。三月癸酉，王襄同知樞密院事。

夏，淮南旱。五月戊辰，詔以當十錢當三。

秋八月丁巳，張商英罷〔一〕。九月戊寅，王襄罷〔二〕。以童貫①使於遼。丁亥，皇子栻封廣國公。

冬十月辛卯，詔曰：「朕奉承聖考，任賢使能，惟恐弗及。用事之臣，弗迪訓告，乘高埶而爲邪，附下罔上，陰害紹述。姦跡既露，猶復怙終，朕甚羞之。朕於士大夫，矜以節行，厲以廉耻，寵以高爵厚禄，可謂無負矣。其有險詖躁競，朋黨比周，朕則放棄戮辱焉。布告列位，咸諭朕意。」十一月癸亥，詔曰〔三〕：「毁傷支體，有害風教。况夷人之法，中華豈可效之？監司宜禁止。」丙子，皇子榛封福國公。

二年春正月，童貫使還，以其叛臣馬植來歸，易姓名曰李良嗣。

夏四月己丑，詔縣令勸課。癸卯，詔曰〔四〕：「古者井天下之田而衣食足，神考方天下之田以正經界，庶乎復古矣。今續而成之，以紹先烈焉，其復方田。」五月，皇子椿封慶國公〔五〕。己巳，蔡京以太師、楚國公三日一至都

①童貫：原作「良貫」，據覆宋本、四庫本及《宋史》卷二〇改。

堂議事。六月己丑，余深門下侍郎。

秋七月甲子，詔曰：「親親，仁也。今宗族蕃衍盛大，其置敦宗院於兩京，以養宗室。」九月癸未，詔曰：「前代以僕臣充宰相之任，六卿爲三公之官。昔我神考有志改爲，或未遑暇。朕遹追來孝，若昔大猷，稽三代公孤之名，考左輔右弼之號，是正名實，惟古之師。官不必備，而惟其人，祗於新書，克祗厥服，以成烈考之志。宜以太師、太傅、太保爲三公，少師、少傅、少保爲三孤，以左輔、右弼、太宰、少宰易侍中、中書令、左右僕射之名。舊以太尉、司徒、司空爲三公，及尚書置令，並罷。」又詔：「太尉古官，舊掌武事，雖循秦、漢，爲三公之任，名稱已久。可改爲武選一品之位，在節度使之上，其儀物、班序居執政之次。」

冬十月戊子，獲元圭於民間，蔡京以爲天錫禹者〔六〕。十一月戊寅，皇帝受元圭於大慶殿，大赦天下。辛巳，何執中改少傅、太宰兼門下侍郎。十二月辛亥，皇子楃封衛國公。

是歲，定國公棋薨〔七〕。

三年春正月甲子，詔曰：「朕荷天之休，錫以元圭，告成厥功。推原本始，實自我烈考弛張彌綸，權輿萬事，以克用乂；亦惟我哲宗繼志述事，克篤前烈。顧朕何德以堪之？永言孝思，不可不告。可差官册告永裕、永泰陵。神宗尊謚，不著稽古建立法度之意；哲宗遵制揚功，亦①未昭顯。其令羣臣議奏。」丁丑，吳居厚罷〔八〕。鄭居中知樞密院事。己卯，皇子楗封韓國公。二月辛卯，崇恩太后崩。三月壬子朔，日有食之。

夏四月，南平夷納土。癸巳，鄧洵仁罷〔九〕。己酉，薛昂尚書右丞。閏月丙辰，詔曰：「周稱王姬，見於《詩·

①亦：原作「永」，據《宋大詔令集》卷一四二《神宗謚加四字哲宗改上舊謚御筆手詔》改。亦未，《宋會要輯稿》帝系一之一三作「未能」。

雅》。姬雖周姓，考古立制，宜莫如周。今①帝天下，而以主封姬②。可改公主爲帝姬，郡主爲宗姬，縣主爲族姬。其稱大者可並依舊，仍以𢦏名二字易其國號，兩國者以四字。」庚午，慶國公椿薨。五月丙午，昭懷皇后祔葬永泰陵〔一〇〕。己酉，以《大晟樂》班之天下，其舊樂悉禁。

秋七月己亥，貴妃劉氏薨〔一一〕。九月，創方澤以祀地祇。

冬十一月壬寅〔一二〕，祀昊天上帝於圜丘，大赦天下。增上神宗徽號，改定哲宗尊謚〔一三〕。戎州夷人納土。十二月，保州納土。

四年春二月，皇長子行冠禮於文德殿〔一四〕。

夏五月丙戌，始祭地祇於方澤，赦天下。霸州納土。

冬十一月丁丑，皇子椻封相國公。

五年春正月，夷卜漏犯瀘州〔一五〕。二月乙巳，立皇長子定王爲皇太子。甲寅，大赦天下。

夏六月，孟昌齡鑿大伾，作三山橋〔一六〕。

秋七月戊辰朔，日有食之。丁丑，詔建明堂。丁亥，皇子機封陳國公，棫封瀛國公。

冬十一月丙戌，皇子模封惠國公〔一七〕。十二月戊午，趙遹擒卜漏〔一八〕。

①今：原作「令」，據《宋會要輯稿》帝系八之二改。
②姬：《宋會要輯稿》帝系八之二作「臣」，疑是。

是歲，遼人與女真交攻，遼人大敗。

六年春二月，童貫僉書樞密院事〔一九〕，宣撫陝西、河東、河北。三月辛丑，茂州夷人納土。夏四月辛未，何執中以太傅致仕。己丑，罷夾錫錢。庚寅，詔蔡京三日一朝，仍赴都堂及輪往逐省治事。辛卯，上玉皇尊號曰太上開天執符御歷含真體道昊天玉皇上帝。童貫以种師道之師大敗夏人於臧底河成德軍。五月庚子，鄭居中太宰兼門下侍郎，劉正夫少宰兼中書侍郎。壬寅，鄧洵武知樞密院事。

秋七月庚子，詔曰：「朕嗣先帝盛德大業，法成令具，吏習而民安之，休祥薦臻，四方蒙福。生齒日衆，本支蕃衍，蠻夷納土，開疆寖廣。興事造功，制禮作樂。四方之遠，人材之衆，倍蓰於前遠矣。挾姦罔上者，於太平豐亨豫大之時，欲爲五季變亂裁損之計。朕若稽古訓，審而後行，而施之罔極，豈有改作？蓋害成之人，敢行私智，爲臣不忠，罪莫大此。可令御史臺覺察糾奏。」荆湖蠻寇攻沅州。八月癸亥，詔邊臣曰〔二〇〕：「北虜不道，結釁女真，南北生靈，皆朕赤子，凡百舉措，當務持重，違者朕不汝貸。」己巳，侯蒙中書侍郎，薛昂尚書左丞。九月辛卯朔，上昊天尊號寶册。丙申，大赦天下。

冬十一月己亥，祀昊天上帝於圜壇，大赦天下。庚子，白時中尚書右丞。辛丑，魏國公材薨。癸卯，上后土徽號曰承天效法厚德光大后土皇地祇。皇子楃封鄆國公〔二一〕。十二月乙酉，劉正夫致仕。

遼主延禧與女真戰，大敗而潰，耶律淳自立於燕。

七年春正月，召道士林靈素於温州〔二二〕，築通真宮以處之。癸丑，皇帝崇尚道教，號教主道君皇帝〔二三〕。二月辛未，改天下天寧觀爲神霄玉清萬壽宮，無觀者以寺充，仍設長生大帝君、青華大帝君像，建寶籙宮。三月乙未，童貫權領樞密院事。

夏五月辛丑，祭地祇於方澤，赦天下。六月，明堂成〔二四〕。

秋七月庚子，詔八寶增定命寶，自今以九寶爲稱。八月，鄭居中以母憂罷〔二五〕。九月，宗祀於明堂〔二六〕，大赦天下。

冬十月乙卯朔，御明堂平朔左个，以是月天運致治布告於天下。自是月朔布政，孟冬頒曆，宰推考氣運，具之文辭，以爲常。戊寅，侯蒙罷〔二七〕。十一月，鄭居中起復〔二八〕，余深少宰兼中書侍郎，白時中中書侍郎。十二月丁巳，薛昂門下侍郎。庚午，童貫①領樞密院事。

重和元年春正月甲申朔，皇帝受定命寶。戊子，皇孫諶封崇國公。己丑，大赦天下。庚戌，王黼尚書左丞。童貫②帥師與夏人戰於割牛城，我師敗績，熙河帥劉法死之〔二九〕。二月庚午，遣馬政由海道聘女真。

夏五月壬午朔，日有食之。六月癸酉，夏人納款〔三〇〕。

秋七月，壽山艮嶽③成。八月庚午，建道學。癸酉，皇子棣封嘉國公。九月辛巳，宗祀明堂，自是歲以爲常。庚寅，薛昂罷〔三一〕，白時中門下侍郎，王黼④中書侍郎，馮熙載尚書左丞，范致虛尚書右丞。辛丑，鄭居中罷〔三二〕。閏月丁卯，皇子楷封鄆王。丙子，詔曰：「昔我藝祖，受禪於周。嘉祐中，擇柴氏一人，封崇義公，而三恪之封不

---

①童貫：原作「良貫」，據覆宋本、四庫本及《宋史》卷二一改。
②童貫：原作「良貫」，據覆宋本、四庫本及《宋史》卷二二改。
③艮嶽：原作「良嶽」，據覆宋本、四庫本改。
④王黼：原作「主黼」，據覆宋本、四庫本及《宋宰輔編年録》卷一二改。

及，禮蓋未盡。除崇義公依舊外，擇柴氏最長見存者，爲周恭帝後，以其世監周陵廟，與知縣請給，以示繼絶之仁，爲國三恪。」

冬十一月己酉朔，大赦天下，改元。丙子，詔服韡改用履〔三三〕。

宣和元年春正月壬子，皇子樞封肅王，杞景王。乙卯，詔改佛爲大覺金仙，餘爲仙人、大士；僧稱德士，尼爲女德士；寺爲宮，院爲觀；禁銅鈸塔像，佛賜天尊服，德士依道流戴冠。丁巳，女真遣使者來。余深太宰兼門下侍郎〔三四〕，王黼少宰兼中書侍郎。癸酉，皇子棟封温國公。二月庚辰，詔行藉①田〔三五〕，改元。三月己未，馮熙載中書侍郎，范致虛尚書左丞，張邦昌尚書右丞。京師大水。是月，皇后親蠶〔三六〕。

夏四月丙子朔，日有食之。癸巳，禁邊將以陳亡爲逃亡者。

秋八月丁酉，神霄宮成。九月乙卯，范致虛以母憂罷。

冬十一月乙卯，祀昊天上帝於圜壇，大赦天下。放林靈素歸於温州〔三七〕。戊辰，張邦昌尚書左丞，王安中尚書右丞。

是歲，金人攻遼國，陷其東京黄龍府〔三八〕。

二年春正月甲子，罷道學。二月乙亥，趙良嗣、王環聘金國。

夏五月甲子，祭地祇於方澤〔三九〕。六月戊寅，蔡京致仕。乙酉，罷方田〔四〇〕。

①藉：錢校云：「初印本、舊鈔本俱作『籍』。」

秋七月，皇子㮚封英國公〔四一〕。九月壬寅，金國遣錫速、曷魯等來。乙巳，詔復佛號，德士復爲僧。丙辰，以馬政聘金國。

冬十月戊辰朔，日有食之。睦州方臘陷睦、婺、杭、歙等州。十一月己亥，余深罷〔四二〕。庚戌，王黼太宰兼門下侍郎。十二月丁亥，以童貫、譚稹討方臘。己丑，鄭居中權領樞密院事。

三年春正月壬寅，鄧洵武薨。戊午，皇子栩封濟王，模樂安郡王。二月丁卯，罷淮南、兩浙、福建等路計置華石。詔罷辟雍〔四三〕。癸巳，大赦天下。方臘陷處州①〔四四〕。淮南盜宋江犯淮陽軍〔四五〕，又犯京東、河北，入楚、海州。

夏四月丙寅，貴妃劉氏薨。庚寅，童貫以其將辛興宗與方臘戰於青溪，擒之。五月丙申，宋江就擒。戊戌，鄭居中領樞密院事。蝗。閏月，置應奉司〔四六〕。

秋七月戊子，童貫俘方臘以獻。八月丙辰，方臘伏誅。

冬十一月丁丑，馮熙載罷〔四七〕，張邦昌中書侍郎，王安中尚書左丞，李邦彦尚書右丞。辛巳，皇子桐封儀國公。十二月壬子，皇子棫封益王，皇第九子封康王，模祁王。羣盜悉平。

四年春正月，金國遣使來，約夾攻遼國〔四八〕。丁丑，以童貫宣撫陝西、河東、河北〔四九〕。時金人已破中京，遼

①處州：原作「楚州」，余嘉錫認爲「楚」爲「處」之形誤（參見《余嘉錫文史論集》第三三一頁，嶽麓書社，一九九七年），且《皇宋十朝綱要》卷一八、《宋史》卷二二諸書均作「處州」，據改。

主延禧遁。上以三策付貫〔五〇〕，如燕人悦而從之，因以復舊疆，上也；如耶律淳納土稱藩，中也；如燕民未悦服，按兵巡邊，全師而還，下也。二月丙午，皇子植封信都①郡王。三月辛酉，幸太學。

夏四月，以童貫爲河北、河東路宣撫使，蔡攸副之〔五一〕。丙午，詔求遺書於天下。五月丁卯，皇子柄封昌國公。童貫以楊可世之師與遼人戰於涿州之新城，敗績。种師道進軍白溝〔五二〕，爲夔離不所襲。詔班師。六月，耶律淳死〔五三〕，其妻蕭氏納款。

秋八月辛亥，遼國郭藥師以涿、易二州來降。九月己未〔五四〕，金國遣徒姑且烏歇、高慶裔來。

冬十一月庚午，祀昊天上帝於圜壇，大赦天下。十二月戊子，趙良嗣、周武仲使於金國〔五五〕。壬寅，皇子植封莘王。

五年春正月，王安中爲河北燕山路宣撫使〔五六〕。二月乙酉，李邦彦尚書左丞，趙野尚書右丞。皇子朴封華原郡王〔五七〕，棣高平郡王。三月乙卯，金國遣寧朮割、王度剌、撒盧母來，命盧益、趙良嗣、馬擴聘之。

夏四月庚子，童貫、蔡攸帥師入燕山。庚戌，赦河北、河東、燕山路。詔燕京改爲燕山府。趙良嗣等得金國誓書，以燕京六州來歸〔五八〕，至是撫定。五月庚申，王黼爲太傅、楚國公。平州張覺以其地來降〔五九〕。癸酉，祭地祇於方澤。六月戊申，鄭居中薨。辛亥，蔡攸領樞密院事。

秋七月己未，童貫致仕。庚午，羣臣上尊號曰繼天興道駿文神武睿聖皇帝〔六〇〕，上不許。八月辛丑，遼國四

①信都：原作「信安」，據舒仁輝《〈東都事略〉與〈宋史〉比較研究》第一四九頁考訂及《宋大詔令集》卷三四《皇子植特授依前檢校太保安遠軍節度使開府儀同三司進封信都郡王加食邑食實封制》、《宋會要輯稿》帝系一之四三、《宋史》卷二二改。

軍夔離不率師犯景、薊，與王師遇，敗之於峯山〔六一〕。

冬十二月戊申，皇子朴封儀王，棣封徐王。

六年春正月，奚人殺夔離不，傳首於我〔六二〕，詔曰〔六三〕：「朕誕膺帝命，克紹先猷，取亂侮亡，恢復境土，施大澤於燕、雲間，舊俗來歸，如水就下①。獨僞四軍大王夔離不悖衆逆命，前年首犯王師於白溝，繼復旅拒燕城。旋命偏師，敗於廣陽之北，乃敢干天之紀，擅即僞②位！去年輒寇景、薊，罪不容誅。爰飭六師，大敗於峯山，隻輪不返。甲辰，傳首京師。惟予克相上帝，以遏亂略，皇天助順，宗祐垂休，有此駿功，朕敢專享？可擇日奏告宗廟。」

二月丁亥，皇子樗封河間郡王。己亥，親耕藉③田。閏三月辛巳，皇后親蠶。

夏四月己酉，陳橋顯烈宮成。丁巳，李邦彦以父憂起復。六月，起燕、雲免夫錢於逐路〔六四〕，郡縣守吏往往以軍法誅民，河北盜起。秋八月乙卯，童貫落致仕，領樞密院事、陝西河北河東燕山府路宣撫使。金人以我之納張覺也，欲敗盟，故復用貫。壬戌，大赦天下。九月乙亥，白時中太宰兼門下侍郎，李邦彦少宰兼中書侍郎。丁亥，趙野尚書左丞，宇文粹中尚書右丞，蔡懋同知樞密院事。金人來取④張覺，傳首與之。

冬十一月丙子，王黼致仕。丙戌，詔尚書省置講議司。十二月癸亥，蔡京落致仕，領三省事。

①「就下」下，《三朝北盟會編》卷一九有「沛然莫之能禦」六字，是。
②僞：原作「偏」，據《宋會要輯稿》兵八之一七、《三朝北盟會編》卷一九改。
③藉：錢校云：「初印本、舊鈔本俱作『籍』。」
④取：繆校作「索」。

是歲，金人擒遼主延禧於夾山，遼①亡。

七年春正月癸酉朔，詔：「告諭河北、河東盜賊，唐、鄧、汝、潁流移人户：方春田桑，宜使復業。言念良民，皆吾赤子，比緣用非其人，政失厥中，不能撫御安集，使飢寒流離，扶老攜幼，動以萬計，轉而爲盜，非其本心，爲之惻然。其赦厥罪，仍放宣和六年未納税租，監司、州縣奉行毋忽。」乙亥，詔曰：「往者臺綱不振，植黨交私，耳目之寄，夫何賴焉！朕今廣開言路，爾其各揚乃職，毋憚大吏，毋徇私交，毋伺大臣風旨以爲鄉背，務公好惡，振紀綱，以副朕意。」二月己巳，皇子栻封南康郡王，榛平陽郡王。三月丙戌，皇子楧封建安郡王。

夏四月庚申，蔡京致仕。戊辰，詔曰：「坐而論道於燕閒者，三公之事；作而相與推行者，宰輔丞弼之職。今居三公論道之位，而總理三省衆務，使宰輔丞弼殆②成備員，殊失所以紹述憲章之意。可於尚書省復置令，虚而不除；三公止係階官，更不總領三省。若曰佐王論道，經緯國事，則三公其任焉。三省並依元豐成憲，毋復侵紊。」五月壬午，皇子樅封潤國公。壬辰，詔曰：「有司凡有侵漁蠹耗之事，理宜裁抑。應③不急之務，無名之費，令講議司條具以聞。」六月乙巳，童貫封廣陽郡王〔六五〕。

秋七月庚午朔，禁士庶名字有犯「天」「王」「君」「聖」及「主」字者。甲戌，皇子楞封沂王。八月，罷講議司。

冬十一月丙戌，祀昊天上帝於圜壇，大赦天下。金人分道入寇〔六六〕，斡离不寇燕山，黏罕寇河東，逾石嶺關，

①「遼」字下，錢校有「國」字。
②殆：原作「殊」，據《宋會要輯稿》職官一之四二所載原詔改。
③「應」字上，錢校有「一」字。

兩酋會於河北，遂以兵向京師。十二月①，罷應奉司[六七]。戊午，皇太子除開封牧。詔曰：「朕獲承祖宗休德，托於士民之上，二紀於茲。雖兢業存於中心，而過咎形於天下。蓋以寡昧之資，藉盈成之業。言路壅蔽，導諛日聞。恩倖持權，貪饕得志。搢紳賢能，陷於黨籍。政事興廢，拘於紀年。賦斂竭生民之財，戍役困軍伍之力。多作無益，侈靡成風。利源幸権②已盡，而牟利者尚肆誅求；諸軍衣糧不時，而冗食者坐享富貴。災異謫見而朕不悟，衆庶怨懟而朕不知。追惟己愆，悔之何及！已下信詔，大革弊端，仍命輔臣，蠲除害政。凡茲引咎，興自朕躬，庶以少謝天下譴怒之心，保全祖宗艱難③之業。慨念前此數有詔旨，如下令以求直言，修政以應天變，行之未久，奪於權臣，乃復歸咎建議臣僚，使號令不信，士氣沮傷。今日所行，質諸天地，後復更易，何以有邦？況當今急務，在通下情，不諱切直之言，兼收勇智之士，思得奇策，庶能解紛。望四海勤王之師，宣二邊禦敵之略。永念累聖仁厚之德，涵養天下百年之餘，豈無四方忠義之人，來徇國家一日之急？應④天下方鎮郡邑守令，各率師募衆，勤王捍邊。能立奇功者，並優加異獎，不限常制。草澤之中，懷抱異材，能爲國家建大計，定大業，或出使疆外者，並不次任使。其尤異者，以將相待之。中外臣僚士庶，並許實封直言極諫，於登聞檢院、通進司投進，朕當親覽⑤，雖有失當，亦不加罪。咨爾萬方，體予至意。」

庚申，皇帝遜位於皇太子。辛酉，皇太子即位。尊皇帝曰道君太上皇帝，居龍德宮，皇后曰道君太上皇后。

---

①十二月：原作「十一月」，因上文有「冬十一月丙戌」，下文「戊午，皇太子除開封牧」，《宋史》卷二二繫於十二月戊午，據改。

②幸権：《三朝北盟會編》卷二五作「商権」，《通鑑長編紀事本末》卷一四六作「酤権」。権，原作「摧」，據上引二書改。本書「権易」之「権」多刻作「摧」，兩字混用，今統作「権」，以下不一一出校。

③艱難：原作「難難」，據覆宋本、四庫本及《三朝北盟會編》卷二五、《通鑑長編紀事本末》卷一四六改。

④「應」字上，繆校有「一」字。

⑤「親覽」下，《三朝北盟會編》卷二五、《通鑑長編紀事本末》卷一四六有「悉行施用」四字，是。

靖康二年二月丁卯，道君皇帝出郊。三月丁巳，道君皇帝北狩〔六八〕。紹興五年四月甲子①，道君皇帝崩，聖壽五十四。謚曰聖文仁德顯孝皇帝，廟號徽宗。十二年八月乙丑，歸殯於龍德宮〔六九〕。十月丙寅，葬永祐陵。丙午，加上尊謚曰體神合道駿烈遜功聖文仁德憲慈顯孝皇帝〔七〇〕。

臣稱曰：元符末，命欽聖定策以立徽宗，起范純仁於謫中，欲任以相事，而純仁以病不能造朝。烏虖！純仁不得相徽宗於初政，此治亂之所以分也。夫忠臣進則朝廷尊，羣陰用則禍亂作，徽宗既已悟矣。於是改過不吝，以彰信兆民；遜位於子，以克謹天戒。雖二駕遠②狩，而大業復興，有以也夫。

【箋證】

〔一〕張商英罷：《宋宰輔編年録》卷一二：「八月丁巳，張商英罷右僕射。觀文殿大學士、知河南府兼西京留守司。」

〔二〕王襄罷：《宋宰輔編年録》卷一二：「九月戊寅，王襄罷同知樞密院事。以中大夫知亳州。」

〔三〕癸亥詔：《宋會要輯稿》刑法二之五六繫此詔於十一月二十四日（癸未），後於《事略》二十日。

〔四〕癸卯詔：《宋會要輯稿》食貨一之三二繫此「復方田」詔於四月十七日（癸卯），與《事略》合。而《宋史》卷二一《徽宗紀三》繫「復行方田」於辛卯（五日），《皇宋十朝綱要》卷一七繫「復方田」於三月己卯，而繫「御筆罷出賣係官田宅」於癸卯，而《會要》「復方田」與罷賣官田宅爲同一詔，可證《事略》繫日不誤。

①甲子：原作「乙未」，按紹興五年四月甲辰朔，無乙未日。是《宋史》卷二二作「四月甲子，崩於五國城」，卷二八《高宗紀五》同，據改。

②遠：原作「遂」，據覆宋本、四庫本改。

〔五〕皇子椿封慶國公，《宋史》卷二一繫於五月丁卯，《事略》漏書日期。
〔六〕獲元圭事，《皇宋十朝綱要》卷一七載其始末：「始，宦者譚稹得玉珪於民間，以獻上，上以示輔臣蔡京等。壬寅，京等上《元圭議》。」可證得玉珪在十月壬寅（十八日）前，《宋史》卷二一繫「得玉圭於民間」於十月乙巳（二十一日），蓋誤。《宋大詔令集》卷一四九載《太師蔡京三上表乞涓日受元圭允批答》，繫於政和二年十月二日（丙戌），《事略》繫獲元圭及蔡京所言於戊子（四日），較可信。
〔七〕定國公棋薨，《宋史》卷二一繫於是年三月戊午朔，《事略》未載月日。
〔八〕吴居厚罷：《宋宰輔編年録》卷一二：「丁丑，吴居厚罷知樞密院事。自宣奉大夫授武康軍節度使、知洪州。」
〔九〕鄧洵仁罷：《宋宰輔編年録》卷一二：「四月癸巳，鄧洵仁罷尚書右丞。自通議大夫授依前官充資政殿學士、知亳州。」
〔一〇〕祔葬永泰陵：按本書卷一四《世家二·昭懷皇后劉氏》稱「陪葬永泰陵」，《宋會要輯稿》后妃一之五云「五月二十七日陪葬永泰陵」，《宋史》卷二一云「葬昭懷皇后於永泰陵」，據此，《事略》「泰陵」前當脱「永」字。
〔一一〕貴妃劉氏薨，《宋會要輯稿》禮三四之一三繫於七月二十二日，《宋史》卷二一繫於七月庚子（二十二日），較《事略》晚一日。
〔一二〕壬寅：《皇宋十朝綱要》卷一七、《宋史》卷二一作「癸未」。
〔一三〕上神宗、哲宗徽號，《皇宋十朝綱要》卷一七、《宋史》卷二一繫於壬午（五日），而祀昊天上帝則均繫於癸未（六日），《宋會要輯稿》帝系一之一四亦載奉上册寶於十一月五日，則《事略》「壬寅」或爲「壬午」之誤，且記上徽號、祀昊天之先後順序並誤。
〔一四〕皇長子行冠禮，《宋史》卷二一繫「長子桓冠」於二月癸酉，是。《皇宋十朝綱要》卷一七則繫「皇長子冠」於二月癸丑，《事略》未書日期。
〔一五〕卜漏犯瀘州：《皇宋十朝綱要》卷一七繫於正月丙戌，《事略》未書日期。
〔一六〕孟昌齡鑿大伾作三山橋：《皇宋十朝綱要》卷一七：「六月己酉，孟昌齡奏鑿大伾三山、兩河，修天成、聖功二橋成。……癸丑，以三山河橋成，降德音於河北、京東西路。」敍事詳盡。《宋史》卷二一云「六月癸丑，以修三山河橋，降德音於河北、京東、京西路」，「河橋」下似脱「成」字。

〔一七〕皇子楧封惠國公，《宋史》卷二一繫於九月丙戌（二十日），《宋大詔令集》卷三二《皇第二十五子楧特授檢校少保武安軍節度使惠國公食邑食實封制》繫於九月二十日，《宋會要輯稿》帝系一之五〇載「建安郡王楧，政和五年六月生。九月賜名，授檢校少保、武安軍節度使，封惠國公」，可證《事略》繫時誤，「冬十一月」當作「秋九月」。

〔一八〕趙遹擒卜漏，《宋史》卷二一記趙遹討平瀘南夷於五年正月，《皇宋十朝綱要》卷一七繫於十一月庚寅，且記戰事（十月己酉出師至十二月丁未班師）較詳，當有據依。《事略》記於十二月戊午，疑誤。

〔一九〕童貫簽書樞密院事，《皇宋十朝綱要》卷一七與《宋史》卷二一二《宰輔表三》並繫於是年十一月辛卯，《事略》與《宋宰輔編年録》卷一二繫於二月，誤。參王瑞來《宋宰輔編年録校補》第七七五頁校證。

〔二〇〕誡諭無開邊隙詔，《宋會要輯稿》蕃夷二之三〇、《皇宋十朝綱要》卷一七繫於八月二日（癸亥），同《事略》，而《宋史》卷二一則繫「戒北邊帥臣毋生事」於八月壬戌朔。

〔二一〕皇子榁封鄆國公，《宋史》卷二一繫於十一月己未，《事略》連書於癸卯後，漏書日期。

〔二二〕林靈素事，《皇宋十朝綱要》卷一七、《宋史》卷二一並於二月甲子繫之。

〔二三〕號教主道君皇帝，《皇宋十朝綱要》卷一七、《宋史》卷二一繫「帝諷道籙院上章，册己爲教主道君皇帝」於四月庚申。

〔二四〕明堂成，《宋史》卷二一繫於六月戊午朔，《皇宋十朝綱要》卷一七繫於九月丙戌，《事略》未書日期。

〔二五〕鄭居中以母憂罷，《宋史》卷二一二《宰輔表》繫於八月庚午，《事略》未書日期。

〔二六〕大享明堂，《皇宋十朝綱要》卷一七、《宋史》卷二一繫於九月辛卯，《事略》漏書日期。

〔二七〕侯蒙罷：《宋宰輔編年録》卷一二：「十月戊寅，侯蒙罷。中書侍郎、資政殿學士、知亳州。」

〔二八〕鄭居中起復，《皇宋十朝綱要》卷一七、《宋史》卷二一繫於十一月辛卯，《事略》漏書日期。

〔二九〕劉法之死，《皇宋十朝綱要》卷一八繫於宣和元年三月庚戌後，《宋史》卷二一繫於宣和元年三月己未後，《事略》連書於此，疑誤。

〔三〇〕夏人納款，《宋史》卷二一繫「以西邊獻捷，曲赦陝西、河東路」於六月甲戌，而《皇宋十朝綱要》卷一七於宣和元年六月己卯下記「夏人赴闕納款謝罪」，所記或非一事，故繫時不同如此。

〔三一〕薛昂罷：《宋宰輔編年録》卷一二：「九月庚寅，薛昂罷門下侍郎。自特進罷授彰化軍節度使，充佑神觀使兼侍讀。」

〔三二〕鄭居中罷：《宋史》卷二一：「鄭居中罷，乞持餘服，詔從之。」

〔三三〕詔服韡改用履，《皇宋十朝綱要》卷一八於十一月丁丑記「詔禮制局討論冠服，其見服韡改爲履」，後於《事略》一日。

〔三四〕余深太宰兼門下侍郎，《宋史》卷二二《徽宗紀四》繫於正月戊午（十一日），《事略》連書於丁巳後，漏書「戊午」日期。

〔三五〕詔行籍田，《皇宋十朝綱要》卷一八於正月記「乙亥，躬耕籍田」，又云「二月庚辰，以籍田禮成，改元」，《宋史》卷二二則記「乙亥，躬耕籍田」。是則正月乙亥已躬耕籍田，而《事略》記「詔行藉田」於二月庚辰，不確。

〔三六〕皇后親蠶，《宋史》卷二二繫於正月甲戌，《事略》未書日期。

〔三七〕放林靈素歸於温州，《宋史全文》卷一四亦載於十一月，《通鑑長編紀事本末》卷一二七繫於十一月壬申，《事略》未書日期。

〔三八〕金人攻陷遼黄龍府，《遼史》卷二八《天祚皇帝本紀二》繫於天慶五年九月丁卯朔，《事略》誤繫於宣和元年。而《皇宋十朝綱要》卷一八繫於宣和二年八月癸未後，俟考。

〔三九〕祭地祇於方澤，《皇宋十朝綱要》卷一八、《宋史》卷二二、《宋史全文》卷一四均繫於五月丁巳（十八日），早《事略》七日。

〔四〇〕罷方田，《皇宋十朝綱要》卷一八與《事略》同繫於六月乙酉（十六日），《宋會要輯稿》食貨四之一四載於六月十六日，而《宋史》卷二二繫於宣和三年二月，誤。

（四一）皇子榛封英國公，《宋史》卷二二繫於七月丙寅，《事略》漏書日期。

（四二）余深罷：《宋宰輔編年録》卷一二：「十一月己亥，余深罷太宰。授少傅、鎮江軍節度使、知福州。」

（四三）詔罷辟雍，《太平治迹統類》卷二七載：「二年二月乙酉，詔罷三舍並諸路提舉學事官。」注有「宣和三年二月，詔罷辟雍，而取士以科舉之目者，梁師成之言也」之語，當爲《事略》所本。《皇宋十朝綱要》卷一八、《宋史》卷二二並繫此事於二月乙酉，《事略》漏書日期。

（四四）方臘陷處州，《皇宋十朝綱要》卷一八、《通鑑長編紀事本末》卷一四一繫於二月乙未（三十日），《事略》未書日期。

（四五）宋江犯淮陽軍，《皇宋十朝綱要》卷一八繫於二月庚辰（十五日），《事略》未書日期。

（四六）置應奉司，《皇宋十朝綱要》卷一八、《宋史》卷二二繫於閏五月甲戌，《事略》漏書日期。

（四七）馮熙載罷：《宋宰輔編年録》卷一二：「十一月丁丑，馮熙載罷中書侍郎。授資政殿學士、依前中大夫、知亳州。」

（四八）約夾攻遼國，《宋史》卷二二繫於是年三月丙子，疑《事略》誤繫正月。

（四九）丁丑以童貫宣撫陝西、河東、河北，《宋會要輯稿》兵八之一四繫於宣和三年三月二十七日後，《建炎以來繫年要録》卷一繫於三月丁亥，疑《事略》誤繫正月，且「丁丑」當作「丁亥」。

（五〇）以三策付貫，《建炎以來繫年要録》卷一、《宋史全文》卷一四並繫於三月，《三朝北盟會編》卷五則繫於四月，疑《事略》繫月誤。

（五一）以童貫爲河北、河東路宣撫使，《宋史》卷二二繫於三月丙子後，《三朝北盟會編》卷五繫於四月戊戌，當依《建炎以來繫年要録》卷一繫於三月丁亥爲是，《事略》《北盟會編》蓋誤繫四月；　蔡攸副之，《建炎以來繫年要録》卷一、《三朝北盟會編》卷六並繫五月丙寅（九日），《宋會要輯稿》兵八之一五、《宋史》卷二二並繫於五月乙亥（十八日），《事略》誤繫四月。

（五二）白溝之敗，《建炎以來繫年要録》卷一、《宋史》卷二二繫於五月癸未（二十六日），《皇宋十朝綱要》卷一八繫於丙戌（二十九日），《事略》未書日期。

〔五三〕耶律淳死，《建炎以來繫年要録》卷一、《皇宋十朝綱要》卷一八繫於六月辛亥（二十六日），《事略》漏書日期。

〔五四〕己未：《宋史》卷二二同作「己未」，《皇宋十朝綱要》卷一八作「乙丑」。

〔五五〕趙良嗣周武仲使於金國：「周武仲」，《三朝北盟會編》卷一三引《茆齋自敍》、《皇宋十朝綱要》卷一八作「周仲武」，誤。

〔五六〕王安中爲河北燕山路宣撫使，《皇宋十朝綱要》卷一八、《宋史》卷二二繫於正月辛酉，《事略》漏書日期。

〔五七〕皇子朴封華原郡王，《宋史》卷二二繫於二月丁酉，《事略》連書於乙酉後，漏書「丁酉」日期。

〔五八〕燕京六州來歸，《宋史》卷二二繫於四月癸巳，《事略》漏書日期。

〔五九〕平州張覺以其地來降，《皇宋十朝綱要》卷一八、《宋史》卷二二繫於六月丙戌，疑《事略》繫月日誤。

〔六〇〕繼天興道駿文神武睿聖皇帝：《宋史》卷二二作「繼天興道敷文成武睿明皇帝」，與《宋會要輯稿》禮四九之二三同，與《事略》「駿」（敷）、「神」（成）、「聖」（明）相差三字，而《皇宋十朝綱要》卷一八「成武」作「盛武」，相差一字。

〔六一〕大敗夔離不於峯山，《皇宋十朝綱要》卷一八繫於八月乙未（十五日）。《通鑑長編紀事本末》卷一四四同《綱要》，注云：「《實録》在二十一日，今從《金盟本末》。」則《事略》繫辛丑（二十一日），當從《實録》。

〔六二〕夔離不傳首，《建炎以來繫年要録》卷一繫於五年十二月甲辰（二十五日），與六年詔文「甲辰傳首京師」吻合。《事略》紀於六年正月，蓋從詔文繫年，不確。

〔六三〕夔離不傳首詔，《宋會要輯稿》兵八之一七繫於六年正月十四日，《三朝北盟會編》卷一九繫時相同，且載全詔，可參看。《事略》蓋連書夔離不被殺事，故未書日期。

〔六四〕起燕、雲免夫錢於逐路，《宋史》卷二二繫其詔於六月壬子，《事略》未書日期。

〔六五〕童貫封廣陽郡王，《宋史》卷二二繫於六月丙午，晚《事略》一日。據《三朝北盟會編》卷二二載，六月五日乙巳、六日丙午兩度加封童貫爲廣陽郡王，並載制詞，《事略》《宋史》各有所據。

〔六六〕金人分道入寇，《宋史》卷二二繫於十二月己酉（十二日）「中山奏金人斡離不、粘罕分兩道入攻」，《事略》繫於十一月，或有所據。

〔六七〕罷應奉司，《宋史》卷二二繫於六年十一月乙酉，《九朝編年備要》卷二九亦繫於六年十一月，疑《事略》繫年誤。

〔六八〕道君皇帝北狩：汪琬《東都事略跋》卷上：「《靖康傳信録》：『道君南幸，居揚州，以都城圍閉，止絶東南遞角，又止東南勤王之師，以綱運於所在卸納。官吏以聞，朝廷不以爲然，道路藉藉，且言有佗變。太學生陳東因上書，乞誅六賊。』據此，則兩宫嫌隙已構矣。又太上皇誥賜宋晚有云：『奸人造言，緣飾形似，遂致朝廷之疑。每見臺劄，名救州縣，而實及予躬。興言及此，不覺流涕。』又《靖康遺録》：『上皇每有手筆付上，自稱老拙，謂上爲陛下。』據此，則道君之飲恨深矣。又《北盟會編》：『先是，上皇謂金人必再犯，請帝留京師，欲自往西京治兵。吴敏言：「上皇向在南方，已有截留諸路兵之意。今豈可以軍旅之事累之乎？」至是天寧節，詣龍德宫上壽，酒散，上皇復斟一桮以勸上，大臣有躡上足者，上堅辭，不飲而退，上皇號哭入宫。』嗟嗟，靖康君臣不防敵國外患，而防上皇之内變，乃至此邪！近世諸儒只知唐李輔國離間玄、肅父子，而不知靖康時兩宫隔絶尤甚。何㮚、吴敏輩固不足惜，即陳東、吴若諸疏，言之太激，遂爲猜疑張本。唐恪嘗告欽宗曰：『革敝須以漸，蔡京父子、王黼、童貫之徒，已從廢逐，姑可已矣。佗日邊事既定，然後白上皇請下詔與天下棄之，孰曰不可？而言者不諳大體，至毛舉前事，以快一時之憤，豈不傷道君皇帝之心乎？』惜乎欽宗善之而不能用也，卒之父子播遷，其禍視唐尤酷，悲夫！」

〔六九〕歸殯於龍德宫，《皇宋十朝綱要》卷二四繫於紹興十二年八月「己丑，奉安徽宗皇帝、顯肅皇后、懿節皇后梓宫於龍德別宫」，《建炎以來繫年要録》卷一四六、《宋史》卷三〇《高宗紀七》同繫己丑（二十九日），而《宋史》卷二二記「八月乙酉，梓宫還臨安」，「殯於龍德宫」當後於乙酉（二十五日），《事略》「乙丑」（五日）當爲「己丑」之形誤。

〔七〇〕丙午加上尊謚曰體神合道駿烈遜功聖文仁德憲慈顯孝皇帝：紹興十二年十月庚申朔，無丙午日，《事略》「丙午」必有誤字。《宋會要輯稿》帝系一之一六記「宰臣秦檜等請加上徽宗皇帝徽號曰體神合道駿烈遜功聖文仁德憲慈顯孝皇帝」於十二月十二日

（庚午），若謂「丙午」爲「庚午」之誤，則「宰臣秦檜等請」亦與下文「加上尊謚」不合。《會要》帝系一之一七記「奉上徽宗皇帝徽號、册寶」於紹興十三年正月十日（戊戌），《皇宋十朝綱要》卷二四、《建炎以來繫年要録》卷一四八、《宋史》卷三〇均繫於正月戊戌，可見《事略》「丙午」誤，且莫詳所自。《宋史》卷二二繫於十三年正月己亥，亦誤。舊鈔本天頭批：「徽號之中亦難稱『武』字矣，然『駿烈』二字，又何以稱焉？」

東都事略卷第十二

本紀十二

欽宗恭文順德仁孝皇帝，徽宗長子也，母曰顯恭皇后王氏。以元符三年四月己酉生於坤寧殿。時徽宗甫登位，即生嫡長，欲異其禮。越三日辛亥，大赦，授山南東道節度使，封韓國公。建中靖國元年，改鎮興德，封京兆郡王。大觀①二年，拜司空，移鎮武昌，封定王。政和②三年，拜太保。五年，立爲皇太子。宣和七年，金人入寇，除開封牧。

徽宗内禪，以十二月辛酉即皇帝位於垂拱殿。徽宗出居龍德宫。吴敏門下侍郎。壬戌，大赦天下。立皇太子妃朱氏爲皇后。甲子，黏罕圍太原。耿南仲僉書樞密院事。金人陷信德府。丙寅，上道君皇帝尊號曰教主道君太上皇帝，母皇后曰道君太上皇后。詔改元。

靖康元年春正月丁卯朔，詔求直言。戊辰，金人犯濬州，内侍梁方平以其兵遁，大將何灌亦望風潰。金人遂

①大觀：原作「崇寧」，誤。按本書卷一〇《徽宗紀》記「皇長子封定王」在大觀二年正月壬子，《宋會要輯稿》禮四九之二三、《宋史》卷二三《欽宗紀》亦在「大觀二年正月」，據改。

②政和：原脱。按《宋會要輯稿》禮四九之二三、《宋史》卷二三繫欽宗「加太保」於「政和三年正月」，「立爲皇太子」於五年二月，本書卷一一《徽宗紀》繫「立皇長子定王爲皇太子」於政和五年二月乙巳，可知「三年」非指崇寧三年或大觀三年，而是政和三年，據補「政和」二字。

度河〔一〕。己巳，詔親征。吴敏知樞密院事。道君皇帝東幸。庚午，李綱尚書右丞，宇文粹中扈從東幸。綱建議城守，罷親征。以綱爲行營使〔二〕。辛未，白時中罷〔三〕，李邦彦太宰兼門下侍郎〔四〕，張邦昌少宰兼中書侍郎，趙野門下侍郎，王孝迪中書侍郎，蔡懋尚書左丞。金人逼京師。癸酉，斡离不軍至城下，遣李棁、鄭望之使於軍前〔五〕。金人移壁開遠門。唐恪同知樞密院事〔六〕，蔡懋爲京城四壁守禦使〔七〕。金人攻通天、景陽門〔八〕，又攻陳橋、封丘、衛州等門，大將何灌死之。丙子，皇弟康王使虜營〔九〕。庚辰①，張邦昌從康王詣虜營。辛巳，道君皇帝至鎮江府。路允迪僉書樞密院事。大風吹沙〔一〇〕，皇子諶封大寧郡王。乙酉，路允迪使河東黏罕軍。丁亥，种師道、姚平仲兵至闕下，以師道同知樞密院事、京畿河東北路宣撫使，四方勤王並隸之。己丑，种師道與金人戰於板橋，敗之。癸巳，大霧四塞。

二月，李棁、鄭望之至虜營〔一一〕，虜先遣棁歸。是夜，姚平仲率步騎萬人劫虜砦，以敗還。李綱罷〔一二〕。庚子，金人求上母弟爲質。辛丑，以宇文虚中、王俅使斡离不軍〔一三〕，齎割三鎮詔書以往。太學生伏闕上書，擅殺内臣於闕下。李綱復爲尚書右丞。金人遣王汭隨宇文虚中來報聘。金人攻咸豐門。癸卯，皇弟肅王樞使斡离不軍。蔡懋罷〔一四〕，徐處仁中書侍郎，宇文虚中僉書樞密院事。乙巳，以宇文虚中、王俅再使斡离不軍。是日，康王還自虜營。丙午，罷明堂頒朔布政。丁未，金人退師〔一五〕。戊申，大赦天下。詔曰：「自今庶事並遵用祖宗舊制，選用大臣，裁抑内侍，不崇飾恩倖，不聽任姦人，不輕爵禄，不濫賜予，不奪爾居以營燕遊之地，不竭爾力以廣浮用之費。凡蠹國害民之事，一切寢罷。咨爾有衆，明聽朕言。」庚戌，李邦彦罷〔一六〕，張邦昌太宰兼門下侍郎，

①庚辰：原作「庚寅」，下文有「辛巳」，「庚寅」不當置其前，《皇宋十朝綱要》卷一九明言丙子命康王、張邦昌使金軍，「庚辰始行」，是知「庚寅」爲「庚辰」之誤，據改。

吳敏少宰兼中書侍郎，李綱知樞密院事，耿南仲尚書左丞，李棁尚書右丞。辛亥，宇文粹中罷〔一七〕。癸丑，种師道罷〔一八〕。黏罕兵次高平。甲寅，童貫、蔡攸貶，貫仍致仕。金人陷隆德府〔一九〕，守臣張確死之。辛酉①，斬梁方平於都市。遣王雲、曹曚使斡离不軍。王孝迪罷〔二〇〕。

三月戊辰，李棁罷〔二一〕。己巳，張邦昌罷〔二二〕，徐處仁太宰兼門下侍郎，唐恪中書侍郎，何㮚尚書右丞，許翰同知樞密院事。庚午②，宇文虛中罷〔二三〕。命趙野、蔡攸奉迎道君皇帝〔二四〕。辛巳，道君皇帝至南京。壬午，詔曰：「朕承道君皇帝付托之重，即位十有四日，金人之師已及都城。大臣建言捐金帛，割土地，可以紓禍。賴宗廟之靈，守備弗缺，久乃退師，而金人要盟，終弗可保。今肅王度河，北去未還；黏罕深入，南陷隆德。又所過殘破州縣，掠士女。朕夙夜追咎，何痛如之！已詔元主和議李邦彥及奉使許地之人悉行罷黜，又詔种師道、姚古、种師中往援三鎮。朕惟祖宗之地，尺寸不可與人，且保塞陵寢所在，誓當固守。不忍陷三鎮二十州之民，以媮頃刻之安。與民同心，永保疆土。播告中外，使知朕意。」癸未③，命李綱迎道君皇帝於南京。辛卯，李綱自南京還。

夏四月丁酉朔，立大寧郡王諶爲皇太子〔二五〕。戊戌，夏人寇震威城。己亥，道君皇帝至自南京，入居龍德宮。癸卯，耿南仲門下侍郎。戊申，置詳議司於尚書省。己酉，趙野罷〔二六〕。壬子，斡离不遣賈霆、冉企來〔二七〕。甲寅，以种師道爲河北河東宣撫使。戊午，皇弟栻封和王，榛信王。癸亥，誅趙良嗣〔二八〕。

五月庚午，寒如深冬。甲戌，赦河北。丁丑，种師中與金人戰於榆次，死之。甲申，罷詳議司。

①辛酉：原作「辛亥」，與上文重，誤。《皇宋十朝綱要》卷一九、《宋史》卷二三並作「辛酉」，據改。
②庚午：原作「庚子」，是年三月丁卯朔，無庚子日。《宋宰輔編年録》卷一三、《宋史》卷二三均作「庚午」，據改。
③癸未：原作「癸卯」，是年三月丁卯朔，無癸卯日。《宋宰輔編年録》卷一三、《宋史》卷二三均作「癸未」，據改。

六月戊戌，李綱爲河北河東宣撫使。辛丑，以劉韐爲副使。壬寅，皇弟棫封安康郡王，楗廣平郡王。詔曰：「朕既詔三省、樞密院，並依祖宗舊法，而羣臣庶士亦當講孔孟之正道，察安石舊説之不當者。」壬戌，彗出紫微垣。

秋七月辛卯，誅童貫。勝捷軍叛，犯濮州，韓世忠討平之。

八月辛丑，詔以彗見條具疾苦，俾官吏除苛解嬈，冀召和氣。折可求與金人戰，敗績，退保汾州〔二九〕。甲辰〔三〇〕，以宗澤使斡离不軍，李若水使黏罕軍。己未，徐處仁、吴敏罷〔三一〕，唐恪少宰兼中書侍郎，何㮚中書侍郎，陳過庭尚書右丞。許翰罷〔三二〕，聶昌同知樞密院事，李回僉書樞密院事。

九月丙寅，黏罕陷太原，府帥張孝純爲金人所執。戊寅，李綱罷〔三三〕。分天下爲四道〔三四〕，置四帥，帶都總管，北京帥總北道，西京帥總西道，南京帥總東道，鄧州帥總南道。

冬十月丁酉，金人陷真定府。戊戌，金人遣楊天吉、王汭來，欲割三鎮，要尊號、車輅等。朝廷以帝號、車輅及三鎮税數，遣王雲同汭行〔三五〕。庚子，陷汾州，守臣張克戩死之。丁未，馮澥知樞密院事。壬子，皇弟康王使斡离不軍，以王寓爲尚書左丞副之，寓辭行，貶，以馮澥代之。丙辰，金人犯平陽府、澤州。

十一月丙寅，夏人陷懷德軍，守臣劉銓、通判杜翊世死之。戊辰，康王還，馮澥罷〔三六〕。王雲還，言虜必欲得三鎮。庚午，詔河東、河北、京畿清野。甲戌，金人度河。乙亥，命皇弟康王再使斡离不軍，王雲副之。京師戒嚴〔三七〕。丁丑，何㮚罷〔三八〕，陳過庭中書侍郎，孫傅尚書右丞。庚辰，康王至相州。辛巳，命聶昌領守禦使。壬午，康王次磁州，磁人殺王雲。康王回相州〔三九〕。命耿南仲使斡离不軍，聶昌使黏罕軍。甲申，孫傅同知樞密院事，曹輔僉書樞密院事。乙酉，斡离不軍至城下。丁亥，李回罷〔四〇〕。金人攻通津門〔四一〕。楊天吉等再來。己丑，張叔夜以南道勤王之師到闕。庚寅，皇帝幸東壁勞軍。何㮚門下侍郎。

閏月壬辰，皇帝幸西壁。唐恪罷。改太宰、少宰復爲左右僕射，以何㮚爲尚書右僕射兼中書侍郎。癸巳，皇帝幸東壁。是日，迎土牛以借春。甲午，皇帝幸北壁。大雨雪。金人陷懷州，守臣霍安國死之。乙未，皇帝幸西壁。丙申，皇帝幸南壁。金人陷拱州。丁酉，赤氣亘天。馮澥尚書左丞。黏罕兵薄南壁，王宗濋下城與金人戰，敗績。庚子，皇帝幸東壁。張叔夜僉書樞密院事。金人攻宣化門。壬寅，皇帝幸北壁。癸卯，聶昌至絳州，遇害〔四二〕。甲辰，大雪。金人陷亳州。丙午，大雪。金人爲鵝車以攻城。己酉，命皇弟康王爲兵馬大元帥。辛亥，金人來議和，要親王出盟。壬子，遣曹輔、馮澥及宗室仲温、士詂使於虜營〔四三〕。癸丑，仲温、士詂還。甲寅至丙辰，大風雪不止。金人陷京師。上曰：「朕不用种師道言，以至於此。」初，虜騎之去也，師道常勸上「半度擊之，不然，異日必爲後患」，至是果然。金人遣蕭慶等四人來，要皇帝會盟議，欲請道君、皇太子、越王、鄆王爲質。上曰：「朕爲人子，豈可以父爲質哉？」丁巳，道君皇帝入居延福宫。金人盡得四壁。遣李若水再使虜營。金人招宰相議事，乃遣何㮚及濟王栩。㮚、栩回，同金人四人來議和。自乙卯雪大作，盈三尺不止，天地晦冥。雪霽〔四四〕，彗星竟天。己未，何㮚再往軍前〔四五〕。詔曰：「大金堅欲道君出郊，朕以宗廟生靈之故，義當親往。咨爾衆庶，無致驚疑。」庚申旦，日赤如火。辛酉，皇帝出郊，入虜營。

十二月壬戌朔，皇弟康王開兵馬大元帥府於相州。癸亥，皇帝還宫。甲子，金人來索金一千萬鋌，銀二千萬鋌，縑帛如銀之數，以犒軍。乙丑，詔曰：「元祐皇后逮事宣仁聖烈皇后、欽聖憲肅皇后，又曾經送哲宗皇帝山陵。元符之末，欽聖憲肅皇后垂簾，曾降指揮復册命爲元祐皇后。可檢會恭依元降指揮，仍尊爲元祐皇太①后，以順天下之意。」丙寅，遣陳過庭、劉韐、折彦文往河北、河東割地。金人拘過庭於軍前。丁卯，金人來索軍器。

①太：原脱，據《宋會要輯稿》后妃一之二五所載原詔及《皇宋十朝綱要》卷一九「尊元祐皇后爲元祐皇太后」補。

乙亥，皇弟康王如大名府。是夜，京師火。癸未，詔曰：「風雪大寒，小民闕乏凍餒，皆朕不德所致。其艮山竹木，許任便樵采。」庚寅，皇弟康王如東平府。金人犯蔡州〔四六〕。

二年春正月庚子，皇帝再出郊，入虜營。丙午，劉韐死於虜營。

二月丙寅，吳幵、莫儔自虜營持文書，令依金主詔推薦異姓堪爲人主者，從軍前備禮册命，仍邀道君皇帝出城。丁卯，道君皇帝、道君皇后同出郊，鄆王楷以下諸王妃、公主、都尉皆從，燕王、越王亦出。辛未，皇后、皇太子同出郊。壬申，孫傅、張叔夜往軍前。戊寅，虜歸張邦昌。庚辰，康王如濟州。金人無禮於我，李若水①死之〔四七〕。乙酉，金人以金銀不足，殺梅執禮、程振、陳知質、安扶。

三月辛卯朔，張邦昌入京師。丙申，吴革謀起義，不克，死之。丁酉，金人立張邦昌，國號大楚。宗澤與金人戰於長垣，敗之。庚子，金人來取宗室。甲辰，金人入内藏庫。乙卯〔四八〕，馮澥、曹輔、路允迪等還，何㮚、孫傅、張叔夜、秦檜、司馬朴以廢立異議，令舉家北遷。丁巳，道君皇帝北狩。

夏四月庚申朔，皇帝北狩〔四九〕。金人退師，遂取河東、河北地。辛酉，康王以檄書告諭四方。壬戌，邦昌迎元祐皇后入居延福宫〔五〇〕，號宋太后。癸亥，羣臣勸進於康王。甲子，邦昌以書至大元帥府〔五一〕。丁卯，謝克家以邦昌之命，齎玉璽至大元帥府。戊辰，邦昌請元祐皇后垂簾聽政。庚午，邦昌復辟。癸酉，在京文武百官勸進於康王。乙亥，以路允迪爲奉請車駕進發使，范宗尹副之。康王自濟州由金鄉、單父以至南京〔五二〕。癸未，駐軍府

①李若水：原作「李若冰」，據覆宋本、四庫本及本書卷一一一《李若水傳》改。

治。甲申，張邦昌至南京〔五三〕，伏地慟哭請死，王尉①撫之。戊子，元祐皇后遣使齎手書於南京。五月庚寅朔，康王即皇帝位於南京。遥上尊號曰孝慈淵聖皇帝〔五四〕。紹興三十一年，金國使來，言皇帝去冬崩〔五五〕，聖壽六十一。七月癸未〔五六〕，謚曰恭文順德仁孝皇帝，廟號欽宗〔五七〕。

臣稱曰：自吾有狄難，而欽宗適丁斯時，天下之勢岌岌矣。欽宗乃當宁興嘆，思得賢佐以張國威，而朝無君子，終敗乃事，蓋百六之會難逭也。然民之戴宋，有死無二，此仁聖所以中興於南都云。

【箋證】

〔一〕金人遂度河：《皇宋十朝綱要》卷一九、《宋史》卷二三《欽宗紀》繫於正月己巳。

〔二〕以綱爲行營使：《皇宋十朝綱要》卷一九、《宋史》卷二三繫於正月辛未（五日），《事略》連書於庚午後，漏書「辛未」二字。

〔三〕白時中罷：《宋宰輔編年録》卷一三：「辛未，白時中罷太宰。觀文殿大學士、中太乙宫使、依前特進、慶國公。」

〔四〕李邦彦太宰兼門下侍郎：汪琬《東都事略跋》卷上：「《紀》中靖康元年正月，李邦彦太宰兼門下侍郎。按《趙子崧家傳》，先是子崧語李曰：『里中有病傷寒者，一醫汗之，一醫下之，外雖支持，而中已耗矣。謝二醫而訪草澤名士，後至者投一藥，則始乃歸咎。今國執大概類此。蔡京倡之，王黼成之，二十餘年，二人者家富志得，全身而去，天下病矣。公議望公爲相，公欲何如醫治？』李不能用。予謂此真藥石之言。彼李忠定猶闇於此，而況庸碌如邦彦者乎！荀卿氏有言：『僅存之國危而後戚之，亡國至亡而後知亡，至死而後知死。』若靖康君臣，雖身瀕死亡，而猶不之知者也。」

①尉：覆宋本、四庫本作「慰」。

〔五〕遣李棁、鄭望之使於軍前，《宋史》卷二三云「命尚書駕部員外郎鄭望之、親衛大夫康州防禦使高世則使其軍」，《皇宋十朝綱要》卷一九、《靖康要録箋注》卷一並謂鄭望之、高世則爲使，《事略》作「李棁」，誤。

〔六〕唐恪同知樞密院事，《宋史》卷二三繫於正月甲戌（八日），《靖康要録箋注》卷一繫正月八日，《事略》漏書「甲戌」二字。

〔七〕蔡懋爲京城四壁守禦使，《靖康要録箋注》卷一繫正月十日，八日仍爲尚書左丞，《事略》繫於此，疑誤。

〔八〕金人攻通天、景陽門，《皇宋十朝綱要》卷一九、《宋史》卷二三繫於正月乙亥（九日），《事略》漏書日期。通天，《宋史》作「通津」。

〔九〕皇弟康王使虜營：《皇宋十朝綱要》卷一九於正月丙子載：「命皇弟太保、遂安慶源軍節度使、康王使金軍，以少宰張邦昌副之，庚辰始行。」《宋史》卷二三繫於正月庚辰，仍言「命張邦昌副康王構使金軍」，不確，蓋其時當赴金營矣。

〔一〇〕大風吹沙，《宋史》卷二三繫「大風走石，竟日乃止」於正月壬午，《事略》漏書日期。

〔一一〕李棁、鄭望之至虜營，《通鑑長編紀事本末》卷一四五繫於二月丁酉，《事略》脱「丁酉朔」三字。

〔一二〕李綱罷：《宋史》卷二三繫「罷李綱以謝金人」於戊戌（二日），《靖康要録箋注》卷二繫「李綱罷尚書右丞」於二月三日，《三朝北盟會編》卷三三云：「三日己亥，大臣奏李綱、种師道出師敗績，可正典憲，乞罷綱等。种師道罷爲太乙宫使，李綱罷行營使。」《事略》漏書日期。

〔一三〕王俅：四庫本《靖康要録》卷四、《皇宋十朝綱要》卷一九作「王球」，舒仁輝認爲「作『王球』爲是」（《〈東都事略〉與〈宋史〉比較研究》第一五二頁），其説可信。

〔一四〕蔡懋罷：《宋宰輔編年録》卷一三：「二月癸卯蔡懋罷尚書左丞。資政殿學士、依前中大夫、知大名府兼北京留守。」

〔一五〕金人退師，《宋宰輔編年録》卷一三繫於二月丙午：「金人圍京城凡三十二日，是日始退師。」早《事略》一日。

〔一六〕李邦彦罷：《宋宰輔編年録》卷一三：「庚戌，李邦彦罷太宰。觀文殿大學士、太乙宫使、依前起復特進。」

〔一七〕宇文粹中罷：《宋宰輔編年録》卷一三：「辛亥，宇文粹中罷尚書右丞。資政殿學士、依前宣奉大夫、差知江寧府。」

〔一八〕种師道罷：《宋宰輔編年録》卷一三：「癸丑，种師道罷同知樞密院事。自檢校少保、靜難軍節度使、京畿河北河東路宣撫使罷爲檢校少傅、鎮洮軍節度使、充太乙宫使。」

〔一九〕金人陷隆德府，《皇宋十朝綱要》卷一九、《宋史》卷二三繫二月乙亥，《事略》漏書日期。

〔二〇〕王孝迪罷：《宋史全文》卷一五載二月辛丑：「王孝迪罷，以徐處仁爲中書侍郎。」《宋史》卷二一二《宰輔表三》繫於二月癸卯，與徐處仁除中書侍郎同日。據《宋會要輯稿》職官七八之三三於靖康元年二月載：「通議大夫、中書侍郎王孝迪罷爲資政殿學士、提舉醴泉觀。孝迪執政一月罷，以曾祖名政，自陳乞罷所受職官，改延康殿學士。未幾，出知廬州，繼又落職，提舉亳州明道宫。」王孝迪除中書侍郎在一月辛未（五日），「執政一月罷」則在二月辛丑（五日）以後，又「乞罷所受職官」，後「出知廬州」。《靖康要録》卷二載「資政殿學士王孝迪差知廬州」於二月二十五日（辛酉），與《宋史》卷二三同。《事略》所載當即出知廬州時，而誤「辛酉」爲「辛亥」。

〔二一〕李棁罷：《宋宰輔編年録》卷一三：「三月戊辰，李棁罷尚書左丞。」

〔二二〕張邦昌罷：《宋宰輔編年録》卷一三：「己巳，張邦昌罷太宰。觀文殿大學士、依前光禄大夫、中太乙宫使。」

〔二三〕宇文虛中罷：《宋宰輔編年録》卷一三：「庚午，宇文虛中罷簽書樞密院事。授資政殿學士、依前中大夫、知青州。」

〔二四〕命趙野、蔡攸奉迎道君皇帝，《皇宋十朝綱要》卷一九：「癸酉，命門下侍郎趙野爲道君行宫奉迎使。」《宋史》卷二三同繫癸酉（七日），《事略》漏書日期。

〔二五〕立大寧郡王諶爲皇太子，《皇宋十朝綱要》卷一九、《宋史》卷二三繫四月癸卯，《靖康要録》卷四繫七日（癸卯）。又據《靖康要録》卷四：「四月一日，詔：皇太子大寧郡王諶，嫡長而賢，年甫就傅，可依大臣所請，擇日降制，立爲皇太子。」《事略》蓋據以繫日，不確。

〔二六〕趙野罷：《宋宰輔編年録》卷一三：「己酉，趙野罷門下侍郎。資政殿學士、知襄陽府。」《宋史》卷二三、卷二一二《宰輔表》並繫四月庚戌，晚《事略》一日。

〔二七〕冉企：《皇宋十朝綱要》卷一九同作「冉企」，《宋史》卷二三作「冉企弓」，《靖康要録箋注》卷六作「冉企有」。

〔二八〕誅趙良嗣，《皇宋十朝綱要》卷一九、《宋史》卷二三並繫於七月辛卯，《三朝北盟會編》卷四四繫於三月二十七日（癸巳）。《九朝編年備要》卷三〇繫於四月。胡舜陟有《奏請誅趙良嗣疏》（《胡少師總集》卷一），上於四月二十七日，此蓋《事略》繫時所據。

〔二九〕折可求等退保汾州，《宋史》卷二三繫於八月己酉（十六日），《事略》漏書日期。

〔三〇〕甲辰：《皇宋十朝綱要》卷一九：「甲寅，遣宗正少卿宗澤使斡离不軍，太常博士李若水使黏罕軍。」本書既言十六日己酉折可求之敗於前，不當繫十一日甲辰於後，「甲辰」當爲「甲寅」之誤。

〔三一〕徐處仁吴敏罷：《宋史》卷二三：「己未，太宰徐處仁罷知東平，少宰吴敏罷知揚州。」

〔三二〕許翰罷：《宋宰輔編年録》卷一三「許翰罷同知樞密院事」在八月己未，與《事略》同。《宋史》卷二三：「戊午，許翰罷知亳州。」卷二一二《宰輔表》亦在戊午，早《事略》一日。

〔三三〕李綱罷：《宋宰輔編年録》卷一三：「九月戊寅，李綱罷知樞密院事。自太中大夫、河北河東宣撫使授觀文殿學士、知揚州。」《皇宋十朝綱要》卷一九、《宋史》卷二三及《事略》並繫戊寅（十五日），而《靖康要録》卷八、《三朝北盟會編》卷五五則繫十九日（壬午），《宋史》卷二一二《宰輔表》繫九月丁丑（十四日）。

〔三四〕分天下爲四道，《皇宋十朝綱要》卷一九：「丙戌，建三京及鄧州爲都總管府，分總四通兵。」《宋史》卷二三同繫丙戌，《事略》漏書日期。

〔三五〕遣王雲使金議割三鎮等，蓋數有往復，《皇宋十朝綱要》卷一九載：十月「辛亥，王雲至真定，遣人報金人已不復議割三鎮，止索五輅、冠冕及上尊號，且須康王來，和好乃成。壬子，命康王使斡离不軍」；十一月「戊辰，王雲至自虜中，言虜議中變，欲得三鎮，不則進兵取汴都」；「乙亥，詔王雲副康王使斡离不軍，許割三鎮並奉衮冕、車輅，仍尊其主爲叔，上尊號十八字」。

〔三六〕馮澥罷：《宋宰輔編年録》卷一三：「十一月戊辰，馮澥罷知樞密院事。授資政殿學士、太子賓客。」

〔三七〕京師戒嚴，《宋史》卷二三繫於十一月丙子，《事略》連書於乙亥後。

〔三八〕何㮚罷：《宋宰輔編年録》卷一三：「丁丑，何㮚罷中書侍郎。授資政殿學士、依前官提舉醴泉觀兼侍讀。」

〔三九〕康王回相州，《皇宋十朝綱要》卷一九繫於十一月癸未，《事略》與《宋史》卷二三漏書日期。

〔四〇〕李回罷：《宋宰輔編年録》卷一三：「丁亥，李回罷簽書樞密院事。提舉萬壽觀。」

〔四一〕金人攻通津門，《皇宋十朝綱要》卷一九、《宋史》卷二三繫於十一月戊子，《事略》漏書日期。

〔四二〕聶昌至絳州遇害，《靖康要録》卷一〇繫閏十一月十五日，後於《事略》「癸卯」三日。

〔四三〕遣曹輔、馮澥及宗室仲温、士諭使金軍請和，《宋史》卷二三繫於己酉（十八日），《靖康要録》卷一〇與《事略》均繫於壬子（二十一日）。據《皇宋十朝綱要》卷一九載：閏十一月「丙午，大雪，遣尚書左丞馮澥、僉書密院事曹輔、宗室士諭使金軍」；「壬子，復遣澥、輔及士諭使金軍。既至，金人即送澥等歸，不交一談，必欲親王及何㮚至。自此攻城益急」。是曹輔、馮澥等兩度出使，《事略》所記爲再遣使時。

〔四四〕雪霽，《宋史》卷二三繫於閏十一月戊午（二十七日），《事略》漏書日期。

〔四五〕何㮚再往軍前，《皇宋十朝綱要》卷一九繫於閏十一月戊午，早《事略》一日。

〔四六〕金人犯蔡州：《皇宋十朝綱要》卷一九繫於十二月壬午，在庚寅康王如東平府前。《事略》繫在庚寅後，未書日期。

〔四七〕李若水死，《靖康要録》卷一一繫於二月七日（丁卯），《皇宋十朝綱要》卷一九、《三朝北盟會編》卷八一繫於二月辛巳（二十一日），《事略》漏書日期。

〔四八〕乙卯：《皇宋十朝綱要》卷一九作「癸丑」。

〔四九〕皇帝北狩：汪琬《東都事略跋》卷上：「《痛定録》：『上在青城，齋宫名。何㮚、孫覿、汪藻輩賦詩遺興，上命用時韻。覿詩云：「噬臍有愧平燕日，嘗膽無忘在莒時。」藻詩云：「（□）〔虜〕帳夢回驚目處，都城思切望雲時。」有以此達之金帥者，見「在莒」

之句，又斥爲「（□）（虜）帳」，因摘此爲名，遂邀留車駕。』雖靖康之禍本不由於一詩，顧此何等時，而君臣猶作如此伎倆，五國城之辱，非不幸也。」

〔五〇〕元祐皇后入居延福宮，《皇宋十朝綱要》卷一九、《三朝北盟會編》卷九〇繫於四月甲子（五日），《建炎以來繫年要録》卷四繫於四月癸亥（四日），《宋史》卷二四《高宗紀一》繫「尊元祐皇后爲宋太后」於癸亥，晚於《事略》「壬戌」（三日）。

〔五一〕甲子邦昌以書至大元帥府：《皇宋十朝綱要》卷一九：「丙寅，邦昌遣使以咨目上康王。」《三朝北盟會編》卷九一同繫七日丙寅，是。

〔五二〕康王自濟州由金鄉、單父以至南京，《宋史》卷二四記四月：「庚辰，帝發濟州。……辛巳，次單州。壬午，次虞城縣。……癸未，至應天府。」《事略》於此統敍，未書行程日期。

〔五三〕張邦昌至南京，《宋史》卷二四繫於四月乙酉（二十六日），據《三朝北盟會編》卷九五：「二十五日甲申，張邦昌等率百官吏，是日出門。……二十六日乙酉，太宰張邦昌赴南京。邦昌等自京師來詣元帥行府，邦昌以親從官數人自隨。」是張邦昌至南京當在乙酉日，《事略》誤繫「甲申」。

〔五四〕遥上尊號曰孝慈淵聖皇帝，《建炎以來繫年要録》卷五、《宋史》卷二四繫於五月辛卯，《事略》漏書日期。

〔五五〕金國使來言皇帝去冬崩，《宋會要輯稿》儀制九之二二載：「（紹興）三十一年五月二十七日，詔金國人使朝辭，御後殿東廊素幄。時聞欽宗皇帝訃音也。」又禮四九之二載欽宗「紹興三十一年五月十九日崩」，《宋史》卷二三繫於五月辛卯（十九日），《事略》未書月日。

〔五六〕癸未：《宋史》卷二三作「己丑」，而卷三二《高宗紀九》則繫於九月甲午，《建炎以來繫年要録》卷一九一云：「癸未，宰相陳康伯率百官爲孝慈淵聖皇帝請謚於南郊，謚曰恭文順德仁孝，廟號欽宗。」卷一九二載：「甲午，册謚大行淵聖仁孝皇帝曰恭文順德仁孝，廟號欽宗。」蓋七月癸未爲請謚日，九月甲午爲册謚日，《事略》所紀，不爲無據。

〔五七〕廟號欽宗：汪琬《東都事略跋》卷上：「《朝野雜記》：『逆亮南侵，使人至欽宗所犯蹕，七百餘人俱受害。』又《癸辛雜識》：

『楊髡盜諸陵，於徽、欽二陵梓宫内略無所有，止有朽木一段，其一則木燈檠一事耳。』按《雜記》：『乾道中，金人許歸靖康梓宫，朝廷難之，金人乃以禮陪葬鞏縣。』然則欽宗陵不應被發，《癸辛雜識》誤也，恐只是永祐陵耳。昔者楚子伐宋，宋華元曰：『城下之盟，有以國斃，不能從也。』彼徽、欽堂堂萬乘，而俱爲和所紿，卒之淵聖既不良死，而其遺骸亦俱淪於沙漠，其辱社稷也多矣。」

東都事略卷第十三

世家一

《詩》稱《關雎》之德，所以正夫婦而化天下也。是以輔佐君子，有逮下之仁，而無嫉妬之心；懷進賢之志，而有憂勤之念。用能助成一代之治，以興太平之基。塗山啓夏，任姒作周，豈不曰内德之茂哉！昭憲杜后，篤生上聖，以造我宋①，其宏規遠慮，實應《關雎》之德，與塗山、任姒亦何以異？自昭憲以降，正始之道，相守如一，皆以遵承祖宗家法爲先。是雖賢德懿範有所從始，然亦列聖修身、正心、齊家之本有以極其摯如此。至於名品之別，儀制之序，其所由來者尚矣，故略而不書。

宣祖昭憲皇后杜氏，定州安喜人也。父爽，贈太師。后既笄，歸於宣祖，治家嚴毅有禮法。生太祖、太宗〔一〕。周顯德中，太祖爲定國軍節度使，封南陽郡太夫人。及太祖爲羣情推戴，自陳橋還京師，人走報后曰：「點檢已作天子②。」后曰：「吾兒素有大志，今果然矣③。」太祖既即位，拜后於堂上。衆皆賀，后愀然不樂。左右進曰：「臣聞母以子貴，今子爲天子，胡爲不樂？」后曰：「吾聞爲君難，且天子者置身兆庶之上，若治得其

①「宋」字上，繆校有「皇」字。
②「天子」下，繆校有「矣」字。
③矣：繆校作衍字。

道，則此位可尊；苟或失馭，則求爲匹夫不可得，是吾所以憂也。子其勉之！」太祖再拜曰：「謹受教。」於是尊爲皇太后。

建隆二年，后不豫，太祖侍藥餌，不離左右。疾亟，召趙普入受顧命。后因問太祖曰：「汝知所以得天下乎？」太祖嗚噎不能對。后問之如初，太祖曰：「臣所以得天下者，皆祖考及太后之積慶也。」后曰：「不然，正由周世宗使幼兒主天下耳。使周氏有長君，天下豈爲汝有乎？汝百歲後，當傳位於汝弟。四海至廣，萬幾至衆，能立長君，社稷之福也。」太祖頓首泣曰：「敢不如太后教！」后因謂趙普曰：「爾同記吾言，不可違也！」命普於榻前爲約誓書。普於紙尾自書名云「臣普書」，藏之金匱，命謹密宮人掌之。

后崩於滋德殿[二]，年六十，謚曰明憲。葬安陵，神主祔享太廟。乾德二年，改卜安陵，更謚曰昭憲，合祔安陵。

太祖孝惠皇后賀氏，開封人，右千牛衛率府率景思長女也。晉開運初，宣祖爲太祖娉①焉。太祖領定國軍節度使，封會稽郡夫人。性温恭柔順，事舅姑盡禮。生子德昭。周顯德五年，寢疾崩，年三十。宋興，追册爲皇后，謚曰孝惠。葬於安陵之西北，神主享於别廟。神宗時，與孝章、淑德、章懷並祔享太廟。

孝明皇后王氏，邠州新安人[三]，彰德軍節度使饒之第三女也。孝惠崩，納爲繼室，封琅邪郡夫人。建隆元年，立爲皇后[四]。后慈仁恭勤，奉養太后，得其驩心。崩，年二十二[五]，謚曰孝明。葬於安陵之北，神主享於别

①娉：錢校：「舊鈔本同，印本初改『聘』。以下凡『娉』字俱仿此。」

廟。太平興國二年，祔享太廟。

孝章皇后宋氏，河南洛陽人，左衛上將軍偓之長女也。孝明崩，太祖遂娉入宫，爲皇后〔六〕。年十七，性柔順好禮。太祖崩，號開寶皇后，居西宫〔七〕。雍熙四年，移居東宫。崩，年四十四〔八〕，謚曰孝章。祔葬永昌陵之北，神主享於别廟。神宗時，升祔太廟〔九〕。

臣稱曰：廟室祔以一后，若追册者則否。太祖祔以孝明者，禮之正也。太宗祔以懿德者，蓋以明德在也。及明德崩，與懿德同祔，而元德以誕育真宗，亦得祔焉，此則禮從變也。於此之時，孝章豈不應與孝明同祔邪？真宗廟室亦祔三后，而孝章又不得升配太祖，復何邪？至神宗之世，追册之后並配於廟，於是孝章始升祔云。

太宗淑德皇后尹氏，相州鄴①人，滁州刺史廷勳之女也。太宗在周時娶焉，早崩。太宗即位，追册爲皇后〔一〇〕，謚曰淑德。葬於孝明陵之西北〔一一〕，享於别廟。後神主升祔太廟〔一二〕。

懿德皇后符氏，陳州宛丘人，魏王彦卿第六女也。顯德初，歸太宗。國初封汝南郡夫人。建隆二年，封楚國夫人。太宗封晉王，進封越國。崩，年三十四〔一三〕。葬於安陵之西北。

①鄴：原作「濮」，按相州屬邑有鄴無濮，《宋史》卷二四二正作「相州鄴人」，據改。

太宗即位，追册爲皇后，謚曰懿德，享於別廟。真宗即位，詔有司議太宗配后，宰相請以懿德配，而宗正卿趙安易請以淑德配。是時禮官以明德在萬安宫，淑德、懿德生不及尊崇之位，没升配享，於人情未安，請虚配位。秘閣校理吴淑駮議，皆以爲未允。時將追尊元德，淑因請以元德升配。詔曰：「禮非天降地出，酌於人情。其以懿德皇后配。」於是神主升祔太廟。

明德皇后李氏，潞州上黨人，淄州刺史處耘第二女也。懿德崩，太祖爲太宗娉爲妃。既納幣，會太祖崩，至太平興國二年始入宫〔一四〕。雍熙元年，立爲皇后。太宗崩，真宗即位，尊后爲皇太后〔一五〕，居西宫之嘉慶殿，上宫名曰萬安〔一六〕。崩，年四十五〔一七〕。謚曰明德。祔葬永熙陵。禮官請以懿德、明德同祔太宗室，以先後爲次，從之。

元德皇后李氏〔一八〕，真定人，乾州防禦使英之女也。開寶中，封隴西郡君。太宗即位，進夫人。性恭肅有法度，六宫推重之。生楚王元佐及真宗。薨，年三十四〔一九〕。真宗即位，追封賢妃，又追上尊號爲皇太后，謚曰元德。祔葬永熙陵，享於別廟。大中祥符三年，禮官趙湘請以元德皇后祔太宗廟室。真宗曰：「此重事也，俟令禮官議之。」至六年，宰相王旦與羣臣繼請，然後從之，祔明德之次。

真宗章懷皇后潘氏，大名人，忠武軍節度使美之第八女也。真宗爲韓王，太宗爲娉之，召入宫，封莒國夫人。崩，年二十二〔二〇〕。

真宗即位，追册爲皇后，謚曰莊懷。葬於永昌陵側，陵名保泰。神主享於别廟，後升祔太廟。國朝皇后謚冠以帝謚。慶曆中，禮官言「孝」字連太祖謚，「德」字連太宗謚，遂改「莊」爲「章」，以連真宗謚云。

章穆皇后郭氏，太原人，宣徽南院使守文第二女也。真宗爲襄王，太宗爲娉之〔二一〕，封魯國夫人，進封秦國。真宗即位，立爲皇后。崩，年三十二〔二二〕。謚曰莊穆。葬永熙陵之西北，神主享於别廟。乾興元年，升祔真宗廟室。後改謚曰章穆〔二三〕。

章獻明肅皇后劉氏，益州華陽人也。父通，贈太師、魏王。后善播鼗，蜀人龔美與之入京師，美以鍛銀爲業。真宗爲襄王，納於潛邸〔二四〕。張耆爲王宫指使，王乳母秦國夫人性嚴整，因令王斥去，因爲太宗言之，王不得已置之張耆家。太宗崩，真宗即位，以爲①美人〔二五〕。以其無宗族，乃更以美爲兄弟，改姓劉。大中祥符中爲修儀，進德妃〔二六〕。

自章穆崩，真宗欲立爲皇后，大臣多以爲不可，真宗卒立之。李宸妃入宫生子，是謂仁宗，后以爲己子，與楊淑妃撫視甚篤②。

天禧四年，真宗疾甚，宰相寇準密議請皇太子監國，以謀泄罷相。既而入内都知周懷政謀廢后，復用準，爲楊崇勳所告，懷政誅，準貶海上〔二七〕。

①以爲：繆校作「進爲」。
②撫視甚篤：繆校作「愛視無異」。

真宗崩，仁宗即位，尊后爲皇太后。軍國大事，權取皇太后處分，垂簾聽政。詔書稱「吾」，以生日爲長寧節，出御大安輦，鳴鞭侍衛如乘輿。父名通，令天下皆避父諱。有劉綽者，自京西漕臣還朝，以其在部日盤量在庾之糧，得千餘斛，乞付三司。后問曰：「卿識王曾、張知白、吕夷簡、魯宗道乎？此四人者，豈因盤量收出羡進哉！」綽大慙。當時廷臣皆服后之明。

天聖七年冬至，仁宗率百官上壽於會慶殿。及恭謝宗廟〔二八〕，乘玉輅，禕衣，九龍華釵冠，行禮則服衮衣，減宗彝、藻，去劍，戴儀天冠，前後垂珠翠各十旒。於時小臣方仲弓上書，請依武后故事，立劉氏廟，而程琳亦獻《武后臨朝圖》。后擲其書於地，曰：「吾不作負祖宗事！」

后稱制凡十一年，自仁宗即位，乃諭輔臣曰：「皇帝聽斷之暇，宜詔名儒講習經書，以輔其德。」於是設幄崇政殿之西廡，而日命近臣侍講讀。

丁謂、曹利用既以侮權貶竄，而天下惕然畏之。晚年稍進外家，而信任内官。仁宗春秋高，猶不知爲宸妃所出。終后之世，無豪①髮間隙，蓋仁宗能盡孝，而后亦慈愛保護之至也。崩，年六十四〔二九〕，謚曰章獻明肅。國朝皇后二謚，稱制者則加四謚。葬於定陵之西北。

於是泰寧軍節度使、同平章事錢惟演請以章獻明肅、章懿與章穆並祔真宗之室〔三〇〕，詔禮院議。禮官以章穆祔食真宗，斯爲正禮；章獻母儀天下，與明德例同；章懿帝母之尊，與元德例同。且前代無同日並祔之禮，其二后或祔真宗廟室，或祀别廟，惟上財②之。詔三省與禮院更議，皆以謂章穆皇后位崇中壼，與懿德無異，已

①豪：錢校：「舊鈔本同。此從古。印本初改『毫』。下七頁廿行。『絲毫假借』同。」
②財：覆宋本、四庫本作「裁」。

祔真宗廟室，自叶一帝一后之文；章獻明肅處坤元之尊，章懿感日符之貴，皆功德莫與爲比。謂宜崇建新廟，同殿異室，歲時薦饗，一用太廟之儀，仍别立廟名，以崇世享。於是翰林學士馮元等請以奉慈爲名，詔從之。至慶曆五年，禮院言章獻、章懿二后，請遵國朝懿德、明德、元德三后同祔太宗廟室故事，遷祔真宗廟室。詔兩制議。翰林學士王堯臣等議，請二后遷祔真宗廟室，序於章穆之次，從之。

章懿皇后李氏〔三一〕，杭州人也。性莊重寡言，初入宫，爲司寢。生仁宗，封崇陽縣君。進才人，爲婉儀。仁宗即位，爲順容。初，章獻以仁宗爲己子，而后不敢言，中外亦未知也。及后病革，乃進爲宸妃。薨，年四十六。章獻崩，明道二年追册爲皇太后，謚曰章懿〔三二〕。葬永定陵，祔於别廟。升祔太廟。

章惠皇后楊氏〔三三〕，益州郫人也。少事真宗於藩邸，景德初爲才人，進婕妤，又進婉儀，拜淑妃。真宗崩，以遺制爲皇太妃。章獻崩，遺誥爲皇太后，同議軍國事。議者以仁宗春秋高，遂删去「同議軍國事」之語。不以敓天下，號保慶皇太后。仁宗未有嗣，每勸仁宗選宗子近屬養於宫中，其選即英宗也。無疾而終〔三四〕，年五十三。謚曰章惠。

仁宗廢后郭氏，平盧軍節度使崇之孫也。后生而性聰悟，有容德。天聖二年，立爲皇后。時仁宗寵張美人，欲以爲后，章獻難之。后既立，而頗見疏也。其後尚美人、楊美人俱得幸，數與后忿争。宰相吕夷簡請廢后。仁宗亦以其無子，遂廢之，封爲淨妃、玉京沖妙仙師，賜名清悟，居長樂宫。於是御史中丞孔道輔、右司諫范仲淹等伏閤言：「后無過，不可廢。」既而道輔等俱被逐。

景祐元年，出居瑶華宫[三五]，而尚美人亦廢於洞真宫入道，楊美人於别宅安置。又賜號金庭教主、沖静元師。仁宗頗念之，遣使存問，賜以樂府，后和答之，辭甚悽愴。仁宗嘗密令召入，后曰：「若再召我，須百官立班受册方去。」其所守如此。

后有小疾，命内侍閻文應挾毉視療，數日，乃言后暴薨[三六]，年二十四，外人莫能明也。仁宗甚悼之，追復皇后，而停謚册祔廟之禮。

慈聖光獻皇后曹氏，贈韓王彬之孫，贈吴王玘之女也。皇后郭氏廢，詔娉入宫，册立爲皇后[三七]。后性節儉，喜稼穡，宫中種五穀，親蠶。好讀史書、飛白。

慶曆八年後正月①望日，仁宗欲於禁中張燈，后諫止之。後三日，衛士作亂，至寢殿。仁宗聞變，遽欲出，后召都知王守忠以兵入衛。后知賊必縱火，乃遣宦者持水踵賊後，賊果以燭焚簾，水隨滅之。是夕，所遣宦者，后親翦髮以爲識，諭之曰：「賊平加恩，當以髮爲證。」故宦者争盡死力，賊即擒滅。

張貴妃專寵驕恣，后待之謹。妃屢危中之，卒不能害也。英宗始四歲，鞠養於禁中。宣仁聖烈皇后，后之甥也，與英宗同歲，亦鞠於后所。仁宗曰：「他日以此女歸之。」后許諾。仁宗春秋高，未有繼嗣，天下寒心。后居中决定大策，遂以英宗爲皇子，入居慶寧宫。后待之恩意尤密。仁宗崩，英宗即位，尊后爲皇太后。

英宗感疾，詔軍國事請太后權同處分，乃御内東門小殿，垂簾聽政，天下翕然。事涉曹氏及内臣者，無少絲

①正月：原作「八月」，是年閏正月，按舒仁輝《〈東都事略〉與〈宋史〉比較研究》第一五六頁認爲「『後八月』顯係『後正月』之誤」，又《宋史》卷二四二《慈聖光獻曹皇后傳》作「慶曆八年閏正月，帝將以望夕再張燈」，據改。

豪假借。英宗寖康復，后下手書歸政。詔以所居宫殿名曰慈壽。英宗崩，神宗即位，尊后爲太皇太后，易宫名曰慶壽。

神宗用王安石變更法度，用兵興利，而天下紛然。神宗一日侍宣仁后同岐①王至慶壽宫，后曰：「吾昔聞民間疾苦，必以告仁宗，嘗因赦行之。今宗祀在邇，亦當爾②。」神宗曰：「今無他事。」后曰：「吾聞民間甚苦青苗、助役錢，宜因赦罷之。」神宗曰：「新法以利民，非苦之也。」后曰：「王安石誠有才學，怨之者衆，何不出之於外？」神宗曰：「羣臣中，唯安石能横身爲國家也。」岐王曰：「太皇太后③之言，至言也！陛下不可不思。」神宗不懌。

神宗有意於燕薊，已與大臣議定，乃詣慶壽宫白其事。后曰：「儲蓄賜予備乎？鎧仗士卒精乎？」神宗曰：「平戎所須，積有年所，固已辦之矣。」后曰：「事體至大，吉凶悔吝生乎動，得之不過南面受賀而已；萬一不諧，則生靈所係，粟帛所蠹，未易以言。苟可取之，太祖、太宗收復久矣，何待今日？」神宗曰：「敢不受教。」

蘇軾以詩得罪，下御史獄，人知必死。后違豫中聞之，謂神宗曰：「嘗憶仁宗以制科得軾兄弟，甚喜，曰：『吾爲子孫得兩宰相。』今聞軾以作詩繫獄，得非仇人中傷之？捃至於詩，其過微矣。吾疾勢已篤，不可以寃濫致傷中和，宜熟察之。」神宗涕泣，軾由此得免。

后疾久不平，忽顧左右問：「此爲何日？」左右對以十月二十日，后頷之，遒自語曰：「只此日去，只此日去，免煩他百官。」蓋是日太祖大忌也，遂崩。其達死生之變如此。年六十四〔三八〕，謚曰慈聖光獻。葬於永昭陵，

①岐：原作「歧」，據四庫本及《長編》卷二五二、《宋史》卷一四《神宗紀一》改。下同改。
②宗祀在邇亦當爾：繆校作「宗社在爾，何獨不然」。
③太皇太后：原作「大皇大后」，據覆宋本、四庫本改。

神主祔於太廟。

温成皇后張氏[三九]，河南永安人也。祖潁[四〇]，進士第，終建平令。父堯封亦舉進士，爲石州推官以卒。時兄堯佐補蜀官，堯封妻求挈孤幼隨之官，堯佐不收恤，辭以道遠止之。堯封母，錢氏女也，妃幼無依，由錢氏納於章惠皇后宫。寖長，得幸，有盛寵。妃巧慧多智，數善承迎，埶動中外。慶曆元年，封清河郡君。歲中爲才人，遷修媛。三年，忽被疾，曰：「妾姿薄，不勝寵名，願爲美人。」許之。皇祐初，進貴妃[四一]。後五年而薨[四二]，年三十一。仁宗哀悼之，追册爲皇后，謚曰温成。父堯封追封清河郡王，謚曰景思。而堯佐寅緣僥幸，致位通顯云。

【箋證】

〔一〕生太祖太宗：《宋會要輯稿》后妃一之一：「生曹王光濟、太祖皇帝、太宗皇帝、岐王光贊，恭憲、恭懿二大長公主。」《宋史》卷二四二《后妃傳》上：「生邕王光濟、太祖、太宗、秦王廷美、夔王光贊，燕國、陳國二長公主。」

〔二〕后崩於滋德殿：《宋會要輯稿》后妃一之一：「（建隆）二年六月二日，崩於滋德殿。」

〔三〕邠州新安人：《宋史》卷二四二《后妃傳》上作「邠州新平人」。按《宋史》卷八七《地理志三》，邠州屬縣五，有新平無新安，《事略》作「新安」誤。又《長編》卷一作「華池人」，《舊五代史》卷一二五《王饒傳》亦作「慶州華池人」。

〔四〕立爲皇后：《長編》卷一建隆元年八月「甲申，立琅琊郡夫人王氏爲皇后」。

〔五〕崩年二十二：《宋會要輯稿》禮一〇之一：「乾德元年十二月七日，孝明皇后崩。」

〔六〕爲皇后：《宋會要輯稿》后妃一之一：「乾德六年，立爲皇后。」

〔七〕居西宫：《宋會要輯稿》后妃一之一：「太平興國二年，居西宫。」

〔八〕崩年四十四：《宋會要輯稿》禮一〇之一：「真宗至道元年四月二十八日，孝章皇后宋氏崩。三年二月二日，祔饗后廟。」

〔九〕神宗時升祔太廟：《宋會要輯稿》后妃一之一：「元豐六年七月十二日，升祔太廟太祖室。」

〔一〇〕追册爲皇后：《長編》卷一七開寶九年「十一月甲子，追册故尹氏爲淑德皇后」。

〔一一〕葬於孝明陵之西北：《宋會要輯稿》后妃一之一：「陪葬安陵，祭别廟。」又禮三一之一四：「乾德元年十二月七日，孝明皇后崩於滋德殿，以其月庚寅殯於殿之西階。粤二年三月癸卯，遷座陪葬於西京鞏縣之安陵。」《宋史》卷一二三《禮志》：「二年三月二十七日，孝明皇后啓欑宫，羣臣服初喪之服。明日，孝惠皇后自幄殿發引，皆設遣奠，讀哀册。四月九日，葬孝惠於安陵之西北，孝明於安陵之北。」

〔一二〕後神主升祔太廟：《宋會要輯稿》后妃一之一：「元豐六年七月十二日，升祔太廟太宗室。」

〔一三〕崩年三十四：《宋會要輯稿》后妃一之一：「開寶八年十二月十九日崩，年三十四。」

〔一四〕二年：《宋史》卷二四二作「三年」。《宋會要輯稿》后妃一之二：「太平興國二年七月入宫，雍熙元年十二月立爲皇后。」

〔一五〕真宗即位尊后爲皇太后：《宋會要輯稿》后妃一之二、《宋史》卷二四二作「至道三年四月，尊爲皇太后」。

〔一六〕上宫名曰萬安：《宋史》卷二四二：「咸平二年，宰相請别建宫立名，從之。四年宫成，移居之，仍上宫名曰萬安。」

〔一七〕崩年四十五：《宋會要輯稿》后妃一之二：「景德元年三月十五日崩於萬安宫，年四十五。」

〔一八〕元德皇后李氏：《宋史》卷二四二以「李賢妃」立傳。《宋會要輯稿》后妃一之二：「元德皇后李氏，……至道三年五月追封賢妃，十二月追尊爲皇太后，咸平元年正月謚曰元德。初葬普安院，三年四月陪葬永熙陵，祭别廟。大中祥符六年七月，去『太』字，升祔太廟太宗室。」

〔一九〕薨年三十四：《宋會要輯稿》后妃一之二：「（太平興國）二年三月十二日崩，年三十四。」

〔二〇〕崩年二十二：《宋會要輯稿》后妃一之三：「雍熙二年閏九月，歸於襄邸。五年，封莒國夫人。端拱二年五月三日崩，年二十二。」

〔二一〕真宗爲襄王太宗爲娉之：《宋會要輯稿》后妃一之二：「淳化二年，歸於襄邸，封魯國夫人。至道二年，進封秦國。」《宋史》卷二四二：「淳化四年，真宗在襄邸，太宗爲聘之，封魯國夫人，進封秦國。」真宗爲襄王在端拱元年至淳化五年間，《會要》言「淳化二年」，《宋史》謂「四年」，未知孰是，俟考。

〔二二〕崩年三十二：《宋會要輯稿》后妃一之二：「景德四年四月十六日崩於萬歲後殿，年三十二。」而禮三一之四四則謂「景德四年四月十五日，章穆皇后郭氏崩於萬歲殿之後寢，遷座於萬安宮」，而《太常因革禮》卷九六亦稱崩於「四月十五日」，《宋史》卷一二三《禮志》亦謂「章穆皇后郭氏景德四年四月十五日崩」，當以四月十五日爲是。

〔二三〕後改謚曰章穆：《宋會要輯稿》后妃一之二：「慶曆四年十一月改今謚。」禮五八之六九載：「慶曆四年七月二十二日，詔俟南郊禮前改謚莊懷皇后曰章懷，莊穆皇后曰章穆，莊獻明肅皇太后曰章獻明肅，莊懿皇太后曰章懿，莊惠皇太后曰章惠。」「十一月二十二日，帝備禮大慶殿庭，奉册、寶授太尉，上於廟室。」

〔二四〕真宗爲襄王納於潛邸：《宋史》卷二四二：「后年十五入襄邸。」俱言納於襄邸，《宋會要輯稿》后妃一之二則謂「太平興國八年入韓邸」。據《長編》卷二四、卷二九載，「元休封韓王」在太平興國八年十月己酉，進封襄王在端拱元年正月。考劉皇后崩於明道二年（一〇三三）三月，年六十五，則當生於開寶二年（九六九）。《宋史》既言「年十五入襄邸」，應當太平興國八年（九八三）歸於真宗，其時真宗乃爲韓王，而非襄王，可證《會要》「太平興國八年入韓邸」爲是，而《事略》《宋史》「入襄邸」爲非。

〔二五〕真宗即位以爲美人：《宋史》卷二四二謂「真宗即位，入爲美人」，而《宋會要輯稿》后妃一之二則謂「景德元年正月爲美人」，《長編》卷五六「乙未，以後宫劉氏爲美人」繫時同《會要》。景德元年（一〇〇四）上距真宗即位之至道三年（九九七）三月，已近七年，《事略》《宋史》於此繫時紀事有欠精準。

〔二六〕爲修儀進德妃：《宋會要輯稿》后妃一之二：「大中祥符二年正月進修儀，五年五月封德妃，十二月立爲皇后。」

〔二七〕懷政誅準貶海上：《長編》卷九六天禧四年七月：「甲戌，昭宣使、英州團練使、入内副都知周懷政伏誅。」又載：「周懷政伏誅，又三日，準乃遠貶。」而所謂「遠貶」，即七月「丁丑，太子太傅寇準降授太常卿、知相州」，並非《事略》所稱「海外」。繼而在八月甲申「徙知相州、太常卿寇準知安州」，「壬寅，太常卿、知安州寇準坐朱能叛再貶道州司馬」，直至乾興元年二月「戊辰，貶道州司馬寇準爲雷州司户參軍」（《長編》卷九八），方與「貶海上」相符，而中間所經知相州、安州及道州司馬三度貶斥，《事略》略而不書。至《宋史》卷二四二《章獻明肅劉皇后傳》所稱「明日，誅懷政，貶準衡州司馬」，則尤爲錯亂。據《宋會要輯稿》職官七六之九載：「仁宗天聖元年九月十二日，雷州司户參軍寇準授衡州司馬。」選舉三二之一三載：「天聖元年十一月十四日，詔故衡州司馬寇準許歸葬西京。」與《宋史》卷二八一《寇準傳》「天聖元年徙衡州司馬，……在雷州逾年，既卒，衡州之命乃至，遂歸葬西京」相合，可證《宋史·章獻明肅劉皇后傳》將「貶準衡州司馬」置於「真宗崩」、劉皇后「垂簾聽政」之前，背離史實。

〔二八〕及恭謝宗廟：《宋史》卷二四二《章獻明肅劉皇后傳》：「明年（明道二年），帝親耕籍田，太后亦謁太廟。」《宋會要輯稿》輿服四之四：「明道元年十二月三日，詔：『將來皇太后恭謝宗廟，有司製后妃禮衣、祭服及重翟等六車。』……九日，太常禮院言：『皇太后赴太廟，乘玉輅，服褘衣、九龍花釵冠；行禮服袞衣、儀天冠。』」

〔二九〕崩年六十四：《宋史》卷二四二《章獻明肅劉皇后傳》稱：「是歲（明道二年）崩，年六十五。」《宋會要輯稿》后妃一之二：「明道二年籍田，朝廟禮畢，加上尊號曰應元齊聖顯功崇德慈仁保壽。三月二十九日崩，年六十四。」

〔三〇〕據《宋會要輯稿》禮一〇之四載，錢惟演奏上於明道二年五月三日。

〔三一〕章懿皇后李氏：《宋史》卷二四二以「李宸妃」立傳。《宋會要輯稿》后妃一之三：「章懿皇后李氏，左班殿直、贈太師、開府儀同三司、漢東郡王仁德之女。大中祥符九年二月爲才人，天禧二年九月進婉儀，乾興元年四月進順容，天聖十年三月封宸妃。生仁宗皇帝。明道元年二月二十六日崩，年四十六。」

〔三二〕謚曰章懿：《宋會要輯稿》后妃一之三：「二年四月，追尊爲皇太后，謚曰莊懿。初葬洪福院，十月，陪葬永定陵，祭奉慈廟。慶曆四年十一月改今謚。」《宋史》卷二四二《李宸妃傳》：「尊宸妃爲皇太后，謚莊懿。……慶曆中改謚章懿，升祔太廟。」可見初謚莊懿，慶曆四年改謚章懿，《事略》將「謚曰莊懿」置於陪葬、祔廟之前，誤。

〔三三〕章惠皇后楊氏：《宋史》卷二四二以「楊淑妃」立傳。《宋會要輯稿》后妃一之二：「章惠皇后楊氏，崇儀使、贈忠武軍節度使、兼侍中知儼之女。景德元年正月爲才人，大中祥符二年正月進婕妤，六年正月進婉儀，七年六月封淑妃，乾興元年二月遺制爲皇太妃。明道二年，章獻明肅皇后崩，尊爲皇太后。」

〔三四〕無疾而終：《宋史》卷二四二《楊淑妃傳》：「景祐三年，無疾而薨。」《宋會要輯稿》后妃一之二：「景祐元年，加號保慶皇太后，以所居閣爲保慶殿。三年十一月四日崩，年五十三。謚曰莊惠，陪葬永定陵，祭奉慈廟。慶曆四年十一月改今謚，熙寧二年十月奉神主瘞於陵園。」

〔三五〕景祐元年出居瑶華宮：《宋史》卷二四二《仁宗郭皇后傳》同。《宋會要輯稿》后妃一之三：「景祐元年八月，出居外宅。十月，賜號金庭教主、沖淨元師，出居安和院，名曰瑶華宮。」

〔三六〕乃言后暴薨：《宋會要輯稿》后妃一之三：「（景祐）二年十一月八日遷於嘉慶院，暴薨。」

〔三七〕册立爲皇后：《宋史》卷二四二《慈聖光獻曹皇后傳》：「明道二年，郭后廢，詔聘入宮。景祐元年九月，册爲皇后。」

〔三八〕年六十四：《宋史》卷二四二《慈聖光獻曹皇后傳》同，《宋會要輯稿》后妃一之三作「年六十二」。《會要》云：「景祐元年九月，立爲皇后。十一月，行册禮。嘉祐八年三月，尊爲皇太后。四月，權同聽政。治平元年五月，降手書還政。二年十一月，行册禮。四年正月，尊爲太皇太后，居慶壽宮。熙寧二年四月，行册禮。元豐二年十月二十日，崩於慶壽宮，年六十二，謚曰慈聖光獻。三年三月，陪葬永昭陵，祔太廟仁宗室。」

〔三九〕温成皇后張氏：《宋史》卷二四二以「張貴妃」立傳。《宋會要輯稿》后妃一之三：「温成皇后張氏，……（慶曆）八年十月封貴妃。生莊順、莊定、莊慎三大長公主。皇祐六年正月八日薨，年三十一。追册爲皇后，謚曰温成。」

〔四〇〕潁：《宋朝事實》卷一同作「潁」。《宋史》卷二四二《張貴妃傳》作「穎」。

〔四一〕皇祐初進貴妃：《宋會要輯稿》后妃一之三、《皇宋十朝綱要》卷四並謂「（慶曆）八年十月封貴妃」，《九朝編年備要》卷一三亦謂慶曆八年「冬十月，美人張氏進貴妃」，《長編》卷一六五則繫「進美人張氏爲貴妃」於慶曆八年十月壬午。《事略》《宋史》繫於「皇祐初」，疑誤。

〔四二〕後五年而薨：《宋會要輯稿》后妃一之三謂「皇祐六年正月八日薨」，《皇宋十朝綱要》卷六載於至和元年正月癸酉（八日），是年三月庚辰改元，所載卒年月日與《會要》相同。《事略》《宋史》蓋由「皇祐初」後推五年而言之。

東都事略卷第十四

世家二

英宗宣仁聖烈皇后高氏①，亳州蒙城人也。曾祖瓊，贈魏王。祖繼勳，贈楚王。父遵甫，贈魯王。慈聖光獻皇后，后之從母也，以故少與英宗同育禁中。既長，歸英宗。英宗入繼大統，治平二年，立爲皇后〔一〕。后明睿習史，所以輔佐憂勤備至。

后既立，弟士林管當御藥院，將遷官，后曰：「妾乃安敢上比章獻明肅皇后及皇太后？陛下承顔長樂，故推恩曹氏，以致孝愛之意。願毋以妾故亂祖宗法。」神宗即位，尊爲皇太后，宫曰寶慈。

元豐七年，大燕，延安郡王侍立，神宗諭輔臣曰：「明年建儲，當以司馬光、吕公著爲師保。」至明年，神宗不豫，王珪、蔡確、韓縝、章惇請對福寧殿。珪乞立延安郡王爲皇太子，請太后權同聽政，神宗頷之。珪等見太后簾下，后泣，撫王曰：「兒孝順，自官家服藥，未嘗去左右，書佛經以祈福。喜學書，已誦《論語》七卷，絶不好弄。」乃令王出簾外見珪等，珪等再拜謝且賀。是日降制，立爲皇太子。后敕中人梁惟簡曰：「令汝婦製一黄袍，十歲兒可衣者，密懷以來。」蓋爲王倉卒踐祚之備也。神宗與后屬意於哲宗者如此。初，雍王顥、曹王頵日詣寢殿問起居。至是，后諭二王：非宣召毋得入。

①「英宗宣仁聖烈皇后高氏」前，繆校有「昭静沈貴妃」一傳，係鈔録《宋史》卷二四二《沈貴妃傳》，非王稱原本所有。

哲宗即位，尊爲太皇太后，與皇帝御延和殿，垂簾聽政。詔書稱「吾」，以生日爲坤成節。出入御大安輦，警蹕侍衛如乘輿。立魯王諱，更宫名曰崇慶。召司馬光、吕公著等於外，未至，遣中使迎勞，手書問以今日設施所當先者。既而有旨散遣修京城役夫，罷減皇城内覘者；止御前工作，出近侍無狀者三十餘人；戒敕中外，無敢苛刻暴斂；廢導洛司物貨及民所養户馬，寬保馬限。皆從中出，大臣不與。王珪薨，蔡確、章惇以罪去，韓縝亦罷政，光與公著同心輔政，於是更新法之不便於民者，以常平舊法改青苗，以嘉祐差役參改募役，除市易之法，寬茶鹽之禁，賜邊砦，贖亡民，以和西戎，而天下復安。

元祐三年，御試進士，有司請如天聖故事，皇帝、皇太后同御殿，不許。有司請受册文德殿，后曰：「吾豈敢比章獻？且文德殿，天子正牙也，非女主所當御。」以旱詔停册禮，羣臣固請，乃聽。廷議患官冗，詔裁損外家恩四之一。服用儉質，素見厚於慶壽，遵其餘矩不敢忘。斥賣橐裝，命近侍往西洛舉曹氏喪數百，悉封之。后臨朝九年，於寢食起居所以調護於哲宗者，懇惻周盡。八年，后寢疾，召宰輔至簾前，曰：「今日疾少間，欲與公等訣。皇帝年少，善輔導之。」崩，年六十二，謚曰宣仁聖烈。葬永厚陵，神主祔享太廟〔三〕。

神宗欽聖憲肅皇后向氏，故宰相敏中之曾孫，贈楚王傅亮之孫，贈秦王經之女也。以治平三年歸於潁邸，封安國夫人。神宗即位，立爲皇后。神宗崩，哲宗即位，尊爲皇太后，居慈德宫。后平居無玩好，閲祖宗《實録》《寶訓》，遂以通知故事。向氏有援他族例遷官者，后曰：「吾族未嘗有此，詎可以恩廢法？」哲宗選后及諸王擇婦，后豫戒族人勿以諸女自言。

宣仁聖烈皇后命有司葺舊慶壽宫，請后居之，后固辭曰：「豈有婦居東而姑處西，瀆上下之分？」宣仁嘉其正，以慶壽後殿爲隆祐宫。

哲宗崩，宰相章惇有異議，后毅然獨斷，決策立徽宗，遂權同處分軍國事。凡故事所有，如御正殿、避家諱、立誕節之類，皆不用。每聞褒録勳賢、省賦息兵、崇儉愛民之事，則喜見容色。是歲，降手書還政。崩於慈德殿〔三〕，年五十六，謚曰欽聖憲肅。葬永裕陵，神主祔於太廟。

欽成皇后朱氏，本姓崔，父傑，母李氏。后少依任廷和家①，冒繼父朱士安姓。初入宫，爲侍御。進才人，又進婕妤。元豐中，拜昭容，封賢妃，進德妃〔四〕。哲宗即位，尊爲皇太妃，居瑞聖宫。哲宗及蔡王似，皆其所生也。元祐三年，太皇太后詔曰：「皇帝嗣位，於兹四年。皇太妃以恭儉之德，鞠育之恩，雖典策以時奉行，而情文疑有未稱。皇帝以祖考之奉，尊無二上；而吾惟《春秋》之義，母以子貴。其推天下之養，以慰人子之心。宜下有司，尋繹典故。」於是檐子飾以龍鳳，繖用紅羅，增從衛人冠服等，並依皇后。惟所居宫閣，不設鴟尾。又詔：「皇太妃儀制，已依皇后，其宫閣合稱殿與不？」禮官言：「緣禮尊無二上，皇太妃無稱殿、立殿名之制。」宣仁后山陵復土，復下詔令禮官參考典禮。又詔曰：「昨親奉皇太后聖諭，皇太妃特與立宫殿名，坐六龍輿，進黄繖，出入由宣德正門。」三省乃議皇太妃坐龍鳳輿，繖紅、黄兼用，遇從皇太后出入止用紅，宫中並依皇后儀制。於是宫殿名並以瑞聖爲名。

崇寧元年崩，年五十一，追尊爲皇太后，謚曰欽成。陪葬永裕陵，神主升祔於神宗廟室。

欽慈皇后陳氏，開封人也。以選入禁中。年十七，神宗以爲侍御。生徽宗，封才人，遷美人。薨，年三十

①依任廷和家：繆校作「依母遷朱家」。

三〔五〕，贈貴儀。徽宗即位，詔有司議尊崇之禮，追號皇太妃〔六〕。建中靖國元年，追尊爲皇太后，謚曰欽慈。陪葬永裕陵，神主陞祔於神宗廟室。

哲宗昭慈聖獻皇后孟氏，洺州人，眉州防禦使元之孫女也。元祐七年，太皇太后以六禮儀制娉入宫，立爲皇后。以左僕射吕大防攝太尉，充奉迎使，同知樞密院事韓忠彦攝司徒副之；尚書左丞蘇頌攝太尉，充發策使，僉書樞密院事王巖叟攝司徒副之；尚書右丞蘇轍攝太尉，充告期使，皇叔祖、同知大宗正事宗景攝宗正卿副之；皇伯祖、判大宗正事、高密郡王宗晟攝太尉，充納成使，翰林學士范百禄攝宗正卿副之；吏部尚書王存攝太尉，充納吉使，權户部尚書劉奉世攝宗正卿副之；翰林學士梁燾攝太尉，充納采問名使，御史中丞鄭雍攝宗正卿副之。

后既立，而劉婕妤寵幸，陰有奪位之意①。紹聖三年，哲宗遂廢后，黜居瑶華宫，賜號華陽教主、玉清妙淨仙師，名沖真。初，后朝謁景靈宫，訖事，就坐，諸嬪御皆立侍，劉婕妤獨背立簾下，后閤中人陳迎兒喝曰：「綽開！」婕妤背立如故。迎兒退歸，有不平語，由此閤中皆忿。冬至日，會朝隆祐宫，俟見於他所。后所御坐，朱髹金飾，宫中之制，惟后乃得之。劉婕妤在他坐，意象頗愠，其從行者爲易坐，製與后等。衆皆側目不能平者，故傳唱曰：「皇太后去所！」婕妤亦起立，尋各復所。或已徹婕妤坐，頓於地，懟不復朝，泣而去，且訴於哲宗。内侍郝隨謂婕妤曰：「毋以此戚戚，願蚤爲大家生子，此坐正當爲婕妤有耳。」

會福慶公主疾，后有姊頗知醫，嘗已后危疾，以故出入掖庭。公主藥弗效，廼取道家治病符水以入。宫嫗以

①陰有奪位之意：繆校作「甚智巧，足以蠱惑哲聰」。

示后，后變色，問曰：「此何從來？」媼對以實，后曰：「六姊寧知中禁嚴密，與外舍異邪？」戒令存之，俟見上，言所以然。已而哲宗過視公主疾，后持以告哲宗。哲宗曰：「此亦人情之常耳。」后即取符爇於前。宫禁相傳，厭魅之端作矣。方公主病革，忽有紙錢在旁。后顧視，頗惡忌之，意自婕妤所遣人持來，益有疑心。未幾，后養母聽宣夫人燕氏爲后禱祠。事聞，詔入内押班梁從政、管當御藥院蘇珪即皇城司鞫之。獄成，命侍御史董敦逸録問，遂詔廢后。詔獄初起，禁中捕逮幾三十人，箠楚甚峻，皆宦官、宫妾柔弱之人。暨録問，罪人過庭下者，氣息僅屬，或肢體已毁折，至有無舌者，無一人能聲對。敦逸秉筆疑未下，郝隨①從旁以言脅之。敦逸畏禍，不能剛决②，乃以奏牘上。蓋宰相章惇迎合於外，而隨擠排於内，莫有敢異議者。其後敦逸奏言：「中宫之廢，事有所因，情有可察。詔下之日，天爲之陰翳，是天不欲廢之也；人爲之流涕，是人不欲廢之也。」且言其常録問獄事，恐得罪天下後世。哲宗曰：「敦逸不可更在言路。」曾布曰：「陛下本以皇城獄出於近習推治，故命敦逸録問，今乃貶録問官，何以取信中外？」哲宗乃然之。

哲宗崩，欽聖后臨御，復其位號，號元祐皇后。崇寧元年，馮澥上書，以復后非是，臺臣合奏共附和之。蔡京主其説，力請不已。徽宗從之，詔依紹聖詔旨，復居瑶華宫，加賜希微元通知和妙静仙師。

靖康元年冬，金人陷京師，及二聖北狩，自道君、皇后、皇太子以下，后妃、嬪御、諸王、帝姬並宗室近屬皆北徙，而后以廢居瑶華不與也。張邦昌爲金人所逼僭位號，乃奉迎后於瑶華，入居延福宫。邦昌避位，請后垂簾聽政，號元祐皇后，入居禁中。時康王爲兵馬大元帥，后以位授之，於是康王即位於南京。其後事具《日曆》〔七〕。

①郝隨：繆校云：「隨乃劉婕妤之鷹犬。」
②畏禍不能剛决：繆校作「懼禍不測，違心罔决」。

昭懷皇后劉氏，初入宮，爲御侍，明豔冠後庭。初封昌平郡君〔八〕，進美人，又進婕妤，遂拜賢妃〔九〕。有盛寵，由是孟后廢。元符二年，立爲皇后。哲宗崩，欽聖念孟后無罪，乃召入復位，號稱元祐皇后，而后稱①元符皇后。及欽聖崩，元祐皇后復廢，乃進號太后〔一〇〕，居崇恩宮。政和三年，后無疾而崩〔一一〕，年三十五，謚曰昭懷。陪葬永泰陵，神主②升祔於哲宗廟室。

徽宗顯恭皇后王氏，德州刺史藻之女也。歸於端邸〔一二〕，封順國夫人。徽宗即位，册爲皇后〔一三〕。生欽宗。崩，年二十五〔一四〕。謚曰靖和〔一五〕。葬永裕陵之次，神主祔於別廟。改謚曰惠恭，後又改曰顯恭〔一六〕。

顯肅皇后鄭氏，開封人也。父紳，始爲直省官，以后貴累封太師、樂平郡王。后本欽聖殿押班，徽宗爲端王，每日朝慈德宮，欽聖命鄭、王二押班供侍。及即位，欽聖以二人賜之。王後封貴妃，鄆王母也。崇寧初，后封賢妃，遷貴妃〔一七〕。后有異寵，徽宗多賚以詞章，天下歌之。王后③崩，政和元年，立爲皇后〔一八〕。欽宗即位，尊后爲道君太上皇后，居寧德宮。靖康元年，金人犯京師，后從徽宗北遷云〔一九〕。

顯仁皇后韋氏，開封人也。生太上皇帝。徽宗狩沙漠，后從北遷。太上皇帝在御，尊爲皇太后。紹興十二年，騩駕遄歸。其後事具《日曆》〔二〇〕。

①「稱」字上，繆校有「亦」字。
②神主：原作「神宗」，據錢校、繆校改。「升祔」上，繆校有「亦」字。
③「后」字上，繆校有「皇」字。

明達皇后劉氏〔二一〕，贈太尉彦清女也。入宫，爲御侍，遷才人，進美人，又遷婉儀，進位淑妃、德妃，册拜貴妃。政和三年薨，年二十七。徽宗欲踵温成故事，遂追册爲皇后，謚曰明達〔二二〕。陪葬惠恭皇后園〔二三〕。

明節皇后劉氏〔二四〕，本酒家保女也〔二五〕。父宗元，以女貴，爲興寧軍節度使。始入宫，爲小殿直都知，係昭懷殿，寖被顧遇。後以事囚於宦者何訢家，内侍楊戩奏取歸，復得入宫。明達薨，以同姓之故，使承明達閤焉。由才人爲婕妤，累遷賢妃，又爲淑妃，進位貴妃〔二六〕。性穎悟，能迎旨合意。又善裝飾衣冠，塗澤一新，世争效之。道士林靈素以左道得幸，謂上爲長生帝君，謂妃爲九華玉真安妃。每神霄降，必别寘安妃位，圖畫肖妃象，謂每祀妃，妃方酣寢，而覺有酒色。始，妃因何訢家，訢遇妃不禮焉。及得志，遂陷訢以罪。未幾，妃薨，年三十三〔二七〕，時宣和三年也。追册爲皇后，謚曰明節，與明達並園立祠。

欽宗皇后朱氏，開封祥符人也。父伯材，武泰軍節度使。欽宗爲皇太子，册爲妃。及即位，爲皇后。靖康之禍，欽宗幸虜營，邀駕以行，后亦北徙云〔二八〕。

臣稱曰：古有攝主，而秦、漢以來則以母后攝。國朝稱制者五：章獻擁幼君，政由房闥，而保祐勤勞之恩爲大；慈聖、宣仁，德及天下；欽聖、昭慈，功在社稷。而宣仁致治之懿，比迹永昭，其來有自矣。於虖！母后攝政之賢，自秦、漢迄今，未有加於我宋者也，真社稷生靈之福哉！

【箋證】

〔一〕治平二年立爲皇后：《宋會要輯稿》后妃一之四：「嘉祐八年四月，立爲皇后。治平二年十一月，行册禮。」是英宗即位即立爲皇后，而舉行册禮則於治平二年，《宋史》卷二四二《后妃傳》上《英宗宣仁聖烈高皇后傳》作「治平二年册爲皇后」，較《事略》更準確。

〔二〕「崩年六十二」至「神主祔享太廟」：《宋會要輯稿》后妃一之四：「（元祐）八年九月三日崩，年六十二，謚曰宣仁聖烈。九年二月七日陪葬永厚陵，祔太廟英宗室。」

〔三〕崩於慈德殿：《宋會要輯稿》禮三三之二一：「徽宗建中靖國元年正月十三日夜，皇太后崩於慈德殿。」

〔四〕「進才人」至「進德妃」：《宋會要輯稿》后妃一之四：「熙寧八年正月，進才人。九年十二月，進婕妤。元豐二年九月，進昭容。五年八月，封賢妃。七年正月，進封德妃。八年三月，尊爲皇太妃。」

〔五〕薨年三十三：《宋會要輯稿》后妃一之四：「元豐五年十一月進才人，八年四月進美人。生徽宗。元祐四年六月二十八日崩，年三十六。」《宋史》卷二四三《欽慈陳皇后傳》作「年三十二」。

〔六〕追號皇太妃：《宋會要輯稿》后妃一之四：「元符三年正月，追號皇太妃。」

〔七〕其後事具日曆：《日曆》今未見傳本，《宋史》卷二四三《哲宗昭慈孟皇后傳》載其建炎以後事，可參看。

〔八〕昌平郡君：《宋會要輯稿》后妃一之五、《皇宋十朝綱要》卷一一均作「平昌郡君」，疑《事略》誤。

〔九〕遂拜賢妃：《宋會要輯稿》后妃一之五：「紹聖元年四月，封平昌郡君。二年五月，進美人。十月，進婕妤。」未載進賢妃事。《宋史》卷一八《哲宗紀二》載紹聖四年九月「己卯，封婉儀劉氏爲賢妃」，《長編》卷四九一所載相同，可見《事略》諸書對劉氏進位婉儀之事亦有闕略。

〔一〇〕進號太后：《宋會要輯稿》后妃一之五：「崇寧二年二月，進號太后，五月行册禮。」

〔一一〕無疾而崩：《宋史》卷二四三《昭懷劉皇后傳》：「帝緣哲宗故，曲加恩禮，后以是頗干預外事，且以不謹聞。帝與輔臣議將廢之，而后已爲左右所逼，即簾鈎自縊而崩。」

〔一二〕歸於端邸：《宋會要輯稿》后妃一之五、《宋史》卷二四三《徽宗顯恭王皇后傳》：「元符二年六月，歸於端邸。」

〔一三〕徽宗即位册爲皇后：《宋會要輯稿》后妃一之五：「（元符）三年二月，立爲皇后。崇寧二年六月，行册禮。」

〔一四〕崩年二十五：《宋會要輯稿》后妃一之五：「大觀二年九月二十六日崩，年二十五。」

〔一五〕靖和：《皇宋十朝綱要》卷一五亦作「靖和」，而《宋會要輯稿》后妃一之五、《宋史》卷二四三《徽宗顯恭王皇后傳》作「静和」。考《宋會要輯稿》禮三四之六載蔡京等上謚議，有「柔德教衆曰靖，恭仁鮮言曰靖；雍熙闔内曰和，閨門有禮曰和」「伏請謚曰靖和皇后」之語，《宋史》作「静和」，蓋誤。

〔一六〕後又改曰顯恭：《宋會要輯稿》后妃一之五：「（大觀二年）十二月二十七日，陪葬永祐陵，祭别廟。四年十二月十六日，改謚曰惠恭。紹興七年六月一日，改今謚。」

〔一七〕遷貴妃：《宋會要輯稿》后妃一之五：「元符三年十二月，爲才人。建中靖國元年八月，進美人。十月，進婕妤。十二月，進婉儀。崇寧元年十一月，封賢妃。二年五月，進封淑妃。三年二月，進封貴妃。」

〔一八〕政和元年立爲皇后：《宋會要輯稿》后妃一之五：「大觀四年十月，立爲皇后。政和元年二月，行册禮。」《事略》及《宋史》卷二四三《顯肅鄭皇后傳》言「政和元年立爲皇后」，似不確。

〔一九〕后從徽宗北遷：北遷後事迹，《事略》闕載，《宋史・顯肅鄭皇后傳》較完整，而《宋會要輯稿》后妃一之五則紀事繫年：「宣和七年十二月二十三日，尊爲道君太上皇后。靖康元年三月，居寧德宫。二年二月，從徽宗北狩。建炎四年九月五日崩，年五十二。紹興七年六月十一日，謚曰顯肅。十二月十日，祔太廟徽宗室。十二年八月，梓宫還臨安。十月七日，權欑永祐陵。」

〔二〇〕其後事具《日曆》：《日曆》今未見傳本，《宋史》卷二四三《韋賢妃傳》紀載較全。《宋會要輯稿》后妃一之五：「顯仁皇后韋氏，贈太師、韓王安禮之女。崇寧五年，封平昌郡君。大觀元年二月，進才人。六月，進婕妤。二年，進修容。生高宗皇帝。靖康元年十一月，進位龍德宮賢妃。二年二月，從徽宗北狩。建炎元年五月，尊爲宣和皇后。紹興七年三月，尊爲皇太后。十二年八月回鑾，居慈寧宮。二十九年九月二十日崩，年八十。謚曰顯仁。十一月二十六日，權欑永祐陵，祔太廟徽宗室。」

〔二二〕明達皇后劉氏：《宋史》卷二四三以「劉貴妃」立傳，有「由才人七遷至貴妃」之語。《宋會要輯稿》后妃一之五：「明達皇后劉氏，太師彦清之女。元符三年四月，爲御侍。崇寧元年十二月，封壽安郡君。二年三月，進才人。三年七月，進美人。四年四月，進婕妤。大觀元年二月，進婉容。九月，進婉儀。二年正月，進德妃。二月，進淑妃。三年四月，進貴妃。」

〔二三〕謚曰明達：《宋會要輯稿》后妃一之五：「政和三年七月二十二日薨，年二十七。謚曰明達懿文，葬昭先積慶院。九月二十日，追册爲皇后，止以明達爲謚，即塋所爲園陵，置祠殿，祭别廟。十月三十日，詔即本家建德隆殿。」

〔二四〕陪葬惠恭皇后園：《宋會要輯稿》禮一〇之一〇載，政和四年七月三日，禮部、太常寺乞「就惠恭皇后别廟增建廟室，迎奉明達皇后神主祔於别廟，四時祭薦」，詔從之。

〔二五〕明節皇后劉氏：《宋史》卷二四三以「劉貴妃」立傳，附「明達劉氏」後，《宋會要輯稿》后妃一之六仍以「明節劉皇后」立傳。

〔二六〕酒家保女：「酒家保」見《史記》《漢書》，《宋史》本傳作「酒保家女」，誤。

〔二七〕進位貴妃：《宋會要輯稿》后妃一之六：「十歲入宫中。政和三年閏四月，自宫人爲才人。八月，進美人。九月，進婕妤。五年六月，進婉容。六年十一月，進婉儀。十二月，進賢妃。八年六月，進淑妃。宣和二年，進貴妃。」《皇宋十朝綱要》卷一五同。《宋史》本傳云「政和四年加貴妃」，恐誤。

〔二七〕年三十三：《皇宋十朝綱要》卷一五：「（宣和）三年四月薨，年三十三。」《宋史》本傳作「年三十四」。

〔二八〕北徙後事，《事略》沿例不書，《宋史》卷二四三《欽宗朱皇后傳》云：「后既北遷，不知崩聞。慶元三年上尊號，謚仁懷。」《建炎以來朝野雜記》甲集卷一有《仁懷朱皇后傳》，云「慶元三年，憲聖慈烈皇后崩。朝論以后於憲聖妯娌也，明年乃遥上尊謚曰仁懷，以九月二十五日爲大忌。五年十二月，遂奉仁懷、憲聖二后神御奉安於景靈宮」，是追上謚號在慶元四年。考《宋會要輯稿》禮四九之九〇於慶元三年十二月九日載奉詔集議二后謚號，於十一月二十七日「集議畢，上大行太皇太后謚曰憲聖慈烈皇后，欽宗皇后追謚曰仁懷皇后」，並載慶元四年正月三日陳宗召所上《仁懷皇后謚議》，又禮四九之九三載「四月十日，命右丞相京鏜攝太傅，奉上仁懷皇后謚册寶」，是「仁懷」謚號始議於慶元三年，而追上於四年。

東都事略卷第十五

世家三

烏乎，論封建者，何其紛紛哉！世徒見春秋齊、晉之强，漢室吴、楚之亂，遂一切歸咎於三代之良制，是大不然。周建親賢，漢王同姓，以蕃王室。故《詩》所稱「懷德惟寧，宗子維城」者，封建之謂也。周享過歷之期，而漢載祀四百，兹非其效與？周德雖衰，齊、晉尚能攘戎狄以尊天子，豈不以封建之利也哉？若夫吴、楚之所以亂者，乃在於封國過制，以成尾大不掉之埶爾，非封建之罪也。

本朝大道之行，與天下爲公，故宗親無茅土之胙。至熙寧中，以宣祖、太祖、太宗之子，擇其後一人世世封公，雖有世襲之爵，而皆聚之京師，維城之固，果安在哉？天下治，雖不封建可也；天下有變，則封建有可恃之理。是以靖康之難，天族①亡尺寸之柄，而亦安有所謂召穆公者，糾合宗族於成周，是可嘆也。由是觀之，封建宗親以屏蔽天下，誠有國者之當務也哉。

宣祖五子，長曹王光濟，次太祖皇帝②，次太宗皇帝，次魏王廷美③，次岐王光贊。

①天族：繆校作「天潢」。
②「太祖皇帝」下，繆校有「行二」小字注。以下「太宗皇帝」下亦注「行二」，當爲「行三」之誤。
③「廷美」下，繆校：「行四。程脱行弟，下同。」

曹王光濟，早亡。宋興，追封邕王〔一〕。徽宗即位，改封曹王。

魏王廷美，字文化，本名光美。宋興，授嘉州防禦使，遷山南西道節度使，加同平章事，徙鎮永興〔二〕。太宗即位，加中書令、開封尹，封齊王，進封秦王。太宗北征，命廷美留守京師。太平興國七年，出爲西京留守。坐與宰相盧多遜交通，降涪陵縣公，房州安置。廷美憂悸成疾，九年卒，年三十八。太宗聞之，流涕，詔曰：「涪陵公廷美，朕之同氣也。宜追封涪王，謚曰悼。」真宗即位，追復故官爵①〔三〕。

廷美十子②：德恭③，衡州防禦使，贈高密郡王；德隆，左武衛大將軍，贈平陽郡王；德彝，保信軍留後，贈潁川郡王，謚曰安簡；德雍，天平軍留後，贈廣陵郡王，謚曰康簡；德鈞，右監門衛大將軍；德欽、德潤，俱右羽林將軍；德文，忠武軍節度使、同平章事，封東平郡王，贈申王，謚曰恭裕；德愿，左武衛將軍；德存，左羽林將軍。德文子承顯，以王後封康國公，官至昭化軍節度使，贈樂平郡王④。

本朝故事，皇族本宮之長封國公，物故則以次授封。德文以慶曆四年薨，承簡封徐國公。承簡，德鈞子也，於屬爲長，得封，官至保慶軍留後，贈安定郡王，謚曰和懿。承簡薨，德雍子承亮⑤封昌國公。神宗即位，拜感德

①「官爵」下，繆校有「徽宗改封魏王」六字。
②十子：繆校作「子十」。
③「德恭」前：繆校有「一」字。以下九子名前，繆校有「二」至「十」之序數。
④「郡王」下，繆校有「附襲爵奉祀」五字。
⑤「承亮」下，繆校有「爲長」二字。

軍節度使，改封榮。

熙寧二年，詔：「宣祖、太祖、太宗之子，皆擇其後一人爲宗，世世封公，以奉祭祀，不以服屬盡故殺其恩禮。」至三年，太常禮院言：「本朝近制，諸王之後皆用本宫最長一人封公繼襲。去年詔祖、宗之子皆擇其後一人爲宗，世世封公，即與舊制有異。謹按禮文，諸王、公、侯、伯、子、男，皆子孫承嫡者傳襲。若無嫡子及有罪疾，立嫡孫；無嫡孫，以次立嫡子同母弟；無母弟，立庶子；無庶子，立嫡孫同母弟；無同母弟，立庶孫。曾孫以下準此。合依禮令，傳嫡承襲。」詔曰：「可。」改封榮國公承亮爲秦國公，宗肅魯國公，宗達蔡國公，宗惠魏國公，宗保燕國公，仲郃陳國公，世程越國公。而禮官言：「昭成太子、陳王、蔡王無後，而宗保、宗達、仲郃以旁親出繼，自應典禮。太祖之子越王德昭，當立庶長孫世程；太宗之子魏王元佐，當立嫡孫同母弟宗惠；魯王元份當立嫡孫宗肅；韓王元偓當立嫡孫宗績；吴王元儼當立庶長孫宗絳。」同判太常寺陳薦以秦王宜以庶曾孫克繼嗣，楚王宜以庶曾孫世逸嗣。知禮院韓忠彦等以秦王宜以庶長孫承亮嗣，楚王宜以庶長孫從式嗣。詔：「秦王、楚王後，如忠彦議。」故承亮以下得立，而宗績、宗絳以喪故後封。從式已封郡王，後嗣令依今所定。

於是宗室克繼等言，封秦王之後不當。詔兩制議。翰林學士承旨王珪與范鎮、司馬光等言：「臣等看詳，秦王、楚王、魏王自有正統，而承亮、從式、宗惠皆旁支。今追議當爲後之人，豈可捨正統而取旁支也？案秦王薨，嫡子德恭當立；德恭卒，嫡子承慶當立。承慶卒，無嫡子，有庶子五人：長曰克晤，先卒，無子；次曰克繼，當立。楚王薨，長子惟敍卒，嫡子從煦當立。從煦卒，無嫡子，有庶子世逸一人，當立。魏王薨，嫡子宗魯當立。宗魯卒，嫡長子仲翹先卒，無子；次母弟仲髦亦先卒，次母弟仲蒼當立。秦王、楚王後，宜如薦議。魏王後當以仲蒼嗣。」事下中書。中書言：「越王無嫡子嫡孫。無嫡子同母弟，無庶子，無嫡孫同母弟，無庶孫，宜以庶長孫世清嗣。魏王無嫡子，無庶子，宜以庶長孫宗立嗣。世程、宗惠不應封。」遂以宗立封魏國公，世清封越國公。四年，封宗績韓國公，宗絳吴國公。承亮薨，贈樂平郡王，謚曰恭静。子克愉嗣。克愉卒，子叔牙嗣。徽宗即位，秦王改封魏王。

岐王光贊，幼亡①。宋興，追封夔王。徽宗封岐王。

太祖四子，長滕王德秀，次吴王德昭，次舒王德林，次秦王德芳。

滕王德秀，早亡②。徽宗即位，追賜名，封滕王。

吴王德昭③〔四〕，字日新，母皇后賀氏。乾德二年出閤，爲貴州防禦使。故事，帝子出閤當封王，太祖謙抑，止以列辟處之。開寶六年，授山南西道節度使、同平章事。終太祖之世，竟不封以王爵。太宗即位，改鎮永興，兼侍中，始封武功郡王。太平興國四年暴薨，年二十九。贈中書令，追封魏王，謚曰懿。

德昭謹重寡言，左右未嘗見其喜愠之色。喜讀書，不好犬馬之翫。後贈太師。治平元年，改封越王④。子⑤

①「岐王光贊幼亡」下，繆校有「行五」二小字。
②「滕王德秀早亡」下，繆校有「行一」二小字。
③「吴王德昭」下，繆校有「行二」二小字。
④「越王」下，繆校有「徽宗即位，改封吴王」八字。
⑤「子」字下，繆校有「五長」二字。

惟正，建寧軍節度使，贈同安郡王，謚曰僖靖； 惟吉①，感德軍節度使，同平章事，贈南陽郡王，謚曰康孝，追封冀王； 惟固②，昌州團練使； 惟忠③，武勝軍留後； 惟和④，右千牛衛將軍。惟吉子守節，彰化軍留後、同知宗正寺，贈丹陽郡王，謚曰僖穆。子世永，封邢國公，官至鎮南軍留後，贈南康郡王，謚曰修孝。

慶曆四年，封十王之後，以惟忠子從藹封潁國公，而惟吉子守巽以冀王後惟⑤最長，與從藹同封潁國公。守巽官至和州觀察使，從藹官至齊州防禦使。守巽、從藹卒，以惟固子從信封榮國公，官至雄州防禦使。從信卒，以惟固之孫從恪子世規封崇國公。世規官至右龍武大將軍、沂州防禦使以卒。守巽之子世清，封申國公，至熙寧三年，襲封越國公，後封會稽郡王。會四后升祔，受命告廟，世清屬疾，家人請以疾辭，世清曰：「辭君命不忠，廢廟祀不孝。」力疾就事。世清官至保信軍留後，贈虢王，謚曰恭安。

舒王德林，早亡⑥。徽宗即位，追賜名，封舒王。

秦王德芳⑦〔五〕，開寶九年出閤，爲貴州防禦使。太宗即位，拜山南西道節度使、同平章事。薨，年二十三。

---

①「惟吉」上，繆校有「次」字。
②「惟固」上，繆校有「三」字。
③「惟忠」上，繆校有「四」字。
④「惟和」上，繆校有「五」字。
⑤惟：四庫本作「爲」，繆校作「惟巽」。
⑥「舒王德林早亡」下，繆校有「行三」二小字。
⑦「秦王德芳」下，繆校有「行四」二小字。

贈中書令，追封岐王，謚曰康惠。後贈太師，改封楚王。子惟敍①，左千牛衛大將軍，贈高平郡王；惟憲，資州團練使；惟能，右羽林將軍。

慶曆中，以惟敍子從煦封安國公，終左金吾衛大將軍，歸州團練使。從煦卒，以惟能子從古封安國公，終延州觀察使，謚曰惠恪。從古卒，從式封舒國公。從式，惟憲子也。

神宗即位，謂創業垂統，實自太祖，顧無以稱，乃下詔曰：「昔我藝祖之興，肇造區夏，大謨偉烈，被諸萬世。朕奉承聖緒，夙夜不敢康。乃顧後之子孫②，而有未議封爵之典③，豈朕所以繼大統、尊親親之意哉？且積厚者流必遠，施大者報必豐，其令中書門下攷大宗④之籍，以屬近而行尊者一人，裂土地而王之，使常從獻於郊廟也⑤，世世勿復絶，以稱朕尊祖報本之志焉。」時熙寧二年八月也。於是有司推擇，以從式應詔，封安定郡王。從式終保康軍節度使，贈榮王，謚曰安僖。從式既薨，乃封越王之孫世準爲安定郡王。世準，從靄子也，爲人內恕外嚴，無綺羅金玉之好。既封，凡天子祀郊廟，必從祀如詔旨。世準官至保静軍節度使，薨，贈成王。世開嗣。世開，從誨子，惟和孫也，官至奉國軍留後，薨，謚曰獻敏。世雄嗣。世雄亦從靄子也，秀整莊重，以詩書教子孫，貯書萬卷，名其堂曰樂善。世雄官至崇信軍節度使，薨，贈淄王，謚曰恭惠。世福嗣，官至集慶軍節度使，薨，贈儀王。令盪嗣。越王之後世清薨，子令廓襲封越國公。楚王之後從式薨，子世恩襲封楚國公。徽宗立，改封越

①「惟敍」上，繆校有「三長」二字。
②「子孫」下，王珪《華陽集》卷二三《封太祖皇帝後詔》有「寖微不顯」四字，較勝。
③有未議封爵之典：王珪《華陽集》及《宋會要輯稿》帝系四之一七作「有司未嘗議封爵之文」，疑《事略》誤脱「司」字。繆校作「而有未議封者即封而爵未稱者」。
④大宗：四庫本、繆校作「太祖」。籍：原作「藉」，據四庫本及王珪《華陽集》、《宋會要輯稿》帝系四之一七改。繆校作「緒」。
⑤也：王珪《華陽集》、《宋會要輯稿》帝系四之一七無此字，疑衍。

王爲吳王，楚王爲秦王。

太宗九子，長漢王元佐〔六〕，次昭成太子元僖，次真宗皇帝，次商王元份，次越王元傑，次鎮王元偓，次楚王元偁，次周王元儼，次崇王元億。

漢王元佐①，字惟吉，初名德崇，母元德皇后李氏。太平興國五年，出居内東門别第。明年，拜同平章事，封衛王。又明年，進封楚王，更今名。

初，秦王廷美得罪，元佐獨申救之，由是失愛。及廷美死，元佐遂感心疾。雍熙二年，元佐疾小愈。重陽召諸王宴，而元佐以疾新起，不與。元佐曰：「諸王與宴，而我不與，是棄我也。」遂發憤，中夜閉媵妾，縱火焚宫。太宗怒，廢爲庶人，寘於南宫。

真宗即位，爲左金吾衛上將軍，復封楚王。真宗東封，拜太傅。西祀，拜太尉、中書令，又遷太師，加尚書令，授天策上將軍，賜劍履上殿，詔書不名。

仁宗即位，以元佐伯父之尊，恩禮甚厚。薨，年六十三〔七〕，追封齊王，謚曰恭憲。改潞王。治平元年，進封魏王。子②允升，安國軍節度使，贈平陽郡王，謚曰懿恭；允言③，黄州刺史；允成④，濮州防禦使。允升子

---

①「元佐」下，繆校有「行一」二小字。
②「子」字下，繆校有「三長」二字。
③「允言」上，繆校有「次」字。
④「允成」上，繆校有「三」字。

宗旦，崇信軍節度使、開府儀同三司、華陰郡王，贈滕王，謚曰恭孝。仁宗封王後，以允言子宗説恭憲王長孫，封祁國公。皇祐中，坐亂其子婦除名，又坐坑殺女僕，於宗室外宅鎖閉，卒。熙寧三年，以宗惠襲封魏國公。宗惠，允升子。中書以宗惠不應封，而以允言子宗立襲。宗惠官至武昌軍留後、江夏郡王，贈郯王。宗立官至武寧軍留後，贈南康郡王。子仲來襲封，官至金州刺史。子不儻嗣。徽宗立，改封魏王爲漢王。不儻卒，子彦清乞襲父爵，奉漢王祀，詔以彦清襲父爵。

昭成太子元僖①，初名德明。太平興國七年出閤，授同平章事，封廣平郡王。八年，進封陳王，改名元佑，詔班在宰相下。雍熙二年，爲開封尹，加兼侍中，改今名。太宗以契丹犯邊，將大舉，遣使往河北諸州，科鄉民爲兵。元僖論其不便，時趙普亦言其事，太宗納之。普爲朋邪所疾，元僖上表言：「普，開國忠臣也，願復以爲相。」太宗從之。進封許王，加中書令。薨，年二十七，無子。太宗哭之慟，贈皇太子，謚曰恭孝。改謚昭成〔八〕。當仁宗之世，以允成子宗達出後昭成太子爲孫〔九〕。熙寧三年，封燕國公，以奉其祀。宗達卒，贈新平郡王，謚曰恭靖〔一〇〕。子仲恕襲封，官至忠州團練使，謚曰純僖。子士盉嗣。

商王元份②，初名德嚴。太平興國八年出閤，改名元俊，拜同平章事，封冀王③。又改今名，加兼侍中、威武

---

①「元僖」下，繆校有「行三」二小字。
②「元份」下，繆校有「行四」二小字。
③冀王：繆校作「冀公」。

軍節度使，進封越王。淳化中，兼領建寧軍，改鎮寧海、鎮東①。真宗即位，加中書令，徙鎮永興、鳳翔，改王雍。永熙復土，爲山陵使，拜太傅。真宗北征，爲東京留守。會得疾薨〔一〕，年三十七。贈太師、尚書令、鄆王。改陳王，又改潤王。治平中，封魯王。

元份寬厚，言動有禮。子②允寧，寧武軍節度使，贈信安郡王；次允中，右屯衛將軍；次則濮王也，别傳。濮王薨，以允寧子宗諤封虢國公。至熙寧三年，以宗肅襲封魯國公。宗肅亦允寧子也，終安化軍留後。子仲先嗣。徽宗改封魯王爲商王。政和三年，詔曰：「宗室諸王追封大國，其世襲子孫尚仍舊國，甚未稱正名之意。如魯王改封商王，其子尚襲魯國之類。其令大宗正司改正。」制以寧遠軍節度使、魯國公仲先改封商國公。

越王元傑③，字明哲，初名德和。太平興國八年出閤，改名，拜同平章事，封益王。端拱初，加侍中，爲劍南西川節度使〔二〕。淳化中，徙封吴，鎮淮南、鎮江。

元傑嘗作假山，既成，召僚屬置酒共觀之。翊善姚坦，正直之士也，獨頫首不視。元傑强使視之，坦曰：「坦見血山，安得假山？」元傑問其故，坦曰：「坦在田舍時，見州縣督税，上下相剥急。里胥臨門，捕人父子兄弟，送縣鞭笞，流血滿身，愁苦不聊生。此假山皆民租賦所出，非血山而何？」是時，太宗亦爲假山未成，或以坦言聞，太宗曰：「傷民如此，何用山爲！」亟命毁之。元傑有過失，坦必盡言規正。左右教元傑詐疾，太宗憂之，召元傑乳母入宫，問疾增損狀，乳母曰：「王本無疾，以翊善檢束王起居，故不樂，成疾耳。」太宗怒曰：「吾選端士

①改鎮寧海鎮東：繆校云：「鎮海軍治潤州，鎮東軍治越州，『寧』字衍。」
②「子」字下，繆校有「三長」二字。
③「元傑」下，繆校有「行五」二小字。

爲王僚屬者，固欲輔王爲善。今王詐疾，欲使朕去正人邪？且王年少，未知出此，必爾輩爲之。」因命杖之數十，召坦慰安之。

至道二年，移鎮淮南、忠正①。真宗即位，授中書令，徙鎮武寧、泰寧，封兖王，加太保。薨，年三十三〔一三〕。贈太尉、尚書令，追封安王，謚曰元惠〔一四〕。元傑力學樂善，後改封邢王。治平中，追封陳王。元傑無子，仁宗以魏王之孫仲郃爲之後〔一五〕。熙寧三年，嗣封陳國公，官至陳州觀察使，謚曰良僖。子士闢②嗣。徽宗改封陳王爲越王。

鎮王元偓③，字希道。端拱元年出閤，封徐國公。至道二年，拜鎮南軍節度使。真宗即位，加同平章事，封彭城郡王，改鎮静難、彰化，進封寧王，改王相〔一六〕。累拜太尉兼尚書令。天禧元年，改兼中書令。歷鎮護國、成德、安國、鎮寧，封徐王。薨〔一七〕，年四十二。贈太師、尚書令、鄧王，謚曰恭懿。

元偓姿表偉異，厚重寡言，曉音律。後改封密王，又改王蘇。治平中，追封韓王。子④允弼，少與仁宗並席，仁宗爲皇太子，除英州刺史。仁宗朝，官至侍中、武寧軍節度使、判大宗正寺、北海郡王。英宗朝，拜中書令，徙王東平。神宗即位，拜太保、鳳翔雄武軍節度使。薨，贈太師、尚書令、兼中書令、相王。以允弼子宗續襲恭懿王

---

①忠正：繆校作「忠武」。

②士闢：原作「士開」。按《宋史》卷四二五《宗室·越文惠王元傑傳》作「士闢」，《宋史》卷二三二《宗室世系表》一八「越王房」亦載仲郃子爲「贈陳州觀察使、陳國公士闢」，《宋會要輯稿》帝系三之三四載「士闢，紹聖元年四月贈陳州（觀察使）」，《事略》「士開」顯爲「士闢」之形誤，據改。

③「元偓」下，繆校有「行六」二小字。

④「子」字下，繆校有「一」字。

封爲韓國公。卒，贈南康郡王，謚曰良孝。宗續弟宗景，官至彰信軍節度使、濟陰郡王。薨，贈循王，謚曰思〔一八〕。宗續既卒，子仲磿嗣。徽宗改封韓王爲鎮王。靖康元年，仲磿自平川軍節度使徙鎮劍南西川。

楚王元偁①，字令問〔一九〕。淳化三年出閤，除武昌軍節度使〔二〇〕。真宗即位，加同平章事，封安定郡王。景德中，遷宣德②、保寧軍節度使，進爵舒王。真宗東封，進兼侍中，移平江、鎮江軍。從祀汾陰，加兼中書令，從鎮南、寧國，拜太保。薨〔二一〕，年三十四。贈太尉、尚書令、曹王，謚曰恭惠。元偁好學，善屬文，奉佛甚謹。改贈華王。治平中，封蔡王。子③允則，至右千牛衛將軍。

先是，諸王子授官即爲諸衛將軍，餘以父官及族屬親疏差等。天禧元年，令宗正卿趙安仁參議定制。安仁請以宣祖、太祖、太宗孫初蔭授將軍，曾孫授右侍禁，元孫授右班殿直，內父爵高者聽從高蔭，其事緣特旨者不以爲例。詔中書、門下、樞密院參定行之。

允則無子，以平陽懿恭王允升之子宗達爲後。熙寧三年，襲封蔡國公，以奉其祀。宗達卒，子仲湯嗣〔二二〕。徽宗改封蔡王爲楚王。

周王元儼④，生而穎悟，太宗尤所鍾愛，而不欲早令出宮。每朝會宴集，必侍左右，期以年二十始得出就

①「元偁」下，繆校有「行七」二小字。
②宣德：繆校作「彰德」。
③「子」字下，繆校有「一」字。
④「元儼」下，繆校有「行八」二小字。

外傳。

真宗即位，封曹國公。明年，爲平海軍節度使。逾年，拜同平章事。景德初，封廣陵郡王。真宗封泰山，改鎮昭德等軍〔二三〕，進爵榮王。祀汾陰，加兼侍中，徙鎮安静、武信。祀太清宫，加中書令。坐侍婢縱火，延燔禁中，奪武信節，降封端王。尋拜鎮海、安化軍節度使，封彭王。累拜太傅，歷鎮横海、永清、保平、定國，封通王，改涇王。

仁宗即位，拜太尉、尚書令兼中書令，徙鎮安、忠武軍節度使，封定王，賜贊拜不名，又賜詔書不名。天聖七年，徙封鎮。明年，賜劍履上殿。明道初，拜太師，换河陽三城節度使，改封孟。又改鎮永興、鳳翔，進封荆王。景祐二年，改荆南、淮南節度大使，仍賜入朝不趨。

元儼廣顙豐頤，資質嚴重，凛凛不可犯。名聞外夷，契丹尤畏其名。事母孝嚴，幼好學，喜聚書，善爲文，又善二王書法及飛白。性謹約，寡耆欲。天聖以來，太宗諸子獨元儼在，仁宗尊寵甚異。元儼不敢數入，閤門①不接人事。好坐木馬子，坐則不下。或飢，則便就其上飲食，往往乘輿奏樂於前，酣飲終日。其疾亟時，仁宗親爲調藥，屏人與語久之，所對多忠言。薨，年六十。贈天策上將軍，追封燕王，謚曰恭肅。治平中，改封吴王。有子十三人，允良、允迪、允初②，餘皆早死。

允良，泰寧軍節度使、襄陽郡王〔二四〕。允良好酣寢，以晝爲夜，由是一宫之人皆晝睡夕興。然性寬裕，不甚喜聲色，亦不爲他驕恣，未嘗③詰責左右。薨，贈定王。有司以允良起居無度，反易晦明，謚曰易〔二五〕。

---

①閤門：繆校作「閣門」。
②允良允迪允初：繆校作「惟允良、允迪、允初在」。
③「未嘗」下，繆校有「以小事」三字。

允迪，居父喪，哭不哀，又嘗宫中爲優戲。制曰：「安静軍節度使允迪，五刑之屬三千，其罪莫大於不孝。小民無知，犯者猶鮮，况爾燕恭肅王之子而朕之諸弟也，宜率訓義，以迪四方。而乃在苴麻泣哭之哀，爲酣飲流①酗之佚，肆情鄙行，害於而家而達於朕聞，嗟怨無已。朕苟貸法，何以處王公之上而教天下哉？宜歸爵秩，下領屯衛。蓋寬於馭過而欲循省其罪，無蹈後悔也。可責授右監門衛大將軍。」久之，遷密州觀察使，復鎮安静。卒〔二六〕，贈永嘉郡王，謚曰思恪。

允初，寧國軍節度使，贈博平郡王〔二七〕，謚曰安恭②。

熙寧中，以允良子宗絳嗣封吴國公〔二八〕。徽宗改封吴王爲周王。

崇王元億③，早亡，追賜名，封代國公。治平中，封安定郡王。徽宗即位，賜崇王。

【箋證】

〔一〕宋興追封邕王：《宋會要輯稿》帝系一之二四：「建隆三年四月，贈中書令，賜名，追封邕王。」

〔二〕徙鎮永興：《宋會要輯稿》帝系一之二四：「建隆元年四月，授嘉州防禦使。二年七月，遷興元尹、山南西道節度使。乾德二年六月，加同中書門下平章事。開寶六年九月，加檢校太尉、侍中、永興軍節度。」

〔三〕追復故官爵：《宋會要輯稿》帝系一之二四：「追復官爵，遂葬汝州梁縣。仁宗即位，贈太師、尚書令。元符三年三月，追封

①流：繆校作「沈」。
②安恭：原作「安泰」，「泰」爲「恭」之形誤，《宋會要輯稿》帝系一之三六、《宋史》卷二三三《宗室世系表十九》「周王房」俱作「安恭」，據改。
③「元億」下，繆校有「行九」二小字。

魏王。」

〔四〕吴王德昭：《宋史》卷二四四《宗室傳》一作「燕懿王德昭」，《宋會要輯稿》帝系一之二七作「燕王德昭」，並載其封號：「（太平興國）四年八月薨，贈中書令，追封魏王，謚曰懿。真宗即位，贈太傅。仁宗即位，贈太師。明道二年十一月，改封吴王。英宗即位，追封越王。元符三年三月，追封燕王。」

〔五〕秦王德芳：《宋史》卷二四四《宗室傳》一作「秦康惠王德芳」。《宋會要輯稿》帝系一之二七：「（太平興國）六年三月薨，贈中書令，追封岐王，謚曰康惠。真宗即位，贈太保。仁宗即位，贈太師。明道二年九月，加贈尚書令。英宗即位，追封楚王。元符三年三月，追封秦王。」

〔六〕長漢王元佐：《宋史》卷二四五《宗室傳二》作「長楚王元佐」。據《宋會要輯稿》帝系一之二九載，元佐於太平興國八年十月、至道三年六月兩封楚王，「天聖五年五月薨，贈河中、鳳翔牧，追封齊王，謚曰恭憲」，元符三年三月追封漢王，是生前得封楚王，死後追封漢王。因下文有「楚王元偁」，且《宋史》元佐本傳亦稱「漢恭憲王」，此處當從《事略》作「漢王」爲是。

〔七〕年六十三：《宋史》元佐本傳作「年六十二」。

〔八〕改謚昭成：《宋會要輯稿》帝系二之三：「端拱元年四月，進封許王，加中書令。淳化三年十一月薨，贈皇太子，謚曰恭孝。仁宗即位，改謚曰昭成。」

〔九〕宗達：《宋史》卷二四五《宗室・昭成太子元僖傳》作「宗保」，據舒仁輝考證，「宗達」當爲「宗保」之誤（參《〈東都事略〉與〈宋史〉比較研究》第一五七頁），是。《事略・世家・楚王元偁》有「允則無子，以平陽懿恭王允升之子宗達爲後」，亦可爲證。

〔一〇〕宗達卒贈新平郡王謚曰恭靖：宗達：《宋史》元僖本傳作「宗保」，《宋會要輯稿》帝系三之一五：「代州防禦使宗保，（熙寧）七年十月，贈静難軍節度使、新平郡王。」又禮五八之八四：「贈静難節度、新平郡王宗保，謚恭靖。」俱可證《事略》「宗達」當爲「宗保」之誤。恭靖，《宋史》作「恭静」，誤。

〔一一〕會得疾薨：《宋會要輯稿》帝系一之三〇：「景德二年八月薨，贈太師、尚書令，追封鄆王，謚曰恭靖。仁宗即位，改封陳王。

明道二年九月，追封潤王。英宗即位，追封魯王。元符三年三月，追封商王。」

〔一二〕端拱初加侍中爲劍南西川節度使：《宋史》卷四二五《宗室·越文惠王元傑傳》作「端拱初，加兼侍中、成都尹、劍南東西川節度」，《宋會要輯稿》帝系一之三〇作「端拱元年四月，授劍南東西兩川節度、兼侍中」，二書俱言劍南、東西川，《事略》僅言「劍南、西川」，當脱「東」字。

〔一三〕薨年三十三：《宋史》元傑本傳作「（咸平）六年七月暴薨，年三十二」。《宋會要輯稿》禮四一之一五：「六年七月二十五日夕，兖王元傑薨，帝聞之震悼。」

〔一四〕謚曰元惠：《宋史》元傑本傳作「謚文惠」，《宋會要輯稿》帝系一之三〇：「咸平五年十一月，加守太保。六年七月薨，贈太尉、尚書令，追封安王，謚曰文惠。仁宗即位，加贈太師。明道二年九月，追封邢王。英宗即位，追封陳王。元符三年三月，追封越王。」《長編》卷五五、《皇宋十朝綱要》卷二均作「文惠」，《事略》作「元惠」，誤。

〔一五〕仁宗以魏王之孫仲郃爲之後：《宋史》元傑本傳作「仁宗以恭憲王之孫、允言子宗望爲之後」，《宋會要輯稿》帝系三之四：「元傑四子，皆不及名卒，詔以允言子宗望（誤作聖）繼其後。」《宋史》卷二二二《宗室世系表》一八「越王房」載：「子幼亡不及名，詔以允言子宗望繼其後。」以下世次爲仲郃、士關、不器。又據《宋會要輯稿》帝系四之二載，仲郃與宗肅、宗達、宗惠、宗保、世程同日襲封陳國公在熙寧三年十四日，而其父宗望卒於嘉祐八年（《宋會要輯稿》帝系三之二六），不及襲封陳國，《事略》蓋以此而徑言仲郃襲封。然略過宗望而言「仁宗以魏王之孫仲郃爲之後」，與諸史所載及宗室世次並不吻合。

〔一六〕改王相：據《宋史》卷四二五《宗室·鎮恭懿王元偓傳》，元偓改封相王在「領成德、安國等軍節度」，《宋會要輯稿》帝系一之三一：「景德二年十一月，改静難、彰化軍節度，進封寧王。大中祥符二年正月，改護國、鎮國軍節度使，檢校太尉、兼侍中。四年，改成德、安國軍節度，加中書令，進封相王。」《事略》置「改王相」於「歷鎮護國、成德、安國」之前，不確。

〔一七〕薨：《宋史》元偓本傳云：「（天禧）二年春，宫邸遺燼，燔舍數區，元偓驚悸，暴中風眩薨。」似言元偓卒於天禧二年春。《宋會要輯稿》帝系一之三一則載「二年五月薨」，又禮四一之二載「徐王元偓」發哀於天禧二年五月二十三日，《長編》卷九二載「成德鎮寧等軍節度使、太尉、尚書令、徐王元偓薨」於天禧二年五月甲子（三日），可證其非卒於春季。

〔一八〕薨贈循王謚曰思：《宋史》元偓本傳載宗景「紹聖四年薨，年六十六，贈太師、循王，謚曰思」。《長編》卷四九二亦載其卒於紹聖四年十月戊戌，「追封循王，謚思」，而《宋會要輯稿》禮五八之八一載「贈太尉、循王宗景，謚思恪」，俟考。

〔一九〕令問：《宋史》卷四二五《宗室・楚恭惠王元偁傳》作「令聞」。

〔二〇〕淳化三年出閤除武昌軍節度使：《宋會要輯稿》帝系一之三一：「至道二年二月，授武昌軍節度使。」

〔二一〕拜太保薨：《宋史》元偁本傳「（大中祥符）五年，拜太保」「七年，薨」，《宋會要輯稿》帝系一之三一：「五年十一月，授守太傅。七年四月薨。」又帝系三之一一載「鎮南寧國等軍節度使、守太保、兼中書令、許王元偁，大中祥符七年四月贈太尉、尚書令」，《長編》卷八二載大中祥符七年四月丙子「鎮國寧國等軍節度使、太保兼中書令、舒王元偁薨」，則《會要》「守太傅」或當作「守太保」。

〔二二〕仲湯：《宋史》元偁本傳作「仲約」，卷二三三《宗室世系表十九》「楚王房」有「東陽郡公仲烈」「贈保寧軍節度使觀察留後仲湯」，而無仲約。黃震《古今紀要》卷一七於「楚王元偁」下列「允則、宗達、仲湯」。《宋史》本傳作「仲約」，或誤。

〔二三〕改鎮昭德等軍：《宋史》卷四二五《宗室・周恭肅王元儼傳》作「改昭武、安德軍節度使」，《宋會要輯稿》帝系一之三二：「大中祥符二年正月，授昭武、安德軍節度，封榮王。」《事略》「昭德」當作「昭武、安德」，脱「武安」二字。

〔二四〕泰寧軍節度使：《宋會要輯稿》帝系一之三五：「明道二年十月，進鄭州防禦使。景祐二年十一月，進安州觀察使。寶元二年二月，進鎮國軍節度觀察留後。慶曆四年七月，封華原郡王。八月，進安德軍節度使。至和二年六月，改奉寧軍。同知大宗正事。三年五月，加同中書門下平章事。嘉祐五年十二月，改彰信軍，兼侍中。英宗即位，進兼中書令，改封襄陽郡王。」未曾任泰寧軍節度使。考宋庠《元憲集》卷二〇有《皇弟鄭州防禦使允良因鄭州升爲泰寧軍可移别州防禦使制》，則「節度使」當爲「防禦使」之誤。

〔二五〕謚曰易：《宋會要輯稿》帝系一之三五、《宋史》元儼本傳作「謚曰榮易」，《長編》卷二〇九治平四年三月「乙丑，贈太師、尚書令兼中書令、定王允良卒，……謚曰榮易」。據此，《事略》當脱「榮」字。

〔二六〕復鎮安静卒：《宋會要輯稿》帝系一之三五：「慶曆四年八月，進安静軍節度使。八年三月薨。」又帝系四之七：「五年二月十七日，安静軍節度使允迪責授右監門衛大將軍。允迪居父喪，命奴女日爲優戲宫中，其妻昭國夫人錢氏告之，詔入内副都知岑守素即本宫按問。允迪既責降，亦度錢氏爲洞真宫道士。」

〔二七〕贈博平郡王：《宋會要輯稿》帝系一之三六：「英宗即位，進寧國軍節度使、同中書門下平章事。治平元年七月薨，贈中書令，追封博平郡王，謚曰安恭。」

〔二八〕熙寧中以允良子宗絳嗣封吳國公：《宋史》元儼本傳置此二句於「子十三人……餘皆早卒」後，較佳。蓋宗絳所嗣者周王元儼，而非允初。《宋史》元儼本傳後附《允初傳》云：「英宗臨奠，以允初後事屬其兄允良，乃以允成孫仲連爲之後。」卷二三三《宗室世系表》「謚安恭允初」下載「詔以宗魯子繼允初爲孫，東陽侯仲速」，《宋會要輯稿》帝系七之一〇云：「昨在京日，有周王宫宗室允初爲無嗣，將漢王宫宗魯幼男仲速爲孫。」《宋史》本傳「仲連」當爲「仲速」之誤。

東都事略卷第十六

世家四

真宗六子：長温王禔①，次周王祐②，次昌王祇③，次信王祉④，次欽王祁⑤，次仁宗皇帝⑥。

温王禔，早薨。徽宗即位，追賜名，贈⑦温王。

周王祐，字慶長，母曰章穆皇后。咸平中，封信國公。生九年而薨〔一〕，追封周王，謚曰悼獻⑧。

昌王祇，早薨。徽宗追賜名，贈昌王。

①「禔」下，繆校有「行一」二小字。
②「祐」下，繆校有「行二」二小字。
③「祇」下，繆校有「行三」二小字。
④「祉」下，繆校有「行四」二小字。
⑤「祁」下，繆校有「行五」二小字。「祁」，《宋會要輯稿》帝系一之五九、《皇宋十朝綱要》卷三同作「祁」，四庫本及《宋史》卷二四五《宗室傳》二作「祈」。
⑥「皇帝」下，繆校有「行六」二小字。
⑦「贈」字上，繆校有「復追」二字。
⑧獻：原脱，據舒仁輝《〈東都事略〉與〈宋史〉比較研究》第一六〇頁考證及《宋會要輯稿》帝系一之八、《長編》卷五四、《宋史》卷二四五《宗室傳》二補。

信王祉，早薨。徽宗追賜名，贈信王。

欽王祁，早薨。徽宗追賜名，贈欽王。

仁宗三子：長揚王昉①，次雍王昕，次荆王曦。

揚王昉，生未逾月而薨，追封褒王，賜名昉，謚曰懷靖。後封魏王。治平中，封周王。徽宗即位，贈揚王。

雍王昕，封壽國公。生三年而薨〔二〕，追封豫王，謚曰悼穆。改封魏王〔三〕。治平中，封唐王。徽宗贈雍王。

荆王曦，慶曆元②年生。生三年，封鄂王，賜名曦，未及宣制而薨，謚曰悼懿。改封陳。治平中，封燕王。徽宗贈荆王。

①揚王：原作「楊王」，據四庫本改。下同改。

②元：原作「三」。《宋會要輯稿》帝系一之三六：「荆王曦，仁宗子。慶曆元年八月五日生。十二月，授武信軍節度使、檢校太尉、同中書門下平章事，封鄂王。三年正月一日薨。」《皇宋十朝綱要》卷四亦謂「慶曆元年八月五日生」，《長編》卷一三九載曦薨於慶曆三年正月辛未（二日），則《事略》「三年」當爲「元年」之誤，據改。

濮王諱允讓，字益之，恭靖商王元份之子也。爲人天姿渾厚，外莊而内寬，左右親近未嘗見其有喜愠之色。始爲右千牛衛將軍，周王薨，真宗以緑車旄節迎養於禁中。至仁宗生，用簫韶部樂送還邸。真宗時，官衛州刺史。仁宗即位，授汝州防禦使，累拜寧江軍節度使。

仁宗建睦親宅，乃命知大宗正寺。宗子有好學趨義，則褒勉委曲，進之於善；若不率教，始勸諭之，又糾戒之；至不悛，則正其罪而上聞。故人人莫不畏愛而心服之。慶曆四年，封汝南郡王，拜同平章事，改判大宗正寺。嘉祐四年薨，年六十〔四〕。贈太尉、中書令，封濮王，謚曰安懿。仁宗在位既久，無子，乃以王第十三子爲皇子。仁宗崩，皇子即位，是爲英宗。

治平元年，宰相韓琦等奏，以濮安懿王德盛位隆，宜有尊禮，請下有司議濮安懿王及譙國夫人王氏、襄國夫人韓氏、仙遊縣君任氏合行典禮。詔須大祥後議之。至二年，乃詔禮官與待制以上議。

翰林學士王珪等奏曰：「謹按《儀禮・喪服》『爲人後者』傳曰：『何以三年也？受重者必以尊①服服之。』『爲所後者祖父母、妻之父母昆弟之子若子者，皆如親子也②。』又『爲人後者爲其父母』傳曰：『何以期？不二斬，持③重於大宗，降其小宗也。』『爲人後者爲其昆弟』傳曰：『何以大功也？爲人後者降其昆弟也④。』先王制禮，尊無二上，若恭愛之心分於彼，則不得專於此故也。是以秦、漢以來，帝王有自旁支入承大⑤統者，或推尊其

①重：原作「室」，據覆宋本、四庫本改；尊，原作「前」，據《儀禮注疏》卷一一、王珪《華陽集》卷四五《濮安懿王典禮議》、《長編》卷二〇五改。
②「爲所後者」二句：《華陽集》作「爲所後者祖父母、妻之父母昆弟、昆弟之子若子，若子者，言皆如親子也」，《儀禮注疏》卷一一作「爲所後者之祖父母妻，妻之父母昆弟，昆弟之子若子」，注「若子者，爲所爲後之親如親子」。《事略》對原文多有删改。
③持：原作「特」，據《儀禮注疏》卷一一、《宋史》卷二四五《宗室・濮王允讓傳》及《温國文正司馬公文集》卷三三《翰林學士王珪等狀》改。
④昆弟也：原脱，據覆宋本、四庫本及《儀禮注疏》卷一一、《宋史》允讓本傳補。
⑤大：原脱，據《華陽集》及《宋會要輯稿》禮四〇之六、《宋史》允讓本傳補。

父母以爲帝后，皆見非當時，取譏後世，臣等不敢引以爲聖朝法。況前代入繼者，多宫車晏駕之後，援立之策或出臣下，非如仁宗皇帝年齡未衰，深惟宗廟之重，祗承天地之意，於宗室衆多之中，簡推聖明，授以大業。陛下親爲先帝之子，然後繼體承祧，光有天下。濮安懿王雖於陛下有天性之親，顧復之恩，然陛下所以負扆端冕，富有四海，子子孫孫萬世相承，皆先帝德也。臣等竊以爲濮王宜準先朝封贈期親尊屬故事，尊以高官大國，譙國、襄國、仙遊亦封太夫人，考之古今爲宜稱。」

於是中書奏：「王珪等所議，未見詳定濮王當稱何親，名與不名。」珪等議：「濮王於仁宗爲兄，於皇帝宜稱皇伯而不名，如楚王、涇王故事。」

中書又奏：「《儀禮》《令》及《五服年月敕》〔五〕，出繼之子於所繼、所生皆稱父母。又漢宣帝、光武皆稱父爲皇考。今珪等議稱濮王爲皇伯，於典禮未有明據，請下尚書省，集三省、御史臺議奏。」

方議而皇太后手詔詰責執政，於是手詔：「如聞①集議不一，宜權罷議，當令有司博求典故以聞。」禮官范鎮等又奏：「漢之稱皇考、稱帝、稱皇，立寢廟，序昭穆，皆非陛下聖明之所法，宜如前議爲便。」自是御史吕誨等彈②奏歐陽修首建邪議，韓琦、曾公亮、趙槩附會不正之罪，固請如王珪等議。

既而内出皇太后手詔曰：「吾聞羣臣議請皇帝封崇濮安懿王，至今未見施行。吾載閲前史，乃知自有故事。濮安懿王、譙國夫人王氏、襄國夫人韓氏、仙遊縣君任氏，可令皇帝稱親，濮安懿王稱皇，王氏、韓氏、任氏並稱后。」事方施行，而英宗即日手詔曰：「稱親之禮，謹遵慈訓。追崇之典，豈易克當？且欲以塋爲園，即園立廟，

①如聞：繆校作「比聞」。錢校云：「初印本、舊鈔本俱作『如聞』，剜改作墨釘。」朱校本作「如聞」。
②彈：錢校云：「舊鈔本同，印本初改『弛』。」

俾王子孫主奉祠事。」

翌日，誨等以所論列彈奏不見聽用，繳納御史敕告，家居待罪。誨等所列，大氏以爲前詔稱「權罷集議」，後詔又稱「且欲以塋爲園」，即追崇之意未已。英宗命閤門以告還之。誨等力辭臺職。誨等既出，而濮議亦寢。至神宗元豐二年，詔以濮安懿王三夫人可並稱曰「王夫人」云。

濮王長子宗懿，當英宗時，爲宿州團練使，封和國公；次子宗樸爲隴州防禦使，封岐國公。宗懿卒，神宗以宗懿濮安懿王元子，追封舒王。宗樸與英宗相友愛。初，詔英宗入居慶寧宮，固辭不即赴，宗樸帥近屬敦勸乃入。治平中，建濮王園廟，宗樸遂拜彰德軍節度使、濮國公，以奉王後。神宗即位，加同平章事兼侍中，封濮陽郡王。薨，贈定王。弟宗誼襲濮國公，官至昭化軍節度使、同平章事，贈廣陵郡王。

宗誼既薨，宗暉襲封濮國公，自邕州觀察使拜淮康軍節度使。元豐中，濮王三夫人改祔濮王園，以宗暉爲鎮安軍節度使、同平章事。神宗詔宗暉嗣封濮王。哲宗即位，徙鎮鎮南。薨，贈懷王，謚曰榮穆。以宗晟嗣，官至①武安軍節度使，贈昌王，謚曰端孝。

宗晟薨，宗愈嗣，官至鎮南軍節度使、開府儀同三司，贈襄王〔六〕②。宗愈薨，宗綽嗣，官至河陽三城節度使、開府儀同三司，贈榮王，謚曰孝端〔七〕。

宗綽薨，宗楚嗣，官至武昌軍節度使，贈惠王，謚曰僖節。

宗楚薨，宗祐嗣，官至清海軍節度使，贈欽王③。

①「官至」上，繆校有「宗晟」二字。
②「襄王」下，繆校有「謚曰恭惠」四字。
③「欽王」下，繆校有「謚曰穆恪」四字。

宗祐蕘，宗漢嗣，官至奉寧軍節度使、開府儀同三司〔八〕，贈景王。

宗漢蕘，仲增嗣。仲增，濮王孫，於屬爲長，故封官至彰德軍節度使、開府儀同三司〔九〕，贈簡王。

仲增蕘，仲御嗣，官至奉寧軍節度使、開府儀同三司〔一〇〕，贈鄅王，謚曰康孝①。

仲御蕘，仲爰嗣，官至武定軍節度使、開府儀同三司〔一一〕，判大宗正寺，贈恭王。

仲爰蕘，仲理嗣。靖康初，爲武安軍節度使、開府儀同三司〔一二〕。

臣稱曰：《禮》：大宗無子，而以小宗爲後，聖人許之。英宗既以父仁宗矣，若濮王又稱親，則是二統也。父子之道，天性也，君臣之義也，藉使濮王極其尊崇，則於君臣之義得爲安乎？當時大臣，違禮廢義，臺臣焉得不以死争之？英宗容受盡言，寢而不議，而使後世無可指之瑕，聖矣夫。

英宗四子：長神宗皇帝②，次吴王顥，次潤王顔，次益王頵。

吴王顥③，字仲明，母曰宣仁聖烈皇后。始名仲糾，授率府副率。英宗即位，遷至明州觀察使，封祁國公，賜今名。拜保寧軍節度使、同平章事、東陽郡王。治平三年出閤，居東宫。神宗即位，拜武昌、武安軍節度使，封昌

①康孝：原作「康王」，繆校及《宋會要輯稿》禮五八之八二、《宋史》卷二四五《宗室·濮王允讓傳》並作「康孝」，舒仁輝《〈東都事略〉與〈宋史〉比較研究》第一六五頁認爲「『康王』當係『康孝』之誤」，據改。
②「皇帝」下，繆校有「行一」二小字。
③「吴王顥」下，繆校有「行二」二小字。

王。易泰寧、鎮海軍，改王岐。官制行，册拜司空，徙王雍。哲宗嗣位，拜太保，换成德、横海二鎮，徙封揚王。用周、漢故事，賜贊拜不名，五日一朝見於禁中。神宗祔廟，拜太傅，移鎮京兆、鳳翔。

元祐初，與荆王頵遷外第，名曰親賢宅。拜太尉，諸子自勝衣以上皆命進官，制曰：「先皇帝篤兄弟之好，以恩勝義，不許二叔出居於外，蓋武王待周、召之意；太皇太后嚴朝廷之禮，以義制恩，始從其請，出就外宅，得孔子遠其子之意。二聖不同，同歸於道，可以爲萬世法。朕承侍兩宫，按行新第，顧瞻懷思，潸然出涕。昔漢明帝問東平王：『在家何以爲樂？』王言：『爲善最樂。』帝大其言，因送列侯印十九枚，諸子年五歲以上悉佩之，著之簡策，天下不以爲私。今王諸子性於①忠孝，漸於禮義，自勝衣以上，頎然皆有成人之風，朕甚嘉之。其各進一官，以助其爲善之樂，尚勉之哉！毋忝乃父祖，以爲邦家光。」徙封徐王，詔書不名。

宣仁祔廟，拜太師，徙王冀，賜入朝不趨。改淮南、荆南節度使，徙封楚。初，宣仁不豫，顥日問起居，因以被疾。至是薨[一三]，年四十七。哲宗哭之慟，成服苑中。贈尚書令兼中書令，謚曰榮。顥薨之五日，以月朔應視朝於文德殿，哲宗以顥未成服，改視垂拱云。

顥通經史，工飛白，善鼓琴。神宗臨御久，友愛彌篤，哲宗尊禮尤隆。既薨，葬於永厚陵之北。徽宗即位，追封吴王。子②孝騫，靖康初爲定武軍節度使、晉康郡王[一四]；孝錫，終嘉州防禦使③[一五]。

---

①於：繆校作「皆」。

②「子」字下，繆校有「二」字。

③「防禦使」下，覆宋本、四庫本有「贈永國公」四字。

潤王顏①，早薨。徽宗追賜名，贈潤王。

益王頵②，初賜名仲恪，爲率府副率。英宗時賜今名，遷至耀州觀察使。神宗即位，拜同平章事，領武勝軍節度使、樂安郡王。熙寧四年出閤，拜保信、保鎮軍節度使〔一六〕，封嘉王。元豐三年，拜司空，徙王曹。哲宗即位，拜太保，改鎮武昌、武安，進爵荆王，賜贊拜不名，五日一朝禁中。哲宗致恭如家人禮。神宗祔廟，拜太傅，徙武寧、鎮海。元祐元年，始居外第，拜太尉，改鎮成德、荆南。薨，年三十三〔一七〕。贈太師、尚書令、魏王，謚曰端獻。徽宗改封益王。

頵端重明粹，博通羣書，有智識，好釋氏，亦好方書，數捐藥以救病者，其仁厚蓋天稟云。子③孝哲，邢州觀察使，贈廣陵郡王〔一八〕；孝怡〔一九〕，終保寧軍節度使；孝參，靖康時爲武勝軍節度使、豫章郡王；孝奕，終彰化軍留後，贈平原郡王；孝騭，靖康時爲武寧軍節度使〔二〇〕；孝忱〔二一〕，奉寧軍節度使；孝潁〔二二〕，順昌軍節度使；孝愿，靖難軍節度使〔二三〕。

【箋證】

〔一〕生九年而薨：《宋會要輯稿》禮四一之三載其發喪於咸平六年四月二十六日，《長編》卷五四咸平六年四月辛巳（二十二日）條載「是日卒，纔九歲，追封周王，謚悼獻」，則當生於至道元年。

---

①「潤王顏」下，繆校有「行三」二小字。
②「益王頵」下，繆校有「行四」二小字。
③「子」字下，繆校有「八長」二字。以下七子名前，繆校有「二」至「八」序數。

〔二〕生三年而薨：《宋會要輯稿》帝系一之三六：「雍王昕，仁宗子。寶元二年八月十五日生。康定元年七月賜名，授檢校太尉、忠正軍節度使，封壽國公。二年二月十九日薨。」

〔三〕改封魏王：《宋會要輯稿》帝系一之三六：「嘉祐四年十二月，追封越王。英宗即位，追封唐王。元符三年三月，追封雍王。」未載封魏王事，因揚王昉嘉祐四年十二月獲封魏王，疑《事略》「魏王」爲「越王」之誤。

〔四〕年六十：《宋史》卷二四五《宗室・濮王允讓傳》作「年六十五」。

〔五〕儀禮令及五服年月敕：《宋史・濮王允讓傳》作「《禮》與令及《五服年月敕》」。按此「中書又奏」爲司馬光等於治平二年所上，《長編》卷二〇五載司馬光奏及《温國文正司馬公文集》卷三三《濮王劄子》，俱作「政府言：《儀禮》《令》文、《五服年月敕》皆云『爲人後者爲其父母』」，「《令》」當指《喪服令》，《歐陽文忠公集》卷一二三《議濮安懿王典禮劄子》有「《開元》《開寶禮》、國朝《五服年月》《喪服令》皆云『爲人後者爲其所生父齊衰』」之語可爲證。是則《事略》《宋史》「令及」或爲「令文」之誤。

〔六〕官至鎮南軍節度使：《宋史・濮王允讓傳》作「宗愈以鎮安節度使……嗣封」，《宋會要輯稿》禮四一之二載「鎮安軍節度使、開府儀同三司、嗣濮王宗愈」發喪於紹聖二年八月二十一日，又帝系三之一二載「鎮安軍節度使、開府儀同三司、嗣濮王宗愈，紹聖二年八月贈太師、襄王」，則《事略》「鎮南」似當作「鎮安」。

〔七〕孝端：繆校作「孝懿」，《宋史・濮王允讓傳》作「孝靖」，《宋會要輯稿》禮五八之八三載「嗣濮王、贈太師、追封榮王宗綽，謚孝靖」，《事略》「孝端」當爲「孝靖」之誤。

〔八〕奉寧軍節度使：《宋史・濮王允讓傳》作「徙寧江、保平、泰寧三鎮」，《宋會要輯稿》禮四一之二一載「（大觀三年）九月十八日，幸泰寧軍節度使、檢校太尉、開府儀同三司、嗣濮王宗漢第臨奠」，又禮四一之四二載「泰寧軍節度使、檢校太尉、開府儀同三司、嗣濮王宗漢，三年九月，輟三日」。而帝系三之一二則作「奉寧軍節度使、檢校太尉、開府儀同三司、嗣濮王宗漢，大觀三年九月贈太師、景王」，疑「奉寧軍」當作「泰寧軍」。

〔九〕彰德軍節度使：《宋史・濮王允讓傳》同，《宋會要輯稿》帝系三之一三作「彰信軍節度使」。

〔一〇〕奉寧軍節度使：《宋史・濮王允讓傳》作「泰寧軍節度使」，《宋會要輯稿》帝系三之一三作「奉國軍節度使仲御，宣和四年五月，贈太傅、郇王」。又禮四一之二作「奉寧軍節度使仲御」，禮四一之四二則作「太寧軍節度使」，《宋大詔令集》卷四九有《皇叔仲御依前檢校少傅泰寧軍節度開府儀同三司嗣濮王加恩制》。作「奉國」「太寧」當誤，而「奉寧」或爲「泰寧」之形誤。

〔一一〕武定軍節度使：《宋史・濮王允讓傳》作「徙節泰寧、定武」，《宋會要輯稿》帝系三之一三載「檢校少傅、定武軍節度使、開府儀同三司仲爰，六月贈太傅、恭王」，禮四一之四二亦作「定武軍節度使」，則《事略》「武定」或當作「定武」。

〔一二〕靖康初爲武安軍節度使：《宋史・濮王允讓傳》作「靖康初，爲安國軍節度使」。《宋史》卷二二《徽宗紀四》載宣和五年六月「己丑，仲爰薨」，「丁酉，以安國軍節度使仲理爲開府儀同三司，進封嗣濮王」，則謂仲理靖康初爲安國軍節度使，當誤。

〔一三〕至是薨：《宋會要輯稿》帝系一之三七：「紹聖二年九月，賜入朝不趨。十月，改淮南、荆南、揚州、荆州牧，進封楚王。三年九月薨。」

〔一四〕靖康初爲定武軍節度使：《宋史》卷二四六《宗室・吴王顥傳》作「終寧國軍節度使」。《宋會要輯稿》帝系一之四四孝騫傳稱「建中靖國元年正月，遷昭化軍節度使，封廣陵郡王。大觀二年正月，改寧國軍，加開府儀同三司，改封〔晉康〕郡王」，不載「爲定武軍節度使」事。又帝系六之二一載紹興二十三年三月居端等言：「祖父檢校少保、寧國軍節度使、開府儀同三司、晉康郡王孝騫，自靖康以來該遇聖節並大禮共三十餘次，合得奏薦恩澤。」可證《宋史》「終寧國軍節度使」之説有據，《事略》蓋誤。

〔一五〕終嘉州防禦使：《宋史・吴王顥傳》作「終嘉州團練使」，《宋會要輯稿》帝系一之三八載永國公孝錫傳：「元祐元年五月，遷嘉州團練使。二年八月卒，贈感德軍節度使，追封國公。」帝系三之六、禮四一之四均稱「嘉州團練使」，可見《事略》「防禦使」當爲「團練使」之誤。

〔一六〕拜保信保鎮軍節度使：《宋史》卷二四六《宗室・益王頵傳》作「更武勝、山南西、保信、保静、武昌、武安、武寧、鎮海、成德、荆南十節度」，《宋會要輯稿》帝系一之三七載益王頵傳亦作「徙保信、保静軍節度」，《宋大詔令集》卷一八九有《皇弟頵授保信保静節度賜本鎮敕書》，《事略》「保鎮」當爲「保静」之誤。

〔一七〕薨年三十三：《宋史·益王頵傳》：「元祐三年七月薨。」

〔一八〕孝哲邢州觀察使贈廣陵郡王：《宋史·益王頵傳》作「孝哲，右驍衛將軍，早亡」，《宋會要輯稿》帝系一之三八：「博平侯孝哲，益王頵子。熙寧八年十月賜名，授右驍衛將軍。十年二月卒，贈博州防禦使，追封侯。」而據《宋史·益王頵傳》任「邢州觀察使，贈司空、廣陵郡王」者爲孝永，《宋會要輯稿》帝系一之三八：「廣陵郡王孝永，益王頵子。元祐三年十月賜名，授右武衛大將軍。紹聖二年十月，遷保州刺史。元符三年二月，遷右金吾衛大將軍、成州團練使。建中靖國元年十月，遷成州團練使。崇寧四年十二月，遷廉州防禦使。大觀二年，遷邢州觀察使。三年十一月卒，贈司空，追封郡王。」《事略》以孝永事誤置孝哲後，且漏載孝永名及孝哲事，大誤。

〔一九〕孝怡：《宋史·益王頵傳》及卷二三三《宗室世系表十九》、《宋會要輯稿》帝系三之六並作「孝詒」，《事略》蓋誤「詒」爲「怡」。

〔二〇〕武寧軍節度使：《宋史》卷二三三《宗室世系表十九》、《宋會要輯稿》帝系三之六並作「寧武軍節度使」，疑《事略》誤。

〔二一〕孝忱：《宋史·益王頵傳》作「孝悦」，而《宗室世系表十九》及《宋會要輯稿》帝系三之六並作「孝忱」，《宋史·益王頵傳》誤「忱」爲「悦」。

〔二二〕孝穎：《宋史》卷二三三《宗室世系表十九》作「孝頴」，而《宋史·益王頵傳》及《宋會要輯稿》帝系三之六等並作「孝穎」，「頴」或爲「穎」之形誤。

〔二三〕靖難軍節度使：《宋史》卷二三三《宗室世系表十九》及《宋會要輯稿》帝系三之七等均作「静江軍節度使」，是。

東都事略卷第十七

世家五

神宗十四子：長成王佾①，次惠王僅，次唐王俊，次褒王伸，次冀王僩，次哲宗皇帝，次豫王价，次徐王倜，次吳王佖，次儀王偉，次徽宗皇帝②，次燕王俣，次楚王似，次越王偲。

成王佾，早薨。徽宗即位，追賜名，贈成王。

惠王僅，早薨。徽宗追賜名，贈惠王。

唐王俊，熙寧七年，封永國公。十年薨，贈兗王。徽宗封唐王。

褒王伸，早薨。徽宗追賜名，贈褒王。

①「成王佾」下，繆校有「居長」二小字。以下十三子名後，繆校有「行二」至「行十四」小注。
②皇帝：原作「皇宗」，據覆宋本、四庫本改。

冀王僩，熙寧八年，封景國公。是歲薨。徽宗贈冀王。

豫王价，熙寧十年，封建國公。元豐元年薨，贈衛王。徽宗封豫王。

徐王倜，早薨。贈鄆王，謚曰沖惠。徽宗封徐王。

吴王佖，元豐間，封儀國公。哲宗即位，封大寧郡王。紹聖二年出閤，拜鎮安、武勝軍節度使，封申王。元符二年，加司空，徙鎮保平、泰寧〔一〕。哲宗崩，欽聖后議所立，以佖有目疾不得立，乃立端王，是爲徽宗。加太傅，移鎮永興、成德，徙王陳，賜贊拜不名。加太尉、荆南淮南節度使，拜太師，徙鎮河東、山南西道。薨〔二〕，贈尚書令兼中書令、燕王。又加贈侍中、吴王〔三〕。子有奕，武信軍節度使、和義郡王；有常，寧遠軍節度使〔四〕。

儀王偉，早薨。徽宗追賜名，贈儀王。

燕王俣，元豐間，封成國公。哲宗即位，封咸寧郡王。元符元年出閤，拜河陽三城、雄武軍節度使，封莘王。加司空，移鎮武寧、鎮寧。徽宗即位，加太保，徙鎮河東、奉寧，封衛王。又徙鎮護國、山南西道。又改鎮海、泰寧。大觀元年，詔曰：「衛王、定王，朕之愛弟也。其改封魏王，定王亦徙王鄧。」拜太尉，永興、成德軍節度使，進爵燕王。遷太傅。欽宗即位，詔曰：「燕王、越王，神祖之子，道君之弟，而朕之諸父也。其賜入朝不趨，贊拜不名。」授太師，河東、劍南西川節度使。二帝北狩，宗族盡徙云。

楚王似，元豐間，封和國公。哲宗即位，封普寧郡王。元符元年出閤，拜横海、鎮海軍節度使，封簡王。哲宗崩，宰相章惇以似哲宗同母弟當立，欽聖后不可，乃立徽宗。進司徒，改鎮武昌、武寧〔五〕，徙封蔡。拜太保，移鎮保平、鎮安，又改鳳翔、雄武。以書史語言指斥，送大理寺驗治，似上表待罪。

於是，左司諫江公望上疏曰：「臣聞天下之理，有隙則物皆可入，故聖人塗隙於未開之前；有迹則瑕皆可指，故聖人泯迹於未形之際。物可入則親者離矣，瑕有指則疑者實矣，其可不察邪？臣聞蔡王府史相告有不順之語，浸淫恐及蔡王，有司已行根治。臣聞之駭汗浹背，驚悸不自持，豈有孝治之本①，太平之時，乃容小人銜私怨，逞不軌，離間陛下骨肉之親者乎？象之於舜，焚廩浚井，其逆心已萌矣；擁二女，坐牀鼓琴，其逆謀已成矣。舜未嘗藏怒宿怨，卒封之有庳而富貴之也。至魏文帝褊忿疑忌，一陳思王且不能相容，致有煮豆然萁之説，相煎太急之語，爲天下後世笑。豈不思兄弟天②之大倫也，有手足相捍之親，有首尾相應之義，有塤篪之和，有友于之樂，故孔子以不間於父母兄弟之言爲孝。蓋親隙不可開，隙開則言可離貳；疑迹不可顯，迹顯則事難磨滅。陛下之得天下也③，惇嘗簾前持異議，已有隙迹矣。蔡王出於無心，年尚幼少，未達禍亂之萌，故恬不以爲恤。陛下一切包容，已開之隙復塗矣，已顯之迹復泯矣，恩意渥縟，歡然不失兄弟之情，與夫區區未能忘天下，操以自狹者，不啻相百十④矣。陛下若以曖昧無根之語，而加諸至親骨肉之間，則有魏文『相煎太急』之隙，而忘大舜

①孝治之本：《皇朝文鑑》卷六二《論蔡王府獄疏》作「極治之世」，《國朝諸臣奏議》卷三二《上徽宗乞不根治蔡王之獄》作「孝治之世」。
②天：覆宋本、四庫本作「人」。
③陛下之得天下也：《諸臣奏議》作「陛下得天下，天人歸之也」。《事略》引文多有删改，此校不一一羅列異文。
④百十：覆宋本、四庫本及《皇朝文鑑》作「十百」。

親親之道，豈治世之美事也！臣願陛下密詔有司，凡無根之言，勿形案牘。箠楚之下，何求弗得？一有浸淫旁及蔡王之語，不識陛下將如何處之？儻形案牘，有瑕可指，一入胸次，終身不忘，雖父子之間，尚未能磨滅，況兄弟乎？迹不可泯，隙不可塗，則骨肉離矣，陛下將何道以治天下也？蔡王萬一蒙犯霧露之疾，神考在天之靈豈不知之，陛下將何顔見神考於太廟乎？《書》曰：『克明俊德，以親九族，九族既睦，平章百姓。』《詩》曰：『刑於寡妻，至於兄弟，以御於家邦。』故至德要道，足以風動天下，未有不自親始者也。」疏入，公望罷知淮陽軍。徽宗雖黜公望，頗思其言，止治其左右。

崇寧中，徙鎮荆南、武寧。薨〔六〕，贈太師、尚書令兼中書令、韓王，改封楚王。子有恭，定國軍節度使、永寧郡王。

越王偲，元祐初，封祁國公。元符元年，封永寧郡王。出閤，以爲鎮安、集慶軍節度使，封睦王。徽宗即位，拜司徒，移鎮清海、鎮海，封定王。又徙鎮武寧、武勝，改鎮淮南、永興，進封鄧王。拜太尉，鳳翔、山南西道節度使，改封越王。遷太傅。欽宗即位，授太師，永興、成德軍節度使。金人犯京師，欲以越王爲質。欽宗以越王叔父，不可遣，乃遣肅王及駙馬都尉曹晟以行。晟尚榮德帝姬，與欽宗同生，故遣之。偲竟從二帝北遷云。

哲宗獻愍太子茂，母皇后劉氏。生一年而薨〔七〕，追賜名，贈越王，謚曰沖獻。徽宗即位，贈鄧王。崇寧二年，詔曰：「朕惟先皇帝在位十有六年，而皇嗣鄧王，降年不永。逮朕入繼大統之初，雖加贈典，而恩意未隆，非所以上慰先帝在天之靈。其特追贈皇太子，仍改謚曰獻愍。」

徽宗三十一子：長欽宗皇帝①，次兖王檉，次鄆王楷，次荆王楫，次肅王樞，次景王杞，次濟王栩，次益王棫，次太上皇帝，次邠王材，次祁王模，次莘王植，次儀王朴，次徐王棣，次沂王㮧②，次鄆王栱，次和王栻，次信王榛，次漢王椿，次安康郡王楃，次廣平郡王楗③，次相國公梴〔八〕，次陳國公機，次瀛國公樾，次建安郡王楧，次嘉國公椅，次温國公棟，次英國公橞，次儀國公桐，次昌國公柄，次潤國公樅。

兖王檉，以建中靖國元年九月生，一夕而殞。追賜名，贈兖王，謚曰沖僖。

鄆王楷，字德遠，初名煥，崇寧元年封魏國公，更今名。封高密郡王，以八寶恩除司空、鎮東軍節度使，封嘉王，遷太保，又遷太尉。政和六年出閤，拜太傅，武寧、保平軍節度使。八年，令赴殿試，有司考爲第一，改鎮荆南、寧江，提舉皇城司，封鄆王。徙劍南西川、鎮南軍，又徙河東、寧海。靖康元年，移鎮鳳翔、彰武。

徽宗諸子，薨於京師者，則哀榮終始備見焉。餘從二帝北遷，皆不知其所終。

荆王楫，崇寧二年，封楚國公。三年，封南陽郡王，改王樂安。薨，贈荆王，謚曰悼敏。

---

①「欽宗皇帝」下，繆校有「居長」二小字。以下三十子名後，繆校有「行二」至「行三十一」小注。

②㮧：原作「樗」，目録同，據本書卷一一、《宋會要輯稿》帝系一之四三、《宋史》卷二〇《徽宗紀二》、卷二三三《宗室世系表十九》改。舒仁輝《〈東都事略〉與〈宋史〉比較研究》第一四五頁考證「《事略·徽宗紀》作『樗』，顯誤」，今從其説。下同改。

③楗：原作「楗」，據本書卷一一《徽宗紀》、卷一二《欽宗紀》及《宋史》卷二四六《宗室傳三》、卷二三三《宗室世系表十九》改。下同改。

肅王樞，崇寧三年，封吳國公〔九〕。大觀二年，封建安郡王。重和元年出閤，拜太保，保平、寧武軍節度使，封肅王〔一〇〕。靖康元年，金人犯京師，以樞北質云。

景王杞，崇寧三年，封冀國公。大觀二年，封文安郡王。重和元年出閤，拜太保，護國、武昌軍節度使，封景王〔一一〕。靖康元年，授太傅，徙鎮荆南、鎮東。

濟王栩，崇寧五年，封魯國公。大觀二年，封安康郡王。宣和三年，拜太保、清海軍節度使，封濟王〔一二〕。靖康元年，授太傅，徙鎮護國、寧海。

益王棫，大觀元年，封揚國公①。二年，封淮南郡王，徙濟陽。後以横海軍節度使封益王。

邠王材，大觀二年，封魏國公。薨，追封邠王〔一三〕，謚曰沖穆。

祁王模，大觀二年，封鎮國公。宣和三年，封樂安郡王〔一四〕，拜武勝、興寧軍節度使，封祁王。靖康元年，授太傅，改鎮清海、慶源。

①揚國公：原作「楊國公」，據《宋史》卷二〇改。

莘王植，大觀二年，封吳國公。宣和四年，封信安郡王〔一五〕，拜寧江軍節度使，封莘王。靖康元年，授太傅，改鎮保平、崇信。

儀王朴，大觀三年，封雍國公。宣和五年，封華原郡王。後以静難軍節度使封儀王。

徐王棣，大觀三年，封徐國公。宣和五年，封高平郡王，拜山南東道節度使，封徐王。靖康元年，授太傅，改鎮山南西道、武昌軍。

沂王樗，大觀四年，封冀國公。宣和六年，封河間郡王。拜太保，劍南東川、威武軍節度使，封沂王。靖康元年，授太傅，改鎮河陽、武寧。

鄆王栱，政和元年，封定國公。二年薨，追封鄆王，謚曰沖懿。

和王栻，政和元年，封廣國公。宣和七年，封南康郡王。靖康元年，拜瀛海、安化軍節度使，封和王。

信王榛，政和元年，封福國公。宣和七年，封平陽郡王。靖康元年，拜慶陽、昭化軍節度使，封信王。

漢王椿，政和二年，封慶國公。薨，追封漢王〔一六〕。

安康郡王楃，政和二年，封衛國公。改封鄆〔一七〕。靖康元年，封安康郡王。

廣平郡王構，以政和三年封韓國公。靖康元年，封廣平郡王。

相國公梴，以政和四年封。

陳國公機，以政和五年封〔一八〕。

瀛國公樾，以政和五年封。

建安郡王榠，政和五年，封惠國公。宣和七年，封建安郡王。

嘉國公椅，以政和八年封。

温國公棟，以宣和元年封。

英國公樬，以宣和二年封。

儀國公桐，以宣和三年封。

昌國公柄，以宣和四年封。

潤國公樅，以宣和七年封。

欽宗皇太子諶〔一九〕，母曰皇后朱氏。以政和七年生於東宮，於徽宗爲嫡長皇孫，及應賜名命官，而祖宗無故事。宰相蔡京與鄭居中共議，封爲崇國公。王黼奏曰：「蔡京以皇子之禮封東宮子，則是便以東宮爲人主矣。」徽宗不悦。欽宗即位，以爲昭慶軍節度使、大寧郡王，徙鎮寧國，立爲皇太子。是歲，金人圍京師。明年，欽宗幸虜營，以皇太子監國，從二帝北徙云。

【箋證】

〔一〕元符二年加司空徙鎮保平泰寧：《宋會要輯稿》帝系一之三九吴王佖傳：「紹聖二年三月出閤，改鎮安、武勝等軍，進封申王。五年三月，改保平、奉寧軍，遷守司空。」「五年三月」即元符元年三月，與《長編》卷四九五所載元符元年三月「壬戌，鎮安武勝軍節度使、開府儀同三司、申王佖加守司空，改保平、奉寧軍節度使」吻合，《事略》「二年」當爲「元年」之誤，「泰寧」當爲「奉寧」之誤。

〔二〕薨：《宋會要輯稿》帝系一之三九：「（崇寧）五年十一月薨，輟朝七日。」

〔三〕又加贈侍中吴王：《宋會要輯稿》帝系一之三九：「大觀元年正月，加贈侍中，追封吴王，謚曰榮穆。」

〔四〕有常寧遠軍節度使：《宋史》卷二三三《宗室世系表十九》作「安遠軍節度使有常」，《宋會要輯稿》帝系三之七「寧遠軍節度使有常」傳中，無安遠軍任，疑《宋史》誤。

〔五〕改鎮武昌武寧：《宋會要輯稿》帝系一之四〇：「元符三年，徽宗即位，改武昌、武成軍。」《皇宋十朝綱要》卷八同《會要》，《皇朝文鑑》卷三六曾肇《除皇弟似守太保依前開府儀同三司蔡王充保平鎮安等軍節度使制》亦作「皇弟武昌武成等軍節度」，則《事略》「武寧」當爲「武成」之誤。

〔六〕薨：《宋會要輯稿》帝系一之四〇：「（崇寧）五年三月薨，輟朝七日。」

〔七〕生一年而薨：《宋史》卷二四六《宗室・獻愍太子茂傳》：「纔三月而夭。」

〔八〕次相國公梴：據《宋史》卷二四六《宗室傳》三、卷二三三《宗室世系表十九》，「次相國公梴」序次在「次陳國公機」之後，舒仁輝《〈東都事略〉與〈宋史〉比較研究》第一四五頁「疑《事略》所記將陳國公機與相同公梴二者次序顛倒」，是。

〔九〕崇寧三年封吴國公：《宋會要輯稿》帝系一之四二：「肅王樞，徽宗子。崇寧二年六月生。九月賜名，授武勝軍節度使、檢校太尉，封吴國公。」本書卷一〇《徽宗紀》亦載樞封吴國公於崇寧三年九月，與《會要》所載相差一年。

〔一〇〕封肅王：《宋會要輯稿》帝系一之四二：「宣和元年正月，改保平、武寧軍，遷太保，進封肅王。」本書卷一一《徽宗紀》亦載皇子樞封肅王於宣和元年春正月壬子。《宋大詔令集》卷三三載《皇子樞特授太保保平武寧軍節度使進封肅王加食邑食實封制》，繫於重和二年正月五日。重和二年二月始改元宣和，《宋大詔令集》最爲準確，《事略》記授太保、封肅王於「重和元年出閤」後，誤。

〔一一〕封景王：《宋會要輯稿》帝系一之四二：「重和二年正月，改太保，護國、武昌軍，進封景王。」《宋大詔令集》卷三三載《皇子杞特授太保護國武昌軍節度使進封景王加食邑食實封制》，繫於重和二年正月五日，《事略》記授太保、封景王於「重和元年出閤」後，誤。

〔一二〕封濟王：《宋史》卷二四六《宗室・濟王栩傳》：「政和中，授檢校太保，改荆南、清海軍節度使，進封濟王。」《宋會要輯稿》帝系一之四二：「政和三年正月，正官名，改授檢校太保。宣和二年十一月，改荆南、清海軍，進封濟王。」《宋大詔令集》卷三四載《皇子栩特授太保荆南清海軍節度使進封濟王加食邑食實封制》，謂「宣和三年就邸」。《事略》《宋史》將授太保、封濟王均繫於「宣和三年」或「政和中」，不妥。

〔一三〕薨追封郇王：《宋會要輯稿》帝系一之四八：「（政和）六年十一月薨，贈太師、兼右弼，追封郇王，謚曰沖穆。」

〔一四〕宣和三年封樂安郡王：《宋會要輯稿》帝系一之四八：「宣和二年十一月，改淮南節度使，加開府儀同三司，進封樂安郡王。三年十二月，改武勝、興寧軍，進封祁王。」《宋大詔令集》卷三四載《皇子模特授依前檢校太保淮南節度使開府儀同三司進封樂安郡王加食邑食實封制》，繫於宣和三年正月二十二日。

〔一五〕封信安郡王：《宋大詔令集》卷三四載《皇子植特授依前檢校太保安遠軍節度使開府儀同三司進封信都郡王加食邑食實封制》，《宋會要輯稿》帝系一之四三、四九，《宋史》卷二二一均作「信都郡王」，《事略》「信安」當爲「信都」之誤。

〔一六〕薨追封漢王：《宋會要輯稿》帝系一之四九：「（政和三年）閏四月薨，贈太師、兼右弼，追封漢王，謚曰沖昭。」

〔一七〕改封鄆：《宋會要輯稿》帝系一之四九：「（政和）六年十一月，改封鄆國公。」

〔一八〕陳國公機以政和五年封：《宋史》卷二三三《宗室世系表十九》作「贈太師兼右弼、陳王、謚悼惠機」，《宋會要輯稿》帝系一之五〇：「陳王機，政和四年二月生。五月薨，追賜名，贈太師兼右弼，封陳王，謚曰悼惠。」《皇宋十朝綱要》卷一五同《會要》，《事略》卷一一載機封陳國公於政和五年七月，蓋初封陳國公，後又追封陳王。

〔一九〕欽宗皇太子諶：汪琬《東都事略跋》卷上：「《中興遺史》：『先是，碭山染户宋從因往南京販棗，得一小兒，曰遇僧。稍長，有京師人張四見之，曰：「此人全似少帝。」遇僧心喜，遂告於縣，自言乃少帝第二子，略説宫禁中事，單州遂津遣赴行在。行至泗州，有司理孫守信疑之，疏聞於上，勘當得淵聖皇帝即無第二子，委守信取勘。獄具，決脊配瓊州牢城。』又按：淵聖實有幼子，名訓，北地所生，終於五國城，《世家》中不載也。」

東都事略卷第十八

列傳一

范質字文素，大名宗城人也〔一〕。母張氏夢人授五色筆而質生，九歲善屬文。唐長興中舉進士，爲忠武軍推官。晉天福中，懷其文見宰相桑維翰，維翰奇之，擢監察御史。稍遷主客員外郎、直史館，召入翰林爲學士。契丹入寇，晉出帝命十五將出征。是夕，質宿直，出帝命諸學士分草制，質曰：「宫城已閉，慮泄機事。」遂獨爲之，辭理優贍，當時文士皆嘆伏。周太祖征李守貞，每朝廷遣使齎詔處分軍事，皆中機會。太祖問誰爲此辭，使者以質對。太祖曰：「宰相器也。」

太祖起兵入京師，遽令草太后誥及議迎湘陰公儀注。乃白太后，以質爲兵部侍郎、樞密副使。周廣順初，拜中書侍郎、同中書門下平章事、集賢殿大學士兼參知樞密院事。世宗時，累加司徒、弘①文館大學士。恭帝即位，封蕭國公。

北邊奏太原劉承鈞結契丹入寇，乃命我太祖北征，爲六師推戴，自陳橋入城，還府第。時質方就食閤中，聞太祖入，率王溥、魏仁浦就府謁見。質執溥手曰：「倉卒遣將，吾儕之罪也。」爪入溥手，幾出血，溥無語。既見太祖，質曰：「先帝養太尉如子，今身未冷，奈何？」太祖性仁厚，嗚咽流涕，曰：「吾受世宗厚恩，今爲六軍所

①弘：原作「洪」，係避太祖父弘殷諱改，兹據繆校及《宋史》卷二四九《范質傳》改。

逼，一旦至此，將若之何？」軍校羅彦環按劍厲聲向質曰：「我輩無主，今日須得天子。」太祖叱之不退。質知勢不可遏，曰：「事已爾，無太倉卒。自古帝王有禪位之禮，今可行也。」因具陳之，且曰：「太尉既以禮受禪，則事太后如母，養少主如子，無負先帝舊恩。」太祖揮涕許諾，然後率百官成禮。太祖由此深敬重質。

太祖既即位，加兼侍中，仍以爲相。乾德初，封魯國公。二年，罷爲太子太傅。卒，年五十四。贈中書令。

初，和凝知貢舉，愛質所試文，自以中第在第十三〔二〕，故亦以處質。其後，質官及封國，皆與凝同，當時謂之「傳衣鉢」。太宗嘗言：「近世輔弼循規矩，惜名器，持廉節，無與質比者。但欠世宗一死，爲可惜爾。」子旻，兄子杲。

旻字貴參，以父任爲千牛備身。國初，爲度支員外郎、知開封縣。太宗爲開封尹，頗器重之。嶺南平，知邕州。知淮南轉運事〔三〕。太宗時，爲三司副使，累官給事中，判三司。坐擅市竹木入官，爲王仁贍所發，貶房州司户參軍。移唐州以卒〔四〕，年四十六。

杲字師回，力學有文。太宗時，由鄧州從事爲直史館，歷左拾遺、補闕〔五〕，擢知制誥，以工部郎中罷知壽州。復爲知制誥，當遷翰林學士，太宗以其躁競不使居内職，出爲右諫議大夫、知濠州。召爲史館修撰，至京師而卒〔六〕，年五十六。

王溥字齊物，并州祁人也〔七〕。漢乾祐中，舉進士甲科。李守貞據河中，趙思綰反京兆，王景崇亂鳳翔，周太祖將兵討三叛，以溥爲從事。三叛既平，朝士及藩鎮嘗以書往來，詞意涉於悖逆者，太祖籍其名欲按之，溥諫曰：「魑魅伺夜而出，日月既照，則氛沴消矣。請焚之，以安反側。」太祖從之。太祖將大漸，促召學士草制，以溥爲中書侍郎、同中書門下平章事。已宣制，太祖曰：「吾無恨矣。」

世宗嘗問：「漢相李崧蠟彈書結北虜，有記其辭者否？」溥曰：「使崧有此，肯示人耶？蘇逢吉輩陷之爾。」世宗遂優贈崧官。世宗將討秦、鳳，溥薦向拱，遂平之。世宗因宴酌巵酒賜之曰：「成吾邊功，卿擇帥之力也。」恭帝即位，加尚書右僕射。國初，進位司空。乾德二年，罷爲太子太保，加太子太傅。開寶二年，遷太子太師。太平興國初，封祁國公。卒，年六十一〔八〕。贈侍中，謚曰文獻。後以溥謚同僖祖，改謚文康。

溥在相位日，父祚以宿州防禦使家居，每公卿至，必謁。祚引觴爲壽，溥侍側，坐客不敢安席，祚曰：「此豚犬爾，不煩諸君起。」人稱其孝敬。子貽孫、貽正。貽正官至國子博士。貽正之子克明，尚太宗女鄭國長公主，賜名貽永，令與父同行。

貽孫字象賢。顯德中，溥在相位，以貽孫爲著作郎。國初，遷金部員外郎。溥藏書至萬卷，貽孫遍覽之。太祖嘗問趙普：「拜禮何以男子跪，而婦人不跪？」普訪禮官無知者，貽孫曰：「古詩云『長跪問故夫』，即婦人古亦跪也。唐武后時，婦人始拜而不跪。」普問所出，對曰：「唐幽州從事張建章著《渤海記》備言之。」普嘆伏。貽孫累遷右司郎中以卒。

貽永字季長〔九〕，真宗以其故相家也，選尚主，除右衛將軍、駙馬都尉。明年，主薨〔一〇〕。貽永累遷右監門衛大將軍、蔣州團練使，請試郡，得知單州，徙徐州。是時河決，貽永作隄城南，以禦水患，詔褒之。

仁宗即位，改衛州團練使、知澶州，遷懷州防禦使。拜耀州觀察使，歷彰化、武定軍留後，拜彰德軍節度使〔一一〕。知天雄軍，改鎮保寧，知鄆州。自咸平中徙城，而故治爲通衢，密邇梁山泊，春夏多病涉。貽永相地築東西道三十餘里〔一二〕，至今人獲其濟。徙定州、成德軍。

康定元年，擢同知樞密院事，改副使，加宣徽南院使，拜樞密使。慶曆六年，加同平章事。明年，封遂國公。加兼侍中，改鎮海軍節度使，封鄧國公。貽永以寵禄過盛，願解樞柄，乃聽罷侍中，徙鎮彰德。復以疾求去位，除尚書右僕射兼侍中、景靈宮使。卒，年七十一〔一三〕。贈太師、中書令，謚曰康靖。

貽永性謹約寡言，無綺羅聲色之好，惟養鵓鴿數十，愛翫而已。

魏仁浦字道濟，衛州汲人也〔一四〕。少爲刀筆吏，隸樞密院。周太祖爲樞密使，問以卒乘數〔一五〕，仁浦對曰：「帶甲者六萬。」太祖喜曰：「天下事不足憂也。」漢隱帝遣使害太祖，仁浦曰：「公有大功於朝廷，握强兵，臨重鎮，以讒見疑，豈可坐而待死？」教以易其語，云「誅將士以激①怒心」〔一六〕。太祖納其言，遂長驅度②河。及即位，以爲樞密承旨〔一七〕。

世宗時，爲樞密副使，陞樞密使，拜中書侍郎、同中書門下平章事、集賢殿大學士兼樞密使。始議者以仁浦不由科第進，世宗曰：「顧才如何爾。」遂用之。恭帝嗣位，加刑部尚書。

國初，進位右僕射，乾德初罷。開寶二年春宴，太祖笑謂仁浦曰：「何不勸朕酒乎？」仁浦奉觴上壽，太祖密謂之曰：「朕欲征太原，如何？」仁浦曰：「欲速不達。」太祖頷之。從征太原，至梁侯驛，遇疾而卒。

①「激」字下，四庫本有「其」字。
②度：《隆平集》卷四、《宋史》卷二四九《魏仁浦傳》均作「渡」，「度」同「渡」。

仁浦性寬厚，接士有禮，專務以德報怨。世宗卞急，輕殺戮，仁浦營救而免者十常七八。從出征，鋒鏑之下，而無一人横死者。有鄭元昭者，爲解州刺史，仁浦婦翁李温玉爲榷鹽使，元昭不得專其利，乃誣温玉之子從李守貞叛，捕以告變，欲中傷仁浦。周太祖爲辨其誣，獲免。及仁浦大用，乃以元昭典五郡。又嘗爲賈延徽譖，幾遇禍。總師出征〔一八〕，有得延徽以獻者，仁浦曰：「因兵戈以報怨，不忍爲也。」人稱其長者。謚曰宣懿。後以子咸信尚主，追封齊王。

咸信字國寶。國初，昭憲皇后嘗至仁浦第，見咸信奇之。開寶中，太宗尹京，以咸信尚永慶公主，拜右衛將軍、駙馬都尉。太平興國初，爲吉州防禦使，遷觀察使。契丹入寇，以咸信知澶州，拜彰德軍節度使。真宗即位，徙鎮定國、武成，知曹州，改知河陽。又知澶州，移鎮忠武。真宗升宋州爲南京，以咸信太祖舊臣，加同平章事、判天雄軍，改鎮保平。卒，年六十九〔一九〕。贈中書令。咸信頗知書，亦喜待士，然性吝嗇，喜規利。子昭昞，至觀察使。

臣稱曰：自古治少亂多，五代干戈之亂，極矣。天既厭亂而思治，故真主勃興，此范質、王溥、仁浦得以講揖遜之禮，遂相藝祖於立國之初，而天下晏然也。烏呼！以伊尹之聖，太公之賢，皆以夏、商之舊而歸湯、文，蓋以授受於天者有不庸釋，則舍湯、文將安歸乎？由是觀之，質等所以歸有德爲無嫌也，誠與夫賣國而趨利、蒙耻而立朝者有間矣。

【箋證】

〔一〕大名宗城人：《隆平集》卷四作「魏郡人」。

〔二〕自以中第在第十三：《宋史》卷二四九《范質傳》亦謂「自以登第名在十三，亦以其數處之」，而《新五代史》卷五六《和凝傳》云：「唐故事，知貢舉者所放進士，以己及第時名次爲重。凝舉進士及第時第五，後知貢舉，選范質爲第五。」所記有所不同。

〔三〕知淮南轉運事：《宋史》卷二四九《范質傳》附《范旻傳》繫於開寶九年，《長編》卷一七繫開寶九年九月「丁卯，以庫部員外郎范旻勾當淮南諸州並淮北徐、海、沂等州水陸計度轉運公事」。

〔四〕移唐州以卒：《宋史》卷二四九云：「量移唐州。（太平興國）六年卒。」

〔五〕歷左拾遺補闕：《宋史》卷二四九云：「歷右拾遺、左補闕。」《長編》卷二八載雍熙四年二月「右補闕、知制誥范杲」召爲史館修撰事，則是自右補闕擢知制誥，《事略》蓋脱「右」字。

〔六〕至京師而卒：《宋史》卷二四九云：「至京師，旬月卒。」《長編》卷三五載范杲復召爲史館修撰在淳化五年四月，則杲蓋卒於是年。

〔七〕并州祁人：《宋史》卷二四九《王溥傳》同，《隆平集》卷四作「太原人」。

〔八〕卒年六十一：《宋史・王溥傳》：「太平興國初，封祁國公。七年八月卒，年六十一。」

〔九〕字季長：《宋史》卷四六四《外戚・王貽永傳》同，《隆平集》卷四作「字秀永」。

〔一〇〕「明年主薨」下，《隆平集》卷四有「即納所賜宅」五字，是。又據《宋會要輯稿》禮四一之六載，鄭國長公主薨於景德元年四月三日。

〔一一〕拜彰德軍節度使：《宋史・王貽永傳》作「拜安德軍節度使」。

〔一二〕築東西道三十餘里：《宋史·王貽永傳》同，《隆平集》卷四作「築東南道二十餘里」。

〔一三〕卒年七十一：《長編》卷一八二載嘉祐元年四月「丙午，彰德節度使兼侍中王貽永卒」。

〔一四〕衛州汲人：《宋史》卷二四九《魏仁浦傳》同，《隆平集》卷四作「魏郡人」。

〔一五〕問以卒乘數：《宋史》本傳作「問闕下兵數」，《隆平集》卷四作「問以中原卒乘數」。

〔一六〕易其語云誅將士以激怒心：《隆平集》卷四云：「易其語云：誅將士以激怒衆心。」《宋史》本傳載仁浦語云：「今詔始下，外無知者。莫若易詔，以盡誅將士爲名，激其怒心。」據此，則「語」似當作「詔」。《事略》此傳，蓋據《隆平集》簡傳而略有增删，故敍事不如《宋史》本傳完整。

〔一七〕以爲樞密承旨：《隆平集》卷四作「擢樞密承旨」，《宋史》本傳作「以仁浦爲樞密副承旨」。

〔一八〕總師出征：《宋史》本傳作「及周祖入汴」。

〔一九〕卒年六十九：《長編》卷九〇載咸信卒於天禧元年七月甲子。

東都事略卷第十九

列傳二

韓令坤，磁州武安人也。令坤少隸周太祖帳下，世宗即位，爲殿前都虞候。高平之戰，以功領容州團練使。世宗征太原，以令坤爲都校，以功拜武定軍節度使〔一〕。世宗伐淮甸，命令坤等十二將率兵以從。襲揚州，將吏聞周師至，開門以迎之。令坤整衆而入，市不易肆，人甚悦。徙鎮鎮安。又從世宗北征，有功。恭帝即位，爲侍衛馬步軍都虞候。

國初，移鎮天平，加侍衛親軍都指揮使、同平章事。太祖親征李筠，令坤率兵屯河陽。澤、潞平，以功加兼侍中。從討李重進，改鎮成德。卒，年四十六〔二〕。令坤有才略，識治道，與太祖同事周，情好親密。鎮常山凡七年，北邊以寧。太祖聞其卒，甚悼惜之，追封南陽郡王。

石守信，開封浚儀人也。始事周太祖，得隸帳下，累遷指揮使。世宗征河東，戰於高平，守信以功遷親衛左第一軍都指揮使〔三〕。從征淮南，又從征關南，俱有戰功，自江州防禦使拜義成軍節度使〔四〕。太祖受禪，遷侍衛馬步軍副指揮使，改鎮歸德〔五〕。李筠反，守信與高懷德率前軍破筠衆於長平，斬首三千級。又與懷德敗其衆三萬於澤州。澤、潞平，以功加同平章事。李重進反，復命守信討重進，兼知揚州行府事。太祖親征，守信馳奏：「城中危迫，破在昕夕，大駕親臨，可一鼓而平。」太祖從之，即日克其城。移鎮天平〔六〕，兼侍衛馬步軍都指揮使。建隆三年，請解軍職〔七〕，太祖許之。

守信每入朝，宴賜甚渥，加兼侍中。太平興國初，加中書令，爲河南尹。從征幽州，坐失律，責授崇信軍節度使、兼中書令，尋封衛國公，徙鎮陳州。卒，年五十七〔八〕。贈尚書令，追封武威郡王，謚曰武烈。子保興、保吉。

保興字光裔，本名保正，太祖爲改之。以蔭補供奉官，稍遷至團練使。雍熙初，契丹寇邊，保興爲澶州前軍駐泊。徙銀、夏、綏、府都巡檢，常巡案罨子砦並黑水河〔九〕，趣谷中，戎人數千騎度河邀戰。保興伏兵於河滸，俟其半度，急擊之。其後數與戎人戰，有功，積官至棣州防禦使。卒，年五十八〔一〇〕。子元孫。

保吉字祐①之，尚太祖女延慶公主，拜左衛將軍、駙馬都尉，領愛州刺史，以軍功擢至朔州觀察使。守信卒，起復，爲威塞軍節度使。知河陽、大名府，改橫海、安國二鎮。

真宗即位，徙鎮保平。景德初，又徙武寧，加同平章事。契丹入寇，真宗將幸澶淵，先遣保吉與李繼隆爲排陣使〔一一〕，對壘以待。而虜騎數萬至城下，保吉不介馬而馳當其前鋒，虜引去。既而虜請盟，真宗錫宴射於行營，謂繼隆等曰：「北虜自古爲患，今得其畏威服義，息戰安民，皆卿等力也。」保吉曰：「臣受命御寇，上稟成筭。至於布列行陣，指授方略，皆出於繼隆。」繼隆亦曰：「宣力用心，躬率將士，臣不如保吉。」真宗嘉其能謙，寵賜甚厚。改鎮鎮安。卒，贈中書令，謚曰壯武〔一二〕。

保吉有武幹，奕世將相，家積不貲，而治生射利，所至侵擾。其鎮大名也，葉齊、查道皆知名士，保吉悉命械

①祐：朱校本作「佑」。

頸而督運，物論非之。先是，守信鎮宛丘，年五十七而卒。保吉繼居是鎮，及其卒也，年復與之同，人皆異之。

元孫字善長〔一三〕，以守信恩補供奉官。久之，爲閤門祇候，遷如①京副使，累擢至邕州觀察使、鄜延路副總管〔一四〕。會趙元昊反，陷金明砦，元孫與劉平戰於三川口〔一五〕，爲賊所執。仁宗以爲已死，贈忠正軍節度使。及元昊納款，乃得歸。言者請誅②其辱國之罪，仁宗貸之，安置全州。後還京師，卒，年七十二。

王審琦字仲寶，河南人也〔一六〕。漢乾祐初，得隸周太祖帳下，爲鐵騎指揮使。世宗征劉崇，以功領勤州刺史。審琦沉毅善謀，所至有政績。世宗征淮，舒州堅壁不下，以郭令圖爲刺史，命審琦、司超將兵攻城，一夕拔之。令圖入，復見逐於郡人。審琦方進軍援黄州，聞令圖被逐，乃選輕騎銜枚襲城，夜敗其衆，而復納之。遂以兵破紫金山〔一七〕。世宗圍濠梁，審琦先拔其水砦，乃降。及攻楚州，審琦謂城陷淮人必遁，因設伏以待之，果如其言。審琦仕周，累遷至睦州防禦使。

宋興，擢爲殿前都指揮使、泰寧軍節度使。從征李筠，改鎮義成〔一八〕。討李重進也，副石守信將前軍。出鎮忠正，在鎮八年，寬簡便民。屬邑令有以罪黜縣胥者，僚佐以爲令不先白，是輕主帥也，請詰其罪。審琦曰：「五代以來，諸鎮暴横，令宰之職，不振久矣。能斥黜吏，是可嘉也。」聞者嘆伏。從征太原，改鎮許州，加同平章事。卒，年五十〔一九〕。贈中書令，追封琅琊郡王。

①如：覆宋本、四庫本作「知」。錢校云：「初印本、舊鈔本『知』俱作『如』，與《宋史》合，剜改非。」

②誅：覆宋本、四庫本作「治」。朱校本作「誅」。

審琦素不善飲，太祖宴之於後苑，祝之曰：「審琦布衣之舊，方共享富貴。酒者，天之美禄也，何惜不令飲之？」祝已，謂審琦曰：「天必賜卿酒量，試爲吾飲之。」審琦受詔，連十數爵無它苦。自此侍宴必引滿，及歸私家即不能飲，或强飲輒病也。子承衍。

承衍字希甫，尚太祖女昭慶公主，是謂秦國賢肅公主，拜左衛將軍〔二〇〕、駙馬都尉，遷恩州刺史，加防禦使。太平興國初，遷應州觀察使，授彰國軍節度使。契丹入寇，出知天雄軍。端拱初，徙鎮永清，再知天雄。真宗即位，改鎮護國。卒，年五十二〔二一〕。贈中書令，謚曰恭肅。

承衍善騎射，曉音律，好吟詠。以功臣子尚主，貴顯，擁富貲，厚自奉養，而性吝嗇，爲世所鄙。子世融，終内園苑使〔二二〕。世融之子克臣〔二三〕，以進士第。元豐中，爲工部侍郎，終龍圖閣直學士。子師約，尚燕國公主〔二四〕，拜駙馬都尉。英宗以前，公主廢舅姑之禮，主婿輒升行齒諸父。英宗以爲廢人倫，不可爲天下法，思所以釐正之。神宗即位，推原英宗意，下詔公主出降皆行見舅姑禮。公主以禮見舅姑，自此始。師約官至保平軍留後，謚曰恭惠。子殖，亦尚神宗女惠國公主。

符彦卿字冠侯，陳州宛丘人也。父存審，後唐宣武軍節度使，《五代史》有傳〔二五〕。彦卿年十三，能騎射。事莊宗於太原，以其謹厚，令出入卧内。莊宗滅梁，以爲散員指揮使。郭從謙之亂，莊宗左右皆引去，惟彦卿力戰，殺十餘人。莊宗崩，彦卿慟哭而去。天成中，以吉州刺史討王都於定州，改慶州刺史。晉天福初，拜同州節度使。出帝時，爲河陽三城節度使。契丹入寇，彦卿拒戰於澶淵。虜騎數萬圍高行周於鐵丘，諸將相顧，無敢當其鋒，彦卿引數騎①力戰，虜解去，行周賴以免。移鎮許州，封祁國公。與杜重威、李守貞經略北鄙，遇契丹主，圍之於陽城，衆十餘萬，諸將無鬭志。彦卿曰：「與其束手就擒，曷若與之力戰。」諸將然之。彦卿大敗其衆，契丹主乘橐駝而遁，車帳兵械悉爲彦卿所獲。改鎮武寧，加同平章事。

契丹滅晉，彦卿遂歸於契丹。契丹主以陽城之敗詰責彦卿，對曰：「臣事晉，不敢愛死，今日惟命。」契丹主笑而釋之。徐、宋多盜，契丹主遣彦卿歸鎮。漢高祖入汴，彦卿來朝，改鎮兖州，加侍中兼中書令，封魏國公，拜太保，移鎮青州。周太祖封彦卿爲淮陽王，鎮鄆州，徙鎮天雄，進封衛王。世宗時，拜太傅，改封魏王。恭帝即位，加太尉。

宋興，遷太師，移鎮鳳翔，被病肩輿赴鎮。至西京，上言疾亟，假滿百日，受奉如故，爲御史所糾，於是罷節度使。彦卿退居於洛，八年間，乘小車騶遍遊佛寺名園，人伏其曠達。性不飲酒，謙恭待士，對賓客清談終日，不及世務。爲將有謀善戰，所得奉賜皆分給士卒，故人樂爲之用。卒，年七十八〔二六〕。

周世宗二后、太宗懿德皇后〔二七〕，皆彦卿女也。自周及太祖朝，賜詔不名，近代貴盛無與爲比。子昭信，賀州刺史；昭厚〔二八〕，天雄軍防禦使；昭壽，鳳州團練使，爲益州鈐轄。

昭壽遊宴無度，不能御軍。神衛卒趙延順以衆怨昭壽信用親僕搒箠軍人，謀害昭壽。咸平三年正旦，中使來，昭壽戒馭吏具鞍馬將送之，卒乃縱廄中馬，陽逐而縶之。喧擾之際，延順率其衆殺昭壽及其僕。都監王澤聞變，召都虞候王均擒延順及其黨，不能獲，乃推均爲首。知益州牛冕出奔漢州，都巡檢使劉昭榮與均戰，死之。均遂僭號大蜀，建元化順。是歲，王師討平之，追斬均於富順監。

①數騎：《隆平集》卷一六、《宋史》卷二五一《符彦卿傳》並作「數百騎」。

王景，萊州人也〔二九〕。少爲盜，梁大將王檀鎮滑臺，以景隸麾下。莊宗入汴，景挺身來降，仕唐至奉國都虞候〔三〇〕。清泰末，從張敬達圍晉陽，會契丹來援，景以所部歸晉，授相州刺史，遷耀州團練使。契丹入寇，景與高行周破之於戚城，累遷至横海軍節度使。契丹犯京師，用其黨爲帥以代景。景還至常山，聞契丹主耶律德光死，即間道歸漢。乾祐初，加同平章事。

周太祖與景有舊，及即位，加侍中，爲護國軍節度使，移鎮鳳翔。顯德初，封褒國公，加兼中書令。世宗命景與向拱率兵討蜀，大破蜀軍於上邽，遂降秦州。逾年，徙鎮秦州。恭帝即位，封涼國公。國初，加太保，封太原郡王，復以爲鳳翔節度使。卒，年七十五。贈太傅，追封岐王，謚曰元靖。

初，景之奔晉也，妻坐誅。晉高祖問所欲，對曰：「臣昔爲卒，過官妓侯小師家，意慕之。今妻被誅，誠得小師爲妻，足矣。」後封楚國夫人。景性謙退，折節下士。每朝廷使至，雖卑位皆送迎，周旋盡禮。左右曰：「王位崇，不宜過自損抑。」景曰：「人臣重君命也。」初封王，朝廷以吏部尚書張昭爲使，景尤加禮重。左右又以爲言，景曰：「我在行伍間，已聞張尚書名。今使於我，是國家厚我也。」

子廷義①、廷睿、廷訓。廷義仕至横州團練使。從征太原，中流矢而卒。廷義性驕傲，好夸誕，每言：「我當代王景之子。」聞者笑之，時目爲「王當代」。景所莅鎮，廷睿爲牙内指揮使，尤驕恣。景以其母被戮，心憐之。廷睿或小不如意，必號泣曰：「還我母，安用富貴？」景不復問，家財恣其所用。過華陰，墜馬而死。廷訓仕至

①廷義：原作「廷乂」，係避宋太宗名諱改字，據覆宋本、四庫本及《宋史》卷二五二《王景傳》回改。下同改。錢校云「『廷義』字凡三見」。朱校本作「廷乂」。

左驍衛將軍。

王晏，徐州滕人也〔三一〕。家世力田。少爲盜，應募隸禁軍，累遷奉國小校。晉末，與都校趙暉、侯章戍陝州，遂歸於漢。高祖甚喜，即授以節度使〔三二〕。及入汴，加同平章事。漢亡事周，改鎮武寧，封滕國公，因其鄉里以榮之也。

太祖受命，進封趙國公。徙鎮安遠，改封韓國公。請老，以太子太師致仕。卒，年七十七〔三三〕。贈中書令。

王彦超字德昇，大名臨清人也〔三四〕。少事魏王繼岌，繼岌死，乃仕晉爲刺史，仕漢爲復州防禦使。契丹入寇，爲行營馬步左廂都排陣使。從周太祖入汴，湘陰公贇牙校鞏廷美以贇不得立，據徐州以拒。周太祖拜彦超武寧軍節度使以討之。又與王峻拒劉崇於晉州，改建雄、河陽三城、河中三鎮。顯德初，加同平章事，屢破劉崇之衆，拜忠武軍節度使兼侍中。宰相李穀①征淮南，以彦超將前軍，敗淮人於壽州城下。淮人水陸來援，穀退保正陽，淮人躡其後。會李重進兵至，合執急擊，大敗之，逐北二十餘里。師旋，徙鎮永興，移鳳翔。

國初，加中書令。太祖與彦超宴射於作坊，酒酣，謂彦超曰：「卿昔在復州，朕往依卿，何不納我？」彦超頓首曰：「蹄涔之水，豈足以安神龍？陛下當日不留滯於小郡者，天也。」太祖大笑。未幾，復鎮永興，又爲鳳翔節度使，入爲右金吾衛上將軍。太平興國中，封邠國公。彦超語所親曰：「人臣七十致仕，古之制也。我今六十九矣，自當知止足之分。」明年，遂請老，拜太子太師致仕。卒，年七十三〔三五〕。贈尚書令。

①李穀：原作「李穀」，據覆宋本、四庫本及《宋史》卷二六二《李穀傳》改。下同改。

彥超温和恭謹，領九鎮，所至民安之，而能引年告老，爲當世所重。始，彥超自鳳翔來朝，與諸將俱侍宴，太祖謂曰：「卿等皆國家宿舊，久臨劇鎮，非朕所以優賢之意。」彥超曰：「臣無勳勞，久冒榮寵，願乞骸骨以歸。」諸將競陳宿昔戰功及履歷難苦，太祖曰：「此異代事，何足論？」翌日，皆罷鎮，時論以此許之。

武行德，太原榆次人也。身長九尺餘，氣貌洪偉。少負薪，道遇晉高祖。高祖見其魁梧，甚奇之，因留之帳下，仕晉爲寧國軍都虞候。

契丹犯京師，行德陷於契丹，僞請自效。因遣送將校數十百，護所取尚方鎧甲還胡中。至河陰，行德謂衆曰：「我與若等能爲異域鬼耶？」衆素伏其威名，皆曰惟命。遂攻孟州，走其節度使崔延勳，悉以府庫分諸校，而權領州事。遣其弟行友詣太原勸進，漢高祖喜，因來河陽依行德。行德以兵翼至京師，授河陽三城節度使，加同平章事。移鎮成德。

周廣順初，加兼侍中，改鎮忠武。封譙國公，兼中書令。改封邢，徙鎮武寧。世宗征淮，行德坐失律，左遷右衛大將軍〔三六〕。尋授保大軍節度使，封宋國公。

國初，改封韓，再鎮忠武，移安遠。召爲太子太傅。卒，年七十二〔三七〕。贈太師。

楊廷璋字温玉，真定人也。父洪裕，少漁貂裘陂，有以二石雁授之者，其翼一掙左，一掙右，曰：「吾北嶽使也。」言訖不知所之。是歲生女，爲周太祖淑妃。明年而廷璋生，廷璋以淑妃故得賜官，初爲右飛龍使，稍遷皇城使。

世宗即位，拜左驍衛大將軍、宣徽北院使，除建雄軍節度使。隰州闕守，乃請監軍李謙溥攝州事。謙溥至隰，并人來圍其城，或請速救之，廷璋曰：「賊遽至，必未攻城。」乃募死士百餘人，潛諭謙溥相應。夜銜枚擊之，并人大潰，逐北數十里。

國初，荆罕儒監晉州兵，疑廷璋周之近親，欲圖之，見必懷刃。而廷璋接以至誠，卒不敢發。初，周太祖嘗諭廷璋圖涇帥史懿，廷璋屏左右，示以詔書，懿受代入朝，遂免禍。時論以罕儒不能加害，爲若有施報也。未幾，廷璋自鎮來朝，授静難軍節度使，移鄜州。代還，爲左千牛衛上將軍。卒，年六十〔三八〕。

郭從義字德基，其先沙陁人也。父古〔三九〕，仕後唐，賜姓李氏。古卒，從義尚幼。明宗時，從義官至内園使。仕晉爲宿州團練副使，復姓郭云。

契丹入寇，漢高祖將建國，從義首贊其謀。漢興，爲鄭州防禦使，拜鎮寧軍節度使。趙思綰以永興叛，命從義討之。師次潼關，河中李守貞來援，從義大破之，遂圍思綰。拜永興軍節度使。思綰困甚，從義遣人誘之，佯許以華州節鉞。思綰信之，遂開門送款。從義入城，思綰謁見，即遣武士執之，並其黨斬於市，以功加同平章事。周初，加侍中，移鎮許州，改鎮天平。世宗北征，以從義副符彦卿，充排陣使。世宗還京師，加兼中書令，又改鎮武寧。

乾德初，拜護國軍節度使，來朝。太祖召於便殿擊鞠①，從義易衣跨馬〔四〇〕，精心呈技，以卜太祖之知。及罷，命升殿賜坐，太祖謂曰：「卿之技誠妙矣，然非將相所爲也。」從義大慙。爲右金吾衛大將軍〔四一〕。請老，以太子太師致仕。從義爲將有謀略，爲人持重，博通技藝，善飛白書。卒，年六十四〔四二〕。贈中書令。

①鞠：覆宋本、四庫本作「踘」。錢校：「踘，俗字，初印本、舊鈔本俱作『鞠』，剜改非。」

臣稱曰：唐季以來，至於五代，藩鎮之禍烈矣。宋興，令坤、從義、彥卿握重兵在河北，守信、審琦、彥超等以宿將處方鎮，而數子者識歷數之攸在，知天命之有歸，故號令一出，莫不稽首聽命。或納節以備宿衛，或請老而知止足，使藩鎮之禍泯然而不作，克保功名，長守富貴。雖太祖之善御豪傑，而亦數子者能擇其禍福輕重而審處之，斯可以言智矣。

【箋證】

〔一〕武定軍節度使：《宋史》卷二五一《韓令坤傳》作「定武軍節度」。

〔二〕卒年四十六：《宋史》卷二五一《韓令坤傳》：「乾德六年，疽發背卒，年四十六。」《長編》卷九繫其卒於開寶元年四月戊午。

〔三〕遷親衛左第一軍都指揮使：《宋史》卷二五〇《石守信傳》作「遷親衛左第一軍都校」。

〔四〕自江州防禦使拜義成軍節度使：《宋史》本傳云：「以功遷殿前都虞候，轉都指揮使，領洪州防禦使。恭帝即位，加領義成軍節度。」

〔五〕遷侍衛馬步軍副指揮使改鎮歸德：《宋史》本傳云：「遷侍衛馬步軍副都指揮使，改鎮歸德軍節度。」《長編》卷一建隆元年正月辛亥：「石守信自義成節度使、殿前都指揮使爲歸德節度使、侍衛馬步軍副都指揮使。」《事略》蓋脱「都」字。

〔六〕移鎮天平：《宋史》本傳作「建隆二年，移鎮鄆州」，《長編》卷二建隆二年七月「庚午，以侍衛都指揮使、歸德節度使石守信爲天平節度使」，《宋史》卷八五《地理志一》：「東平府，東平郡，天平軍節度，本鄆州。」

〔七〕建隆三年請解軍職：《長編》卷三載建隆三年九月「戊午，天平節度使、侍衛馬步軍都指揮使、同平章事石守信表解軍職，許之，特加爵邑」，《宋史》本傳謂「乾德初……乞解兵權」，誤。

〔八〕卒年五十七：《宋史》本傳作「（太平興國）九年卒，年五十七」。《宋會要輯稿》禮四一之四九載「鎮安軍節度使、守中書令石守信」卒於「九年六月」。

〔九〕晻子砦：《宋史》卷二五〇《石守信傳》附《保吉傳》作「罨子砦」，疑《事略》「晻」當作「罨」，《山堂肆考》卷七九引《事略》正作「罨」。

〔一〇〕卒年五十八：《宋史·保吉傳》：「（咸平）五年，以疾求歸京師。未幾卒，年五十八。」

〔一一〕先遣保吉與李繼隆爲排陣使：《宋史·保吉傳》作「命與李繼隆分爲駕前東西面都排陣使」。

〔一二〕卒贈中書令謚曰壯武：《隆平集》卷一八：「大中祥符三年卒，贈中書令，謚壯武。」《宋史·保吉傳》：「明年，保吉卒，年五十七。贈中書令，謚莊武。」《長編》卷七三大中祥符三年四月壬子「鎮安節度使、同平章事、駙馬都尉石保吉卒於京師」，「廢朝三日，贈中書令，謚莊武」，《宋會要輯稿》禮五八之一〇四載其「謚忠武」。

〔一三〕元孫字善長：《隆平集》卷一九同。《宋史》卷二五〇《石守信傳》附《元孫傳》云：「元孫字善良，始名慶孫，避章獻太后祖諱易之。」

〔一四〕累擢至邕州觀察使鄜延路副總管：《宋史·元孫傳》：「歷侍衛親軍步軍殿前都虞候、鄜延副都總管、緣邊安撫使，遷邕州觀察使。」《隆平集》卷一九：「累擢至邕州觀察使、鄜延路副都總管兼安撫使。」《宋史》所述歷官次序不同，而《事略》「總管」前當脱「都」字。

〔一五〕元孫與劉平戰於三川口：據《宋史·元孫傳》：「康定初，夏人寇延州，元孫與戰於三川口。」《事略》卷五《仁宗紀》：「元昊圍延州，劉平、石元孫與賊戰於三川口。」本句似當作「元孫、劉平與戰於三川口」，方無歧義。

〔一六〕河南人：《宋史》卷二五〇《王審琦傳》作「其先遼西人，後徙家洛陽」。

〔一七〕遂以兵破紫金山：《宋史》本傳作「又破唐軍於紫金山」。

〔一八〕改鎮義成：《宋史》本傳作「改領武成軍節度」，據《宋會要輯稿》兵七之二三載：「太祖建隆元年九月，以淮南節度使李重進叛，又命石守信爲揚州行營都總管兼知揚州行府事，殿前都指揮使、義成軍節度使王審琦副之。」與下文「副石守信將前軍」合，作「義成」是。

〔一九〕卒年五十：《宋史》本傳：「（開寶）七年卒，年五十。」《長編》卷一五開寶七年八月「甲午，忠武節度使、同平章事、贈中書令、瑯琊正懿王王審琦卒」。

〔二〇〕左衛將軍：《宋史》卷二五〇《王審琦傳》附《承衍傳》作「右衛將軍」，《宋會要輯稿》帝系八之七：「魏國大長公主，開寶三年封昭慶，降左衛將軍王承衍。」

〔二一〕卒年五十二：《宋史・承衍傳》：「咸平六年……卒，年五十二。」

〔二二〕終内園苑使：《長編》卷一〇六天聖六年二月載「降内園副使世融爲内殿承制，監虢州税」，張守《資政殿大學士左光禄大夫王公墓誌銘》（《毗陵集》卷一三）載王綯「曾祖世融，内園副使，贈太子太保」，則《事略》「内園苑使」當作「内園副使」。

〔二三〕克臣：張守《資政殿大學士左光禄大夫王公墓誌銘》作「克存」。

〔二四〕尚燕國公主：《宋史》卷二五〇《王審琦傳》附《師約傳》作「尚徐國公主」。《長編》卷一〇八治平三年五月「丁丑，屯田員外郎王克臣子孝莊爲右屯衛將軍、駙馬都尉，賜名師約，以尚德寧公主故也」。德寧、徐國、燕國公主實同一人，《宋會要輯稿》帝系八之二六：「魏、楚國大長公主。嘉祐八年五月封德寧。治平三年五月，進封徐國，降左衛將軍王師約。四年正月，進陳國長公主。元豐八年薨，追封燕國大長公主，謚惠和。」

〔二五〕五代史有傳：《符存審傳》，見《舊五代史》卷五六、《新五代史》卷二五。

〔二六〕卒年七十八：《宋史》本傳：「（開寶）八年六月卒，年七十八。」《隆平集》卷一六作「卒年七十六」。

〔二七〕周世宗二后：《宋史》本傳作「周世宗宣懿皇后」。（清）嵇璜《續通志》卷二九八注云：「按《五代史・周家人傳》，宣懿皇后崩於世宗時；宋初遷西宮，號周太后，淳化四年卒者，后妹也。世宗二后，皆彦卿女。《宋史》本傳止載宣懿，今改補。」

〔二八〕昭厚：《宋史》本傳載「子昭信、昭愿、昭壽」，不載昭厚。又附《昭愿傳》載「咸平初，又爲天雄軍、邢州二鈐轄」，三年「拜本州防禦使」，與《事略》所載昭厚「天雄軍防禦使」履職相符，疑「昭厚」當爲「昭愿」之誤。

〔二九〕王景萊州人也：《宋史》卷二五二《王景傳》：「王景，萊州掖人。」《隆平集》卷一七：「王景字象珍，東萊掖人。」

〔三〇〕奉國都虞候：《宋史》本傳作「奉聖都虞候」。

〔三一〕王晏徐州滕人也：《隆平集》卷一七：「王晏字鎮時，徐州人。」

〔三二〕高祖甚喜即授以節度使：《宋史》卷二五二《王晏傳》：「時漢祖雖建號，威聲未振，得晏等來歸，甚喜，即日以暉爲保平軍節度，章爲鎮國軍節度，晏爲絳州防禦使，仍領舊職。既而暉等表晏始謀功爲第一，遷建雄軍節度。」《事略》云「即授以節度使」，不確。

〔三三〕卒年七十七：《宋史》本傳：「乾德元年，……拜太子太師致仕。……四年冬卒，年七十七。」《宋會要輯稿》禮四四之一二載乾德四年十一月，「太子太師致仕王晏」「賜絹五百疋」，《隆平集》卷一七云「建隆初，以上將軍致仕，卒」，似誤。

〔三四〕大名臨清人：《隆平集》卷一七作「魏郡人」。

〔三五〕卒年七十三：《宋史》卷二五五《王彦超傳》：「雍熙三年卒，年七十三。」

〔三六〕行德坐失律左遷右衛大將軍：《宋史》卷二五二《武行德傳》：「率師屯定遠以逼其城，爲吴人所敗，死者數百人，行德以身免，左授右衛上將軍。」

〔三七〕卒年七十二：《宋史》本傳：「太平興國三年，以本官致仕。四年卒，年七十二。」

〔三八〕爲左千牛衛上將軍卒年六十：《宋史》卷二五五《楊廷璋傳》：「開寶二年，召爲右千牛衛上將軍。四年卒，年六十。」《宋會要輯稿》禮四一之五三載「右千牛衛上將軍楊廷璋」，開寶「四年十月，輟二日」；《長編》卷一〇載，開寶二年九月庚子「（白）重贇爲左千牛衛上將軍，廷璋爲右千牛衛上將軍」。疑《事略》「左千牛衛」當爲「右千牛衛」之誤。

〔三九〕父古：《宋史》卷二五二《郭從義傳》作「父紹古」。

〔四〇〕易衣跨馬：《宋史》本傳作「易衣跨驢」。

〔四一〕爲右金吾衛大將軍：《宋史》本傳作「開寶二年，改右金吾衛上將軍」。《長編》卷一〇載開寶二年九月庚子「從義爲左金吾衛上將軍，（王）彦超爲右金吾衛上將軍」，《宋會要輯稿》職官三八之一亦載「從義爲左金吾衛上將軍」。疑《事略》《宋史》作「右金吾衛」及「大將軍」有誤。

〔四二〕卒年六十四：《宋史》本傳作「（開寶）四年卒，年六十三」。

東都事略卷第二十

列傳三

慕容延釗字化龍，太原人也。父章，開州刺史。延釗少以勇敢聞。漢高祖之起也，周太祖爲其佐命，以延釗隸帳下。世宗即位，領溪州刺史。高平之戰，以功遷團練使，拜睦州防禦使。從世宗征淮南，爲殿前都虞候。與宋延渥大破其軍。淮南平，遷殿前副都指揮使、淮南節度使。徙鎮鎮寧，爲殿前副都點檢。

太祖受禪，延釗時握重兵，屯真定。太祖諭旨，聽以便宜從事。延釗與韓令坤率所部兵巡邊，一方以安。太祖深德之，加殿前都點檢、同中書門下二品，以其父名章，不曰平章事也。李筠叛，命延釗與王全斌討之，俄知潞州行府事。澤、潞平，加兼侍中。請解軍政，徙山南東道節度使。王師南征，延釗將行營前軍。時延釗被疾，詔令肩輿即戎事，遂平定荆、湘。是歲卒，年五十六〔一〕。

延釗與太祖友善，太祖任殿前都點檢①，延釗爲副，常兄事延釗。及即位，猶呼爲兄。洎寢疾，御封藥以賜。聞其卒，軫悼尤甚。贈中書令，追封河南郡王。

李處耘字正元，潞州上黨人也。父肇，仕後唐爲軍校。討王都於定州，會契丹來援，力戰死。晉末，處耘尚幼，隨兄處疇至京師，遇張彦澤之暴。處耘善射，獨當里門，殺數十人，里中賴之。

①點檢：原作「點撿」，官名，玆據《宋史》卷一六六《職官志》統作「點檢」。下徑改。

漢初，隨折從阮於府州。後從阮歷鄧、滑等節度，悉委處耘以軍政。李繼勳鎮河陽，補處耘右職。繼勳罷，世宗以處耘隸太祖帳下，爲都押牙〔二〕。會太祖北征，至陳橋，處耘見軍中謀欲推戴，遂召馬仁瑀、李漢超等入白太祖，太祖拒之。既而諸軍大譟，入驛門，處耘臨機決事，謀無不中。太祖奇之，授客省使兼樞密承旨。從平澤、潞，遷宣徽北院使。討李重進，爲行營兵馬都監。賊平，以處耘知揚州①，有善政。拜宣徽南院使、樞密副使。周保權乞師討張文表，太祖命處耘與慕容延釗赴之，以處耘爲都監。師次江陵，高繼沖請舉族歸朝，即引兵趨湖、湘，大破賊於三江口。又遇賊帥張從富於澧江南，擊敗之。逐北至敖山砦，賊棄砦走，俘獲甚衆。既而延釗大軍至，州人大懼，縱火焚州城而潰。保權幼，爲大將汪端所劫，藏於江之南岸僧寺中。處耘遣麾下將田守奇帥師度江獲之，磔於市。遂入潭州，盡得荆湖之地。坐與延釗不協，責淄州刺史。卒，年四十七〔三〕。贈宣德軍節度使。

處耘多機謀，常以功名自任，自以受太祖非常之遇，思有以報，故臨事勇於敢爲，遂至於貶。朝廷以延釗宿將，乃獨罪處耘，而處耘終不自辨。太宗明德皇后，處耘女也。累贈處耘韓王。

子繼隆、繼恂、繼和。繼恂官至洛苑使、順州刺史。處耘兄處疇至作坊使，有子繼凝，終樞密直學士。

繼隆字霸圖，以父任爲供奉官。常從宦於蜀，還涉危棧，身與馬皆墜絶澗十餘丈而不傷。又更戍邵州，至長沙遇蠻寇，手足中藥箭，得良藥而愈。曹彬平江南〔四〕，太祖謂曰：「昇州平，可持捷書來。」時内侍十數輩，皆伺城陷獻捷。會有機事當入奏，繼隆請行。太祖以城未下怪其來，繼隆奏曰：「途遇大風，天地冥晦，城破之兆

①揚州：原作「楊州」，據覆宋本、四庫本改。下同改。

也。」翌日捷奏聞，太祖語之曰：「昇州城已破，如汝所言矣。」江南將盧絳擁兵數萬，繼隆以威信諭之，乃降。江南平，遷莊宅副使，改六宅使。

太宗征太原，討幽州，圍范陽，繼隆皆與焉。又從崔翰戰徐河，從潘美出代北，皆有功。李繼遷叛，命繼隆擊之，屢破繼遷之衆，改環州團練使。從曹彬北伐，繼隆獲虜貴臣一人。彬欲上其功，繼隆力止之。俄諸將兵敗，獨繼隆振旅成列，虜不敢犯，即以繼隆知定州。有敗兵數萬集城下，繼隆給券，俾各持詣所隷。太宗嘉其有謀。

端拱初，累加至侍衛馬軍都指揮使，領保順軍節度使，出帥定州。三年，送芻粟入威虜軍〔五〕，虜騎八萬邀繼隆，繼隆以萬人敗之，追奔過徐河十餘里。初，詔止令堅壁清野，繼隆曰：「閫外之事，將帥得裁也。」中黄門杜延壽止之不能，故成功〔六〕。詔廢威虜軍，繼隆謂：「梁門爲北面保鄣，不可廢也。」遂復城守。召還，改鎮定難〔七〕。

時夏州趙保忠與繼遷連謀，朝廷患之，命繼隆將河西行營之師以討之。既而繼遷遁，擒保忠以獻。於是諸將請誅保忠及出兵追賊，繼隆曰：「保忠机上肉耳，當請於天子。今繼遷遁去，千里窮磧，難於轉餉，宜養威持重，未易輕舉。」諸將皆伏其言。

至道二年，白守榮、馬紹忠①等送糧靈州，爲賊所邀，敗於洛河〔八〕。太宗聞之怒，亟以繼隆出環州，取東關鎮，由赤檉、苦井路赴之。繼隆以所出道遠乏水，請由橐駞路徑趣賊之巢穴。太宗遣周瑩齎詔切責，瑩未至，繼隆已出軍，行十餘日，不見賊而還。諸將失期，繼隆乃奏轉運使陳緯、梁鼎之乏興②〔九〕，並坐免官。繼隆嘗受詔由旱海護靈州軍糧，繼隆固執由古原州蔚茹河爲便，太宗從之。乃帥師以進，壁古原州，是爲鎮戎軍。

①馬紹忠：原作「馬繼忠」，按本書卷一二七《附録五》、《宋史》卷二五七《李處耘傳》附《繼隆傳》、《長編》卷一三一並作「馬紹忠」，據改。
②乏興：覆宋本、四庫本作「乏糧」。

真宗即位，改鎮安軍節度使。召還，加同平章事，徙鎮山南東道，判許州。景德初，契丹入寇，逾魏至河上。真宗親征，命繼隆爲排陣使，先赴澶州。契丹數十萬逼州北城〔一〇〕，繼隆與石保吉大破之，强弩斃其貴將順國王撻覽，追奔數十里〔一一〕。及車駕至，幸北門觀兵，召見勞問，見其部伍嚴整，嘆息久之。撻覽既死，契丹懼，遂請和。加開府儀同三司。卒，年五十六〔一二〕，贈中書令，謚曰忠武。乾興初，配享真宗廟廷。繼隆性沉厚，御下甚嚴，好讀《左氏春秋》，賓禮儒士。子昭亮。

繼和字周叔，少以蔭補供奉官，三遷洛苑使。

初，繼隆請城鎮戎軍，朝廷疑之，繼和奏曰：「平凉山川險阻，旁扼夷落，爲中華襟帶，城之便。」太宗許之。後復不能守，繼和又以爲言，遂城之，以繼和知軍事。李繼遷擾邊，繼和上言：「鎮戎軍爲涇、原、儀、渭北面扞蔽，又爲環、慶、原、渭、儀、秦熟户所依，今置此城以扼賊要路，臣慮議者以調發芻糧擾民爲言。且此軍所費，止出四州，地里匪遥，輸送甚易。又守邊之臣，内憂家屬之窘匱，外憂姦邪之憎毁，欲其奮不顧身，令出惟行，不可得也。臣聞李漢超守關南，屬州錢七八①萬貫，悉以給予，非次犒賚，動及千萬。漢超猶私販榷②場，規免征税，當時有以此事達於太祖者，即詔漢超私物所在，悉免關征。故漢超居則營生，戰則誓死，太祖之世，一方爲之安静。方今如漢超之才，固亦不少，願以太祖爲法，選擇英傑，使守靈武，高官厚禄不吝與之，乃可保必勝之功。又朝廷禁青鹽，甚爲允愜，斯困賊之良策也。」

①七八：覆宋本、四庫本作「七千」，誤。《長編》卷五〇、《宋史》卷二五七《李處耘傳》均作「七八」。
②榷：原作「推」，據錢校云「『推』當作『榷』」，並據《宋史》本傳改。

咸平五年，繼和領兵殺衛埋族於天麻〔一三〕，自是隴山外諸族皆恐懼内附。繼和因請移涇原帥臣於鎮戎，以壯軍勢，又請開道環、延爲應援。真宗嘉之，爲并代鈐轄。契丹入寇，繼和領兵赴趙州，躡其後。契丹請和，復還并代，遷西上閤門使。未幾，擢殿前都虞候，領端州防禦使。卒，年四十六〔一四〕。

昭亮字晦之，四歲，補供奉官。父繼隆北征，昭亮尚幼，遣持詔軍中，問方略及營陣衆寡之勢，還奏稱旨，累擢西上閤門使。仁宗即位，進東上閤門使、知代州。又知定州，徙瀛州〔一五〕。逾年，拜成州團練使，遷寧州防禦使，徙定州，改延州觀察使，拜感德軍留後，爲秦鳳路副都總管。徙永興軍路，又徙天雄軍，道除殿前副都指揮使，尋知代州，徙真定路都總管。

保州兵據城反，昭亮往諭以禍福，因稍稍縋城下，官軍遂入城。以功拜懷康軍留後、知定州。明年，拜武寧軍節度使、殿前都指揮使。有卒博於都市而撤屋椽相擊者，捕斬之。其軍校連州①刺史宋緒來謝，亦杖之庭下。仁宗祠南郊，有騎卒亡所挾弓。明日，當以赦釋罪，昭亮謂：「宿衛不謹，不可以赦原。」配隸下軍。

慶曆八年，拜宣徽北院使、判河陽，徙延州。加南院使、判澶州，徙并州、成德軍，拜同平章事，判大名府、定州，歷鎮天雄、彰信、泰寧。以疾願還，爲景靈宫使。卒，年七十一。贈中書令，謚曰良僖。昭亮爲人和易，於軍政特嚴，然喜交權貴，頗爲時所非云。

王全斌，太原人也。父爲岢嵐軍使，私蓄武士〔一六〕，唐莊宗疑而召之，懼不敢行。全斌時年十二，謂其父

①連州：覆宋本、四庫本作「隨州」，誤。《長編》卷一五六、《隆平集》卷九並作「連州」。

曰：「上疑父有異志，若以全斌爲質，則釋矣。」父如其言，全斌因得隸莊宗帳下。歷晉、漢、周，以軍功積官至相州留後。

宋興，除安國軍節度使，徙鎮忠武。太祖伐蜀，以全斌將西川行營前軍，率禁兵出鳳州。孟昶遣大將王昭遠焚桔柏江浮橋，退守劍門，全斌遂克利州。全斌謂諸將曰：「劍門天險，古稱一夫荷戈，萬夫莫當，宜各陳進取之策。」侍衛軍頭向韜曰：「來蘇有路，可通劍門。蜀人於江西置砦，對岸有度，自此出劍門二十里，至青彊店〔一七〕，與大路合。可於此進兵，即劍門之險，不可恃也。」全斌然之，命偏將史延德分兵趨來蘇，造浮梁於江上。蜀人見梁成，棄砦而遁。全斌等擊破之，昭遠、彦韜敗走〔一八〕，皆見擒，遂克劍州，殺蜀軍萬餘人。

王師次魏城，蜀主孟昶遣使奉表請降。全斌入成都後十餘日，劉光毅始自峽路至。昶饋光毅等及犒師，並同全斌之至。會詔書頒賚，諸軍亦無差等，由是兩路主帥遂不協。俄詔發蜀兵赴闕，全斌等不時宣行，蜀軍憤怨思亂。軍至綿州，果叛，有衆十萬，自號「興國軍」。全師雄嘗爲蜀將，亂兵推爲帥，攻綿州，又攻彭州，成都十縣皆起兵應師雄。師雄自號「興蜀大王」，開幕府，置僚屬，衆益盛，自是邛、蜀等十七州並隨師雄爲亂。全斌等甚懼，時城中降兵尚二萬餘人，全斌慮其應賊，殺之夾城中。未幾，劉光毅、曹彬破師雄之衆於新繁，擒萬人。師雄退保郫縣，全斌與王仁贍又攻破之，師雄走。虎捷指揮使吕翰爲主將不禮，與師雄黨劉澤合，衆至五萬。仁贍等討吕翰於嘉州，翰敗入雅州。師雄病死於金堂。仁贍又敗吕翰於雅州，翰走黎州，爲下所殺，賊衆始息。

初，全斌之至蜀也，適屬冬杪，京師大雪，太祖設氈帷於講武殿，衣紫貂裘帽以視事，急謂左右曰：「我被服如此，尚覺寒，况征蜀將士乎！」即解裘帽，遣使賜全斌。全斌受賜感泣。於是蜀民訟其掊克，太祖以其新立功，不欲辱以獄吏，令中書問狀，全斌等具伏。隱没金銀、犀玉、錢帛十六萬餘緡，又受僞蜀臣僚賂遺九萬緡。又擅開豐德庫，致失錢二十八萬一千餘緡。太祖令御史臺於朝堂集百官議，於是百官定議，全斌等罪當大辟。太祖貸其死，乃責崇義軍留後。

太祖郊祀洛陽，召全斌侍祠，復武寧軍節度使，謂之曰：「朕以江左未平，慮征南諸將不遵紀律，故抑卿數年，爲朕立法。今已克金陵，還卿旄鉞。」仍賜以銀器萬兩、帛萬匹、錢千萬。全斌至鎮數月卒，年六十九〔一九〕。贈中書令。全斌貶黜凡十年，怡然自得。子審鈞，至崇儀使，以擊賊而死。審鈞子惟志，惟志子凱。

凱字勝之。審鈞既死王事，遂徙居京兆。家富於財，凱日散施結客，與少年馳獵南山下，或逾月不歸。民有訟其踐田苗者，收至府。寇準守京兆，見而奇之，言於朝，以「全斌平蜀之功，而審鈞復死於忠義，當録其後」，遂除凱三班奉職。累擢閤門祇候、鎮定邢趙都巡檢使。趙元昊反，徙監麟州兵，以功遷至武勝軍留後、馬軍副指揮使。卒，年六十六。贈彰武軍節度使，謚曰壯恪。子緘。緘之子詵，字晉卿，尚英宗女蜀國公主〔二〇〕，拜駙馬都尉。詵能詩善畫，官至留後。

王仁贍字子豐，唐州方城人也。少倜儻，不事生業。劉詞爲永興軍節度使，以爲牙校。詞卒，遺奏薦仁贍材可用。太祖素知其名，請於世宗，隸帳下。

宋興，授武德使。乾德二①年，自内客省使拜樞密副使。王師伐蜀，仁贍爲行營前軍都監。蜀平，坐没入生口財貨、殺降兵至②蜀土擾亂，責右衛大將軍。初，大將王全斌貪財貨，不戢軍政，寇盜充斥。太祖知之。及全

①二：原作「三」。按《宋史》卷二五七《王仁贍傳》云：「二年春，召赴闕，擢爲樞密副使。」《隆平集》卷九亦謂「乾德二年，樞密副使」，本書卷二《太宗紀》載王仁贍除樞密副使在乾德二年正月己亥，則本處「三年」顯爲「二年」之誤，據改。

②至：《宋史》本傳作「致」，「至」通「致」。

斌歸闕，太祖召仁贍詰之，仁贍歷詆諸將過失以自解，太祖曰：「納李廷珪女，開豐德庫取金寶，此豈全斌等耶？」廷珪，故蜀將也。

開寶末，領三司使。仁贍在三司僅十年，頗縱吏爲姦利。時副使陳恕任苛察〔二一〕，互持三司短長，仁贍不能勝，責唐州防禦使。仁贍既失權，因怏怏而卒，年六十六。

崔彥進，大名人也。少有膂力，善騎射。漢乾祐中，隸周太祖帳下，累遷至昭州刺史。

國初，從征李筠，爲先鋒，以功遷常州防禦使。遷侍衛步軍都指揮使，領武信軍節度使。王師伐蜀，以彥進副王全斌將行營前軍。蜀平，坐縱部下略玉帛、子女及諸不法事，左遷昭化軍留後。太祖郊祀西洛，彥進來朝，授彰信軍節度使。移鎮河陽。太宗①征太原，詔彥進攻其東，太原平。從征幽州，與曹彬、米信出雄州，王師敗績。坐違彬節度，貶右武衛上將軍。久之，拜保静軍節度使。卒，年六十七〔二二〕。贈侍中。

劉廷讓，其先涿州范陽人也。曾祖仁恭，唐盧龍節度使。祖守文，襲滄州，昭宗授以節鉞。其弟守光囚其父，守文舉兵討之，爲守光所殺。父延進，避難南奔。廷讓少時以勇力聞，周太祖鎮鄴，以隸帳下，仕至涪州團練使。

國初，轉江州防禦使。從征李筠，爲先鋒〔二三〕。改侍衛馬軍都指揮使，領寧江軍節度使。王師伐蜀，命廷讓

①太宗：原作「太祖」。按《宋史》卷二五九《崔彥進傳》：「太平興國二年，移鎮河陽。四年正月，遣將征太原，分命攻城，以彥進與鄆州防禦使尹勳攻其東。」又《長編》卷二〇載，太平興國四年正月庚寅「以宣徽南院使潘美爲北路都招討制置使，河陽節度使崔彥進攻其城東面」，則「太祖」顯爲「太宗」之誤，據改。《宋史》本傳下云「彥進督戰甚急，太祖嘉之」，亦爲「太宗」之誤。

率禁旅，由歸州路進討。將行，太祖以圖示之，指夔鎖江處曰：「至此，我之舟師當止三十里外〔二四〕，以步騎先進，出其不意而擊之。俟其稍却，即以戰棹夾攻之，取之必矣。」於是大敗蜀軍，遂破夔州，進克萬、施、開、忠四州，峽中郡縣悉下。師進次遂州，克之，以府庫賚將士。始，王師之出也，太祖謂曰：「所破郡縣，當傾帑爲朕給戰士，朕所取惟疆土爾。」故人皆效命，所至有功，如席卷①之易。

及蜀平，王全斌等皆坐貪縱左遷，惟廷讓所至秋毫不犯。及全師雄作亂，又與曹彬破之，以功改鎮安軍節度使，徙鎮鎮寧。

廷讓本名光義②，太宗即位，賜今名。入爲右驍衛上將軍。雍熙三年，曹彬敗於岐溝，太宗以廷讓知雄州，徙瀛州。與契丹戰於君子館，我師敗績，契丹遂陷祁、德等州。廷讓詣闕請罪，太宗不之責也，復命知雄州。以病求歸京師，不俟報離屯所。太宗怒，下御史問狀，削奪官爵，流商州。行至華州而卒，年五十九。太宗念之，贈太師。

臣稱曰：自古用兵行師，主帥共事，及其成功，未有無嫌隙者也。延釗、處耘，兵不血刃而平荆、湖，功高矣，由是而生隙。全斌、光義分路伐蜀，朝廷賜予無差等，亦因之而不協。得非以位侔勢逼使之然耶？獨澶淵之役，石保吉與李繼隆不矜其功，更相推遜於上前，爲可嘉也。保吉曰：「布列行陳，指授方略，皆出於繼隆。」繼隆曰：「宣力用心，躬率將士，臣不如保吉。」豈不賢哉！

①席卷：繆校作「卷席」。
②光義：原作「光毅」，係避太宗諱改字，兹據《長編》卷六、《宋史》卷一回改。《宋史》卷二五九《劉廷讓傳》作「字光義」，「字」當作「原名」。

【箋證】

〔一〕是歲卒年五十六：《宋史》卷二五七《慕容延釗傳》作「（建隆四年）是冬卒，年五十一」。《長編》卷四乾德元年閏十二月「乙卯，山南東道節度使、贈中書令、河南郡王慕容延釗卒」，《宋會要輯稿》禮四一之四九載其卒於「乾德元年十二月，輟二日」。

〔二〕都押牙：《宋史》本傳作「都押衙」。

〔三〕卒年四十七：《宋史》本傳：「乾德四年卒，年四十七。」

〔四〕曹彬平江南：《隆平集》卷九《李繼隆傳》作「從曹彬平江南」，《事略》「曹彬」前當脱「從」字。

〔五〕三年送芻粟入威虜軍：《宋史》卷二五七《李處耘傳》附《繼隆傳》作「二年冬，送芻粟入威虜軍」，《長編》卷三〇繫其事於端拱二年七月。《事略》「三年」當爲「二年」之誤。

〔六〕「初詔止令堅壁清野」至「故成功」一段，《宋史》本傳在「出爲定州都部署」之後，「送芻粟」之前。又，「杜延壽」，《宋史》本傳及《長編》卷二九、《太平治迹統類》卷三均作「林延壽」，《事略》蓋從《隆平集》而作「杜延壽」，疑誤。

〔七〕召還改鎮定難：《宋史》本傳：「（淳化）四年夏，召還，太宗面奬之，改領靜難軍節度。」《宋會要輯稿》兵九之一九載：「至道二年四月，以侍衛馬軍都指揮使、靜難軍節度使李繼隆爲環慶靈州清遠軍兵馬都總管。」疑《事略》「定難」當作「靜難」。

〔八〕敗於洛河：《宋史》本傳及《長編》卷一二三、卷一三一、《太宗皇帝實録》卷七七等並作「浦洛河」，《事略》當脱「浦」字。

〔九〕轉運使陳緯：《宋史》本傳作「轉運使陳絳」，考《長編》卷四四、卷四七及《宋史》卷二七七《鄭文寶傳》均作「陳緯」，作「陳絳」誤。

〔一〇〕契丹數十萬逼州北城：《宋史》本傳：「敵數萬騎急攻。」《事略》從《隆平集》，蓋夸張其事也。

〔一一〕追奔數十里：《宋史》本傳作「追奔數里」。

〔一二〕卒年五十六：《隆平集》卷九：「（景德）二年春，加賞進其階邑，命下而卒，年五十六。」《長編》卷五九景德二年二月「癸未，山南東道節度使、同平章事李繼隆卒」。

〔一三〕繼和領兵殺衛埋族於天麻：《宋史》卷二五七《李處耘傳》附《繼和傳》作「繼和領兵殺衛埋族於天麻川」，《長編》卷八三、《宋史》卷四九一《外國・党項傳》均作「天麻川」，《事略》蓋漏「川」字。

〔一四〕卒年四十六：《宋史》本傳：「大中祥符元年卒，年四十六。」

〔一五〕又知定州徙瀛州：《宋史》卷四六四《外戚・李昭亮傳》作「歷知瀛、定二州」，歷官先後與《事略》不同。

〔一六〕私蓄武士：《宋史》卷二五五《王全斌傳》作「私畜勇士百餘人」。

〔一七〕青彊店：《宋史》本傳作「清强店」。宋刻諸書多作「青彊店」或「青强店」，舒仁輝斷爲《宋史》本傳誤書作「清强店」（《〈東都事略〉與〈宋史〉比較研究》第一六九頁），是。

〔一八〕昭遠彥韜敗走：「昭遠」即前所記「大將王昭遠」，而「彥韜」於此首書，失其姓氏。校點本《宋史》本傳前記「大將王昭遠、趙崇韜引兵來戰」，此記「昭遠、崇韜皆遁走」，是。然《新五代史・後蜀世家・孟昶》已書作「昭遠、彥韜」，取自《實録》之《王中書全斌傳》（《名臣碑傳琬琰集》下卷一）前稱「大將王昭遠、趙彥韜引兵來戰」，後又言「昭遠、崇韜皆遁走」，蓋西蜀同時並有趙彥韜、趙崇韜二人，易滋歧誤，《事略》失於考察。

〔一九〕全斌至鎮數月卒年六十九：《長編》卷一七開寶九年六月癸卯：「武寧節度使、贈中書令王全斌卒。」

〔二〇〕尚英宗女蜀國公主：《宋史》卷二五五《王全斌傳》附《王凱傳》作「尚蜀國長公主」，是。《宋會要輯稿》帝系八之二八：「魏國大長公主。……熙寧二年七月，改蜀國，降左衛將軍王詵。元豐三年五月薨，進封越國，賜謚賢惠。」又載熙寧二年七月十二日，太常禮院嘗言「蜀國長公主出降」禮儀。

〔二一〕時副使陳恕任苛察：《隆平集》卷九作「時副使陳恕輩率任苛察」。

〔二二〕卒年六十七：《宋史》卷二五九《崔彥進傳》：「端拱元年，被病召歸闕。卒，年六十七。」

〔二三〕爲先鋒：《宋史》卷二五九《劉廷讓傳》作「爲行營先鋒使」。

〔二四〕至此我之舟師當止三十里外：《宋史》本傳作「我軍至此，泝流而上，慎勿以舟師争勝」。

東都事略卷第二十一

列傳四

昝居潤字廣川，博州高唐人也。少有氣節，嘗爲樞密院小吏。景延廣留守西京，補爲右職。契丹犯京師，以兵圍延廣家，故吏悉避去，居潤爲全護其家，時論稱之。仕周世宗爲軍器庫使，從征高平，以功遷客省使，知青、秦二州，歷知鳳翔、河中。入知開封府。世宗幸淮上，命爲副留守，遷宣徽北院使，加南院使，判開封府。太祖征澤、潞，命居潤赴澶州巡警。師還，知鎮州，拜義成軍節度使〔一〕。卒，年五十九〔二〕。贈太師。

張美字玄圭①，貝州清河人也。少爲三司小吏、澶州糧料使。周世宗鎮澶淵，每有求取，美悉力應之。及即位，召爲樞密承旨，權判三司，授三司使。世宗用兵淮上及北征，以美爲大内都點檢。師還，擢左領軍上將軍，充宣徽北院使〔三〕。世宗連歲征討，糧餽無乏，美之力也。然每思澶州所爲，終不以公忠待之。

李筠叛，太祖親征，以餽運功拜定國軍節度使。五代以來，官市木關中，州歲出緡錢數十萬以假民，長吏十取其一，謂之「率分錢」。美至鎮，有所謂「率分錢」者，一無所受，由是始革其弊。移鎮滄州。太宗時，爲左驍衛上將軍致仕。卒，年六十八〔四〕。謚曰恭惠。

①玄圭：原作「元圭」，避始祖玄朗諱改「玄」爲「元」，兹據《太宗實録》卷三四、《隆平集》卷一一、《宋史》卷二五九回改。

向拱字星民，懷州河内人也。始名訓，避周恭帝名改焉。嘗以策干漢高祖，高祖不用，客於周太祖。及太祖即位，授宫苑使，屢破太原軍。會慕容彦超反，以拱爲都監。賊平，爲陝州巡檢，改知陝州。權知延州，召拜左神武大將軍。世宗親征劉崇，以精騎居陣中。高平之捷，以功拜義成軍節度使。

自晉以來，秦、成、階三州入於蜀，蜀又取鳳州。至是，宰相王溥薦拱有將帥材，今欲取秦鳳，非拱不可。世宗遂命拱討之，復取四州。世宗征淮，以拱權東京留守，徙鎮淮南，爲沿江招討使。時周師久駐維揚[五]，圍壽春，經年未下。拱言於世宗，欲且徙揚州之師，并力以攻壽春，世宗許之。拱遣牙將分部按巡城中，秋毫不犯，軍民感悦。及師行，有負糗糧以送者。至壽春，與李重進合勢以攻其城，改淮南道招討都監，敗淮軍二千於黄耆砦[六]。世宗幸壽州，以拱爲武寧軍節度使。以克壽州功，加同平章事，徙鎮歸德、淮南，又徙山南東道[七]。

國初，加兼侍中。太祖征李筠，拱迎謁至汜水，言於太祖曰：「李筠謀逆已久，兵勢漸盛，陛下宜濟河，逾太行，乘其未集而誅之。儻稽旬浹，恐賊氣愈滋，攻之難爲力矣。」太祖從之。筠果率兵南向，聞太祖至，惶駭，遂入澤州。封譙國公，爲河南尹。拱在河南十餘年，專修飾園林第舍，日縱酒，以聲妓自奉，府政不治。太祖聞之怒，乃移安州，以左武衛上將軍焦繼勳代之，謂曰：「卿無效向拱也。」

太平興國初，進封秦國公。來朝，授左衛上將軍。卒，年七十五[八]。贈中書令。

高懷德字藏用，常山人也。周天平軍節度使齊王行周子也。行周，《五代史》有傳。懷德忠厚倜儻，有武略。仕晉、漢爲刺史，至周爲侍衛馬軍都指揮使、寧江軍節度使。

太祖受禪，擢爲殿前副點檢，移鎮滑州，尚宣祖女燕國長公主，加駙馬都尉。李筠叛，太祖親征，先令懷德率所部與石守信進攻，破筠衆於澤州。改鎮忠武，又改歸德，加同平章事。太宗即位，加兼侍中，徙鎮曹州，封冀國公。移鎮武勝。卒，年五十七〔九〕。贈中書令，追封渤海郡王，謚曰武穆。

韓重贇，磁州武安人也。少以勇力隸周太祖帳下。廣順初，爲左班殿直。從世宗戰於高平，以功遷鐵騎指揮使。又從征淮南，以功領虔州刺史。

國初，以重贇有翊戴之功，擢爲龍捷右廂軍校、領永州防禦使〔一〇〕。從太祖征澤、潞還，爲侍衛馬軍都指揮使，領寧江軍節度使〔一一〕。李重進反，以重贇爲行營馬步軍都虞候。改殿前都指揮使，徙鎮義成。太祖命有司畫洛陽宫殿，按圖修治宫闕，以重贇總其役。自是皇居壯麗矣哉。有譖重贇私取親兵爲腹心者，太祖怒，欲誅之。趙普力辨其不然，且曰：「親兵，陛下必不自將，須擇人付之。若重贇以讒誅，即人人懼罪，誰復爲陛下將親兵者？」太祖納其言，重贇得不誅。重贇徐聞普常救己，即詣普謝，普拒不見也。

出鎮彰德。太祖征太原，召重贇謂曰：「虜知我是行，必率衆來援。卿可領兵倍道由鎮、定以破之。」乃命重贇總北面行營之師。重贇遇虜於定州，大破之。卒，贈侍中〔一二〕。子崇訓。

崇訓字知禮，以父任爲供奉官，累擢四方館使、樞密都承旨。景德三年，與馬知節並僉書樞密院事。崇訓長厚謙畏，未嘗忤物，以目疾求罷，除齊州防禦使。授左龍武大將軍、韶州防禦使〔一三〕。求致仕，以本官分司。卒，年五十六〔一四〕。

張永德字抱一，并州陽曲①人也。初，周太祖柴后，本唐莊宗之嬪御也。莊宗没，明宗遣歸其家，行至河上，父母迓之。會大風雨，止於逆旅。數日，有一丈夫走過其門，衣弊不能自庇。后見之，驚曰：「此何人耶？」逆旅主人曰：「此馬步軍史郭雀兒者也〔一五〕。」后異其人，欲嫁之，請於父母，父母恚曰：「汝帝左右人，歸當嫁節度使，奈何欲嫁此人？」后曰：「此貴人，不可失也。囊中裝分半與父母，我取其半。」父母知不可奪，遂成婚於逆旅中。所謂郭雀兒，即周太祖也。后每資以金帛，使事漢高祖，卒爲高祖佐命。后父柴翁既老，每夜寐及晝起，常寡言笑〔一六〕。其家問之，不答。其妻醉之以酒，乃曰：「昨見郭雀兒已作天子。」

初，周太祖將兵征淮南，過宋州，宋州使人勞之於葛驛。葛驛先有一男子、一女子，不知其所從來，轉客於市，傭力以食。父老憐之，醵酒肉衣服，相配爲夫婦。及太祖至，市人聚觀，女子於衆中呼曰：「此吾父也。」市人驅之去。太祖聞之，使前問之，信其女也，相持而泣。將攜之以行，女曰：「我已嫁人矣。」復呼其夫，視之曰：「此亦貴人也。」乃俱挈之軍中，奏補供奉官，即永德也。

漢命永德押賜昭義節度使常遇生辰禮物。遇，太祖之外兄弟也。太祖時鎮鄴，有密詔付遇。永德在潞州聞之，因謂遇曰：「郭公被讒，今日之詔，得非莅殺永德耶？永德即死，切恐累公爾。」遇驚曰：「何謂也？」永德曰：「姦邪蠹政，郭公誓清君側，願且以永德屬吏，事成足以爲德，不成死未晚。」遇以爲然，止令壯士嚴衛，然所以餽之甚厚。親問之曰：「君視丈人事得成否？」永德曰：「殆必成。」以柴翁夢所見爲驗。未幾，太祖使至，遇賀且謝曰：「老夫幾誤大事。」周氏親戚盡誅，唯永德夫婦在。

周太祖既即位，除永德左衛將軍、駙馬都尉，妻爲晉國公主。遷泗州防禦使。從世宗征劉崇，高平之戰，何

①陽曲：原作「曲陽」，并州有陽曲縣，曲陽屬定州，據《宋會要輯稿》儀制一〇之一〇、《宋史》卷二五五《張永德傳》改。

徽、樊愛能退衂。時我太祖及永德牙兵各二千人而已，太祖曰：「賊氣方驕，公麾下頗能射，可西出陟高而上，吾張左掖以應之，其勝可必。」永德以爲然，遂大捷，劉崇單騎而遁。世宗謂永德曰：「樊愛能、何徽及偏裨七十餘人，吾欲盡按軍法，何如？」對曰：「必欲開拓疆宇，威加四海，安可已也？」因盛稱太祖智勇。世宗善其言，悉誅愛能輩以徇，軍聲始振。從世宗征淮南，破紫金山十八砦。吴人樓船蔽川，永德擇習水者潛鑽其船，引兵擊之〔一七〕，多溺死。又以兵絶濠州餉道，世宗褒之，擢爲殿前都點檢。從克壽州，領鎮寧軍節度使、同平章事。恭帝嗣位，移鎮忠武。

太祖受禪，加兼侍中，改鎮武勝。入覲，道舊不名，恩禮甚厚。嘗問下并、汾之策，對曰：「彼兵雖少而悍，加以北虜之援，未可遽也。姑以間諜離虜心，設遊兵以擾其穡事，待其困弊，乃可圖耳。」嘗有人告永德謀反，太祖曰：「永德非反者。」即械送之。永德曰：「爾敢告吾反，膽甚大。」命破械，笞而遣之。

太宗即位，封永德鄧國公，連知滄、雄、定三州，徙鎮安化。召還，爲河北路排陣使，屯定州。與虜戰，斬獲甚衆。淳化初，知鎮州，又徙鎮泰寧兼侍中、判并州。真宗即位，封魏國公〔一八〕，改鎮彰德，知天雄軍，以老還鎮。卒，年七十二〔一九〕。贈中書令。

始，永德四歲時，母馬氏被出，嫁安邑人劉祚。祚卒，永德於南陽公宇爲二堂，繼母劉居其左，馬氏居其右，問安視膳，皆得其歡。馬氏封莒國夫人。劉先卒，永德爲起大第、買田，以聚其族。繼母之弟劉再思，亦任以官。初，永德居睢陽時，比鄰有書生臥疾，療之獲痊。來謝永德，因丐水銀五兩，永德與之，即以藥同置鼎中，有頃成中金。將別，永德欲求其術，書生曰：「吾不吝此，慮損君壽。」永德留之不可，曰：「後當見淮上。」周世宗用兵壽春，永德從之。因出射，見一僧，乃昔書生也，謂永德曰：「若見二屬豬人，善事之，當保五十年富貴。」且辭去。是時，太祖方以力戰有功，雖勳名日盛，而出於側微，鞍馬服用未有以自給。永德稍以家貲奉太祖。太祖天資英特，問其年，生於亥，永德大喜，傾身事之。太祖深以爲德，而不知其故也。其後太宗娶符氏，后謀於太祖曰：「符氏大家，而吾方貧，無以爲娉①，奈何？」太祖與永德書，令太宗往，以情告之。永德延之臥内，太宗姿表偉異，問其年，亦生於亥也。永德驚喜，傾家助之。故永德在兩朝，恩寵不替。永德涉獵書史，頗善吟詠，禮賢樂士，故士大夫皆推尚之。

郭崇，應州金城人也。初名崇威，避周太祖諱，止稱崇。弱冠以勇力應募爲卒。後唐清泰中，爲應州騎軍都校。晉高祖割雲應地入於契丹，崇耻臣於虜，挺身南歸，爲騎軍都校。仕漢至果州團練使、護聖右廂都指揮使。從周太祖入平國難，與李筠拒慕容彦超於留子陂[二〇]，走之，以崇補侍衛馬軍指揮使。時遣馮道迎湘陰公贇於徐州，將立之。會契丹入寇，周太祖北征，次澶州，軍變。樞密使王峻遣崇率七百騎拒贇，遇於睢陽。崇曰：「澶州兵變，遣崇來衛乘輿，非有它也。」具言軍情有屬，天命已定。贇執崇手而泣，崇即送贇就館。

崇仕周爲陳州節度使、同平章事。世宗親征太原，副符彦卿將行營之師。軍還，加侍中，移鎮成德。世宗征淮甸，契丹萬騎掠邊境。崇帥師破之於束鹿，斬首數百級，俘人口、牛羊三萬餘。

國初，加兼中書令。初，太祖受禪，崇感周室恩遇，或時出涕，爲監軍所奏。太祖曰：「我素知崇篤於恩義，此蓋感激爾。」遣人覘之，還言崇方與賓屬飲博，城中晏然。太祖笑曰：「果如吾言。」未幾來朝。時李重進叛，命崇節制。乾德三年卒，年五十八。贈太師。崇重厚寡言，有謀略。子守璘，至洛苑副使。守璘子允恭，仕至崇儀副使。允恭次女，天聖二年立爲皇后。

①娉：四庫本作「聘」。

宋偓，河南洛陽人也。祖瑶，唐天德軍節度使。父廷浩，尚後唐莊宗女義寧公主，生偓，仕至房州刺史。晉初，爲汜水關使。張從賓之叛，戰死之。偓年十一，以父死事補内殿直，遷供奉官。漢高祖在晉陽，遣其子承訓至洛，與偓結婚，即永寧公主也。稍遷皇城使〔二一〕。漢乾祐初，拜右金吾衛大將軍、駙馬都尉。隱帝即位，授昭化軍節度使〔二二〕，移鎮滑州。

周太祖舉兵向闕，偓在鎮，開門迎謁，即率兵從太祖。至留子陂，隱帝衛兵悉走投太祖。太祖謂偓曰：「至尊危矣，公近親，可亟去擁衛，無令驚動。」偓策馬及御營，軍已亂矣。世宗征淮，以偓爲右神武統軍，充行營右廂都排陣使，大破其衆。世宗多露宿野次①，忽有猛虎逼近乘輿，偓引兵射之，一發而斃。江北平，師還，復授滑州節度使，又移鎮鄧州。

宋興，李重進謀以揚州叛，偓察其情，具以聞。太祖令偓屯海陵以觀變，遂從征揚州，爲行營排陣使。以功改鎮保信，徙鎮國，又徙忠武。開寶中，太祖納偓長女爲皇后，徙鎮靖難。太平興國初，加同平章事，移鎮定國。從平太原，又從征幽州。太宗幸大名，命偓知滄州，封邢國公。俄還同州，入爲右衛上將軍。雍熙中，曹彬等北伐，班師，命偓知霸州。卒，年六十四〔二三〕。贈侍中，謚曰莊惠。

偓，唐莊宗之外孫，漢高祖之婿，女即孝章皇后，貴戚之盛，鮮有其比。然謙恭下士，人亦以此稱之。始名延渥，後易爲偓云〔二四〕。

①野次：原作「野恣」，據覆宋本、四庫本及《宋史》卷二五五《宋偓傳》「世宗嘗次於野」改。錢校：「霜宿露次　案本書『露宿野次』，此『霜』『露』二字皆誤寫。」

郭守文字國華，太原人也。其父暉，從周太祖征河中，戰死。守文年十四，太祖憐之，召隸帳下，補左班殿直。

國初，遷西頭供奉官。潘美征嶺南，擒劉鋹，遣守文馳傳告捷，遷翰林副使。從曹彬平金陵，護送李煜歸闕。煜無生意，守文語之曰：「國家開拓境土，復禹舊迹，豈責防風之後至耶？」煜心遂安。改西京作坊使。

太宗征太原，命守文與判四方館事梁迥分護行營馬步軍。會劉繼元降，其弟繼文據代州，依契丹之援以拒命，遣守文討平之。又破契丹於滿城，以功遷東上閤門使、檀州刺史[二五]，召拜内客省使。契丹寇雄州，守文赴援。既至，契丹遁去，加武州團練使。破夏州鹽城鎮岌羅膩等十四族，斬首數千級，焚千餘帳，俘百餘口，獲牛馬羊萬計。又破咩嵬，殲焉。諸部畏懼，相率來降，凡銀、麟、夏三州歸附者百二十五族、萬六千餘户，西鄙以定。雍熙三年，大舉北伐，爲幽州道行營前軍步軍水陸都監。與契丹遇，爲流矢所中，氣色不撓，督戰益急，左右騎從莫之知也，軍中服其量。會我師不利，坐違詔逗留退軍，左遷右屯衛大將軍。明年，復故官，拜宣徽北院使、北面排陣使，屯鎮州，改南院使。契丹入寇，大破之於唐河。卒於屯所，年五十五[二六]。贈侍中，謚曰忠武。

守文沉厚有謀，頗知書。既卒，有使自北邊來，言守文死軍中，皆流涕。太宗問：「何以致此？」對曰：「守文得奉，悉以犒士卒，死之日，家無餘財。」太宗嘆息久之，賜其家錢五百萬。太宗爲真宗納守文次女爲夫人，即章穆皇后也。追封守文譙王。

【箋證】

〔一〕知鎮州拜義成軍節度使：《宋史》卷二六二《昝居潤傳》作「建隆二年，又權知鎮州。八月，拜義武軍節度」。《隆平集》卷一一作「是年，除義成軍節度使、檢校太尉」。《宋會要輯稿》禮四一之五一載「義武軍節度使昝居潤」乾德四年五月卒，儀制一一之一九亦作「義武軍」，疑《隆平集》《事略》並誤。

〔二〕卒年五十九：《宋史》卷二六二《昝居潤傳》：「乾德四年卒，年五十九。」

〔三〕擢左領軍上將軍充宣徽北院使：《宋史》卷二五九《張美傳》作「爲左監門衛上將軍，充宣徽北院使」。《隆平集》卷一一作「累擢左領軍衛大將軍、三司使，久之，除宣徽南院使，仍領三司使」。《舊五代史》卷一一九《世宗紀》顯德六年六月：「以三司使、左領衛大將軍張美爲左監門衛上將軍、充宣徽北院使、判三司。」據《宋史》本傳，美任「右領軍衛大將軍」在「世宗征淮南」之前，與《舊五代史》卷一一六顯德三年十二月「以右領軍大將軍、權判三司張美領三司使」相符，則美「擢左領軍上將軍」，《宋史》《隆平集》並不載，疑《事略》「左領軍上將軍」當作「左領衛大將軍」，而失載「左監門衛上將軍」之職。

〔四〕卒年六十八：《宋史》本傳：「雍熙二年卒，年六十八。」

〔五〕周師久駐維揚：《宋史》本傳作「周師久駐淮陽」。

〔六〕黄耆砦：《宋史》本傳作「黄蓍砦」。《舊五代史》卷一一七《世宗紀》云「淮南道行營都監向訓奏破淮賊二千於黄蓍砦」，而《册府元龜》卷四三五則引作「黄耆砦」。蓋耆、蓍形近易誤，在宋代已混淆不清，俟考。

〔七〕徙鎮歸德淮南又徙山南東道：《宋史》本傳作「徙歸德軍節度，淮南平，改山南東道節度」，疑是。

〔八〕卒年七十五：《宋史》本傳：「雍熙三年卒，年七十五。」

〔九〕移鎮武勝卒年五十七：《宋史》卷二五〇《高懷德傳》：「（太平興國）七年，改武勝軍節度。是年七月卒，年五十七。」

〔一〇〕龍捷右廂軍校：《宋史》卷二五〇《韓重贇傳》作「龍捷左廂都校」，疑《事略》誤。

〔一一〕寧江軍：《宋史》本傳作「江寧軍」。

〔一二〕卒贈侍中：《宋史》本傳：「（開寶）七年卒，贈侍中。」《長編》卷一五開寶七年七月「己巳，彰德節度使、贈侍中韓重贇卒，遣中使護喪事」。

〔一三〕除齊州防禦使授左龍武大將軍：《宋史》本傳不載齊州防禦使職，「左龍武大將軍」作「右龍武大將軍」，而《宋會要輯稿》儀制一一之一五亦作「左龍武軍大將軍」，《宋史》或誤。

〔一四〕卒年五十六：《宋會要輯稿》儀制一一之一五：「左龍武軍大將軍、韶州防禦使、分司西京韓崇訓，大中祥符三年八月，不贈官。」

〔一五〕馬步軍史：《龍川別志》卷上作「馬鋪卒吏」。《事略》此記周太祖柴后事，蓋轉録自蘇轍《龍川別志》，而擅改「馬鋪卒吏」作「馬步軍史」，令人費解。《舊五代史》卷一二一《后妃列傳・太祖聖穆皇后柴氏》注引《事略》作「馬步軍使」，《五代史記注》卷一九《周太祖家人傳》彭元瑞注引作「馬步軍吏」，《事略》「史」當爲「吏」之誤。

〔一六〕每夜寐及晝起常寡言笑：《龍川別志》卷上：「后父柴三禮既老，夜寐輒不覺，晝起常寡言笑。」

〔一七〕永德擇習水者潛鑽其船引兵擊之：《宋史》卷二五五《張永德傳》作「又夜使習水者没其船下，縻以鐵鎖，引輕舠急擊」。

〔一八〕魏國公：《宋史》本傳及《宋會要輯稿》儀制一〇之一〇、一一之一八均作「衛國公」，疑《事略》誤。

〔一九〕卒年七十二：《宋史》本傳：「（咸平）三年，制授檢校太師、彰德軍節度、知天雄軍。俄以衰耄命還本鎮。是秋卒，年七十三。」《長編》卷四七咸平三年九月：「彰德節度使兼侍中、衛國公、贈中書令張永德卒。」《隆平集》卷一八本傳亦作「卒於本鎮彰德軍，年七十二」。

〔二〇〕留子陂：《宋史》卷二五五《郭崇傳》作「劉子陂」，（清）周城《宋東京考》卷二〇云：「練子陂，一名留子陂，一作劉子陂，在封丘門外西南。周太祖入汴，與慕容彦超戰於此。」

〔二一〕稍遷皇城使：《宋史》卷二五五《宋偓傳》作「累授北京皇城使」。

〔二二〕授昭化軍節度使：《宋史》本傳作「授昭武軍節度」。

〔二三〕卒年六十四：《宋史》本傳：「端拱二年卒，年六十四。」

〔二四〕始名延渥後易爲偓云：《宋史》本傳：「偓，本名延渥，以父名下字從『水』，開寶初，上言改爲偓。」

〔二五〕檀州刺史：《宋史》卷二五九《郭守文傳》作「澶州刺史」。

〔二六〕卒於屯所年五十五：《宋史》本傳：「端拱三年十月卒，年五十五。」「三年」爲「二年」之誤，校點本已改正。《長編》卷三〇端拱二年「十一月辛丑，鎮州都部署、宣徽南院使、贈侍中郭守文卒」，《宋會要輯稿》禮四一之四三亦載其卒於「端拱二年十一月」，《宋史》本傳記作「十月」，亦誤。

東都事略卷第二十二

列傳五

李筠，并州太原人也。善騎射。後唐秦王從榮判六軍諸衛，募勇士以爲爪牙，筠得隸麾下。從榮難作，筠遁去。清泰初，爲内殿直，遷指揮使。

晉開運末，契丹犯京師，趙延壽爲虜將，聞其勇，召寘帳下。及契丹主北歸，攻解里於邢、洺，筠請馮道領節度，道曰：「予主奏事而已，留後事當議功臣爲之。」以諸將之甲者爲留後，送款於漢高祖，嘉之，授博州刺史。

周太祖鎮大名，以爲先鋒使。太祖入汴，與慕容彦超戰於留子陂，敗之。廣順初，拜義成軍節度使，歷鎮彰德、昭義。顯德初，加同平章事。屢破太原之師，以功加侍中。筠在鎮，自擅征賦，頗召集亡命，嘗以私忿囚監軍使，世宗下詔切責之。

宋興，加兼中書令。太祖遣使諭以受禪之意，筠即欲拒命，左右爲陳曆數，乃僶俛下拜。及宴使者，方張樂，遽取周太祖畫像懸於廳壁，筠泣下。賓佐皇恐，告使者曰：「令公被酒爾，幸勿以爲訝也。」會河東劉承鈞以蠟書結筠爲寇，筠雖緘其書來上，而反謀已蓄矣。太祖賜詔慰撫之。是時，筠子守節爲皇城使，嘗泣諫筠，筠不聽。太祖又遣守節諭旨，令效順，太祖曰：「吾聞汝數諫汝父，汝父不汝聽耳。吾今殺汝，何如汝歸語汝父：我未爲天子時，任自爲之；我既爲天子，獨不能臣我耶？」守節歸，具以白筠。筠謀反愈甚，求濟師於劉承鈞，遂據澤州。

承鈞率兵與契丹數千衆來援，至太平驛，筠迎謁甚恭。及見承鈞兵衛寡弱，心甚悔之。承鈞封筠爲西平王，筠自言受周大恩，不敢愛死。承鈞默然，蓋承鈞與周氏世讎也。留其子守上黨，引兵南向。太祖命石守信、高懷德率兵討之，大敗其衆於長平。

太祖自往征之，山路險，峽多石，不可行。太祖自於馬上負數石，羣臣六軍皆負石，即日開成大道。與守信、懷德會，大破筠衆三萬於澤州境上，筠走保澤州。太祖命列栅圍之。太祖親督戰，拔其城，筠赴火死〔一〕。

筠有愛妾劉氏，隨筠至澤州。時王師攻城危甚，劉氏謂筠曰：「城中健馬幾何？」筠曰：「爾安問爲？」劉氏曰：「孤城危蹙，破在旦夕，今誠得馬數百匹，與腹心①潰圍而出，保昭義，求援河東，猶愈於坐而待死也。」筠然之。召左右計馬尚不減千匹，以是夕將出，或謂筠曰：「今帳前將士儻有刼公而降者，悔可及乎？」筠猶豫不決，城遂陷。將赴火，劉氏欲與俱死，筠以其有娠，麾令去。太祖進伐上黨，守節以城降。

始，筠之將舉兵也，其從事閭丘仲卿獻謀於筠曰：「公以孤軍舉事，其勢危哉，雖依河東之援，亦恐不得其力。大梁甲兵精鋭，難與争鋒，不如西下太行，直氏懷孟，塞虎牢，據洛邑，東向而争天下，此計之上者也。」筠曰：「吾與世宗義同兄弟，周之宿將也，禁衛之士，皆吾舊人，聞吾至必倒戈歸我，何憂不得天下乎？」不用其計。筠始名榮，後以避世宗諱更焉。筠嘗曰：「李筠李筠，玉帛云乎哉！」人傳以爲笑。

守節既降，詔釋其罪，歷單、濟二州團練使，出知遼州。改和州團練使。卒，年三十二〔二〕。

李重進，其先滄州人也。周太祖之甥，母即福慶長公主。晉天福中，任爲殿直〔三〕。漢、周之際，累遷至武信

①「腹心」下，覆宋本、四庫本有「將士」二字。錢校：「初印本、舊鈔本俱無『將士』二字，剜改擠入，謬。」

軍節度使。重進年長於世宗，及太祖寢疾，召重進受顧命，令拜世宗，以定君臣之分。世宗即位，爲侍衛親軍馬步軍都虞候，從征高平，以功領忠武軍節度使。又進討太原，爲行營馬步軍都虞候。師還，加同平章事，改鎮歸德兼侍衛馬步軍指揮使。世宗親征淮甸，重進爲招討使，功最多。及克壽州，加侍中，又改鎮天平。世宗北征，駐蹕瓦橋關，重進與諸將帥師而至，時關南已平矣。恭帝嗣位，徙鎮淮南。

太祖建國，加中書令，移鎮青州。始，重進與太祖俱事周室，心憚太祖。太祖既即位，陰有叛逆之志。及移鎮，益疑懼。太祖以鐵券賜之。重進欲入朝，爲左右所惑，又自以周室近親也，遂反。遣人求援於李景，景懼不納。反①聞，太祖命石守信、王審琦、李處耘、宋延渥四將率禁兵討之，削其官爵。太祖曰：「朕於周室舊臣無所猜間，重進不體朕心，自懷反側，今六師在野，朕當暫往尉②撫之。」遂親征，師次大儀頓。石守信遣使言曰：「揚州破在旦夕，願陛下臨視。」太祖徑至城下，即日拔之。重進舉族自焚死。

方重進反時，有二子在京師，皆爲宿衛，太祖召而語之曰：「汝父何苦而反？江淮兵弱，又無良將，誰與共圖③事者？汝速乘傳往諭之，吾不殺汝也。」二子戰汗，泣涕辭去。重進方與諸軍議事，忽二子至，具道太祖之言，重進大駭。士卒聞之，遂皆有向背之意。既而王師壓境，重進不知所爲，遂赴火。

始，重進遣其親吏翟守珣往潞州，陰結李筠。守珣素識太祖，往來京師，潛告樞密承旨李處耘，求見太祖。太祖召問曰：「我欲賜重進鐵券，彼信我乎？」守珣曰：「重進久蓄反謀，必無歸順之志。」太祖厚賜守珣，令説重進緩其謀，無令二兇並作，分吾兵勢。守珣歸，勸重進養威持重，未可輕發，重進信之。及李筠誅，重進反，悉

①反：覆宋本、四庫本作「及」。
②尉：覆宋本、四庫本及《宋史》卷四八四《李重進傳》並作「慰」。
③圖：原作「圍」，據覆宋本、四庫本改。

如太祖之策。及不受鐵券，亦如守珣所言云。

臣稱曰：帝王之興，有天命哉。太祖受命作①宋，四方内外罔有不服。李筠、重進敢謀叛逆，可謂不知天命矣。及兵威所臨，無往不克，繼踵而滅，咸蹈烈火。亂臣賊子，天豈容之哉！

【箋證】

〔一〕筠赴火死：《宋史》卷四八四《李筠傳》作「筠赴水死」。《宋史》卷一《太祖紀一》載建隆元年六月「辛未，拔澤州，筠赴火死」，《長編》卷一則繫「克其城，李筠赴火死」於六月辛巳，則《宋史》作「赴水」誤。汪琬《東都事略跋》卷上：「《傳》中重進赴火死。按僧贊寧《續傳》：『開寶末，江州圓通寺有客僧將寂滅，袒背示其徒，有雕青「李重進」三字，云「我即其人，脱身煙焰」云云。』則是重進並未死節也，然能薙髮衣緇，隱於浮屠，以終其身，其視賣國乞降者，固已賢矣。」

〔二〕卒年三十二：《宋史》卷四八四《李筠傳》附《守節傳》：「開寶三年，改和州團練使。四年卒，年三十三。」

〔三〕任爲殿直：《宋史》卷四八四《李重進傳》作「仕爲殿直」，疑《事略》「任」爲「仕」之形誤。

---

①作：覆宋本、四庫本作「祚」。錢校：「鈔本作『作宋』，是用《詩序》『文王受命作周』語。校者不得其解，剜改作『祚』，謬甚。」

東都事略卷第一百二十三

列傳六

孟昶，其先邢州龍岡人也[一]。本名仁贊。父知祥，尚唐莊宗妹瓊華公主。莊宗遣魏王繼岌、郭崇韜平王衍，以知祥爲成都尹，充節度副大使。莊宗崩，明宗爲送公主二子入蜀。安重誨用事，以李嚴爲西川監軍使，圖之。知祥遂殺嚴，而結東川董璋婚姻，謀據劍南。既而明宗誅璋家族，遣使諭知祥，以伐蜀出於安重誨。重誨既死，知祥乃上書謝罪。璋疑其貳，遂以兵襲知祥。璋敗，明宗以兩川授知祥，封爲蜀王，許行墨制。明宗崩，遂僭位，國號蜀，改元曰明德，於是盡有王氏故地。以昶爲崇聖宮使、東川節度使、同平章事。知祥疾，立爲皇太子，監國。知祥卒，昶立，尊母李氏爲皇太后。四年，改元廣政[二]。

周世宗既取秦、鳳，昶懼，致書世宗，稱大蜀皇帝[三]。世宗怒其亢禮，不答。昶不自安，乃於劍門、夔、峽多積芻粟，增置師旅。禁鐵爲錢[四]，凡境内鐵爲器用者，置場鬻之，以專其利。立其子元喆爲皇太子，用王昭遠、伊審徵、韓保正、趙崇韜等分掌機要。其母謂昶曰：「吾見莊宗及爾父時，非有功者不使主兵，以故人皆畏伏，樂爲之用。昭遠出於微賤，特爾初學時給事左右。保正等皆世禄之子，不知兵。高彦儔是爾父故人，秉心忠實，多所經練，此可委任。」昶不用其言。

宋興，昶懼，潛結太原劉承鈞爲援，以撓中國。乾德二年，遣諜者孫遇間道齎蠟彈書，爲朝廷所獲。太祖得之，喜曰：「吾用師有名矣。」即命王全斌、崔彦進、王仁贍、劉光毅、曹彬等分路伐蜀，所至皆克。光毅之師至夔州，或勸守將高彦儔降，彦儔曰：「老幼百口在成都，若一身偷生，舉族何負？吾今日止有死爾。」即具衣冠，西北望再拜，登樓縱火自焚。始，昶母謂昶「惟彦儔可委任」，及是果死之。三年，全斌之師次魏城，昶上表請降。太祖賜詔慰安之。

初，王師將及境，昶遣其子元喆爲元帥，守劍門。自成都攜妓樂嬉戲而行，聞劍門已破，遂遁歸。昶又命王昭遠、趙崇韜總兵拒戰，昭遠曰：「是行也，豈止克敵，當定中原矣。」執鐵如意指揮軍事，自比諸葛亮。及崇韜敗，昭遠遂竄匿東川民舍，遽爲追兵所執，其它悉爲降虜也。出師凡六十六日，而兩川平。

昶乃與其官屬由峽江而下。昶至京師，太祖御崇元殿，備禮見之，授開府儀同三司兼中書令、秦國公。七日而卒〔五〕，册封楚王，謚曰恭孝。自知祥割據至昶失國，凡三十二年。

初，昶母李氏隨至京師，太祖呼爲國母，謂曰：「無戚戚懷鄉土，異日當送母歸。」李氏曰：「使妾安往？」太祖曰：「歸蜀爾。」李氏曰：「妾家太原，儻得歸老，妾之願也。」太祖聞其言，大喜曰：「俟吾平劉承鈞，當如母願。」及昶卒，李氏不哭，以酒酹地曰：「汝不能死社稷，貪生以至今日。吾所以不死者，以汝在也。汝既死，吾何以生爲？」因不食而卒。太祖聞而哀之。

昶三弟：仁贄在國時封雅王，仁祐彭王，仁操嘉王〔六〕。歸朝並爲環衛官，仁贄終大同軍節度使，仁祐右羽林軍統軍，仁操左龍武統軍〔七〕。子玄喆、玄珏①。

玄喆在蜀封秦王，昶之廣政二十五年，立爲皇太子。王師伐蜀，昶以爲元帥。劍門陷，遂遁歸。隨昶入朝，

①玄喆玄珏：「玄」原均作「元」，避始祖玄朗諱改，兹據《宋史》卷四七九《西蜀孟氏世家》回改。下同改。

拜泰寧軍節度使，居鎮十餘年，亦有治迹。移鎮定州。從平太原，又從征幽州，與諸將破契丹於徐河，以功封滕國公。知滑州，又知滁州。卒，年五十五。

玄珏初封褒王，歸朝爲右千牛衛上將軍〔八〕，遷右神武統軍，出知滑州以卒。玄喆有子隆詘、隆詁、隆説、隆詮〔九〕，皆進士及第。

劉鋹，其先蔡州上蔡人也。五世祖安仁，唐潮州刺史，子孫因家嶺南。宰相韋宙以其兄之子妻安仁之子，生謙，謙生隱。謙仕至封州刺史。昭宗時，嗣薛王知柔鎮廣州，以隱爲司馬，知柔委以兵柄。宰相徐彦若代知柔，以隱爲節度副使。彦若卒，遺奏薦爲留後，遂拜節度使。梁開平初，兼静海軍節度使，封南平王〔一〇〕。隱卒，弟陟襲位。時邕州葉廣略、容州龐巨昭、交州曲承美皆自擅兵賦〔一一〕，而陟并之，遂盡有嶺表之地，僭稱帝，國號大漢，改元乾亨。更名巖，又更龔〔一二〕，又更龑①。龑性酷暴，行炮烙、刳剔、截舌、灌鼻之刑，爲玉堂珠殿，飾以金碧翠羽。見北人必自言世居咸秦，耻爲南蠻主，呼中朝天子爲洛州刺史。龑卒，子玢立，爲其弟晟所殺，而自立。晟造鐵湯、鐵牀之獄，聞湖南馬氏兄弟之隙，遂遣兵取桂林、柳、賀之地。晟卒，子鋹立。

鋹初名繼興②，封衛王，既襲位，改今名，改元大寶，委政閹官，後宮亦令冠帶與政。其臣下有小過，或將大用，則加以宮刑，作燒煮剥剔、刀山劍樹之刑，或令罪人鬭虎抵象。又賦斂煩重，人不聊生。民入城者輸一錢，瓊

①龑：原作「龔」，據覆宋本、四庫本及《宋史》卷四八一《南漢劉氏世家》、《舊五代史》卷一三五《劉陟傳》改。下同改。錢校：「又更龍天：初印本、舊鈔本俱作『龑』，此宋本原誤，以下仿此。　琯案：本書作『龑』，此誤分作二字。」

②繼興：原作「保興」，據下文「鋹復遣其弟保興來拒戰」及《宋史·南漢劉氏世家》、舒仁輝《〈東都事略〉與〈宋史〉比較研究》第一七四頁改。

州米斗税五錢〔一三〕。置媚川都，定其課，令入海五百尺采珠。所居宫殿棟宇，皆以珠及玳瑁飾之，淫侈無度。

乾德中，王師南伐，克郴州，獲其内品十餘人。有余延業者，太祖見之，問曰：「爾在嶺南何官？」對曰：「爲扈駕弓箭官。」令取弓矢授之，延業極力控弦，不開。太祖因笑問鋹爲治之迹，延業備言其奢酷，太祖驚駭曰：「吾當救此一方之民。」遂詔江南李煜諭鋹使稱臣，鋹不從。煜又遣其臣龔慎儀①使於鋹，遺鋹書曰：

頃者大朝南伐，圖復楚疆，交兵以來，遂成璺隙。詳觀事勢，深切憂懷，冀息大朝之兵，永契親仁之願。引領南望，於今累年。昨命使臣入貢大朝，大朝皇帝果以此事宣示云：「且彼若以事大之禮而事我，我則何苦而伐之？若與興戎而争，我則以必取爲度矣。」見今大振師旅，仍以上秋爲期。深料大朝之心，非有唯利之貪，蓋怒人之不賓；而足下非有不得已之事與不可易之謀，殆一時之忿而已。

觀夫古之用武而必戰者有四：父母宗廟之讎，此必戰也；彼此烏合，民無定心，存亡之機，以戰爲命，此必戰也；敵人有進，必不捨我，求和不得，退守無路，戰亦亡，不戰亦亡，奮不顧命，此必戰也；彼有天亡之兆，我懷進取之機，此必戰也。今足下與大朝非有父母宗廟之讎也，非同烏合存亡之際也，既殊進退不捨、奮不顧命也，又異乘機進取之時也。既大朝許以通好，又拒而不從，有國家、利社稷者當若是乎？

况大朝皇帝以命世之英，光宅中夏，方且遏天下之兵鋒，俟貴國之嘉問，則大國之義斯亦善矣，足下之忿亦可息矣。若介然不移，有利於宗廟社稷可也，有利於黎元可也，有利於天下可也，有利於身可也。若無一利焉，何用棄德修怨，自生仇敵，使赫赫南國，將成禍機，炎炎奈何，其可嚮邇？

煜近奉大朝諭旨，以爲足下無通好之心，必舉上秋之役，雖善隣之心期於永保，而事大之節焉敢固違？

①慎儀：原作「正儀」，係避宋孝宗諱改字，兹據《宋史·南漢劉氏世家》回改。下同改。

恐煜之不得事足下也。

鋹得書，遂囚慎儀，驛書答煜，言甚不遜。煜以其書聞，命潘美伐之。師次白霞，鋹遣龔澄樞守賀州，薛崇譽守桂州[一四]，李托守韶州以備。是歲，美平昭、桂、連、賀等州，又平韶州。明年，平英、雄二州。王師將至廣州，鋹懼，遣其臣蕭漼奉表乞降。王師頓城外，鋹復遣其弟保興來拒戰。美進師，鋹復遣保興詣美軍乞降，不納。鋹盡焚其府庫以爲空城，謂王師不能久駐，當北還也。已而克廣州，遂擒鋹並其臣劉保興、潘崇徹、龔澄樞、李托、薛崇譽等以獻。有司以帛係鋹及其官屬獻太廟、太社。太祖御明德門受俘，宣詔責鋹。鋹伏地待罪，太祖命斬澄樞、托、崇譽於千秋門外，釋鋹罪，以爲右千牛衛大將軍[一五]，封恩赦侯，保興爲右監門率府率。

太祖嘗幸講武池，鋹先至，賜以巵酒。鋹疑其酖，泣曰：「臣承父祖基業，違拒朝廷，勞王師致討，罪固當死。陛下不殺臣，今見太平，得爲大梁布衣足矣。願延旦夕之命，以全陛下生成之恩。臣未敢飲此酒。」太祖笑曰：「朕推赤心置人腹中，安有此事？」取而自飲之，别酌賜鋹。鋹大慙，頓首謝。遷左監門衛大將軍[一六]，封彭城郡公。太平興國初，封衛國公。

太宗將討太原，召近臣宴飲，鋹與焉，自言：「朝廷威靈及遠，四方僭竊之主，今日盡在坐中，旦夕平太原，劉繼元又至，臣率先歸朝，願得執挺爲諸國降王之長。」太宗大笑。其談諧皆此類也。卒，年三十九。贈太師、南越王。

初，龔命日者筮國祚，遇《復》之《豐》，曰：「將五十五年乎？」其後果然。

李煜字重光，徐州人也。祖昪，父景。昪爲吴將徐温養子，因冒姓徐，名知誥。唐天成二年，温卒，昪將出鎮，欲以國事付景，遂參政事。昪鎮金陵，遷景司徒、平章事，爲中外諸軍副都統。昪受吴禪，國號齊，改元昪元，僭帝號。自以爲唐之後也，復姓李，國號唐。

景初名景通，後改爲璟。避周諱，復名景。初封吴王，爲諸道元帥、録尚書事，改封齊王。昇卒，景嗣。既襲位，改元保大，尊母宋氏爲皇太后，立妻鍾氏爲皇后，用宋齊丘、周宗爲宰相。周世宗既盡取江北十四州之地，景懼，稟周正朔，上表稱國主。世宗答書云「皇帝恭問江南國主」，勞之而已。景由是頗躁憤，遂殺齊丘等。太祖受命，景遣使朝貢，徙都南昌。景卒，子煜嗣，表請追尊帝號，太祖許之，謚景爲明道崇德文宣孝皇帝，廟號元宗，陵曰順陵。

煜本名從嘉，初封安定郡公，累遷諸衛大將軍、副元帥，封鄭王，又封吴王。景遷南昌，立爲太子，監國，襲位於建康，改今名。立母鍾氏爲聖尊后，以父名泰章故也，妻周氏爲國后。遣使入貢，奉表陳紹襲，太祖詔答焉。自景内附，周世宗貽書於景，至是始賜煜詔而不名。

及嶺南平，煜懼，上表，遂改唐國主爲江南國主，改唐國印爲江南國印。又請所賜詔呼名，許之。於是貶損節度〔一七〕，下書稱教；改中書門下省爲左右内史府，尚書省爲司會府，御史臺爲司憲司〔一八〕，翰林爲文館，樞密院爲光政院；降封諸王爲國公，官號名多所更易。歲貢長春節錢三千萬〔一九〕。遣其弟從善來朝，以爲泰寧軍節度使，賜第留京師。煜雖外恭順，而内實繕甲兵，爲戰備。太祖諭令入朝，不從命。

開寶七年，詔煜赴闕，煜又稱疾不奉詔。乃命曹彬、潘美征之，所至皆下。初，樊若水在江南，舉進士不第，嘗因釣魚采石江上，以漁船載絲繩，度江之廣狹，上書言江南可伐之狀，請造浮橋以濟師。太祖用其計，下荆湖，造大橋，聯巨艦而下。煜語其臣張洎，洎對曰：「載籍以來，長江無浮梁之事。」煜曰：「吾亦以爲兒戲爾。」及王師度江薄城，果以浮梁，而煜不知也。若水初除舒州推官，及計既行，遂領池州，後改名知古，官至給事中。

當王師度江也，煜以兵柄任皇甫繼勳，以機事屬陳喬、張洎，傳詔内殿者徐元瑀、徐元瑜、刁術〔二〇〕。邊書告急，元瑜等匿而不通。及兵圍城，煜驚且怒，遂殺繼勳。

初，彬之南征也，太祖諭之曰：「卿至金陵，戒暴略，示兵威，令其歸順，不必急攻。」至是，煜危甚，遣其臣徐鉉、周惟簡至京師。煜上奏曰：

臣猥以幽孱，曲承臨照。僻在幽遠，忠義自持。唯將一心，上結明主。比蒙號召，自取愆尤。王師四臨，無往不克。途窮道迫，天實爲之。北望天門，心懸魏闕。嗟一城生聚，吾君赤子也；微臣薄軀，吾君外臣也。忍使一朝便忘覆育，號咷鬱咽，盍見捨乎！

臣性實愚昧，才無異稟，受皇朝奬與，首冠萬方，奈何一日自踵蜀、漢不臣之子，同羣合類，而爲囚虜乎！貽責天下，取辱祖先，臣所以不忍也。豈獨臣不忍爲，亦聖君不忍令臣之爲也。況乎名辱身毁，古人之所嫌畏者也。人所嫌畏，臣不敢不嫌畏也。惟陛下寬之赦之。

臣又聞鳥獸微物也，依人而猶哀之；君臣大義也，傾忠能無憐乎？儻令臣進退之跡，不至醜惡，宗社之失，不自臣身，是臣死生之願畢矣，實存没之幸也。豈惟存没之幸也，實舉國之受賜也。豈惟舉國之受賜也，實天下之鼓舞也。皇天后土，實鑒斯言。

鉉等至京師，見太祖，言曰：「李煜何罪，而陛下伐之？且煜事陛下，如子事父。」其説累數百言。太祖曰：「爾謂父子爲兩家，可乎？」鉉不能對。鉉等既還，煜復遣入奏。鉉言：「李煜事大之禮甚恭，以病未任朝謁，非敢拒詔。乞緩兵以全一邦之命。」太祖怒，按劍謂鉉曰：「不須多言。江南亦有何罪？但天下一家，臥榻之側，豈容他人鼾睡！」鉉皇恐而退。

初，太祖詔諸將罷攻城，令自歸闕。煜爲左右所惑，猶豫不決，遂詔進兵。八年，城陷，煜就擒，彬露布以聞。

先是，陳喬、張洎事煜，同掌機務。及朝廷舉兵，乃相謂當死社稷。及城陷，洎不能死，喬徑入白煜曰：「今日國亡，願加顯戮，以謝國人。」煜曰：「此歷數，卿死無益也。」喬曰：「縱不殺臣，臣何面目以見士大夫乎？」遂死之。

又，內史舍人潘佑嘗上煜書曰：「臣聞三軍可奪帥也，匹夫不可奪志也。殿下黨蔽姦回，曲容諂僞，受賊臣之佞媚，保賊臣之骨肉，使國家愔愔如日將莫，不顧兆人之患，不憂宗社之覆，以古觀之，則知殿下爲君不道。桀、紂、孫皓，破國亡家，自己而作，爲千古笑。今殿下取則姦回，以敗亂國家，是殿下爲君不及桀、紂、孫皓遠矣。臣必退之心，有死而已。不能與姦臣比肩而事亡國之主，使一旦爲天下笑。」煜大怒，殺之。後二歲國亡。

太祖御明德門受俘。太祖以其嘗奉正朔也，詔露布寢而不宣，釋其罪，以爲右千牛衛上將軍〔二一〕，封違命侯。自昪至煜三主，共三十九年而失國。太宗即位，加特進，封隴西郡公。卒，年四十二。贈太師，封吳王。子仲寓〔二二〕，在國時封清源郡公，歸朝爲千牛衛大將軍、郢州刺史。卒，年三十七〔二三〕。

劉繼元，并州太原人也。其母劉崇之女，適薛氏，生繼元及其兄繼恩。崇，漢高祖之母弟也〔二四〕。漢初爲太原尹、北京留守。及隱帝遇害，周太祖以兵入京師，漢太后遣太師馮道迎崇之子贇於徐州，欲使襲漢位。少尹李驤語崇曰：「觀郭公用心，當自取之。不若以兵至孟津觀變，俟徐州踐祚，則無可疑矣。」崇怒，以爲驤欲離間父子，並其妻殺之。已而周太祖登位，崇遣人乞贇歸藩，始知贇死矣，乃爲驤立廟。遂僭帝號，重幣結契丹，如晉高祖約爲父子，改名旻，稱漢乾祐年號。契丹册爲大漢神武皇帝。

旻死，子承鈞襲位，改元天會。承鈞結李景、孟昶爲助，仍求援於李筠。筠叛，承鈞舉兵助之。筠敗，其宰相衛融爲王師所擒，太祖責之曰：「汝何敢助李筠反？」融曰：「犬吠非其主，臣四十口受劉氏豐衣美食，不忍負之。臣終不爲陛下用，得間走河東爾。」太祖怒，命以檛擊之。融大呼曰：「大丈夫死或重於泰山，或輕於鴻毛。

今之死，正得其死所。」太祖曰：「此忠臣也。」遽命釋之。以爲太府卿〔二五〕。

太祖嘗因界上諜者謂承鈞曰：「君家與周氏爲世讎，宜其不屈，今我與爾無所間，何爲困此一方之人也？若有志中國，宜下太行以決勝負。」承鈞遣諜者復命曰：「河東土地甲兵不足以當中國，然承鈞家世非叛者，區區守此，蓋懼漢氏之不血食也。」太祖哀其言，笑謂諜者曰：「爲我語承鈞，開爾一路以爲生。」遂終其世不加兵。

承鈞死，繼恩嗣。繼恩爲其臣侯霸榮所殺，宰相郭無爲遂援立繼元，改元廣運，復結契丹爲援。太祖遂親征。嘗遣詔諭繼元、無爲，許以平盧軍節度使。繼元以疑無爲，無爲復勸使效順，又欲叱兵出戰。太祖命引汾水浸其城，繼元殺無爲以徇。無爲，棣州人，博學有詞辨。初隱武當山，承鈞以諫議大夫起之，遂爲相。

太常博士李光贊上言曰：「陛下應天順人，戰無不勝，四方恃險之邦，僭竊稱帝王者，悉與中國爲隣，今與陛下爲臣矣。今天時向暑，兩河泛溢，道路艱阻，輦運稽留。蕞爾太原，豈煩親討？」會王師頓兵甘草地，歲暑雨，軍士多疾。太祖欲班師，禁軍校趙翰等叩頭，願乘城急擊，以盡死力。太祖曰：「汝曹我所訓練，無不一當百，以備肘腋，同休戚也。我寧不取太原，豈忍驅汝曹冒鋒鏑而蹈必死之地乎？」衛士皆感泣，遂班師。

太平興國四年，太宗親征，於是宰相諫止之。太宗曰：「朕計決矣。」王師圍太原，太宗以詔諭之。王師進攻甚急，太宗恐諸將屠城，城垂陷，繼元上表乞降。自崇僭號至繼元國滅，凡四主，二十八年〔二六〕。繼元之未敗也，太宗先命郭進斷契丹之援於石嶺關。進至，契丹果來援，進擊走之。繼元猶以蠟彈帛書求救於契丹，進得之以徇城下。及降，太宗宥其罪，授右衛上將軍，封彭城郡公，賜第京師。

初，太宗行次澶淵，有太僕寺丞宋捷者迎謁道左。太宗見其姓名，喜曰：「吾其捷矣。」太宗將至太原，語侍臣曰：「我以端五日，當置酒高會於太原城中。」及繼元降，果五月五日也。太宗嘗謂近臣曰：「晉司馬昭以劉禪思蜀之對，戲之云『何乃似郤正之言』，此不仁之甚也。亡國之君皆闇懦所致，苟有遠識，豈至滅亡？此正可愍傷，何反戲侮之乎？劉繼元，朕前日所虜者，待之常以賓禮，猶恐不慰其意爾。」太宗以房州爲保康軍，授繼元節度使。卒，遺奏以六歲子三豬爲托，贈中書令、彭城郡王。三豬名守節，以爲西京作坊使，後遷至諸衛將軍。

臣稱曰：昔王朴陳用兵之略，以淮南可最先取，并必死之寇最後亡。及宋興，并最後服，皆如朴言。是不然，昔太祖既平湖湘，嘗謂太宗曰：「中國自五代已來，兵連禍結，帑藏空虛，必先取巴蜀，次及廣南、江南，即國用富饒矣。河東與契丹接境，若取之，則契丹之患，我當之也，姑存之以爲我屏翰。俟我富實，則取之。」故即位之六年平蜀，又三年征太原，又二年平嶺南，又三年平江表。及太宗再北征，乃克之。此廟謨雄斷，施設先後之序如此，豈以并必死之寇而置之哉，誠非朴之所及也。

【箋證】

〔一〕其先邢州龍岡人：《建隆集》卷一二作「其先太原人」，《宋史》卷四七九《西蜀孟氏世家》：「其先邢州龍岡人。……母李氏，本莊宗嬪御……生昶於太原。」《蜀檮杌》卷下：「昶字保元，知祥第三子。母李氏，雍順公主之媵，生昶於太原。」

〔二〕四年改元廣政：《宋史·西蜀孟氏世家》：「明德元年七月，知祥卒，昶襲位，年始十六，止稱明德年號，委政於趙季良、張知業、李仁罕等。二年，尊其母李氏爲皇太后。四年，改元廣政。」《舊五代史》卷一三六《孟昶傳》：「明德四年冬，僞詔改明年爲廣政元年。」《新五代史》卷六四《后蜀世家》：「昶立，不改元，仍稱明德，至五年始改元曰廣政。」《事略》《宋史》謂「四年改元」，不確。

〔三〕致書世宗稱大蜀皇帝：《宋史·西蜀孟氏世家》：「周世宗克秦、鳳，昶始懼，放還先所獲濮州刺史胡立，致書世宗，稱大蜀皇帝，且言家世邢臺，願敦鄉里之分。」《隆平集》卷一二：「寓書世宗，講鄉里之好。」

〔四〕禁鐵爲錢：《宋史·西蜀孟氏世家》作「用度不足，遂鑄鐵錢」，《隆平集》卷一二作「以鐵爲錢，禁民私用鐵」，疑《事略》「禁」

字誤。

〔五〕七日而卒：《宋史・西蜀孟氏世家》：「昶數日卒，年四十七。」據《長編》卷六載，乾德三年「六月甲辰，以孟昶爲開府儀同三司、檢校太師兼中書令、秦國公」，「庚戌，孟昶卒」，自甲辰至庚戌爲七日，故《新五代史》卷六四亦稱「七日而卒」。孟昶治蜀有善政，《事略》不載，而多載其擁兵專利、用人失當事。汪琬《東都事略跋》卷上：「《邵氏聞見録》：『昶治蜀有恩，國人哭送之，至犍爲別去，因號蜀王灘。蜀平，吕餘慶出守，太祖諭曰：「蜀人思昶不忘，卿官成都，凡昶所榷稅食飲之物，皆宜罷去。」』按：此事恐未然。《傳》有之：『馬牛維婁，委己者而柔焉。』若使榷至食飲，則斂怨極矣，昶何恩於蜀？蜀又何思昶之有？又《容齋隨筆》：『太宗嘗書銘以戒郡國，立於廳事之南，謂之《戒石銘》。』其辭蓋出昶所作《令箴》，凡二十四句，中有云：『寬猛得所，風俗可移。無令侵削，無使創痍。下民易虐，上天難欺。』又云：『爾俸爾禄，民膏民脂。勉爾爲戒，體朕深思。』然則昶固賢主，非李煜、劉鋹諸僭僞比也。」

〔六〕昶三弟仁贊在國時封雅王仁祐彭王仁操嘉王：《宋史・西蜀孟氏世家》：「昌弟：仁贊、仁裕、仁操。」《隆平集》卷一九：「弟仁贊，仁祐，仁操。」《資治通鑑》卷二八九載乾祐三年八月「庚子，蜀主立其弟仁毅爲夔王、仁贊爲雅王、仁裕爲彭王、仁操爲嘉王」，《蜀檮杌》卷下載「（廣政）十三年五月，昶第三子玄寶卒，年七歲。昶因此乃封弟仁殷爲夔王、仁資雅王、仁裕爲彭王、仁操爲嘉王」，是昶有四弟，而非《事略》所稱「三弟」。而仁毅一作仁殷，仁贊一作仁資，仁裕或作仁祐，頗不一致。（清）吴任臣《十國春秋》卷四九以《通鑑》及《宋史》爲正，似可取。

〔七〕左龍武統軍：《宋史・西蜀孟氏世家》作「右龍武統軍」，《宋會要輯稿》儀制一一之一五作「右龍武統軍孟仁操」，禮四一之五三作「左神武統軍孟仁操」。

〔八〕右千牛衛上將軍：《宋史・西蜀孟氏世家》作「千牛衛上將軍」，（宋）句延慶《錦里耆舊傳》卷四作「左千牛衛上將軍」。

〔九〕隆詁：《宋史・西蜀孟氏世家》作「隆記」。據（宋）柳開《宋故開府儀同三司檢校太師贈侍中孟公墓誌銘》（《河東先生集》卷一五）「論諸子証、詁、説、詮來奔」，當以「隆証」爲是。

〔一〇〕封南平王：《宋史》卷四八一《南漢劉氏世家》作「封南海王」，《九國志》卷九《南漢世家》：「梁開平元年，封大彭王。三年，改封南平王。四年，進封南海王。」

〔一一〕容州龐巨昭：《隆平集》卷一二《劉鋹傳》、《舊五代史》卷一三五《劉陟傳》作「容州龐巨源」。

〔一二〕又更龑：《宋史》卷四八一《南漢劉氏世家》作「又改龑」。按《舊五代史》卷一三五《劉陟傳》云：「唐同光三年冬，白龍見於南海，改僞乾亨元年爲白龍元年。陟又改名龑，以符龍之瑞也。白龍四年春，又改大有元年。是歲，陟僭行籍田之禮。陟之季年，有梵僧善占算之術，謂陟不利名龑，他年慮有此姓敗事，陟又改名龑。『龑』讀爲『儼』，古文無此字，蓋妄撰也。」據此則陟初改名巖，又改龑，終改龑，《事略》「龑」當爲「龑」之誤。

〔一三〕瓊州米斗税五錢：《宋史·南漢劉氏世家》作「瓊州米斗税四五錢」。

〔一四〕薛崇譽守桂州：《宋史·南漢劉氏世家》作「郭崇岳往桂州」。

〔一五〕以爲右千衛大將軍：《隆平集》卷一二作「授右千衛上將軍」。

〔一六〕遷左監門衛大將軍：《宋史·南漢劉氏世家》作「遷左監門衛上將軍」，《宋會要輯稿》禮四一之五四載：「左監門衛上將軍劉鋹（太平興國）五年三月。並特輟三日。」

〔一七〕貶損節度：《宋史》卷四七八《南唐李氏世家》作「貶損制度」，《新五代史》卷六二《南唐世家》、《長編》卷一三、《九朝編年備要》卷二並同《宋史》。

〔一八〕御史臺爲司憲司：《宋史·南唐李氏世家》作「御史臺爲司憲府」，《新五代史》卷六二、《長編》卷一三並同《宋史》，《事略》「司憲司」當作「司憲府」。

〔一九〕歲貢長春節錢三千萬：《宋史·南唐李氏世家》作「長春節，別貢錢三十萬」，疑是。

〔二〇〕傳詔内殿者徐元瑀徐元瑜刁術：《宋史·南唐李氏世家》作「又以徐温諸孫元楀等爲傳詔」，《長編》卷一六云「軍書告急，非徐元楀等皆莫得通」，又《江表志》卷下：「太子太傅徐邈、太子太保文安郡公徐遊別置一院於後，謂之澄心堂，以皇姪元楀、元機、元榆、元樞爲員外郎及秘書郎，皆在其内出入。内庭密畫中旨多出其間，中書、密院皆同散地。」《十國春秋》卷一七亦載「更置澄心堂於内苑，引能文士及徐元楀、元機、元榆、元樞兄弟居其間」，是元楀、元榆爲兄弟，名皆從「木」旁。曾鞏《殿中丞監揚州税徐君墓誌銘》（《元豐類稿》卷四四）載元榆爲徐遜子、徐温曾孫，可證《宋史》「徐温諸孫元楀」之説可信。《隆平集》卷一二云：「傳詔内殿者徐元瑀、徐元瑜、刁衎，邊書告急，元瑜等皆匿而不通。」《事略》蓋取材於《隆平集》，「刁術」當爲「刁衎」之誤。至「元楀」書作「元瑀」，當時文獻已習見，如《南唐書》卷三、《通鑑長編紀事本末》卷三、《太平治迹統類》卷一等。

〔二一〕右千牛衛上將軍：《隆平集》卷一二作「左千牛衛上將軍」，《宋會要輯稿》禮四一之五四載其太平興國三年七月卒，終官「左千牛衛上將軍」。

〔二二〕仲寓：《宋史・南唐李氏世家》作「仲寓」。

〔二三〕卒年三十七：《宋史・南唐李氏世家》：「淳化五年卒，年三十七。」

〔二四〕崇漢高祖之母弟也：《宋史》卷四八二《北漢劉氏世家》作「祖崇，漢祖之弟」，《舊五代史》卷一三五《僭僞列傳》：「劉崇，太原人，漢高祖之從弟也。」《十國春秋》卷一〇四《北漢・世祖本紀》：「世祖姓劉名旻，高祖之母弟也，同爲章懿皇后所出。」注云：「《薛史》云『崇，高祖從弟』，《晉陽見聞要録》云『仲弟』，今據《歐陽史》曰『母弟』。」

〔二五〕以爲太府卿：據《宋史》卷四八二《北漢劉氏世家・衛融傳》「鈞得書久無報，乃授融太府卿」，則《事略》「以爲太府卿」前，似脱「承鈞」二字。

〔二六〕自崇僭號至繼元國滅凡四主二十八年：《宋史・北漢劉氏世家》：「劉崇自周廣順元年稱帝，歷四主二十九年而亡。」《隆平集》卷一二：「自崇僭號，繼元失國，凡二十九年。」《十國春秋》卷一〇五《北漢・英武帝本紀》：「世祖自乾祐四年稱帝，歷四主二十九年而亡。」北漢自周廣順元年（九五一）一月至宋太平興國四年（九七九）五月，歷時二十八年有餘，當作「二十九年」。

東都事略卷第二十四

列傳七

錢俶字文德，臨安人也。名上字犯宣祖諱，止稱俶〔一〕。祖曰鏐，因唐末黄巢之亂，據有吴越之地，昭宗授以杭、越節制，封彭城王〔二〕。梁、唐封爲吴越國王，謚曰武肅。父元瓘，謚曰文穆王。子佐嗣。佐卒，以弟倧繼。倧爲牙校胡進思所廢。俶時鎮浙東，遂度江襲位。漢授以東南面兵馬都元帥，錫以金印、玉册，仍領鎮海、鎮東節度使。至周，以天下兵馬都元帥處之。

宋興，改大元帥。自太祖受命，俶貢奉有加。開寶六年，封其妻孫氏爲賢德順穆夫人〔三〕。遣幕吏黄夷簡入貢，太祖謂之曰：「汝歸語元帥，常訓甲練兵，江南倔强不朝，我將討之。元帥當助我，無惑人言云『皮之不存，毛將安傅』。」時命有司造大第〔四〕，甚宏麗，賜名禮賢宅，以待兩浙、江南之先來朝者。王師討江南，以爲昇州東面招討制置使〔五〕。李煜貽書於俶，其略曰：「今日無我，明日豈有君？一旦明天子易地酬勳，王亦大梁一布衣爾。」俶以其書來上。率兵拔常州，加守太師。又遣其大將沈承禮率兵隨王師平潤州。詔俶歸國。

江南平，俶與妻子來朝，太祖對於崇德殿，待以優禮。詔曰：「古者宗工大臣特被隆眷，或劍履上殿，或詔書不名，率由豐功，待以殊禮。吴越國王錢俶，特賜劍履上殿，詔書不名。」又以俶妻爲吴越國王妃。宰相言：「自古異姓諸侯王妻無封妃之制。」太祖曰：「行之在我，安問舊典？」太祖待俶甚厚，自晉王、宰相及中外臣僚，上章請留俶不遣，太祖曰：「錢俶在吴越，歲修職貢，今又委質來朝，若利其土宇而留之，殆非人主之用心，何以示信於天下也？」及俶歸國，太祖以黄絹封文字一複付俶曰：「候到國，即開之。」仍諭俶曰：「朕知公忠，若朕常在，公則常有東南，他人未可知也。」俶感泣拜謝，至國啓封，皆晉王、宰相以下請留俶章也。俶上表謝。

太平興國三年，復來朝，遂以國歸有司。太宗改封俶淮海國王，以禮賢宅賜之。錢氏傳五主，共八十四年〔六〕。

俶以天下既平，求去元帥之稱，從之，改漢南國王。雍熙四年，出爲武勝軍節度使，徙國南陽。既又辭國號，改封許王。端拱元年，徙封鄧王。俶以天成四年八月二十四日生，至是年八月二十四日薨，年六十。薨之日，又與父元瓘同，人皆異之。册封秦國王，謚曰忠懿。

俶崇信釋教，性謙謹，未嘗忤物。爲太師、中書令者四十年，任元帥者二十年，富貴之盛，無與爲比。七子：惟濬、惟治、惟渲、惟灝、惟溍、惟演、惟濟。惟治官至左驍衛上將軍，惟渲、惟灝俱至團練使，惟溍①左龍武將軍，惟濟②保静軍留後，謚曰宣惠。

惟濬③字巨川〔七〕，太祖即位，以爲建武軍節度使，改鎮海、鎮東二鎮。王師征江南，惟濬從其父俶下常州，以功加同平章事。太宗即位，加侍中。俶封淮海國王，惟濬徙鎮淮南，改鎮山南東道，又鎮安州，封蕭國公。俶薨，有詔起復，加中書令。卒，追封汾王〔八〕，謚曰安僖。

①「惟溍」下，繆校有「官至」二字。
②「惟濟」下，繆校有「官至」二字。
③「惟濬」下，繆校有小字注「俶長子」三字。

惟演①字希聖，幼有俊才，俶嘗使賦《遠山》詩，有「高爲天一柱，秀作海三峯」之句，俶深器之。初補職牙門，累遷左神武將軍〔九〕。咸平中，獻其所爲文章，拜太僕少卿，擢知制誥、翰林學士。坐爲人於開封府請求，奪職。久之，復爲學士，累遷至刑部侍郎。

天禧末，丁謂爲參知政事，惟演見謂寵盛，附之，與講姻好。而惟演女弟適后戚劉美，相與共排寇準。準既罷相，真宗欲相李迪，因問迪何如，惟演曰：「迪無過，但才短爾。今執政中，曹利用、丁謂、任中正皆位迪上。」真宗默然。惟演又曰：「舊人中馮拯可用也。」真宗亦默然。真宗曰：「張知白何如？」惟演曰：「使之參政則可，爲相則不可。」真宗卒以迪爲相，拯遂拜樞密使。時曹利用、丁謂先以爲樞密使，惟演入對，言曰：「今樞密院有三使，而中書止一相，曷遷曹利用或丁謂乎？」真宗曰：「誰可？」惟演曰：「謂可。」惟演又曰：「曹利用忠赤有功，亦宜與平章事。」真宗曰：「諾。」於是丁謂拜相，利用加同平章事。惟演尋拜樞密副使，加尚書右丞，轉工部尚書。

真宗崩，仁宗即位，進兵部尚書，爲樞密使。章獻明肅皇后稱制，宰相馮拯以惟演太后姻家也，請出之，除保大軍節度使、知河陽。請覲，加同平章事、判許州。改鎮武勝，又徙泰寧。惟演意在柄用，嘗謂人以不得於黄紙後著名②爲恨。及屢徙鎮，鬱鬱不得志。仁宗耕籍田，求入侍祠，留爲景靈宫使。章獻崩，還判河南〔一〇〕，請以章獻、章懿二后同配食真宗廟室〔一一〕。御史劾奏惟演擅議宗廟，落平章事，改鎮崇信。卒，年五十八〔一二〕。贈侍中。

惟演少富貴，能志於學，有文章，與楊億、劉筠齊名。嘗曰：「學士備顧問，不可不該博。」故其家聚書侔於

①「惟演」下，繆校有小字注「俶弟六子」四字。
②著名：覆宋本、四庫本作「署名」。

秘府，又多藏古書畫。在館閣與修《策府元龜》凡千篇，特詔楊億分爲之〔一三〕。其爲人少誠信，初附丁謂，力排寇準。其後逐謂，亦與有力焉。所著有《典懿集》、《樞庭擁髦》前後集、《伊川漢上集》、《金坡遺事録》、《飛白書敍録》、《逢辰録》、《奉藩書事》。初謚曰文墨①，改謚曰思，又改曰文僖，凡三易名云。有子晅，爲寶文閣待制。晅子景臻，尚仁宗女許國大長公主，拜左領軍衛大將軍、駙馬都尉，官至少師、安武軍節度使，封康國公。

臣稱曰：五代之際，吴越常外尊中國，至太祖世，俶遂委質來朝。於時，太宗及羣臣咸欲留俶而取其地，太祖卒遣還國，且語之故。烏虖，太祖洪人之度如是哉！及太宗即位，俶不待詔命即以國入覲，蓋有以也。子孫世有爵邑，豈非忠孝之報乎？

高繼冲字贊平〔一四〕，其先陝州硤石人也〔一五〕。曾祖季興，唐末荆南司馬張環逐其節度使陳儒，自稱留後。環敗，而季興守荆南。梁開平初，遂據有其地，封秦王。卒，謚曰武信。子從誨，後唐天成三年襲位，封南平王。卒，謚曰文獻。子保融，漢乾祐五年襲封南平王〔一六〕。卒，謚曰正懿，無子〔一七〕。建隆元年，其弟保勖嗣立，太祖即授以節度使。從誨於諸子中最愛保勖，雖盛怒，見之則釋然，荆南人目之爲萬事休。四年，卒〔一八〕。子繼冲襲位〔一九〕。

時湖南張文表叛，周保權求救於朝廷，太祖命慕容延釗討之。延釗假道荆南，約以兵過城外。繼冲大將李

①文墨：覆宋本、四庫本作「文穆」。

景威曰：「兵尚權譎，城外之約可信乎？」其秘書監孫光憲曰：「中國自周世宗時已有混一之志，況聖宋受命①，真主出焉。」以理諭繼沖，令獻三州之地。延釗軍至，繼沖出迎於郊，而前鋒遽入其城。繼沖懼，上表納土，請舉族歸朝，授馬步軍都指揮使。

自季興至繼沖五帥，凡五十七年〔二〇〕。光憲有學術，歸朝授黄州刺史。乾德三年，繼沖拜武寧軍節度使。卒，年三十二〔二一〕。贈侍中。

周行逢，武陵人也。少時不事生業，嘗犯法配隸鎮兵，以驍勇累遷裨校。自唐乾寧二年，馬氏專有湖南二十州之地。周廣順初，兄弟爭國，求援於江南，李景遣大將邊鎬率兵赴之，因下長沙，遷馬氏之族於建康，以鎬爲潭帥。會朗州軍亂，推牙將劉言爲留後，言以行逢爲都指揮使。行逢以衆情表於景，請授言節鉞，景不從。召言入金陵，言懼，遣副使王進逵、行軍何真與行逢率舟師襲破潭州〔二二〕，鎬遁去。行逢等據其城，遣使言狀，周太祖即以言爲朗帥，進逵爲潭帥，行逢爲潭州行軍司馬。未幾，進逵害言，太祖以進逵代爲節度使，行逢領鄂州節度使、知潭州。

顯德中，世宗用兵淮甸，詔進逵出師。進逵遣裨將潘叔嗣領兵五千爲先鋒，行及鄂州界，叔嗣乃回戈襲進逵。進逵敗走，爲叔嗣所殺，迎行逢爲帥。行逢至，即斬叔嗣以徇。世宗乃授行逢武平軍節度使兼侍中，於是盡有湖南之地。國初，加兼中書令。

行逢在鎮，盡心爲治，所用官屬率皆廉介之士，條教簡約，民皆悦之。然性猜忌，左右小有忤意，必寘於法。

①受命：原作「授命」，據四庫本改。

夫人鄧氏諫曰〔二三〕：「人情有善惡，安得一槩殺之乎？」行逢怒曰：「此外事，婦人何知。」行逢既爲帥，夫人不爲屈，不入府治，躬率奴僕耕織以自給，賦調必先期輸送。行逢止之，不從，曰：「税，官物也，若主帥自免其家，何以率下乎？」行逢卒〔二四〕，追封汝南郡王。子保權，年十一，自武平軍節度副使襲父位。

初，行逢疾亟，召將佐謂曰：「吾起壠畝爲團兵，同時之人皆死，惟衡州刺史張文表獨存焉，常怏怏不得行軍司馬。吾死，文表必爲亂。諸公善佐吾兒，無失土宇。必不得已，當舉族歸朝也。」行逢死，文表果舉兵叛，據潭州。保權乞師於朝廷，太祖遣慕容延釗、李處耘等討之。王師次江陵，文表已爲保權之衆所殺。

保權牙校張從富等，以謂文表已平而王師未回，懼爲襲取①，相與拒守。延釗以聞，太祖遣中使諭保權及將校曰：「爾本請師求救，故發大軍以拯爾難。今妖孽既平，是有大造於爾輩②，何乃反拒王師也？」保權幼，爲左右所制，不從命。遂討之。保權出軍於澧州南，兵未交而潰，王師獲從富於西山下，梟首於市。大將汪端劫保權並家屬，棄城亡匿山洞。王師至數月，獲保權，克岳州。端擁保權衆寇掠，未幾亦就擒，磔於市。湖湘悉平。保權至京師，以爲右千牛衛上將軍，累遷左羽林統軍〔二五〕。太平興國九年，知并州〔二六〕。卒，年三十四。

始，太祖既下湖湘，思得通蠻情、習險阨、智勇可任者以鎮撫之。有秦再雄者，辰州傜人也，長七尺，武健多謀，在行逢時，以戰鬬立功。太祖召至京師，察知其可用，以邊事付之，除辰州刺史，賜予甚厚。仍使自辟官屬，盡與一州租賦。再雄誓死報效。至州日訓練土兵，得三千人，又遣親校二十八人分使諸蠻〔二七〕，以傳朝廷懷來之意，悉皆款附。遷辰州團練使。再雄盡瘁邊圉，故終太祖世無蠻貊之患。再雄③不知所以終，因附於此。

---

①襲取：繆校作「所襲」。
②是有大造於爾輩：繆校作「是大有造於爾爾」。
③再雄：繆校作「惜」。

陳洪進字濟川，其先泗州人也。曾祖爲閩官，遭亂，因家泉州之仙遊縣。唐光啓中，王潮陷泉州，以福州觀察使王審知爲副。潮卒，審知據其位。梁册審知爲閩王，二十九年而卒。其子延翰繼，逾年而被殺。其弟延鈞襲，八年遂僭帝號，十二年卒。子昶嗣，被逐，而叔延羲①立〔二八〕，以其弟延政爲建州刺史。既而背命自立，國號商。六年，閤門使連重遇推客省使朱文進以奪其位，復號閩，時晉天福七年也。文進以黄紹頗爲泉州刺史，程贇漳州刺史，許文稹汀州刺史。泉人念王氏爲羣逆分據，指揮使留從效、王忠順、董思安謀復王氏，於是募敢死士五十人〔二九〕，而洪進與焉。夜擒紹頗，殺之，立延政從子繼勳。欲送紹頗首於建州，奉延政爲主，而道阻賊盛，莫敢往者，獨洪進請行。道逢賊，語以泉、福已定，賊遂潰。洪進至建州，延政大悦。既而程贇立延政從子繼成，許文稹又以汀州降，而朱文進爲連重遇所殺，福人亦殺重遇，延政遂遣洪進還泉州。三年，江南李景陷建州，以延政入金陵。明年，留從效劫繼勳使降江南，自領州事〔三〇〕。李景授從效泉州刺史，進清源軍節度使，以洪進佐之，進職統軍使。

建隆三年，從效死，洪進誣其子紹鎡將叛，執送建康，推副使張漢思爲留後，自爲副使。漢思患其專，將圖之。一日，洪進袖大鎖，鎖其門，叩頭謂漢思曰：「軍使速以郡印見授。」漢思皇懼，亟與之。即置漢思别館，遣使告江南，而李煜遂授以清源軍節度使。

自太祖平澤、潞，下維揚，取荆湖，威震四海，洪進大懼，乃請命於朝，改清源軍爲平海軍，拜洪進節度使。及

①延羲：原作「延義」，舒仁輝《〈東都事略〉與〈宋史〉比較研究》第一八一頁認爲「《事略》誤『延羲』爲『延義』」，是。並據《舊五代史》卷一三四《僭僞・王審知傳》、《新五代史》卷六八《閩世家》及《宋史》卷四八三《漳泉留氏世家》改。

江南平，吴越錢俶來朝，洪進亦遂入覲。至南劍州，聞太祖崩，乃歸鎮發哀。太平興國三年來朝，即以其地來歸〔三一〕。太宗以洪進爲武寧軍節度使、同平章事。從平太原，封杞國公，進封岐。卒，年七十一〔三二〕。贈中書令，謚曰忠順。

【箋證】

〔一〕名上字犯宣祖諱止稱俶：《宋史》卷四八〇《吴越錢氏世家》：「本名弘俶，以犯宣祖偏諱去之。」宣祖即太祖父弘殷。

〔二〕封彭城王：《宋史・吴越錢氏世家》作「封彭城郡王」，（宋）錢儼《吴越備史》卷一載乾寧二年「六月，制授王檢校太傅、彭城郡王兼浙江東道招討制置、兩浙鹽鐵發運等使」，《事略》當脱「郡」字。

〔三〕開寶六年封其妻孫氏爲賢德順穆夫人：《宋史・吴越錢氏世家》：「開寶五年，改賜開吴鎮越崇文耀武宣德守道功臣，封其妻孫氏爲賢德順穆夫人。」《宋會要輯稿》禮五九之二三「開吴鎮越崇文耀武宣德守道」注云：「開寶五年，以此十二字賜錢俶。」《事略》「六年」當爲「五年」之誤。

〔四〕時命有司造大第：「時」，《長編》卷一五、《太平治迹統類》卷一、《宋史・吴越錢氏世家》並作「特」，是。

〔五〕以爲昇州東面招討制置使：《宋史・吴越錢氏世家》作「以俶爲昇州東面招撫制置使」，《宋會要輯稿》兵七之二九載開寶七年「十月二十三日，以吴越國王錢俶爲昇州東南面行營招撫制置使」，《長編》卷一五、《太平治迹統類》卷二並同，可見《事略》「招討」當爲「招撫」之誤。

〔六〕錢氏傳五主共八十四年：《宋史・吴越錢氏世家》作「自鏐至俶世有吴越之地僅百年」，《隆平集》卷一二《錢俶傳》作「錢氏五主，共八十一年」，《文獻通考》卷二七六「兩浙四世八十四年」注云：「鏐以唐乾寧二年爲鎮海、鎮東軍節度使，有兩浙，至俶以宋太平興國三年納土。」蓋錢氏「有吴越之地」概念模糊，以致各家所紀起點不同，結論自然迥異。《事略》所紀，當以唐肅宗乾寧二年（八九五）「封彭城郡王」爲始，至宋太宗太平興國三年（九七八）止，「八十四年」。

〔七〕惟濬字巨川：《宋史・吴越錢氏世家》作「惟濬字禹川」。

〔八〕卒追封汾王：《宋史・吴越錢氏世家》：「明年春，得疾暴卒，年三十七。廢朝二日，追封邠王，謚安僖。」《宋會要輯稿》儀制一一之二：「安遠軍節度使、兼中書令、蕭國公錢惟濬，淳化二年二月，追封邠王。」《事略》作「汾王」，誤。

〔九〕累遷左神武將軍：《宋史》卷三一七《錢惟演傳》：「歷右神武軍將軍。」《長編》卷四七載咸平三年五月「丁酉，右神武軍將軍錢惟演爲太僕少卿」，《宋會要輯稿》職官六一之四記同《長編》，惟繫於「二十日」（丙申）。

〔一〇〕還判河南：據《長編》卷一一二「以景靈宫使、泰寧節度使、同平章事錢惟演判河南府」在明道二年四月癸丑，而惟演初判河南在景祐九年正月（《長編》卷一一〇），歐陽修及尹洙皆爲屬官，「惟演待之甚厚」（《長編》卷一一四），《事略》不載初判西京及歐陽修從游事。汪琬《東都事略跋》卷上：「文僖留守西京，歐陽公爲推官。按《聞見録》，錢相遇永叔極厚，永叔後用王沂公薦入館，然猶不忘錢相。或謂錢相薨，三易名，卒得美謚，皆出永叔之力。及考《錢氏私志》，頗醜詆永叔，且言永叔不樂文僖。《歸田録》所載文僖數則，俱非美事，其異同如此。意者錢氏子弟别有佗憾故耳，豈爲《録》中竊藏珊瑚筆格一事，深觸其諱邪？」

〔一一〕請以章獻、章懿二后同配食真宗廟室：《宋史》本傳作「請以莊獻明肅太后、莊懿太后並配真宗廟室」。據《宋會要輯稿》帝系一之一〇載，莊獻明肅皇太后改謚章獻、莊懿皇太后改謚章懿，在慶曆四年七月二十二日。又《會要》禮一〇之四載惟演此奏，上於明道二年五月三日，明言「以莊獻、莊懿皇太后並祔真宗之室」。《事略》之「章獻、章懿」當作「莊獻、莊懿」。

〔一二〕卒年五十八：《長編》卷一一一載景祐元年七月「乙巳，隨州言崇信軍節度使錢惟演卒，特贈侍中」。

〔一三〕在館閣與修策府元龜凡千篇特詔楊億分爲之：《策府元龜》，今通作《册府元龜》。「特詔楊億分爲之」，《隆平集》卷一二及《宋史》本傳並作「特詔與楊億分爲之序」，《事略》當脱「與」「序」二字。

〔一四〕字贊平：《宋史》卷四八三《荆南高氏世家》作「字贊平」，《新五代史》卷六九《南平世家》、《九國志》卷一二《北楚世家》並作「字成和」，（清）周廣業《經史避名匯考》卷一八云：「繼冲字成和，又字贊平。」

〔一五〕其先陝州硤石人：《隆平集》卷一二《高繼冲傳》作「渤海蓨人」。《宋史·荆南高氏世家》：「其先陝州峽石人，祖季興。」《新五代史·南平世家》：「高季興字貽孫，陝州硤石人也。」硤石，一作峽石，因陝州境内有硤石塢，唐貞觀中設硤石縣。

〔一六〕漢乾祐五年襲封南平王：乾祐僅三年，此作「五年」，誤。《宋史·荆南高氏世家》謂「顯德初，進封南平王」，《九國志》卷一二《北楚世家》作「顯德元年正月丙子，進封南平王。宋建隆元年八月薨，年四十一」，是。

〔一七〕無子：此沿襲《隆平集》卷一二之誤。據《宋史·荆南高氏世家》，保融有子繼冲、繼充。

〔一八〕四年卒：《隆平集》卷一二云「建隆四年保勖卒，子繼冲正月襲位」，與《事略》俱沿襲《舊五代史》卷一三三《世襲·高保勖傳》「皇朝建隆四年春卒」之誤。按《九國志》卷一二《北楚世家》、《宋史·荆南高氏世家》均作「建隆三年十一月卒，年三十九」，《事略》卷二繫「荆南高保勖卒」於建隆三年十一月甲戌，是。

〔一九〕子繼冲襲位：《新五代史·南平世家》作「保融之子繼冲立」，《九國志》卷一二《北楚世家》、《宋史·荆南高氏世家》並謂繼冲爲「保融長子」，則《事略》「子繼冲襲位」前當脱「保融」二字。

〔二〇〕自季興至繼冲五帥凡五十七年：《宋史·荆南高氏世家》作「自高季興據有荆南、歸、峽之地，傳襲三世五帥，凡四十餘年」，《文獻通考》卷二七六：「南平五世，凡五十七年：季興以梁開平元年鎮南，至繼冲以宋乾德元年納土。」開平元年（九〇七）至乾德元年（九六三），「凡五十七年」，是。

〔二一〕卒年三十二：《九國志》卷一二《北楚世家》、《宋史·荆南高氏世家》同作「開寶六年卒，年三十一」，疑《事略》誤。

〔二二〕行軍何真：《宋史》卷四八三《湖南周氏世家》作「行軍何景真」，《新五代史》卷六六《楚世家·劉言傳》、《九國志》卷一一《劉言傳》作「行軍司馬何景真」，疑《事略》脱「司馬」「景」三字。

〔二三〕夫人鄧氏：《九國志》卷一一《周行逢傳》作「其妻嚴氏」。

〔二四〕行逢卒：《九國志》卷一一《周行逢傳》：「建隆三年以疾卒，年四十六。」

〔二五〕累遷左羽林統軍：《宋史·湖南周氏世家》作「累遷右羽林統軍」，《建隆集》卷一二作「累遷至左羽林統軍，卒」，《宋會要輯稿》儀制一一之一五載「左羽林軍統軍周保權」，雍熙二年五月卒。疑《宋史》誤「左」爲「右」。

〔二六〕太平興國九年知并州：《宋史・湖南周氏世家》作「太平興國元年，知并州」。考《太宗皇帝實録》卷二九載「左羽林統軍周保權知并州」於太平興國九年三月壬戌，《宋史》作「元年」，誤。

〔二七〕又遣親校二十八人分使諸蠻：《宋史》卷四九三《西南溪峒諸蠻傳》作「又選親校二十人分使諸蠻」。

〔二八〕而叔延義立：《宋史》卷四八三《漳泉留氏世家》作「立審知次子延義」，而據《舊五代史》卷一三四《僭僞・王審知傳》及《新五代史》卷六八《閩世家》，「審知次子」爲延鈞，延羲爲少子。

〔二九〕募敢死士五十人：《宋史・漳泉留氏世家》作「募敢死士，得陳洪進等五十二人」。

〔三〇〕自領州事：《宋史・漳泉留氏世家》作「自領漳、泉二州留後」。

〔三一〕太平興國三年來朝即以其地來歸：《宋史・漳泉留氏世家》謂「太宗即位，加檢校太師。明年四月，來朝」，即太平興國二年來朝。而《宋會要輯稿》蕃夷七之七亦記「陳洪進來朝」於太平興國二年八月五日，《長編》卷一八記陳洪進入見於太平興國二年八月丙寅（八日），卷一九記獻二州在三年四月己卯（二十五日），則《事略》與《隆平集》卷一二謂「太平興國三年來朝」，蓋誤以獻地之年爲「來朝」之年。

〔三二〕卒年七十一：《宋史・漳泉留氏世家》：「（太平興國）二年，以疾卒，年七十二。」而《宋會要輯稿》禮四一之四九記「武勝軍節度使、同中書門下平章事陳洪進」卒於雍熙三年三月，《通鑑長編紀事本末》卷一二載雍熙三年三月「庚寅，武寧節度使、同平章事陳洪進卒」，《宋史》謂陳洪進卒於二年，似誤。

東都事略卷第二十五

列傳八

吴廷祚字慶之[一]，太原人也。始仕周太祖，爲親校。及即位，爲莊宅副使，稍遷皇城使。世宗即位，遷右羽林將軍、内客省使。逾年，拜宣徽北院使，遷南院使、西京留守。世宗征關南，以廷祚留守京師，拜左驍衛上將軍，爲樞密使。

宋興，加同中書門下二品[二]，以父名璋故也。李筠反，廷祚白太祖曰：「潞城巖險，且有太行之阻，賊若保之，未可以歲月破。筠素恃勇輕脱，若速舉兵擊之，必離上黨來逆戰。獸亡其藪，魚脱於淵，擒之必矣。」太祖遂親征，以廷祚留守京師。筠果領兵與王師戰澤州南，筠衆大敗，如廷祚之言。及征李重進，又爲東京留守。建隆三年，爲雄武軍節度使，改鎮京兆。卒，年五十四[三]。贈侍中。子元扆。

元扆字君華，尚太宗女蔡國公主，拜左衛將軍、駙馬都尉，遷慶州團練使[四]、知鄆州。徙河陽，改郢州觀察使，再知河陽。河溢，城將壞，元扆躬涉泥濘，督工壅塞。民有避水於林杪者，既濟以舟檝，又以家財賑之。時數郡被水患，獨元扆所部民無墊溺。

真宗即位，换安州觀察使、知澶州，治有聲。遷寧國軍留後、知定州。契丹入寇，王超、王繼忠領兵逾唐河戰，元扆度其必敗，潛發兵護河橋。超等果敗，虜衆至橋，見陣整而遁。代還，拜武勝軍節度使，出知潞州。徙徐州，改鎮山南東道。卒，年五十〔五〕。贈中書令，謚曰忠惠。

始，父廷祚厚重寡言，齊家有法。好儒學，聚書數千卷。至元扆，聚書乃至數萬卷。讀《左氏春秋》，尤通内典，精筆札。臨事莊重，御下有術。在藩鎮，能愛民，待賓佐必盡禮。奉身簡素，所得禄賜，均及親族。國朝以來尚主者，獨稱其賢。

李崇矩字守則，上黨人也。幼有至行，爲鄉里所稱。始事史弘肇，爲親吏。周太祖以崇矩隸世宗帳下。顯德初，補供奉官，轉供備庫副使，改作坊使。

國初，李筠叛，爲南面行營前軍都監，大破筠衆於碾子谷。以功拜右監門衛大將軍，充三司使。從征李重進，還爲宣徽①北院使、判三司。乾德二年，拜樞密使。趙普爲相，與崇矩分秉國政，以女妻普子承宗，太祖頗不悦。有鄭伸者，崇矩之客，傾險士也，乃上書告崇矩陰事。崇矩不能自明。開寶五年，罷爲鎮國軍節度使。入爲②左衛大將軍。

太宗即位，授嶺南都巡檢使，改瓊、崖、儋、萬都巡檢。代還，拜右千牛衛上將軍，判金吾街仗。卒，年六十五〔六〕。贈太尉，謚曰元靖，追封河東郡王。

崇矩寡言，尚信義。史弘肇被禍，崇矩方事世宗，既貴，遇弘肇之孫必優禮之。子繼昌。

①宣徽：原作「宣微」，據覆宋本、四庫本改。
②「入爲」上，繆校有「越明年」三字。

繼昌字世長，以蔭補供奉官，遷如京副使。崇矩出鎮，爲牙職，遷西京左藏庫使。王均亂，爲招安巡檢使，與雷有終、上官正、石普破之於彌牟①，追至資州，而均已就擒於富順監。以功領奬州刺史、知青州，又知延州。入判右金吾街仗②，拜連州刺史，出知涇州。卒，年七十二〔七〕。

繼昌性謹厚，鄭伸死，其母貧餓，嘗詣繼昌乞假，家人憾前事，詬逐之。繼昌憐之，乃與白金百兩，時稱其長者。

繼昌之子勗，尚太宗女萬壽公主，是謂齊國獻穆大③長公主。舊制，尚主者升居諸父之列，真宗特於其名上益「遵」字，陞爲崇矩之子焉。

遵勗字公武，初授左龍武將軍、駙馬都尉，賜第永寧里。主既下降，而所居堂甎華有翔鳳者，命工琢去。主服有虬龍文，屏④藏之。真宗喜，顧待加異常，稱其好學。爲人醖籍，喜讀書，通浮屠、性理之説。居第園池，聚⑤名華、奇果、美石於其中，有自千里而至者，其費不貲。有會賢、閒燕⑥二堂，北隅⑦有莊曰靜淵，引流水周

①彌牟：原作「彌年」，據覆宋本、四庫本、繆校及《宋史》卷二五七《李崇矩傳》附《繼昌傳》改。繆校作「彌牟砦」，云：「按：漢州彌牟鎮，『砦』字不可去。」
②街仗：繆校作「衛」。
③大：原作「天」，據四庫本及《宋會要輯稿》禮四一之三改。
④屏：繆校作「者」。
⑤「聚」字上，繆校有「必」字。「美石」上，繆校有「四時暎帶更壘」六字。
⑥閒燕：原作「間燕」，據覆宋本、四庫本改。下同改。閑暇之「閒」，《事略》多刻作「間」，今統作「閒」，下不一一出校。
⑦「北隅」上，繆校有「壯麗弘邃東」五字。

舍下。嘗師事楊億，億卒，爲制服，營其家事。積官至鎮國軍節度使、知許州。卒，年五十一〔八〕。贈中書令，謚曰和文。有《閒燕集》二十卷、《外館芳題》七卷。

子端懿，官至鎮潼軍留後，爲人和厚，多讀書，喜賓客，所與游皆時之賢士大夫；端愨①，官至蔡州觀察使，請老，以安德軍留後致仕，卒，謚曰恭敏；端愿，官至節度使，歷鎮武康、定國，請老，以太子太保致仕，卒。子評，官至成州團練使。

楚昭輔字拱辰，宋城人也。初，太祖典禁衛，嘗召置左右②。陳橋之還師也，昭憲皇后在城中，太祖憂之，遣昭輔先入問起居。昭輔具言士衆推戴之狀，后意乃安。

國初，爲軍器庫使、知揚州。太祖以其有心計，拜左驍衛大將軍、權判三司。開寶六年，拜樞密副使③。太平興國初，拜④樞密使。昭輔性勤謹介直，掌樞務，人不可干以私⑤。六年，以疾⑥罷爲左驍衛上將軍。卒，年六十九〔九〕。贈⑦侍中，謚曰景襄。

---

①端愨：繆校作「端惠」。
②「左右」下，繆校有「與籌畫」三字。
③「副使」下，繆校有「后特賜宮錦禮衣段一表裏」十一字。
④「拜」字上，繆校有「以恩例」三字。
⑤「以私」下，繆校有「雖不樂施，亦不濫取，剛明有守士也」十四字。
⑥「以疾」下，繆校有「告」字。
⑦「贈」字上，繆校有「訃聞，上甚惜之」六字。

【箋證】

〔一〕吴廷祚字慶之：廷祚，新、舊《五代史》及《長編》等作「延祚」，《宋會要輯稿》則「廷祚」「延祚」兩存之，中華書局標點本《宋史》卷二五七作「廷祚」。

〔二〕加同中書門下二品：《長編》卷一九三、《隆平集》卷九作「中書門下三品」。《金石萃編》卷一二四載吴廷祚所立釋夢英篆書《千字文》碑，題名稱「同中書門下二品、行京兆尹……吴廷祚建」，後有跋云：「曾子固《隆平集·吴廷祚傳》云『宋興，加中書門下三品』，《宋史》亦同，皆傳寫之誤。」

〔三〕卒年五十四：《宋會要輯稿》禮四一之四九載「永興軍節度使、同中書門下二品吴廷祚」，開寶四年四月卒。

〔四〕遷慶州團練使：《宋史》卷二五七《吴廷祚傳》附《元扆傳》：「明年正月，領愛州刺史。是冬，領本州團練使。」《宋會要輯稿》帝系八之四六載，雍熙三年十二月十三日，「愛州團練使、駙馬都尉吴元扆知鄆州」。據此，則《事略》「慶州」當爲「愛州」之誤。

〔五〕卒年五十：《宋史·元扆傳》云：「大中祥符四年，以祀汾陰恩，改領山南東道。五月，制書下，元扆被疾卒，年五十。」《長編》卷七六載大中祥符四年六月癸卯朔，「徐州言知州、山南東道節度使、駙馬都尉吴元扆卒」。

〔六〕卒年六十五：《宋史》卷二五七《李崇矩傳》：「端拱元年卒，年六十五。」

〔七〕卒年七十二：《宋史》卷二五七《李崇矩傳》附《繼昌傳》：「（天禧）二年冬卒，年七十二。」

〔八〕卒年五十一：《續資治通鑑》卷四一：寶元元年八月，「鎮國軍節度使、駙馬都尉李遵勗屬疾，奏請納禄。……遵勗尋卒，贈中書令，謚和文」。

〔九〕罷爲左驍衛上將軍卒年六十九：《宋史》卷二五七《楚昭輔傳》作「罷爲驍騎衛上將軍，逾年卒，年六十九」。《宋會要輯稿》禮四一之五三載「左驍衛上將軍楚昭輔」卒於太平興國七年十二月，《長編》卷二三載太平興國七年十二月「庚辰，右驍衛上將軍、贈侍中楚昭輔卒」。《宋史》卷四《太宗紀一》載太平興國六年十一月「辛酉，以樞密使楚昭輔爲左驍衛上將軍」，可證《宋史》本傳之誤。

東都事略卷第二十六

列傳九

趙普字則平，幽州薊人也。父迥以世亂徙其族常山〔一〕，又徙洛陽。普性沉厚，有大略。

周顯德初，永興軍節度使劉詞辟爲從事。詞卒，遺奏薦其才。世宗用兵淮甸，太祖克滁州，以普爲軍事判官。太祖與語，奇之〔二〕。時捕獲爲盜者百餘人，盡①誅之〔三〕，普意其中必有濫者，請加訊治，由是多所全宥。太祖益重之。時宣祖將兵抵滁上，得疾，普躬視藥餌，朝夕無倦。宣祖愧其情，與講同家之好。太祖領定國軍節度使，移鎮滑、許，普皆在幕府，最後爲歸德軍節度掌書記。

太祖北征，普從行，夜宿陳橋。六軍共議推戴，普諭將校曰：「并寇與犬戎相結，點檢奉命征討，爾輩甲兵幾何，便欲扶策天子？點檢一心忠赤，通於神明，若聞此事，必誅爾輩。」列校皆不退，普即戒諸將，勿令縱兵，若都城人心不摇，則四方自然寧謐。遻②明入白太祖，時太祖醉卧帳中，欠伸徐起，則萬衆擐甲露刃，誼不可止。或以黄袍加太祖之身，扶太祖上馬，擁逼南行。既而太祖受禪，普以佐命功授右諫議大夫、樞密直學士。

昭義李筠叛，太祖親征，以普留守京師。普願扈從，太祖曰：「趙普勝介胄乎？」許之。普因進策曰：「陛

①「盡」字上，繆校有「欲」字。
②遻：四庫本作「黎」。

下初登寶位，光耀神武，挫英雄之氣，服天下之心，在此舉矣。且兵機貴速，不尚巧遲，若倍道兼行，掩其未備，所謂自天而下，可一戰而擒也。」太祖用其策。及筠誅，普以功遷兵部侍郎、樞密副使。維揚李重進叛，太祖問普攻取之策，普曰：「重進昧武侯之遠圖，守薛公之下計，不過繕修孤壘，以長淮爲恃也。況其内乏資儲，外無救援，以臣愚見，急攻亦取，緩守亦取，兵法尚速，不如速取之。矧陛下以順討逆，何憂哉！」不逾月，遂誅重進。

時昭憲皇后無恙，每與太祖參決政事，猶以「書記」呼普。嘗曰：「趙書記且爲盡心，吾兒未更事也。」及昭憲寢疾，普入與顧命，昭憲語太祖：「汝百歲後，當傳位於汝弟。」太祖曰：「敢不如太后教。」即令普就榻前爲誓書，藏之金匱。拜樞密使。

初，二叛既平，太祖召普問：「天下自唐季以來，數十年間，帝王凡易八姓，兵革不息，蒼生塗地，其故何也？吾欲息天下兵，爲國家長久之計，其道何如？」普曰：「陛下及此言，天地人神之福也。唐季以來，戰鬭不息，國家所以不安者，由節鎮太重，君弱臣强而已。今所以治之無他，惟稍奪其權，制其錢穀，收其精兵，則天下自安矣。」頃之，太祖因晚朝與石守信、王審琦等飲。太祖屏左右，謂曰：「我非汝曹之力，不得至此。念汝之德，無有窮已。然天子亦大艱難，殊不若爲節度使之樂也。」守信等曰：「何故？」太祖曰：「是不難知矣。居此位者，誰不欲爲之？」守信頓首曰：「陛下何謂出此言？今天命已定，孰敢有異心？」太祖曰：「不然。汝曹雖無異心，其如汝麾下之人欲富貴者何？一旦以黄袍加汝之身，汝雖欲不爲，其可得乎？」守信等曰：「臣等愚不及此，惟陛下哀矜，示以可生之塗。」太祖曰：「人生如白駒過隙，所爲好富貴者，不過多積金錢，厚自娛樂，使子孫無貧乏之憂。汝曹何不釋去兵權，擇便好田宅市之，爲子孫立永久之業。多置歌舞，日飲酒相歡，以終天年。君臣之間，兩無猜嫌，上下相安，不亦善乎？」於是守信等皆稱疾，請解軍職，太祖許之。

已而太祖欲使符彦卿管軍，普屢諫，以爲彦卿名位已盛，不可復委以兵柄，太祖不從。宣已出，普復懷之請見。太祖迎謂之曰：「豈非以符彦卿事耶？」普對曰：「非也。」因奏他事，既罷，乃出彦卿宣進之。太祖曰：「果然。宣何以復在卿所？」普曰：「臣托以處分之語有未備者，復留之，惟陛下深思利害，勿復悔。」太祖曰：「卿苦疑彦卿何也？朕待彦卿厚，彦卿豈負朕者耶？」普曰：「陛下何以能負周世宗？」太祖默然，事遂中止。

乾德二年，范質等三相罷，以普爲門下侍郎、同中書門下平章事、集賢殿大學士、監修國史，命薛居正、吕餘慶爲參知政事以副之，事無大小，皆決於普。自唐以來，方鎮多以賦入自擅，而上供殆鮮，場院率令部曲主之，厚斂以自利。其屬三司者，輸額之外，輒歸己。或私納貨賂以事貢奉，用冀恩奬。普勸太祖革其弊。方鎮闕帥，命文臣權知所在場院，間遣京朝官廷臣監臨。諸道置轉運使，諸州置通判，使主錢穀，自是利歸公上矣。又數遣使者分詣諸道，選本道兵驍勇者，籍其名送京師，以備宿衛。教習精練，太祖每御便殿，親臨試之。不數年，兵甲精鋭，府庫充實，皆普之謀也。

五年，拜尚書左僕射、昭文館大學士[四]。普嘗爲某事擇官，列二臣姓名以進，太祖不用。明日復奏之，又不用。又明日，復奏之。太祖怒，裂其奏擲陛上。普顔色自若，徐拾奏，歸補綴，明日復進。太祖悟，乃可其奏。後二臣者果稱職。

太祖一日以幽、燕地圖示普，普曰：「此必曹翰爲之。」太祖曰：「然。翰可取否？」普曰：「翰可取，孰可守？」太祖曰：「以翰守之。」普曰：「翰死孰可代？」太祖不語，久之曰：「卿可謂遠謀矣。」

太祖嘗夜幸普第，立風雪中，普皇恐出迎。太祖與普飲於堂中，設重裀地坐，熾炭燒肉。普妻和氏行酒，太祖以嫂呼之。普從容問曰：「夜久寒甚，陛下何以出？」太祖曰：「吾睡不能着，一榻之外，皆他人家也。」普曰：「陛下小天下耶？南征北伐，今其時矣，願聞成筭所嚮。」太祖曰：「吾欲取太原。」普默然久之，曰：「非臣所知也。」太祖問其故，普曰：「太原當西北二邊，使一舉而下，則二邊之患，我獨當之，何不姑留以俟削平諸國，則太原彈丸黑誌之地，將無所逃矣。」太祖笑曰：「吾意正如此，特以試卿爾。」因謂普曰：「王全斌平蜀多殺人，吾今思之，猶耿耿不可用也。」普薦曹彬、潘美可用。其後太祖征嶺南用潘美，伐江南任曹彬，而二國悉平。

兩浙錢俶遣使入貢，遺普書及①物十甕。太祖幸其第，適見而問之，普以實對。太祖曰：「此必海味也。」即令啓之，皆滿貯瓜子金也。普謝曰：「臣未發書，實不知也。」太祖笑曰：「但收之無害也。彼謂國家事，皆由汝書生耳。」又江南李煜亦以白金五萬兩遺普，普以白太祖。太祖曰：「第受之，使之勿測也。」既而煜遣其弟從善朝於京師，太祖於常錫外，復賜金如所以遺普者，江南君臣駭服。

太祖寵待普，如左右手。判大理寺雷德驤憤其屬附普，增減刑名，因求見太祖，語不遜。太祖怒叱之曰：「鼎鐺尚有耳，汝不聞趙普吾之社稷臣乎？」德驤坐貶商州，又貶靈武。普遣親吏市木，關隴吏私市大木，冒稱普所市以規利。前三司使趙玭以白太祖，詔問太子太師王溥等。「普當何罪？」溥等奏：「趙玭誣罔大臣。」乃出玭爲汝州牙校。盧多遜在翰林，頻召對，攻普之短。會德驤之子有隣憤其父流竄，乘隙訟堂吏過，悉抵以罪，而普由是罷爲河陽節度使、同平章事。方普之在相位也，嘗於視事閤坐屏後設二大甕，凡中外表奏，普意不欲行者，必投之甕中，滿則束緼焚之，以是人多怨者。

太宗即位，改太子少保，遷太子太保。時盧多遜爲相，數於上前毀普，普鬱鬱不得志。會柴禹錫告秦王廷美與盧多遜交結，普奏：「臣開國舊臣，爲權倖所沮，願備樞軸察姦變。」太宗感悟，召普謂之曰：「人誰無過？朕不待五十，已盡知四十九年②非矣。」未幾，拜司徒侍中，封梁國公。廷美廢，多遜南遷，普之力也。

①「及」字下，繆校有「土産」二字，云：「按：二字不可去，『物十甕』，不明晰。」
②「年」字下，四庫本有「之」字。

有弭德超者，驟被委遇，誣奏曹彬有不軌之謀。太宗疑之，彬罷樞府，以德超爲樞密副使。普見太宗，因謂①辨其誣，太宗大悟。德超既得罪，而待彬如故。自是，太宗頗不懌，從容謂普曰：「朕聽斷不明，幾誤大事，朕甚自愧。」普對曰：「陛下知德超有才而任用之，察曹彬無罪而昭雪之，有勞者進，有罪者誅，物無遁情，事至立斷。此所以彰陛下之明聖也，雖堯舜何以過哉！」太宗於是釋然。出爲武勝軍節度使兼侍中。太宗眷禮甚厚，作詩餞之。

雍熙三年，太宗命曹彬等北伐，普上疏切諫曰：

陛下出師，將以收復幽、薊。今戰鬭不息，民疲師老，臣以爲克復未可期也。陛下聰明睿智，自剪平太原，懷來閩、浙，混一諸夏，遂欲恢復舊疆。曾不思兵者凶器也，戰者危事也，可不慮哉，可不戒哉！自古聖帝明王，無不置夷狄於度外，陛下何必留意於斯乎？陛下興兵北伐，驅百萬生靈悉令輦運，使之耕桑失時，所得者少，所失者多，豈陛下之利耶？漢武帝時，主父偃、徐樂、嚴安所上書及唐姚元崇説明皇以十事，其年代雖遠，事則與今無以異也。臣輒具録奏，願賜觀覽。

臣又聞之，聖人不凝滯於物，見可則進，知難則退，理貴變通，情無拘繫。所謂事苦則慮易，兵久則變生，此臣之所甚懼也。臣濫膺藩寄，切見差配，自鄧至莫，往來四千餘里，典桑賣牛，無慮十有六七。其間有鬻男女者，有棄性命者，陛下豈容不知乎？而邪諂之徒進言者，曰「契丹時逢幼君，災異婁見，可以用武」，以中陛下之意。陛下樂禍求功，以爲萬全，遂興無名之舉，豈不過甚矣哉！

臣願陛下審其虛實，究其妄謬，正姦臣誤國之罪，罷將士伐燕之師。非特多難興王，抑亦從諫則聖也。

①謂：覆宋本、四庫本作「訴」。錢校：「『訴』，初印本、舊鈔本俱作『謂』，吴子畬本作『爲』。」

古之人尚聞尸諫，老臣未死，豈敢面諛，爲安身之計而不言？區區之忠，惟陛下財①察。

太宗賜詔褒之。移山南東道節度使，改封許國公。會有詔親耕籍田，普表求入覲。太宗謂宰相曰：「趙普開國元臣，朕所尊禮，宜從其請。」禮成，册拜太保兼侍中。

時樞密副使趙昌言與翟馬周交通，毁時政，立朋黨，以求進用。普深疾之，奏流馬周，黜昌言。侯莫、陳利用以左道得幸，爲鄭州團練使，驕肆僭侈，大爲姦利②。普奏其事，太宗爲黜之商州。普固請誅之，太宗曰：「豈有萬乘之主而不能庇一人死乎？」普曰：「此巨蠹也，陛下不誅，是亂天下法。法可惜，此何足惜哉！」太宗悟，遣使誅之。既又貸其死，使者至而利用死矣。其疾惡强直，皆此類也。

以疾求致仕，太宗不得已，以爲西京留守、河南尹，加中書令。懇詞③數四，詔曰：「開國勳舊，惟卿一人，不同他等，無致固詞④。俟首途有日，當就第與卿爲别。」普捧詔泣涕，因力疾請對。賜坐移晷，頗言及國家事，太宗嘉納之。上章告老，拜太師，封魏國公，給宰相奉。仍遣其弟宗正少卿安易齎詔賜之，又遣使以璽書賜普曰：「皇帝問太師，頃以微痾懇求致政。朕以居守之重，慮煩耆耋；維師之命，用表尊賢。佇聞有瘳，與朕相見。今遣使撫問，仍賜銅⑤羊上尊酒。太師宜愛精神，近藥石，以副朕眷注之意焉。」薨，年七十一〔五〕。

太宗聞訃震悼，謂近臣曰：「趙普，國初元勳，事先帝與朕最爲舊，故能斷大事，盡忠國家，真社稷之臣。聞

---

①財：覆宋本、四庫本作「裁」。錢校：「初印本、舊鈔本『裁』俱作『財』，本《漢書》。」
②利：繆校作「首」。
③詞：覆宋本、四庫本作「辭」。
④詞：覆宋本、四庫本作「辭」。錢校：「子畬本作『辭』。」
⑤銅：繆校作空格。

其殂謝，悽愴之懷不能已。」因出涕，左右皆感慟。册贈尚書令，封真定郡王，謚曰忠獻。太宗撰神道碑，親八分書以賜之，遣右諫議大夫范杲攝鴻臚卿護喪事。葬日，設鹵簿鼓吹如式，舉唐制也。至道二年，追封韓王。咸平二年，配享太祖廟廷。

普佐太祖、太宗定天下，平僭僞，大一統。當其爲相，每朝廷遇一大事，定一大議，纔歸第則亟闔户，自啓一篋，取一書，而讀之有終日者，雖家人不測也。及翌旦出，則是事决矣，用是爲常。後普薨，家人始得開其篋而見之，則《論語》二十篇。普嘗戒其子弟曰：「吾本書生，偶逢昌運，受寵逾分，當以身許國。私家之事，吾不復與。爾等宜自勉勵，無重吾過。」故輔兩朝，出入三十餘年，未嘗爲子弟求恩澤者。子承宗、承煦。

承宗字德祖，以父任爲西頭供奉官，遷右羽林將軍，改大將軍，知潭、鄆二州，皆有治聲。普留守西京，以承宗侍行。淳化二年來朝，卒於京師，年四十一。

承煦字景陽，普歷河陽、武勝、山南，皆爲牙職，普未嘗爲求官。端拱初，太宗特命爲六宅使。普薨，拜宫苑使，領恩州刺史，累遷昭宣使，加領誠州團練使。卒，年五十五。

普之子孫，至今顯榮不絶。論者以爲安天下之功大①，是宜有後云。

臣稱曰：自古受命之君，必有碩大光明之臣，以左右大業。太祖光宅中夏，普以謀議居中，用能削

①大：繆校作「漢唐之相所不及」。

百年藩鎮之權，剗五季僭僞之國，撥亂世反之正。獨相十年，天下廓廓，日以無事。至太宗，寵遇愈隆矣。古之人臣，有非常之功，則人主亦必報之以非常之禮。觀二帝所以待普者，可謂至矣。勳名爛然，與宋無極，盛哉！

【箋證】

〔一〕父迴：《宋史》卷二五六《趙普傳》作「父迥」。《建炎以來朝野雜記》乙集卷一二《趙韓王六世小譜》：「父齊國公迥，相州司馬，遷居洛陽。」

〔二〕太祖與語奇之：汪琬《東都事略跋》卷上：「《傳》中普初爲節度使劉詞薦奏，世宗既克滁州，以爲軍事判官，太祖與語，大奇之。則普先在軍中久矣。王性之父子以爲：太祖入滁之始，有鎮州趙學究，在郡中教學，多知數。太祖微服往訪之，用其策，俾爲鄉道，乘月夜，提孤軍，銜枚取道於清流關側蘆子扎，浮西澗，入自北門，遂禽皇甫暉。其趙學究即韓王普也，與此《傳》絶異，恐是傳聞之訛。又《孫公談圃》，藝祖生夾馬營之前，有陳學究，宣祖遣藝祖從之。後復得趙學究，即館於汴第，與陳俱爲門客，此説近之。」

〔三〕盡誅之：《宋史》本傳作「當棄世」，是。

〔四〕左僕射：《宋史》本傳及卷二一〇《宰輔表》作「右僕射」。《宋會要輯稿》禮四九之四載開寶元年十一月加上尊號册文，稱「攝太尉、左僕射、兼門下侍郎、同中書門下平章事、昭文館大學士臣趙普」，則作「左僕射」是。

〔五〕薨年七十一：《宋史》本傳：「（淳化三年）七月卒，年七十一。」

東都事略卷第二十七

列傳十

曹彬字國華，真定靈壽人也。父芸，成德軍兵馬使。彬始生周歲日，父母以百翫之具羅於席，觀其所取。彬左手持干戈，右手取俎豆，斯須取一印，他無所視，人皆異之。既長，氣質淳厚。漢乾祐中，爲成德牙將。周太祖貴妃張氏，彬之從母也。彬歸京師，得隸世宗帳下，補供奉官，累遷西上閤門使。出使吴越，訖事即行，不受私覿。吴越人以輕舟追遺之，至於數四，彬猶不受。既而曰：「吾或終拒之，是近名也。」遂受而歸，盡輸内帑。世宗强還之，欲辭不獲，悉以分親舊，而一介不取。遷引進使。

宋興，遷客省使。與王全斌、郭進屢破北寇。太祖伐蜀，以内客省使監歸州路行營劉光毅軍[一]。峽中郡縣悉下，諸將皆欲屠城殺降，彬獨任恕而戢下，所至悦服。太祖降璽書褒之。蜀平，王全斌等不恤軍事，蜀人苦其侵奪。彬屢請旋師，全斌等不從。俄而全師雄等作亂，擁衆十萬，彬復與光毅破之於新繁，卒平蜀亂。時諸將多有子女玉帛[二]，彬槖中惟圖書衣衾而已。太祖以全斌等貪縱不法屬吏，而謂彬清介廉謹，拜宣徽南院使、義成軍節度使。彬辭曰：「伐蜀將士俱得罪，臣以無功獨蒙褒寵，恐無以勸天下。」太祖曰：「卿有茂功，加以不伐，設有微累，全斌等豈惜言哉？夫懲惡勸善，朕所以勵臣下也。」彬乃不敢辭。

太祖將親征太原，爲前軍都監，率兵次團柏谷，降賊將陳廷山。太祖伐江南，以彬將行營之師。彬分兵由荆南順流而東，破峽口砦，進克池州，連克當塗、蕪湖二縣，駐軍采石磯。作浮梁，跨大江以濟師，大破其軍於白鷺洲。師進次秦淮，江南水陸十萬陳於城下，大敗之，俘斬數萬計。遂克潤州，進圍金陵。李煜危甚，遣其臣徐鉉奉表詣闕，乞緩師。彬亦緩攻取，冀煜歸服，使人諭之曰：「事勢如此，所惜者一城生聚。若能歸命，策之上也。」城垂克，彬忽稱疾不視事。諸將皆來問疾，彬曰：「余之病非藥石所愈，惟須諸公誠心自誓，以克城之日不妄殺一人，則自愈矣。」諸將許諾，共焚香爲誓。明日稱愈。遂克金陵，城中皆按堵如故。李煜與其臣百餘人，詣軍門請罪，彬慰安之，待以客禮。煜之君臣，賴以獲免。自出師至凱旋，士衆畏服，無輕肆者，其軍政如此。及入見，以榜子進稱「奉敕江南幹事回」，其謙恭不伐又如此。

初，彬之總師也，太祖謂曰：「俟克李煜，當以卿爲使相。」副帥潘美豫以爲賀，彬曰：「不然。夫是行也，仗天威，遵廟謨，乃能成事，吾何功哉，況使相極品乎？」美曰：「何謂也？」彬曰：「太原未平爾。」已而還朝獻俘，太祖曰：「本除卿使相，然劉繼元未下，姑少待之。」既聞此語，美竊視彬微哂。太祖覺之，遽詰所以，美不敢隱，遂以前對。太祖亦大笑，乃賜彬錢二十萬。彬曰：「人生何必使相，好官亦不過多積金錢耳。」未幾，拜樞密使、忠武軍節度使。

太宗即位，加同平章事。太宗議征太原，召彬問曰：「周世宗及太祖皆親征，何以不能克？」彬曰：「世宗時，史彦超敗於石嶺關，人情驚擾，故班師；太祖頓兵甘草地，會歲暑雨，軍士多疾，因是中止。」太宗曰：「今吾欲北征，卿以爲如何？」彬曰：「以國家兵甲精鋭，剪太原之孤壘，譬摧枯拉朽爾，何爲而不可？」太宗意遂決。從平太原，加兼侍中。後爲弭德超所誣，罷爲天平軍節度使。既而太宗悟其譖，封魯國公，待之愈厚。

雍熙三年，詔彬將幽州行營前軍馬步水陸之師，與潘美等北伐，敗契丹於固安，破涿州。又與米信破契丹於新城，戰於岐溝關，我師敗績。

初，諸將上言：「契丹主少，母后專政，寵倖用事，請乘其釁以取幽、薊。」遂遣彬與崔彦進、米信自雄州，田重進趣飛狐，潘美出雁門，約期齊舉。將發，太宗謂之曰：「潘美之師但先趣雲、應，卿等以十萬衆聲言取幽州，且持重緩行，毋貪利。虜聞大兵至，必悉衆救范陽，不暇援山後矣。」既而美之師先下寰、朔、雲、應四州，彬等至涿州，以糧運不繼，退師雄州，以援其①餽。彬部下諸將以爲己握重兵，不能有所攻取，由是謀議蜂起。彬不得已，乃復裹糧再往攻涿州，而失利於岐溝。太宗追諸將赴京師，鞫於尚書省，令翰林學士賈黄中等雜治。彬等具伏違詔失律之罪，責右驍衛上將軍，彦進右武衛上將軍，信右屯衛上將軍。四年，起彬爲侍中、武寧軍節度使，徙鎮平盧。

真宗即位，復同平章事，召入爲樞密使。咸平二年，被疾。真宗親視臨問，手爲和藥，仍賜以白金萬兩。問以後事，對曰：「臣無事可言。臣二子璨與瑋，材器有取②，臣若内舉，皆堪爲將。」真宗問以優劣，對曰：「璨不如瑋。」薨，年六十九〔三〕。真宗惻然震悼，對輔臣語及彬，必流涕。贈中書令，追封濟陽郡王，謚曰武惠，與趙普配享太祖廟廷。

彬仁敬和厚，在朝廷未嘗忤旨，亦未嘗言人過失。伐二國，秋毫無所取。位兼將相，不以等威自異。待遇士大夫，必引車避之〔四〕。居官奉入給宗族，無餘積。平蜀回，太祖詢官吏善否，對曰：「軍政之外，非臣所聞也。」固問之，唯薦隨軍轉運使沈倫廉謹可任。北征之失律也，趙昌言在魏奏乞誅彬，及昌言自延安還，被劾不得入見。彬在右府，爲請於太宗，乃許朝謁。彬之仁厚，皆此類也。

子璨、珝、瑋、玹、玘、珣、琮。珝官至昭宣使，玹左藏庫副使，玘尚書虞部員外郎，珣東上閤門使。玘之女即

---

①其：繆校作「餉」。

②材器有取：有，《宋史》卷二五八《曹彬傳》作「可」，是。材，四庫本作「才」。

慈聖光獻皇后也。芸①，累贈魏王。彬，韓王。玘，吴王，謚曰安僖。玘之子佾、傳。佾見《外戚傳》。傳，后之兄也②，仕至榮州刺史，謚曰恭懷。

璨字韜光，以父任爲供奉官。彬爲上將，璨常從行。彬以爲類己，特鍾愛之，征討③得與計議。太祖以爲宫苑副使。太宗朝，爲銀、夏、麟、府等州鈐轄。契丹入寇，屢戰有功。諸將多欲追奔，璨曰：「夷狄多變。」力止之。

至道初，遷四方館使、知靈州。稍遷亳州團練使，領康州防禦使、知定州。拜侍衛馬軍都指揮使、天德軍節度使〔五〕。改鎮彰德〔六〕，轉殿前都指揮使。又改保静、武寧、忠武。在禁衛十餘年，以疾除河陽節度使、同平章事。卒，年七十。贈中書令，謚曰武懿。

璨習韜略，好讀《左氏春秋》。善撫士卒，兼著威愛。居家以孝謹稱，雖輕財不逮其父，而仁敬和厚，亦有父風。子儀，官至耀州觀察使。

瑋字寶臣。始，彬歷徐、鄆節度使，皆以爲牙内都虞候，授供奉官、閤門祇候。李繼遷擾邊，諸將數出無功。太宗問：「誰可任者？」是時彬在樞府，對以瑋可任，召知渭州，時年十九。彬薨，請服喪，不許。遷西上閤門使〔七〕，徙知鎮戎軍。

①「芸」字上，繆校有「因后恩贈」四字。
②傳后之兄也：繆校作「皆后之兄也，傳」。
③征討：繆校作「凡征討機宜」字。

嘗出戰，小捷，戎人引去。瑋伺戎人兵去已遠，乃驅所掠牛羊輜重緩驅而還。其下憂之，言於瑋曰：「牛羊無用，不若棄之，整衆而歸。」瑋不應。戎人聞瑋利牛羊而師不整，遽還襲之。瑋愈緩行，得地利處，乃①止以待之，使人諭之曰：「蕃軍遠來必甚疲，我不欲乘人之怠，請休憩士馬，少選決勝。」良久，又使人諭之曰：「可相馳否？」於是各鼓軍而進，一戰大破其軍，遂棄牛羊而還。徐謂其下曰：「吾知戎人已疲，故爲貪利以誘之。比其復來，幾行百里矣。若乘鋭便戰，猶有勝負。遠行之人若小憩，則足痺不能立，人氣亦闌。吾以此取之。」

於時李繼遷虐用其衆，下多怨者。瑋移書蕃部，諭以朝廷撫納之意，於是康奴族②内附。上言：「鎮戎地平，便於騎戰，非中國之利。請自隴山而東，循古長城鑿塹以爲限。」又請以兵械及閑田蠲租，以給弓箭手〔八〕。

繼遷死，其子德明請命於朝，瑋言：「繼遷擅中國要害地，終旅拒〔九〕，使人主有西顧之憂。方其國危子弱，不即撲滅，强盛恐難復制。」當是時，朝廷欲以恩致德明，寖③其書不報。瑋曰：「德明野心，今不急折其翼，而長養之，其飛必矣。」既而河西延家、妙娥等數大族來歸附〔一〇〕，瑋即將騎士薄天都山，援徙内屬，諸小種皆望風納質，德明由此遂弱，至死不敢闚邊。召還，知邠州，進東上閤門使，領高州刺史。再知渭州，破章謹族於武延鹹泊川〔一一〕，滅撥臧於平凉隴山，諸族皆獻地。瑋爲築堡山外，號籠竿城，募弓箭手守之。改引進使。未幾，領英州團練使、知秦州。

宗哥立遵與唃厮囉謀内寇，乃上書求號「贊普」。瑋言不可聽，若復有求，益難制也。朝廷猶授立遵保順軍節度使。既而立遵令其舅樣丹説蕃部郭厮敦爲鄉導〔一二〕，瑋遂以計使厮敦圖樣丹。後旬日，果擕其首至，瑋表

①「乃」字下，繆校有「遽」字。
②「族」字上，繆校有「等」字。
③寖：繆校作「寑」。寖，通「寑」。

廝敦爲順州刺史。

先是，張吉知秦州〔一三〕，生事，熟户多去，蕃部驚擾。至是，凡前拒王師者皆伏匿，瑋令納馬贖罪而還故地，至者數千人。廝敦因獻南市，即秦、渭之咽喉也。自弓門至威遠，共置砦十數，亭障橋梁相望，浚壕僅四百丈〔一四〕。既而唃嘶囉以十萬①衆入寇，瑋逆於三都谷，擊敗之，斬首萬級〔一五〕，獲馬牛、雜畜、器仗三萬三千計。遷客省使、康州防禦使。逾年，又破宗哥將馬波咤吒於野谷〔一六〕，誅叛者鬼留，族夷之。於是河、洮、蘭三州，安江、妙敦、邈川、黨通等羌，皆破散宗哥首立文法，納質内屬〔一七〕，唃嘶囉逃入磧中，塞垣遂安。凡羌酋欲有所爲，必先令其下，謂之立文法焉。秦人請立碑紀功，有詔褒之。

德明寇慶州，柔遠砦都巡檢②楊承吉與戰不利，乃拜華州觀察使、鄜延路環慶等州安撫使。委乞、骨咩、大門等族聞其至，歸附者千餘落。

天禧四年，拜宣徽北院使、鎮國軍留後、僉書樞密院事。是歲，寇準謫道州，宰相丁謂惡瑋不附己，指以爲準黨，除南院使、環慶路安撫使，降左衛大將軍、容州觀察使、知萊州。又爲華州觀察使、知青州。徙知天雄軍，尋改彰武軍留後、知永興軍〔一八〕。拜昭武軍節度使，復知天雄軍。逾年，知河陽，徙帥真定，改鎮彰武。卒，年五十八〔一九〕。贈侍中，謚曰武穆。治平中，配享仁宗廟廷。

瑋好讀書，通《春秋》，尤善《左氏》。爲將幾四十年，未嘗敗屻，威震西鄙。唃嘶囉每聞其名，即以手加額而東嚮之。鎮天雄，契丹使過，必戒其下，無敢疾驅者。在渭州，有告戍卒叛入夏州，軍吏來告，瑋方對客弈，不應。

①十萬：繆校作「一萬」。《宋史》卷二五八《曹瑋傳》作「數萬」。
②巡檢：原作「巡撿」，巡檢爲官名，據《隆平集》卷九、《宋史》本傳及《長編》卷九三改。下徑改。

軍吏亟言之，瑋怒叱之曰：「吾固遣之去，汝再三顯言耶？」繼遷聞，即斬首投境上。

環慶邊人多市屬羌之田，致單弱不自給，即没虜中。瑋令還之，有犯即徙其家於内地。舊羌殺邊民，以羊贖其死。瑋下令曰：「羌自相犯，從其俗；即犯邊民，論如律。」遂無犯者。始置弓箭手，斥塞上棄地，使相角力，勝者給田二頃。再經秋成，課市一馬。馬必勝甲，然後官爲印之，益賦田五十畝。至三百家以上，團爲一指揮。築堡於要處，環之以塹。又立馬社，一馬斃，衆爲市馬塞下。諸塹皆以一丈五尺爲深廣之阻，山險不可浚者，止使治峭絶而已。其制屬羌百帳以上，置軍主、指揮使。不及百帳，止置指揮使。其蕃落將校，止於本軍序進之，不從他軍，以其熟虜情與山川之形勢也。其所措置如此，後皆爲法云。

琮字寶章。彬領鎮海節制，補牙内都指揮使〔二〇〕，累遷榮州刺史。仁宗納后，除衛州團練使。因上言：「臣家若有以外戚干私恩者，願致之法。」時論稱之。

元昊反，拜同州觀察使、知秦州，上攻、守、禦三策。久之，兼領涇原路兵事，遷定國軍留後。劉平、石元孫敗，關輔震恐。琮請自關以西，籍民爲義軍，遂簡鄉兵、弓手數萬人。改陝西經略安撫使。慶曆元年，拜馬軍副都指揮使。卒，年五十八〔二一〕。贈安化軍節度使兼侍中，謚曰忠恪。

琮小心謹畏，御軍嚴整。既没，家無餘貲，惟存兵書、邊奏而已。孫詩，尚魯邠國大長公主〔二二〕。

潘美字仲詢〔二三〕，魏郡人也。少倜儻，嘗謂其里人王密曰：「漢代將終，兇臣肆虐，四海有改卜之志①，大丈

①志：《宋史》卷二五八《潘美傳》作「兆」。

夫不以此時立功名，取富貴，與萬物①共盡，可羞也。」周世宗爲開封尹，美以中涓事世宗。及即位，徙供奉官。高平之戰，美以功遷西上閤門副使，稍遷客省使。

太祖與美素相厚，既受禪，命諭旨中外。陝帥袁彦凶悍，太祖慮其爲變，以美監其軍，俾圖之。美至，喻②以天命，彦遂入朝。太祖曰：「潘美不殺袁彦，而③彦朝覲，成我志矣。」太祖親征李重進，以美爲揚州巡檢，以功除泰州團練使。湖南既下，授美潭州防禦使。嶺南劉鋹數侵湖湘，美擊走之。溪洞④蠻獠自唐以來，爲居民患，美率兵平之。

開寶三年，征嶺南，以美將行營諸軍，朗州團練使尹崇珂副之。進兵克富州，又克賀州，又下昭、桂、連三州，拔韶州，斬獲凡數萬計。鋹勢窮蹙，乃遣其臣王珪求通好。又遣其左僕射蕭漼、中書舍人卓惟休奉表至軍中乞降。美因諭以上意，以爲彼若能戰則與之戰，不能戰則勸之守，不能守則諭之降，不能降則死，不能死則亡，非此五者，他不得受。使者泣，美即令殿直冉彦衮部送漼等至京師。鋹復遣其弟保興率衆拒戰，鋹衆十五萬，依山谷堅壁以待王師。美因築壘休士，與諸將計曰：「彼編竹木爲栅，若以火焚之，必擾亂，以鋭師夾擊之，萬全策也。」遂分遣丁夫數千人，人持二炬，間道造其栅。暮夜，萬炬俱發，天大風，火勢甚盛。鋹衆驚擾，來犯王師，美麾兵急擊之，鋹衆大敗，斬數萬計。長驅至廣州，鋹盡焚其府庫，遂克之，擒鋹送京師，露布以聞。拜山南東道節度使，與尹崇珂同知廣州。土豪周思瓊聚衆負海爲亂，美討平之，嶺表遂安。兼嶺南轉運使。

①「與萬物」上，《宋史》本傳有「碌碌」二字。
②喻：《隆平集》卷一一、《宋史》本傳並作「諭」。
③「而」字下，繆校有「致」字。
④溪洞：《隆平集》卷一一、《宋史》本傳作「溪峒」，是。

七年，征江南。以美爲昇州道行營都監，與曹彬偕往。美因造舟以濟師，至金陵，江南水陸十萬衆陳於城下，美率兵襲擊，大敗之。李煜危甚，遣徐鉉來乞緩師。太祖不之省，仍號令諸將促令歸附。煜遷延未能決，夜選①精鋭數千，持炬②鼓譟，犯我軍壘。美率精鋭以短兵接戰，因與大將曹彬率士晨夜攻城，百道俱進。金陵平，以功拜宣徽北院使。與党進攻晉陽，戰於汾上，多所擒獲。

太宗即位，改南院使。太宗征太原，以美將河東行營之師，判太原行府事。三交西北三百里，地號固軍，最險阻，虜人之咽喉也，美帥師襲之。美巡撫至代州，虜萬騎攻近塞，美誓衆銜枚，大破之。封代國公，改忠武軍節度使，進封韓國公。

詔美及曹彬、崔彦進等北伐，美獨拔寰、朔、雲、應州。詔内徙其民。虜復至，驍將楊業戰没於陳家谷口，美坐削秩三等。明年，復故官，知真定府，改判并州，加同平章事。卒，年六十七[二四]。贈中書令，謚曰武惠。咸平二年，配享太宗廟廷。

子惟德，官至宫苑使；惟固，西上閤門使；惟正，西京作坊使；惟清，崇儀使；惟熙，莊宅使；惟吉，深州刺史。惟熙女，即章懷皇后也。追封美鄭王。惟吉子夙，仕至光禄卿。

臣稱曰：曹、潘二武惠，俱以大將之材，慷慨仗義，征伐四克，勒功帝籍。而彬操履忠厚，戒誓諸將，不妄殺戮，得王師弔伐之體，則美有不逮矣。天相忠孝，子孫多賢，武穆治軍整暇，羌戎畏服，父子

①選：《宋史》本傳作「遣」。
②炬：原作「拒」，據覆宋本、四庫本及《宋史》本傳改。

俱配食清廟，其最優也夫。

【箋證】

〔一〕以内客省使監歸州路行營劉光毅軍：李宗諤《曹武惠王彬行狀》（《名臣碑傳琬琰集》中卷四三）作「詔馬軍劉光義爲歸州行營前軍副部署，以彬爲都監」。劉光毅，原名光義，因避宋太宗名諱，改名廷讓，又避諱改作「光乂」或「光毅」。參見本書卷二〇《劉廷讓傳》。

〔二〕諸將多有子女玉帛：有，《宋史》卷二五八《曹彬傳》作「取」。

〔三〕薨年六十九：《長編》卷四四咸平二年六月「戊午，樞密使兼侍中、贈中書令、濟陽武惠王曹彬卒」。《宋史》本傳：「六月薨，年六十九」。

〔四〕不以等威自異待遇士大夫必引車避之：此數句，《曹武惠王彬行狀》作「位兼將相，不以等威自異」「其爲藩帥，遇朝士於塗，必引車避」，《隆平集》卷九作「遇人雖甚微賤，莫不以禮待；遇朝士大夫，必引車避之」。《事略》湊合二書，反致晦澀。

〔五〕侍衛馬軍都指揮使：《宋史》卷二五八《曹彬傳》附《曹璨傳》作「侍衛馬軍副都指揮使」。《宋會要輯稿》方域一六之一載「馬軍副都指揮使曹璨」於景德三年六月，禮四五之六載「馬軍都指揮使曹璨」於大中祥符元年二月。又《長編》卷五九載「殿前都虞候、康州防禦使曹璨爲鎮、定兩路副都部署」在景德二年正月。據此，似以「侍衛馬軍副都指揮使」爲是，《事略》脱「副」字。

〔六〕改鎮彰德：《宋史》本傳作「彰國」。

〔七〕遷西上閤門使：《宋史》卷二五八《曹彬傳》附《曹瑋傳》作「遷西上閤門副使」，王安石《彰武軍節度使侍中曹穆公行狀》（《臨川先生文集》卷九〇）亦作「西上閤門副使」。《長編》卷五六載曹瑋知鎮戎在景德元年二月，卷六五景德四年三月乙丑條又載「以西上閤門副使曹瑋爲西上閤門使，賞其扞邊之功也」，則《宋史》「遷西上閤門副使」可信，而《事略》當脱「副」字。

〔八〕又請以兵械及閑田蠲租以給弓箭手：此語晦澀，可參看《長編》卷六〇所載奏章：「邊民應募爲弓箭手者，皆習障塞蹊隧，解羌人語，耐寒苦，有警可參正兵爲前鋒，而官未嘗與器械資糧，難責其死力。請給以境內閑田，永蠲其租，春秋耕斂，出兵而護作之。」

〔九〕終旅拒：《隆平集》卷九《曹瑋傳》作「終身抗拒」，《曹穆公行狀》作「終身旅拒」。

〔一〇〕既而河西延家妙娥等數大族來歸附：《宋史》本傳作「既而西延家、妙娥、熟魏數大族請拔帳自歸」，《曹穆公行狀》作「而河西大族延家、妙〔娥〕等，遂拔其部人來歸」，是《宋史》「西延家」當補作「河西延家」。

〔一一〕章謹族：《宋史》本傳及《彰武軍節度使侍中曹穆公行狀》均作「章埋族」。

〔一二〕既而立遵令其舅樣丹説蕃部郭厮敦爲鄉導：《宋史》本傳作「喃厮囉使其舅賞樣丹與厮敦立文法於離王族」，《曹穆公行狀》作「遵使其舅賞樣丹招熟户郭厮敦爲鄉導」。《事略》《宋史》於「賞樣丹」「郭厮敦」均應書全名。

〔一三〕張吉知秦州：《宋史》本傳作「張佶知秦州」。《長編》卷八三、《宋會要輯稿》蕃夷六之一、《宋史》卷四九二《吐蕃傳》並作「張佶」，《事略》誤作「張吉」。

〔一四〕浚壕僅四百丈：《隆平集》卷九言「浚壕塹四百」，《宋史》本傳作「浚壕三百八十里」。《宋會要輯稿》職官四一之八六：「自弓門至威遠共置塞十數，亭障橋梁相望，浚濠堡四百丈。」《事略》蓋本此。然《會要》兵二七之一九又載，大中祥符九年五月，「詔獎知秦州、兼涇源路沿邊安撫使曹瑋，開浚濠塹，自弓門、冶坊……威遠凡十寨，共三百八里」，此事又見《長編》卷八七記載：「（大中祥符九年五月）甲子，降詔獎曹瑋。瑋增修弓門、冶坊、和爾揚、静戎、三陽、定西、伏羌、永寧、小洛門、威遠等寨，浚壕凡三百八十里，皆以寨户、廂軍給役，無擾於民故也。」《會要》「三百八里」當爲「三百八十里」之誤，《事略》「浚壕僅四百丈」似當作「浚壕近四百里」。

〔一五〕斬首萬級：《宋史》本傳作「斬首千餘級」，卷四九二《吐蕃傳》作「斬馘千餘級」。

〔一六〕野谷：《隆平集》卷九、《宋史》本傳均作「野吴谷」，《事略》當脱「吴」字。

〔一七〕於是河洮蘭三州安江妙敦邈川黨通等羌皆破散宗哥首立文法納質内屬：《宋史》本傳作「破魚角蟬所立文法於吹麻城，既而河州、洮、蘭，安江、妙敦、邈川、黨逋諸城，皆納質爲熟户」，《宋史》「河州洮蘭」當依《事略》作「河洮蘭三州」，「黨通」與「黨逋」必有一誤。首立，《隆平集》卷九與《宋史》均作「所立」。

〔一八〕徙知天雄軍尋改彰武軍留後知永興軍：《宋史》本傳作「徙天雄軍，以彰化軍節度觀察留後知永興軍」。《曹穆公行狀》作「天聖三年，除彰化軍節度觀察留後、知天雄軍，又移知永興軍」，是《事略》《宋史》均顛倒歷官次序，而《事略》更訛「彰化」爲「彰武」。

〔一九〕卒年五十八：《長編》卷一〇九天聖八年春正月「甲戌，真定府定州路都部署、彰武節度使、贈侍中、謚武穆曹瑋卒」。

〔二〇〕補牙内都指揮使：牙，《宋史》卷二五八《曹彬傳》附《曹琮傳》作「衙」。

〔二一〕卒年五十八：《長編》卷一五五：慶曆五年五月「甲申，馬軍副都指揮使、定國軍留後曹琮卒」。

〔二二〕孫詩尚魯邠國大長公主：《宋史》本傳作「魯國大長公主」，無「邠」字。《宋朝事實》卷一〇「琮之孫詩尚魯邠國大長公主」注云：「案《宋史》，魯國大長公主，仁宗女。治平四年封祁國，熙寧九年改魯國。此書作『魯邠國』，考公主未嘗封邠國，或即『祁』字之誤。」

〔二三〕字仲詢：《隆平集》卷一一作「字仲洵」。

〔二四〕卒年六十七：《長編》卷三二太宗淳化二年「六月甲戌，忠武節度使、同平章事潘美卒」。

東都事略卷第一二十八

列傳十一

馮繼業字嗣宗，大名人也。父暉，朔方節度使，封衞王，《五代史》有傳〔一〕。繼業敏惠，有度量，以父任補朔方軍節院使、牙内都虞候。周廣順初，暉疾，繼業圖殺其兄繼勳。暉卒，遂代其父位，爲朔方軍留後，遷節度使。建隆初，來朝。開寶二年，拜靖難軍節度使〔二〕，改鎮定國。太平興國初，封梁國公，遂留京師。卒，年五十一〔三〕。贈侍中。

初，太祖禦戎，不勤遠略。夏州李彝興、河西折御勳與朔方之軍皆因其酋豪，許以世襲，由是邊圉無事。朔方之族既徙，其後夏州李繼捧亦以其地歸朝，繼捧之弟繼遷遂爲變，而朝廷始旰食云。

折德扆，世居雲中。父從阮，自晉以來，仕周至静難軍節度使。《五代史》有傳〔四〕。從阮鎮府州，以德扆爲牙校〔五〕。漢初，領勝州刺史。世宗建府州爲永安軍，以德扆爲節度使。國初，破河東沙谷砦，斬首五百級。建隆二年來朝，太祖待遇甚厚，遣還鎮。破太原軍數千餘城下，擒其將楊磷。卒於鎮，年四十八〔六〕。贈侍中。

子御勳，字①世隆，德扆鎮府州，奏爲右職。德扆卒，以御勳領汾州團練使，權知府州，稍遷至永安軍留後。開寶元年來朝，拜泰寧軍節度使。卒，年四十〔七〕。贈侍中。

御勳弟御卿，幼補節院使。御勳知州事，以爲馬步軍都校。御勳徙鎮，召爲閑廄副使、知府州。太宗征河東，命御卿攻嵐州，又破岢嵐軍，擒其軍使折令圖以獻，遂下嵐州。又殺其憲州刺史霍翊，又禽其將馬延忠。遷崇儀使，以功擢府州觀察使，拜永安軍節度使。

契丹萬騎入寇，御卿率兵大敗之於子河汊，自是契丹不敢入寇。一日，契丹韓德威爲李繼遷所誘內侵，方御卿被病，力疾出戰。德威聞其來，不敢進。既而疾亟，母令人召歸，御卿曰：「世受國恩，虜寇未滅，御卿之罪也。今臨敵，安可棄士卒？死於軍中，分也。爲白太夫人，無念我，忠孝豈兩全耶！」言訖泣下。翌日卒，年三十八〔八〕。贈侍中，以其子惟正知留後。惟正歸朝，其弟惟昌繼之。

惟昌咸平中屢破趙保吉之衆，以功領富州刺史，改文思使，拜興州刺史②。卒，年三十七〔九〕。以其弟惟忠知府州，官至簡州團練使。惟忠卒，子繼祖嗣領州事，官至解州防禦使。熙寧中卒。繼祖子當襲，而請授其兄之子克柔。克柔卒，而繼祖兄繼閔之子克行襲知府州。繼閔官至宮苑使。

始，克行居行間，無所知名。賊寇慶州，种諤拒之，令河東出師爲援，克行請行，爲先鋒，戰葭蘆川，以功遂知府州。西夏久窺河外，克行每出必勝，賊畏之。元符中，太原帥欲城葭蘆，以復故地，召克行問策。克行條具所

①「字」字上，繆校有「御勳」二字，並提行。
②「刺史」下，繆校有「性豪俠。亦諳韜略」七字。

見，遂以師出界，分遣諸將，約束爲深入窮討之狀。賊疑不敢動，遂城葭蘆。時河東進築八砦，通道鄜延。帥秦希甫至，議築先後，克行請以兩路兵同時深入，先築遠者，出賊不意。帥用其策，卒城之。

克行沈勇有力，善撫士卒，在邊三十年，戰功最多，虜畏其威名，號「折家父」。官至秦州觀察使。卒，贈武安軍節度使。以其子四方館使、廉州刺史可大爲榮州團練使、知府州。

党進，朔州馬邑人也。幼事杜重威於大名，重威愛其淳謹，雖長猶令與姬妾雜侍。重威敗，周太祖得之，以爲鐵騎都虞候，稍遷睦州防禦使。建隆二年，改領閬州。乾德初，領利州觀察留後〔一〇〕，除彰信軍節度使兼侍衛步軍都指揮使。

王師征太原，以進將河東行營前軍。開寶二年，太祖征晉陽，分置砦於四面，命進主其東偏。師未成列，太原驍將楊業領突騎數百來犯王師，進挺身逐業，麾下數人隨之。業走入城壕，援兵至，業緣縋入城免。改侍衛馬軍都指揮使，領鎮安軍節度使。九年，又命進帥師征太原。進入其竟①，敗太原軍於城北。太祖崩，召還，出鎮忠武。卒，年五十一〔一一〕。贈侍中。

進名進，自稱曰暉，人問之，則曰：「吾欲從吾便耳。」進總禁旅，不識字，不記兵籍。一日，太祖問之，舉梃以軍司所書兵騎戎器數請太祖自視，太祖喜其朴直。巡徼京師，見珍禽奇獸必放之，曰：「不養父母，反養此耶？」太宗爲晉王時，嘗命親吏臂鷹鷂，進亟欲放之，吏曰：「此晉王鷹也。」進乃戒之曰：「汝謹養視。」小民傳以爲笑。其變詐多類此。杜重威之後貧窶，進月分奉以給之，士大夫或愧焉。

①竟：覆宋本、四庫本作「境」。錢校：「初印本、舊鈔本俱作『竟』，古字通用，剜改非。」

曹翰，大名人也。少爲郡小吏，周太祖鎮鄴，奇之，以隸世宗帳下。世宗鎮澶淵，以爲牙校。及尹開封，翰猶在澶淵，聞太祖寢疾，不俟召見世宗，密言曰：「王爲冢嗣，不侍醫藥，何以副天下望？」世宗悟，入侍禁中，以府事命翰總決。

世宗即位，補供奉官，稍遷樞密承旨。世宗征淮南，留鎧甲千數在正陽，既而遣降卒八百來京師，翰遇之於道，懼其過正陽，劫兵器叛，盡殺之。及見世宗，具言其事，世宗不悦，亦不之罪也。從征瓦橋，會班師，留翰知雄州，改德州刺史。

太祖征蜀，以翰爲均州刺史，鑿山開道，商旅以濟〔一二〕。詔翰兼轉運使，而糧餽不乏。蜀平，全師雄擁衆十萬叛，翰與曹彬、劉光毅討平之。又軍校吕翰盜據嘉州，翰及諸將奪其城。諜知賊欲三鼓復攻城，戒擊柝使緩，向晨猶二鼓，賊衆不集而潰。師還，遷蔡州團練使，改潁州。從征太原，會河决，翰董其役，指日而訖事；後復有決，其績用亦然。將征江南，命翰率兵先赴荆南，以翰爲先鋒，使克池州。金陵平，江州軍校胡德據城拒命，翰率兵討之，凡五月而陷，翰怒，屠其城無噍類，又殺兵八百。所奪金帛以億萬計，僞言欲致廬山羅漢鑄像於京師，因調巨艦百艘，載所得以歸。以功遷桂州觀察使、判潁州。

從太宗征太原，又從征幽州，所部攻城之東南隅，卒掘土得蟹以獻。翰謂諸將曰：「蟹水物而陸居，失所也。且多足，虜救將至，不可進拔之象。其班師乎？」已而果然。除威塞軍節度使，仍判潁州。命攻幽州，詔督役開河，南自雄至莫〔一三〕，以通漕運。翰遣徒伐巨木於虜地①，授五騎以五色旗爲斥候，如遇寇舉白旗，有林木舉青

①「虜地」上，繆校有「五陽之」三字。

旗，煙火舉赤旗，陂澤舉黑旗，丘陵舉黄旗，以爲應。又起烽燧於竟①上，虜疑而不敢近塞，事遂濟，乃歸鎮。

翰掊克苛酷，在郡不法。汝陰令孫崇望詣闕訴其事，遣御史滕中正乘傳鞫之，獄具，當棄市，太宗貸之，削奪官爵，流登州。起爲右千牛衛大將軍，分司西京，召入爲左千牛衛上將軍。卒，年六十九〔一四〕。贈太尉，謚曰武毅。

翰陰險多智數，貪冒貨賄，喜誕妄，飲酒至數斗不亂。對上奏事，雖數十條，皆默記不少差。

崔翰字仲文，京兆人也〔一五〕。少有大志，風姿偉秀，太祖見而奇之，以隸麾下。及即位，擢至刺史〔一六〕。太宗嗣位，進端州團練使。

太宗講武近郊〔一七〕，命翰專金鼓，軍容甚整。太宗悦，以藩邸時金帶賜之，謂左右曰：「如崔翰，必不能事晉朝。」言政出多門故也。從征太原，流矢中頰，猶戰不已，太宗親至其帳撫之。北伐班師，次金臺驛，軍潰，太宗令率衛士千餘止之。翰請單騎以方略告諭，衆遂定，不戮一人以復命。太宗喜，因命翰知定州，沿邊諸軍並受翰節度，軍市租儲，聽其專用。

會李漢超、崔彦進破契丹於徐河〔一八〕，契丹投西山坑谷死者不可勝計，俘馘數萬，他物又十倍焉。擢武泰軍節度使，改鎮威德〔一九〕。至鎮，方盗賊充斥，翰誘其渠魁，諭以禍福，乃相率出境。又徙鎮鎮安，帥高陽〔二〇〕，召還，以疾留京師。疾間，見太宗言曰：「臣不願死於家，願馬革裹尸死於邊。」太宗壯其言，復令赴治所。卒，年六十三〔二一〕。贈侍中。

①竟：覆宋本、四庫本作「境」。

翰沈毅有謀，所至多成功。輕財好施，死之日，家無餘貲。晚年酷信釋氏云。

李懷忠，涿州人也〔二二〕。事太祖爲牙校，累遷富州刺史。太祖征太原，城未下，會盛暑，太祖深恤士卒，欲班師，懷忠言曰：「賊嬰城自守，度其内無儲偫，外無援兵，豈足以久抗王師？臣願執鋭先登，必取之。不然，死於賊。」太祖壯其言，俾攻城，中流矢幾死。太祖嘉之，遷富州團練使。

太祖幸西京，有遷都意。懷忠乘間言曰：「汴都歲漕江淮米四五百萬斛，贍軍數十萬計，帑藏重兵在焉。陛下遽欲都洛，臣實未見其利。」會晉王亦以爲言，太祖曰：「遷洛未久，又當遷雍。」晉王扣其指，太祖曰：「吾將西遷者無它，據山河之勝而去冗兵，循周、漢之故事以安天下。」晉王又言在德不在險，太祖不應。晉王出，太祖謂侍臣曰：「晉王之言，若從之，患不在今日。自此去不出百年，天下民力殫矣。」乃不果遷，遂還京師。太宗即位，改防禦使，拜大同軍節度使。卒〔二三〕，贈侍中。

田重進，幽州人也〔二四〕。周顯德中，應募爲卒，隸太祖麾下。太祖受禪，遷御馬軍使，累積戰功，官至刺史〔二五〕。太宗即位，爲静難軍節度使。雍熙中，領兵從飛狐路破虜衆，獲其驍將大鵬翼並契丹、渤海三千餘人，斬首數千級，逐北四十里，下飛狐、靈丘等城。以功改彰信軍節度使，徙鎮成德、永興。改知延州，復還鎮。卒，年六十九〔二六〕。贈侍中。

重進朴愿，不知書。太宗在藩邸，愛其忠勇，嘗遺以酒炙，不受。使者曰：「此晉王所賜也。」重進曰：「爲我謝晉王，我知有天子爾。」卒不受。太宗嘉之，既即位，謂其無私交，故始終委遇焉。

米信，舊字海進〔二七〕，本奚族也。少以勇悍聞。周太祖即位，隸護聖軍。太祖總禁兵，以信隸麾下。宋興，稍遷至郴州①刺史。太宗即位，以爲高州團練使，領洮州觀察使。太宗征太原，以信爲行營馬步軍都指揮使②。太宗既平太原，遂移兵伐契丹。師還，信以功擢保順軍節度使。

時信親族多在塞外，會兄之子全自朔州挺身來歸，太宗遣全乘傳詣代州，伺間迎致其親屬，發勁卒護送之。既而全宿留逾年，虜境斥候嚴，竟不能致。信慷慨曰：「我聞忠孝不兩全，方思以身徇國，何以親族爲！」北望號慟，戒子姪勿復言。遷侍衛馬軍都指揮使，徙鎮彰化。

太宗征幽、薊，命信將幽州西北道行營馬步軍，敗契丹於新城。契丹率衆復戰，王師稍却，信獨以麾下龍衛卒三百禦敵。敵圍之數重，矢下如雨，信射中數人，麾下卒多死。會暮，信持大刀，率從騎大呼，殺數十人，敵遂小却，信以百餘騎突圍得免。坐失律當死，詔原之，責授右屯衛大將軍。明年，授彰武軍節度使，改鎮横海。

信不知書，所爲暴横，太宗命何承矩爲其副，委以州事。及承矩領護屯田，信遂恣爲不法。太宗知之，召爲右武衛上將軍。明年，判左右金吾街仗事。未逾月，以無名被捶撻者甚衆〔二八〕。强市人物，妻死買地營葬，妄發居民冢墓。奴之父老病，箠之致死，爲其家人所告，下御史鞫之，信具伏。獄未上而卒〔二九〕，年六十七。贈横海軍節度使。

【箋證】

〔一〕五代史有傳：《馮暉傳》，見《舊五代史》卷一二五、《新五代史》卷四九。

---

①郴州：原作「林州」，據繆校、《宋史》卷二六〇《米信傳》及舒仁輝《〈東都事略〉與〈宋史〉比較研究》第一八四頁「作『郴州』爲是」改。

②「指揮使」下，繆校有「兼副監軍」四字。

〔二〕靖難軍：《宋史》卷二五三《馮繼業傳》作「静難軍」，是。《長編》卷一〇載開寶二年八月「庚辰，以繼業爲静難節度使」，《事略》蓋誤作「靖難軍」。

〔三〕卒年五十一：《宋史》本傳：「太平興國初，來朝，封梁國公，留京師。明年卒，年五十一。」《宋會要輯稿》儀制一一之一九載「定國軍節度使、梁國公馮繼業」卒於太平興國二年九月。

〔四〕五代史有傳：《折從阮傳》，見《舊五代史》卷一二五、《新五代史》卷五〇。

〔五〕牙校：《宋史》卷二五三《折德扆傳》作「馬步軍都校」。

〔六〕卒於鎮年四十八：《宋史》本傳：「（乾德）二年卒，年四十八。」《宋會要輯稿》儀制一一之一九載「永安軍節度使折德扆」卒於乾德二年九月。

〔七〕卒年四十：《宋史》卷二五三《折德扆傳》附《御勳傳》：「太平興國二年卒，年四十。」

〔八〕翌日卒年三十八：《宋會要輯稿》禮四一之五二載「泰寧軍節度使折御勳」卒於太平興國二年閏七月。

〔九〕卒年三十七：《宋史》卷二五三《折德扆傳》附《惟昌傳》：「（大中祥符七年）明日卒，年三十七。」《宋會要輯稿》方域二一之五載其卒於大中祥符七年五月。

〔一〇〕領利州觀察留後：《宋史》卷二六〇《党進傳》作「領利州觀察使」。

〔一一〕卒年五十一：《宋會要輯稿》儀制一一之一九「載忠武軍節度使党進」卒於太平興國三年七月。

〔一二〕商旅以濟：《宋史》卷二六〇《曹翰傳》作「師旅以濟」，是。《事略》蓋從《隆平集》卷一七改作「商旅」。

〔一三〕詔督役開河南自雄至莫：「河南」，《宋史》本傳作「南河」，疑是。《事略》蓋從《隆平集》卷一七作「河南」。

〔一四〕卒年六十九：《宋史》本傳：「淳化三年卒，年六十九。」《宋會要輯稿》禮四四之一三載「左千牛衛上將軍曹翰」卒於淳化三年五月。《隆平集》卷一七作「卒年六十五」。

〔一五〕京兆人：《宋史》卷二六〇《崔翰傳》作「京兆萬年人」。

〔一六〕及即位擢至刺史：《宋史》本傳作「（開寶）九年，領端州刺史」。

〔一七〕太宗講武近郊：《宋史》本傳作「太平興國二年秋，講武於西郊」。

〔一八〕會李漢超崔彥進破契丹於徐河：《宋史》本傳作「（太平興國四年）冬，契丹兵數萬寇滿城，翰會李漢瓊兵於徐河，河陽節度崔彥進兵自高陽關繼至，因合擊之」，《長編》卷二〇繫其事於太平興國四年九月末：「契丹大入侵，鎮州都鈐轄、雲州觀察使浚儀劉延翰帥衆禦之，先陣於徐河。崔彥進潛師出黑盧隄北，緣長城口，銜枚躡敵後，李漢瓊及崔翰亦領兵繼至。」二書均作「李漢瓊」。又《長編》卷一八繫「關南巡檢、應州觀察使李漢超卒」於太平興國二年九月癸卯，則《事略》與《隆平集》卷一七作「李漢超」，當誤。

〔一九〕改鎮威德：《宋史》本傳作「明年夏，出爲感德軍節度使」，《長編》卷二一亦作「感德軍」，《太宗皇帝實録》卷三四雍熙二年閏九月丙子條載「以感德軍節度使崔翰知滑州」。《事略》蓋從《隆平集》卷一七誤作「威德」。

〔二〇〕又徙鎮鎮安帥高陽：《宋史》本傳作「（雍熙）四年，改鎮定國軍。二年，移鎮鎮安軍」，《太宗皇帝實録》卷四一雍熙四年六月庚子條載「以定國軍節度使崔翰復爲高陽關兵馬都部署」，《宋會要輯稿》儀制一一之一九載「鎮安軍節度使崔翰」卒於淳化三年三月。據此可知，《事略》書「徙鎮鎮安，帥高陽」次序有誤。

〔二一〕卒年六十三：《宋史》本傳作「（淳化三年）復令赴鎮，月餘卒，年六十三」，《宋會要輯稿》儀制一一之一九載其卒於淳化三年三月。而禮四四之五二又載其卒於淳化二年六月，誤。

〔二二〕涿州人：《宋史》卷二六〇《李懷忠傳》作「涿州范陽人」。

〔二三〕卒：《宋會要輯稿》儀制一一之一六載「大同軍節度使李懷忠」卒於太平興國三年五月。

〔二四〕幽州人：《隆平集》卷一七作「范陽人」。

〔二五〕官至刺史：《宋史》卷二六〇《田重進傳》作「積功至瀼州刺史」。

〔二六〕卒年六十九：《宋史》本傳：「至道三年卒，年六十九。」《宋會要輯稿》禮四一之五二載「永興軍節度使田重進」卒，「至道三年二月，輟一日」。

〔二七〕舊字海進：《宋史》卷二六〇《米信傳》作「舊名海進」，是。

〔二八〕以無名被捶撻者甚衆：「以無名」前，《宋史》本傳有「吏卒」二字，是。

〔二九〕獄未上而卒：《宋會要輯稿》禮四一之五二載「右武衛上將軍米信」卒於淳化五年五月。

東都事略卷第一百二十九

列傳十二

何繼筠字化龍，河南人也。父福進，仕後唐至周，官至天平軍節度使。福進節制鎮州，繼筠補牙職〔一〕，以偏師出土門〔二〕，與并人戰，斬首數千級，以功除刺史〔三〕。契丹入寇，又擊敗之。世宗征瓦橋關，命繼筠以所部出百井道，以破并寇。

宋興，以繼筠爲棣州團練使、關南兵馬都監，加防禦使。太祖征太原，繼筠奪并人汾河橋，又敗其衆於城下，擒其將張環、石斌以獻①。開寶二②年，太祖親征太原，契丹來援。繼筠屯石嶺關，追奔數十里，斬千餘級，獲器用甚衆。太祖命以所獲首級、鎧甲示於城下，并人奪氣。以功拜建武軍節度使。繼筠屢以少擊衆，在塞上二十年，胡人畏其名，繢其像而拜之。卒，年五十一〔四〕。贈侍中。

繼筠兒童時嬉戲，必分布部伍，爲戰陳狀。及長，善射，深沉有謀，與士卒同甘苦。子承矩。

承矩字正則。從繼筠討劉崇，除閑廄副使。太平興國中，監兵泉州，以功遷閑廄使。知河陽〔五〕，徙潭州。

①「以獻」下，繆校有「頗著戰功」四字。
②二：原作「三」，據本書卷二、《長編》卷一〇、《宋史》卷二七三《何繼筠傳》及舒仁輝《〈東都事略〉與〈宋史〉比較研究》第一八五頁謂「《事略》繫年有誤」改。

居六年，除淄州刺史〔六〕，僉書滄州事。

時契丹數寇邊，承矩請屯兵於順安砦西關易河溝口引水〔七〕，東西三百餘里，南北五七十里，築隄瀦水，以助要害。太宗①用其策。屬霖潦爲患，議者多以爲非，承矩援漢、魏至唐故事以折之。詔以承矩爲河北制置屯田使，民遂獲萑蒲魚蛤之利，而稻田歲入亦助邊餉。自是高陽並海以抵順安，絶胡寇奔衝之虞。又言：「順安至西山，不遠百里，亦多川源，顧因而廣之，用息外患。」朝廷雖嘉之，未及行也。自滄徙雄州。契丹萬騎夜逼城堞〔八〕，遲明，承矩出戰，獲其酋所謂鐵林相公者，虜始引去。復徙滄州。

真宗即位，知雄州。嘗上疏請和戎，爲息民之利。進英州團練使、知澶州，契丹修好。真宗益善其有謀，又命知雄州，拜本州團練使。時虜使初至，承矩以爲待之之禮宜得中，庶可久也。真宗嘉納。久之，徙齊州。卒，年六十一〔九〕。贈相州防禦使。緣邊及涿、易州軍民聞承矩卒，無不流涕，相與至雄州發哀供佛。

何氏世爲名將，而承矩好學有文，所與游者必賢士大夫。太宗嘗遣內侍齎御製並書積五十餘軸，又面付手札以寵之。初，除團練使，真宗謂宰相曰：「承矩知書好名，以才能自許，宜授以美名。」遂除英州。及去雄州，請以李允則自代。允則亦良將也。承矩御下以誠，同其甘苦。民有告機事，必與款②語，無所猜忌，故虜中動息，無不逆知。其後虜使者言，虜中畏服其名云。

李謙溥字德明，太原人也〔一〇〕。少通《左氏春秋》。仕晉爲供奉官，至周任刺史。嘗監晉州兵，以偏師屢挫

①太宗：原作「太祖」，顯誤，據《隆平集》卷一六改。
②款：原作「嘆」，據覆宋本、四庫本及《隆平集》卷一六、《宋史》卷二七三《何繼筠傳》附《承矩傳》改。

太原，而屠城略地，功爲多。隰州闕守，謙溥攝州事。至則濬城隍，嚴兵備。未旬日而并人至，方盛暑，謙溥服絺綌，揮羽扇，引二小吏登城徐步。并人望之，勒兵不敢動。因以敢死士百人，夜縋城銜枚薄賊營，破之，逐北數千里，斬首千餘級。爲澶州巡檢，改丹州刺史。

建隆初，移慈州。久之，謙溥與孫延進、沈繼深、王睿進兵太原略地。謙溥爲畫出入進退策，衆不能用。及班師，又謂曰：「今退兵，彼必來乘我，宜整衆爲備。」諸將亦不應，果爲并人所襲，狼狽奔走，獨謙溥兵成列，并人遂却。復移隰州刺史，築保安、平同等砦，敵人十年不敢犯境。有招收將劉進，勇力絶人，屢以少挫衆，并人患之，潛爲蠟彈書以間進，佯遺道中，晉帥趙贊得之以聞。太祖詔謙溥械進闕下，謙溥言：「并人欲我殺之也。臣願以血屬保其無它。」奏至，太祖爲釋進，賜金帛。

開寶中，召爲濟州團練使。會邊將失律，復以謙溥還莅隰州。其後，以疾至京師。卒，年六十二〔一〕。謙溥慷慨重然諾，所賜甚厚，皆分遺將士，故爲其所用者莫不盡力。子允則、允正。允正官至河州團練使。

允則字垂範。以父任爲濟州牙内指揮使。謙溥卒，任左班殿直。少以才略聞，太平興國七年，初置静戎軍榷場，以允則領之。自是屢奉使諸路，知潭、滄、雄、鎮、潞州，而雄嘗再莅焉。湖南民歲輸絹，謂之地税絹。又屋每間出絹一丈三尺，謂之屋税絹。始户給一牛，歲輸米四斛，牛斃猶輸，謂之枯骨税，皆馬氏暴斂之餘。允則治潭州，悉奏除之。湖湘山田，民不耕墾。允則下令給諸軍芻皆輸粟藁，由是山田遂無遺地。潭州舊分兵戍邵州，允則謂蠻不擾而益戍兵，是長邊患也，亦遂奏罷。

初至滄州，葺營壘，多開井泉，言者以爲擾。未幾，北寇圍城，近郊老幼皆入城保，而水不乏。又以水代①砲〔一二〕，壘②成深泥，虜兵遂解。真宗召而語之曰：「頃有言卿擾民者，及寇至，始見其利也。」王超之敗，人心危動，允則勸使衰經向師而哭〔一三〕，以解衆忿，仍趣整師以進。真宗聞而降詔褒勵之。

雄州榷場禁通異貨，邏者以珉玉帶及婦人首飾交易者〔一四〕，允則縱之，曰：「此以我無用易彼有用也。」周世宗始以瓦橋關置州，民居唯結茅，允則教以陶，公私營造皆易爲瓦甓矣。又合外舊甕城與大城爲一，始創關城焉。濬濠起月隄，環以溝塹，增廣閻承翰所修屯田，架橋引水，作梁，築亭榭，列隄道，以通安肅、廣信、順安軍，所以設險者備矣。舊城樓可望十里，以爲斥候，允則曰：「南北通好，安用此爲？」命毀之。後乃徙浮圖於北原上，所望逾三十里。將爲關城也，先建東嶽祠，自以黄金百兩爲供器，導以鼓吹，民間競以金銀器獻。久之，密徹③去，而捕盜移文北界，因以護祠爲言。興板築，城就而虜不知也。

雄州上元舊不張燈，允則結彩爲山，聚優樂，縱民夜游。諜知虜人欲觀燈，乃率同僚會城北。俄有衣紫胡人至，出妓女列侍，延之傳舍，劇飲④而罷。密使縱所乘騾遁去，即幽州統軍也。後數日，聞爲虜主所誅矣。

嘗宴賓，而甲仗庫火，終宴不救。真宗問其故，對曰：「兵械警火甚嚴，當宴而燔，姦人欲以計見動。若捨宴救火，其誰不它窺測也？」真宗善之。

雄州諜者嘗告，虜中要官間遣人至京師，造茶籠燎爐。允則使倍與直作之，纖巧無毫髮之異耳⑤。先期至，

---

①代：繆校作「伐」。

②壘：繆校作「積」。

③徹：繆校作「撤」。徹，通「撤」。

④飲：原作「語」，據繆校及《隆平集》卷一六、《宋史》卷三二四《李允則傳》改。

⑤耳：繆校無。

則攙之入榷場，使茶酒班多口者夸説其巧，令蕃商遍觀之。如是者三四日，知蕃官所作已過，乃收之不復出。虜中相傳，謂允則賂之，恐有姦變，蕃官無以自明，乃被殺。

允則爲長吏，或於市中下馬過富民家，入軍營與婦女笑語，無所間然。富民犯罪，未嘗少寬假。契丹幾密事，動息皆知之，當時邊臣無及者。景德以後，國信往還儀制所及費用，皆其所裁定。智識開敏，處事審當，其方略施設，雖遊觀、亭傳，莫不有所寓也。允則官至寧州防禦使，卒，年七十六〔一五〕。

馬仁瑀，大名夏津人也。少不好學，與羣兒戲，必爲行陳之狀，自稱將軍，日與之約，鞭其後期者，羣兒畏服。及長，善射。

周太祖鎮鄴，仁瑀年十六，因求見帳①下，太祖留置左右。廣順初，補内殿直。世宗即位，會太原劉崇入寇，世宗親征，至高平，周師不利，諸將引退。仁瑀曰：「主辱臣死。」遂躍馬以進，大軍乘之，崇敗績。擢仁瑀爲弓箭控鶴直指揮使。又從征淮南，以功遷内殿直都虞候。又從平三關。恭帝即位，仁瑀從太祖北伐。

宋興，以佐命功遷貴州刺史，爲鐵騎右廂、虎捷左廂都指揮使，領扶州團練使。從平澤、潞，以功領常州防禦使，改岳州、漢州。初，詔仁瑀領荆湖諸郡，不數歲，復其地。朝廷將平蜀，又以仁瑀領川、峽諸郡，亦皆蕩平。薛居正知貢舉，仁瑀以貢士屬之，爲御史所劾，又坐與后族忿争，出爲密州防禦使。

太祖征太原，命仁瑀巡邊。敵聞其威名，不敢出。遷瀛州防禦使。兄之子因醉誤殺平民，繫獄當死。民家自言：「非有憾也，過誤爾，願以過失傷論。」仁瑀曰：「我爲長吏，而兄子殺人，此乃恃吾勢横恣耳，非過失也。」

①「帳」字上，繆校有「願隸」二字。

豈可以己之親而亂國法哉？」遂論如律，給民家布帛。移知遼州，從征太原有功。又從征范陽，擊虜於盧龍北。師還，遷朔州觀察使、判瀛州。七年卒，年五十。贈河西觀察使〔一六〕。

李漢超字顯忠，雲中人也。始事鄴帥范延光①，不爲其所知。又事鄆帥高行周，雖知之，而不甚親也。會周世宗鎮澶淵，漢超遂委質焉。仕周至殿前都虞候。

宋興，遷恩州團練使。從平李重進，以功領齊州防禦使、關南兵馬都監。漢超在關南，人有訟漢超强取其女爲妾及貸而不償者，太祖召而問之曰：「汝女可適何人？」曰：「農家也。」又問：「漢超未至關南，契丹如何？」曰：「歲苦侵暴。」曰：「今復爾耶？」曰：「否。」太祖曰：「漢超，朕之貴臣也。爲其妾，不猶愈於農婦乎？使漢超不守關南，尚能保汝家之所有乎？」責而遣之。密使諭漢超曰：「亟還其女并所貸，朕姑貰汝，勿復爲也。不足於用，何不以告朕耶？」漢超感泣，誓以死報。齊、棣鹽海之利數倍它郡，何繼筠在棣，漢超在齊，皆得用以養士，而朝廷不計其所費。在郡凡十七年，有善政，齊人愛之。嘗詣闕求立碑，太祖命率更令徐鉉爲文以賜。

太平興國初，除應州觀察使、判齊州。明年，卒於屯所。贈太尉、忠武軍節度使。漢超善撫士卒，與之絶②甘分少，死之日，軍中皆殞涕。子守恩，官至隴州刺史，部芻粟旱海，爲賊所邀，死之。

郭進，深州博野人也。少貧賤，依邢州鉅鹿富人家傭作。有膂力，多結豪俠，飲博。人有欲殺之者，富人婦

①范延光：原作「范延先」，據四庫本及《宋史》卷二七三《李漢超傳》改。
②絶：覆宋本作空格。錢校：「初印本、舊鈔本俱作『絶甘』二字，見《史記》。校者不得其解，剜作墨釘。」朱校本作「絶」。

竺氏陰告之，乃至晉陽，漢高祖留之帳下。北寇屠安陽，高祖遣進拒戰，虜敗走，以功除刺史。及德光盜京師，復北歸，進請以奇兵間道入洺州，因定河北諸郡。

仕周，改登州刺史。郡多寇盜，進悉爲翦除，吏民願紀其事，命近臣撰文賜之。改刺衛州，河朔盜匿汲郡山間者稍衆，間出攘奪，久不能滅。進往攻勦絶之，民以安居，於是郡民又請立碑紀其事。改洺州團練使，有善政，郡民又請立碑，詔左拾遺鄭起爲文以賜。進嘗植柳、種荷芰遍城，其後郡民見之有垂涕者，曰：「此郭公所種也。」

太祖將征澤、潞，遷本州防禦使，充西山巡檢，以備并寇。嘗領兵與曹彬、王全斌入太原境，獲數千人。太祖征太原，以進爲河東道忻、代等州行營馬步軍都監，招徠山後諸州民三萬七千餘口。始，進在西山，太祖每遣戍西山，必戒之曰：「汝謹奉法。我猶赦汝，郭進殺汝矣。」有部下軍校告其陰通太原，將有異志者，太祖詰之。軍校辭窮，復曰：「進御下嚴，臣不勝忿怨，故誣之耳。」太祖命執以與進，令自誅。進釋不問，使禦河東寇，曰：「汝有功，則我奏汝官；敗則降，勿復來也。」軍校往死戰，果立功而還。進奏乞命以官，太祖不可，曰：「汝誣我忠良，此纔贖汝死爾。」進曰：「若然，則今後臣不復使人矣。」太祖於是命以一官。

太祖嘗命有司治第賜進，蓋以筩瓦。有司言：「舊制，非親王、公主之第，不用筩瓦。」太祖曰：「進控扼西山十餘年，使我無北顧憂，我視進豈減兒女耶？」太平興國初，領雲州觀察使、判邢州。至是，進訪竺氏婦，已死而家甚貧，得其女，撫養如己子，厚其資裝以嫁之，以報婦德。

進善聽訟，能以鈎距得其情。御衆有方略，軍政嚴肅，前後二十年，不易西山巡檢之任。太宗征太原，命進控石嶺關。契丹來援，進擊敗之，并人喪氣。時田欽祚護石嶺軍，恣爲姦利，以他事侵進。進剛忿①不能辨，乃自經死，年五十八。贈安國軍節度使。

姚内斌，盧龍人也。少仕契丹。周顯德末，世宗北征，我太祖將兵至瓦橋關，内斌爲關使，開門請降，世宗以爲汝州刺史。國初，從平李筠，改刺虢州。太祖以西鄙爲憂，以内斌爲慶州刺史，戎不敢犯塞，號内斌爲虎，蓋畏其勇也。在慶州積十餘年，卒，年六十四〔一七〕。

董遵誨，范陽人也。父宗本，事幽帥趙延壽，爲延壽所惡，遂舉家奔太原。漢高祖得之，以宗本爲隨州刺史，遵誨補牙校。有方略，善御夷狄。周世宗時，從韓通討秦、鳳，擒蜀招討使王鸞。攻淮南，下合肥，又從韓通平雄、霸二州，以功至驍武指揮使〔一八〕。

太祖以西戎近邊，使守通遠軍，凡十四年，蕃漢悦附。許以便宜制軍事。初，太祖以其母在契丹也，令人賂邊民，使迎其母，送於遵誨。遵誨遣外弟劉綜貢馬以謝。太祖解其所服真珠盤龍衣，命齎賜之。綜曰：「遵誨人臣，豈敢當此？」太祖曰：「吾委以方面，不此嫌也。」太平興國六年卒，年五十六。

賀惟忠，忻州人也〔一九〕。初隸周世宗藩邸，召補供奉官，不辭而去。世宗怒，不復用。宋興，始授儀鸞副使，令知易州。捍禦有功，遷正使。太祖駐常山，以爲刺史兼易、定、祁等州都巡檢使。常

①剛忿：覆宋本、四庫本作「剛直」，非。《隆平集》卷一六正作「剛忿」。

中流矢，創發而卒〔二〇〕。

惟忠知書，曉兵法，撫士卒得其心，威名震北虜，故十餘年，契丹不敢南牧云。

王彥昇字光烈，蜀人也。後唐平蜀，徙家洛陽。周顯德末，爲散員指揮使。從太祖北伐，至陳橋，以軍中推戴而還。時韓通爲侍衛親軍副都指揮使，在殿閤聞變，皇懼而歸。彥昇遇通於路，策馬逐之，通馳入其第，門未及闔，爲彥昇所害。太祖聞通死，大怒〔二一〕，乃出彥昇爲唐州刺史。久之，徙原州防禦使。

彥昇殘忍，在原州，戎人有犯漢法者，會賓客則引而前，以手捽其耳，大嚼，沃以卮酒。前後所啖數百人。並塞數年，戎人畏之，無犬吠之警。卒，年五十八〔二二〕。

臣稱曰：太祖削五代之亂，創萬世之業，制兵有謀，御將有術。付郭進以邢州，李謙溥以隰州，俾制太原；畀何繼筠以滄、景，賀惟忠以易州，李漢超以關南，馬仁瑀以瀛州，俾控北虜；授姚內斌以慶州，董遵誨以通遠軍，王彥昇以原州，俾禦西寇。結之以恩，豐之以財，小其名而重其權，少其兵而久其任。每來朝，則命之坐，賜予優厚。北邊軍市之租，多賜諸將。惟何繼筠授以節制，示以懋功之典，其他所居之官，不過巡檢使之名，而所領之兵，亦不過五六千人。而任之久乃至二十年，少亦不減十餘年，是以夷狄畏服，邊鄙無事，由制兵御將得其道。

【箋證】

〔一〕補牙職：《宋史》卷二七三《何繼筠傳》作「署衙內都校」。

〔二〕土門：《隆平集》卷一六作「玉門」。

〔三〕以功除刺史：《宋史》本傳作「以功領欽州刺史」，是。

〔四〕卒年五十一：《宋史》本傳作「（開寶）四年秋來朝，……未幾卒，年五十一」。《宋會要輯稿》禮四一之五一載「建武軍節度使何繼筠」卒於開寶四年七月。《隆平集》卷一六作「卒年五十」。

〔五〕知河陽：《宋史》卷二七三《何繼筠傳》附《承矩傳》及《長編》卷二三均作「知河南府」，是。

〔六〕居六年除淄州刺史：《隆平集》卷一六作「居六年，端拱初除淄州刺史」，《宋史》本傳作「端拱元年，領潘州刺史」。《宋會要輯稿》食貨四之一作「六宅使、潘州刺史何承矩」，而《長編》卷五八載「以引進使、潘州刺史何承矩領英州團練使」於景德元年十月，《宋名臣奏議》卷一〇五《上太宗論塘泊屯田之利》注：「端拱元年上，時爲淄州刺史兼知滄州事。」「淄州」「潘州」必有一誤，考《宋史》卷九〇《地理志六》高州茂名下注「開寶五年自潘州來隸」，《宋朝事實》卷一九亦載「開寶五年廢潘州」，則似以淄州爲是。

〔七〕承矩請屯兵於順安砦西關易河溝口：《隆平集》卷一六同，而《宋名臣奏議》卷一〇五《上太宗論塘泊屯田之利》及《宋史》本傳並作「若於順安砦西開易河蒲口」。《事略》《隆平集》「關」爲「開」之誤，「溝」爲「蒲」之誤。

〔八〕契丹萬騎夜逼城堞：《宋史》本傳作「契丹精騎數千夜襲城下」。

〔九〕卒年六十一：《隆平集》卷一六作「卒年六十六」，《宋史》本傳作「卒年六十一」。《長編》卷六四景德三年九月丙寅條載「授承矩齊州團練使，便道之任。承矩至齊州，纔七日卒」。

〔一〇〕太原人：《宋史》卷二七三《李謙溥傳》作「并州盂人」。

〔一一〕卒年六十二：《宋史》本傳：「（開寶）八年，以疾求歸。……明年春卒，年六十二。」

〔一二〕以水代砲：《隆平集》卷一六作「斲冰代砲」。

〔一三〕允則勸使衰絰向師而哭：使，《宋史》卷三二四《李允則傳》作「超」，較佳。

〔一四〕邏者以珉玉帶及婦人首飾交易者：《宋史》本傳作「邏者得所易珉玉帶」。以，《隆平集》卷一六作「獲」，是。

〔一五〕卒年七十六：《宋史》本傳：「天聖六年卒。」《長編》卷一〇六載「寧州防禦使李允則卒」於天聖六年六月戊辰。

〔一六〕贈河西觀察使：《宋史》卷二七三《馬仁瑀傳》作「贈河西軍節度」。《宋會要輯稿》儀制一一之二五「朔州觀察使、判瀛州馬仁瑀，太平興國七年正月贈河西軍（節度使）」，《事略》誤。

〔一七〕卒年六十四：《宋史》卷二七三《姚内斌傳》：「（開寶）七年春，暴得疾，卒，年六十四。」

〔一八〕以功至驍武指揮使：據《宋史》卷二七三《董遵誨傳》，「遷驍武指揮使」在「征淮南，攻合肥」之前。

〔一九〕忻州人：《宋史》卷二七三《賀惟忠傳》作「忻州定襄人」，是。《隆平集》卷一六作「沂州人」，誤。

〔二〇〕創發而卒：《宋史》本傳：「（開寶）六年，金瘡發而卒。」

〔二一〕太祖聞通死大怒：汪琬《東都事略跋》卷上：「韓通、李筠、李重進皆周室忠臣。按《齊東野語》，焦千之過劉貢父，劉問：『歐陽公《五代史》成邪？』焦對：『將脱稾。』劉問：『爲韓堂眼立傳乎？』焦默然。劉笑曰：『如此亦是第二等文字耳。』《事略》既傳二李，獨不爲通立傳，以補《五代史》之闕，僅附數語於此，且辭氣抑揚稍甚，亦通之不幸也。」

〔二二〕卒年五十八：《宋史》卷二五〇《王彦昇傳》：「（開寶）七年，以病代還。次乾州，卒，年五十八。」

東都事略卷第三十

列傳十三

張昭字潛夫，河間人也。舊名昭遠，避漢高祖諱，止稱昭。十歲誦書數十萬言〔一〕，及長，該洽經史。以文謁興唐尹張憲，憲即以爲府推官。憲爲北京留守，昭從至晉陽。時明宗起自鄴，兵變①於魏，昭勸憲奉表明宗以勸進。憲曰：「吾書生也，天子委以保釐之任，吾豈苟生者乎？」昭曰：「此古之大節，公能行之，忠臣也。」憲既死，論者以昭能成憲之節。

仕唐爲中書舍人。晉時，用桑維翰薦爲翰林學士。漢初，爲吏部侍郎，加禮部尚書。隱帝年十九，猶有童心，昵近小人。昭上疏諫，請近師傅，延問正人，以開聰明。隱帝不省。周廣順初，拜户部尚書，遷兵部尚書。世宗好拔奇取俊，有自布衣上書，下位言事者，多不次進用。昭諫曰：「昔唐初，劉洎、馬周起徒步，太宗擢用爲相；其後，朱朴、柳璨在下僚，昭宗亦以大用。然則太宗用之於前而國興，昭宗用之於後而國亡，士之難知也如此。臣願陛下存舊法而用人，以劉、馬爲鑒，朱、柳爲戒，則善矣。」恭帝即位，封舒國公。

國初，拜吏部尚書。乾德元年，爲郊祀鹵簿使，禮成，封鄭國公，改封陳。以老致仕。嶺南平，太祖遣使就問獻俘之禮，昭臥疾口占，皆有所據，當時服其博記。卒，年七十九〔二〕。

①變：原作「奕」，據覆宋本、四庫本改。

昭在晉日，與吕琦、崔棁①集唐義寧終天祐末史書二百卷，又撰漢六廟謚策、樂章，所修有《唐莊宗實録》及《功臣傳》《周太祖實録》、續《唐愍帝》《漢隱帝實録》。

陶穀②字秀實，邠州新平人也。北齊尚書令唐邕、唐内史侍郎唐儉，皆其遠祖，因避晉高祖諱而更爲陶，遂不復其舊。父涣，仕至夷州刺史，爲邠帥楊崇本所害。穀隨母柳氏育崇本家。幼有俊才，起家爲校書郎。以書干漢相李崧，自單州判官擢爲集賢校理。未幾，遂知制誥。在周爲翰林學士③。世宗命近臣各撰《平邊策》《爲臣不易論》，皆以修德來遠爲意，惟穀與王朴、竇儀、楊昭儉以江、淮即當用師取之，世宗嘉之。

宋興，歷禮、刑、户部三尚書，遷承旨。乾德初郊④，法物制度，多穀所定。又乘輿大輦，久亡其制，穀立意造之，至今用焉。卒，年六十八[三]。贈右僕射。

穀博記美詞翰，滑稽好大言。佛、老之書，陰陽之學，亦能詳究。太祖將受禪，未有禪文，穀在旁，出諸懷中而進之曰：「已成矣。」太祖甚薄之。性傾險巧詆，其進緣李崧，崧之死，穀自謂有力焉。周世宗召魚崇諒爲學士，未至，穀譖之以爲顧望，而遂代其任。世宗謂趙上交多謁告，穀乃及其受門生名園事，而上交被黜。國初，附

①崔棁：原作「崔税」，據《舊五代史》卷九三《崔棁傳》及《宋史》卷二六三《張昭傳》改。
②陶穀：「穀」原作「榖」，據《隆平集》卷一三、《宋史》卷二六九本傳改。本書凡稻穀之「穀」均作「榖」，今統改作「穀」，不一一出校。
③「學士」下，繆校有「胸藏武庫，辨若懸河，而又賦性風雅，花柳之遇，不一而足」二十二字。
④「郊」字下，覆宋本、四庫本有「廟」字。錢校：「初印本、舊鈔本俱無『廟』字。按太祖乾德元年始合祭天地，故曰『初郊』，剜增『廟』字，謬。」「郊」，《隆平集》卷一三、《宋史》本傳作「南郊」，是。

宰相趙普以排竇儀，皆爲世論所不與。穀亦嘗自言「頭骨當珥①貂冠」，蓋有意大用也，人咸笑之。

竇儀字可象，薊州漁陽人也。父禹鈞，在周爲諫議大夫。五子，曰儀、儼、侃、偁、僖，皆相繼登科，時人謂之「竇氏五龍」。

儀少舉進士，景延廣爲侍衛軍帥，以儀爲記室〔四〕。延廣歷滑、陜、孟、鄆四鎮，儀皆在幕府。漢初，召爲右補闕。周廣順初，知制誥，遷翰林學士，拜端明殿學士。從世宗征淮南，儀領行在三司，以軍須②不即辦，世宗將欲深罪之，范質力爲救解得免。淮南平，出爲西京留守，累官至兵部侍郎。

宋興，遷工部尚書。太祖謂宰相曰：「深嚴之地，當以宿儒處之。」范質曰：「竇儀清介重厚，然已自翰林遷端明矣。」太祖曰：「禁中非此人不可，卿當諭以朕意。」即日再入翰林爲學士。范質等三相罷，越三日，命趙普爲相。制既下，太祖問學士曰：「質等已罷，普敕何官當書？」承旨陶穀時任尚書，乃建議以爲：「自古輔相未嘗虚位，唯唐太和九年甘露事後數日無宰相，當時左僕射令狐楚、右僕射鄭覃、刑部尚書王源中奉行制書。今尚書乃南省六官之長，可以書敕。」儀曰：「穀所陳非承平之制，皇弟開封尹、同平章事，即宰相之任也。」太祖曰：「儀言是。」命太宗書敕以賜普。加禮部尚書。

時御史臺議，欲以左右僕射爲表首，太常禮院以東宫三師爲表首。儀援典故，以僕射合爲表首者六，而謂三師無所據。朝廷以儀之議爲是。趙普爲相，人有毀之者，太祖問儀：「普所爲如何？」儀曰：「不知。」退而謂人

①珥：原作「弭」，據四庫本改。「頭骨當珥貂冠」，《宋史》本傳作「吾頭骨法相非常，當戴貂蟬冠」。
②軍須：覆宋本、四庫本作「軍需」。

曰：「我必不大用，然亦不之朱崖。」及詢盧多遜，多遜乘間攻其短。其後普既罷相，多遜遂預政。及普再相，多遜果有朱崖之貶云。儀卒，年五十二〔五〕。贈右僕射。

初，太祖之克滁州也，世宗遣儀籍府庫。後數日，太祖令親吏取藏中絹給麾下。儀曰：「當城下之初，雖傾藏取之無妨也。今既籍在官，非有詔不可得也。」太祖以是重之。後欲用以爲相，未及用而卒。太祖憫然謂左右曰：「天何奪我竇儀之速耶！」蓋惜其未大用也。

侃至起居郎①，偁至左補闕②。

儼字望之③。幼能屬文，舉進士，爲天平軍掌書記，拜左拾遺。仕漢爲史館修撰。周廣順初，拜中書舍人。顯德四年，儼上疏請令有司討論古今禮儀，作《通禮考》。正鍾律，作《正樂》。嘗言：「爲政之本，莫大擇人。擇人之重，莫先宰相。自有唐之末，輕用名器，始爲輔弼，即兼三公、僕射之官。故其未得之也，則以趨競爲心；既得之也，則以容默爲事。但思解密勿之務，守崇重之官，逍遥林亭，保安宗族。乞令即日，宰相於南宮三品、兩省給舍以上，各舉所知。若陛下素知其賢，自可登庸；若其未也，且令以本官權知政事。期歲之間，察其職業。若果能堪稱，其官已高，則除平章事；未高，則稍更遷官，權知如故；若有不稱，則罷其政事，責其舉者。又，班行之中，有員無職者大半，乞量其才器，授以外任，試之於事，還則以舊官登敘，考其治狀，能者進之，否者黜

①繆校本有《竇侃傳》：「侃，儀之弟，仕至起居郎。性亦耿介，政績亦可觀。」
②繆校本有《竇偁傳》：「偁，儀之弟，官至右補闕。莅政砥身，頗頗自好，不忝竇氏之伯仲云。」
③「字望之」下，繆校有「儀之仲弟也」五字。

之。」又：「請令盜賊自相糾告，以其所告貲産之半給之，或親戚爲之首，則論其徒①侣而赦其所首者，如此則盜賊不能聚矣。」又：「新鄭鄉村，團爲義營，各立將佐。一户爲盜，累其一村；一户被盜，罪其一將。每有盜則鳴鼓舉火，丁壯雲集，盜少民多，無能脱者。由是隣縣充斥，而一境獨清。請令他縣效之，亦止盜之一術也。」又：「累朝以來，屢下詔書，聽民多種廣耕，止輸舊税。及其既種，則有司履畝而增之，故民皆疑懼，而田不加闢。夫爲政之先，莫如敦信，信苟著矣，則田無不廣。田廣則穀多，穀多則藏之民，猶藏之官也。」又言：「陛下南征江、淮，一舉而得八州，再駕而平壽春。威靈所加，前無强敵。今以衆擊寡，以治伐亂，勢無不克。但行之貴速，則彼民免俘馘之災，此民息轉輸之困矣。」多見聽納。

世宗觀《大水泗州記》，以問儼，儼以爲：「天地有五德，曰潤、曰暵、曰生、曰成、曰動。五德陰陽之使，陰陽水火之本。陰陽有常數，水火有常分。奇耦相半，盈虚有準，謂之通證；羡備過冗，極無不至，謂之咎證。陰之始主於淵②，水之行紀於九六。凡千七百二十有八歲，爲浩浩之會。雖堯、舜在上，不能免者，數也。若夫辟狂臣專，乂昏不明，苦雨數至，水不潤下，乃政之所致，非數也。唐貞元壬申之水是已。德宗暗蔽，篤於自任。陸贄盡忠而斥遠，裴延齡專利而信用。常雨之應，夫③豈虚生？」世宗甚善之，拜翰林學士。國初，就轉禮部侍郎。當是時，祠祀樂章、宗廟謚號，多儼撰定。卒，年四十二。

儼博物洽聞，通音律曆數。盧多遜、楊徽之爲諫官，儼嘗謂之曰：「丁卯歲五星聚奎，自此太平矣。二拾遺見之，儼不與也。」已而果然。

---

①徒：原作「徙」，據覆宋本、四庫本改。
②「淵」下，《隆平集》卷六、《名臣碑傳琬琰集》下卷八有「獻」字，是。
③夫：原作「天」，據《隆平集》卷六、《名臣碑傳琬琰集》下卷八改。

偁字日彰①。舉進士，爲單州判官。國初，由歸德軍節度判官拜右補闕，知宋州。太宗領開封尹，以偁爲判官，賈琰爲推官。一日，太宗燕射，偁、琰與，而琰贊美過甚，偁叱之曰：「賈氏子導諛，豈不自愧？」坐上皆失色，因罷宴。太宗白②太祖，黜爲彰義軍節度判官。太平興國五③年，太宗幸大名，召至行在，拜比部郎中。時方議北征，偁抗疏極諫而止。遂除樞密直學士，遷左諫議大夫。七年，拜參知政事。入謝，太宗曰：「汝何由至此？」偁曰：「陛下不忘藩邸之舊。」太宗曰：「非也，乃奬汝面折賈琰耳。」未幾卒，年五十八〔六〕。贈工部尚書。明日，太宗燕羣臣，以偁喪故罷。

偁嘗與丁顥同幕，顥子謂尚幼，偁見之曰：「此子後必以文致遠。」即以其子妻之。謂果至宰相。

劉温叟字永齡，河南洛陽人也。蓋唐武德功臣政會之後，世爲名家。父岳，後唐太常卿，《五代史》有傳。温叟七歲善屬文，工楷隸，岳嘗語家人曰：「吾兒風骨秀異，所不知者壽耳。今世難未息，得與老夫偕爲温、洛之叟足矣。」故名之曰温叟。

始以父任補四門助教。仕唐爲右拾遺、監察御史、右補闕〔七〕。仕晉爲翰林學士。契丹犯京師，温叟懼隨契丹北徙，與承旨張允求去職。契丹主怒，欲黜爲縣令。趙延壽曰：「學士不稱職而求解者，罷之可也。」得不黜。仕漢爲史館修撰。顯德中，坐知貢舉爲人所譖，世宗怒，於十六人中黜去十二人，由是左遷太子詹事。

①「日彰」下，繆校有「儀之季弟也。少」六字。
②太宗白：繆校作「太宗居藩日」。
③五：原作「四」，據本書卷三《太宗紀》及《宋史》卷二六三《竇儀傳》附《竇偁傳》改。

建隆初，拜御史中丞〔八〕。一日晚歸，道由闕前，太祖方御明德樓，温叟行至樓側，下馬入奏：「按故事，非肆大眚即不御樓，今陛下無故而御之，軍庶或聞，則有恩給之望。臣所以不敢却導從者，不欲驚彼耳目也。」太祖遽還，給内帑三千緡，付縣官以自罰〔九〕。卒，年六十四〔一〇〕。

温叟性重厚，有禮法，事親孝，雖盛暑非冠帶不敢見。父名岳，終身不聽樂。客有犯其諱者，温叟慟哭而起，遂與客絶。楊徽之、范杲皆温叟所薦引也。太宗爲晉王時，屢與太祖言其清節云。子燁。

燁字耀卿。舉進士，嘗知龍門縣，通判益州。天禧初，詔置諫官御史十二員，燁與魯宗道首與其選，擢爲右正言。

時王晦叔治蜀〔一一〕，以法御下，有謗之者，真宗問曰：「凌策、王晦叔治蜀，孰優？」燁曰：「策在蜀，值歲豐，故得以平易治之。王晦叔值歲小歉，慮民爲盜，故以法治之。使之易地，則皆然。」真宗是之。

時歲薦饑，河復決東郡，燁上言：「歲數不登，力役屢起，元元困苦，道殍相望，此宰相事也。未聞有濟之之術，願策免以塞羣望。」不報。京師傳有靈泉，飲者愈疾，議建祥源觀。燁上言：「前世有傳聖水愈疾者，皆詭妄不經。今盛夏亢陽，大興土木以營不急，非國事也。」

燁以「外官有勸農之號，而使窮民轉徙，汙萊弗闢，蓋考課弗明，吏職廢弛，寖以及此。昔召信臣守南陽，闢田三萬頃，此實效也。今守宰居位，皆積日以幸遷，非有意於民者。宜申明考課法，一切爲殿最，以督之。」又請禁民之棄孝養而事浮圖、老子者。又請重臧吏之制，累赦弗原。又請近臣對見，不當爲子弟乞恩，以開倖進。又以薦士宜較其章著者，推以恩典。國家景德後分部置使，總按刑獄，燁以爲：「郡守皆朝廷之臣，轉運使已專刺舉之職，復置使按刑，非所以責任守臣而息獄訟也，當罷之。」

河北平，燁請蠲兩河賦以寬民力。又建言請黜章句篆刻之技，崇尚學術，復聘士之禮。加直集賢院，同修起居注，改右司諫，換侍御史知雜事，遷三司户部副使，除龍圖閣待制。天聖中，知開封府，遷龍圖閣直學士、知河南府，徙河中。卒，年六十二〔一二〕。七子，几、忱知名。忱爲監司、郡守，有聲。忱子唐老，元祐中，爲右正言。

几字伯壽，以父任爲將作監主簿。舉進士第，孫沔言其有將帥才，自太常博士易如①京使，知寧州，又知邠州。

儂智高盜嶺南，几上章願自效，授荆湖南路兵馬鈐轄。克邕州，以功加皇城使。累遷東上閤門使、涇原路總管〔一三〕。會夏人圍同家堡〔一四〕，轉運使陳述古權渭帥，几移文請出兩將爲援。述古怒，移几知鳳翔府，且劾生事。朝廷以總管非轉運使得擅移，几亦訟其誣，於是御史按之，述古坐謾讕黜知忻州，几亦改知鄜州。召還，拜秦鳳路總管，遷四方館使、知保州。請老，以秘書監致仕。

神宗祀明堂，大臣有言几知音律，詔詣太常修定雅樂。几面陳古樂備四清聲，沿五季亂離遂廢，請復增置。樂成，詔褒之，賜一子官。改通議大夫，卒，年八十一〔一五〕。

几少篤風義，有家法。晚年放曠，得養生訣，故老而不衰。其議律主於人聲，不以尺度求合。嘗謂：「古今異時，聲亦隨變。猶以古衣冠加今人，安能稱？儒者泥古，詳於形名度數之間，而不知清濁重輕之用，故求於器雖合，考於聲則不諧矣。」几之説如此。

①如：原作「知」，據四庫本、錢校所列吴子畲本及《宋史》卷二六二《劉温叟傳》附《劉几傳》改。

扈蒙字日用，幽州安次人也〔一六〕。與從弟載俱以文學知名。鄠、杜間有道士，善知人，嘗謂蒙曰：「君家兄弟當繼典誥命。」蒙舉進士。周廣順中，爲歸德軍掌書記。世宗聞其名，召爲右拾遺、直史館，遷屯田員外郎、知制誥。

宋興，拜中書舍人，入翰林爲學士，坐累黜爲左贊善大夫。拜左司員外郎，復知制誥，爲盧多遜所惡，出知江陵府。太宗即位，復入翰林。從征太原還，轉户部侍郎，加承旨。自張昭、竇儀卒，朝廷典故儀制皆蒙裁定。博洽長厚，然好笑，雖在人主前，不能自止也。

始，太祖即位，禮官以爲：「舜郊嚳，商郊冥①，周郊后稷，王業因之而興也。若漢高帝之太公，光武之南頓君，雖有帝父之尊，而無豫配天之祭。故自太平興國三年、六年再郊，並以太祖配天，於禮爲允。」太宗將東封，蒙定禮儀，乃奏議云：「《經》曰『嚴父莫大於配天』，請以宣祖配天。」自雍熙元年罷封禪爲郊祀，遂行其禮，識者非之。蒙積官至工部尚書，卒，年七十三。贈右僕射。

載官至知制誥、翰林學士。《五代史》有傳。

王祜字景叔〔一七〕，大名莘人也。父徹，左拾遺。祜少篤志詞學，性倜儻而俊，以書見桑維翰，維翰奇之。鄴帥杜重威辟爲觀察支使。祜常諭重威，使無反漢，重威竟反，祜坐責遼州司户參軍〔一八〕。仕周，歷魏縣、南樂二令。太祖即位，擢拜監察御史，出知光州，遷殿中侍御史。知制誥，遷翰林學士。太祖征太原，召祜謂曰：「上黨

①冥：覆宋本、四庫本作「契」。錢校：「鈔本『契』作『冥』」。

要地也，汝當控制之。」遂知潞州。及班師，復召還。會符彥卿鎮大名，頗不治，太祖以祐代①之裨，令察彥卿動靜。又謂祐曰：「此卿故鄉，所謂晝錦者也。」祐以百口明彥卿無罪，且曰：「五代之君，多因猜忌殺無辜，故享國不永，願陛下以爲戒。」而彥卿由是以免，故世稱祐有陰德。俄用兵嶺南，徙知襄州，移潭州。召還，知吏部選事。

初，盧多遜與宰相趙普相傾，多遜欲祐協力擠普。一日，祐以唐宇文融排張説事示之，多遜不悦。至是，多遜參知政事，乃黜爲鎮國軍司馬。太宗即位，知河中府，拜中書舍人、史館修撰。未幾，知開封府，以病請告，拜兵部侍郎。卒，年六十四[一九]。子旦，自有傳。

【箋證】

〔一〕十歲誦書數十萬言：《宋史》卷二六三《張昭傳》作「昭始十歲，能誦古樂府、詠史詩百餘篇」。

〔二〕卒年七十九：《宋史》本傳：「開寶五年卒，年七十九。」《長編》卷一三記「吏部尚書致仕、陳國公張昭卒」於開寶五年春正月壬寅。

〔三〕卒年六十八：《宋史》卷二六九《陶穀傳》：「開寶三年卒，年六十八。」

〔四〕景延廣爲侍衛軍帥以儀爲記室：《宋史》卷二六三《竇儀傳》作「侍衛軍帥景延廣領夔州節度，表爲記室」。

〔五〕儀卒年五十二：《宋史》本傳：「（乾德）四年秋，知貢舉。是冬卒，年五十三。」《宋會要輯稿》禮四一之四七記其卒於乾德四年七月，儀制一一之四載其追贈在四年十月，《宋史全文》卷一載其卒於四年十一月，而《九朝編年備要》卷一載其卒於四年十二月。

①代：覆宋本、四庫本作「爲」。錢校：「鈔本作『以祐代之』」；「裨」，鈔本作「俾」。

諸書所記不同如此，俟考。

〔六〕未幾卒年五十八：《宋會要輯稿》禮五七之三三記實偁卒於太平興國七年十月二十日夜。《長編》卷二三記其卒於二十一日己卯，蓋聞訃之日也。

〔七〕仕唐爲右拾遺：《宋史》卷二六二《劉温叟傳》作「清泰中，爲左拾遺、内供奉」。

〔八〕建隆初拜御史中丞：《宋史》本傳作「建隆九年，拜御史中丞」，校點本疑「九年」爲「元年」之誤，是。

〔九〕晚歸過闕致太祖自罰事，《宋史》本傳所記有異：「一日晚歸由闕前，太祖方與中黄門數人偶登明德門西闕，前騶者潛知之，以白温叟。温叟令傳呼如常過闕。翌日請對，具言：『人主非時登樓，則近制咸望恩宥，輦下諸軍亦希賞給。臣所以呵導而過者，欲示衆以陛下非時不御樓也。』太祖善之。」不載自罰事。而曾慥《類説》卷四五載之，或爲《事略》所本。

〔一〇〕卒年六十四：《宋史》本傳作「卒年六十三」。《長編》卷一二記「御史中丞劉温叟卒」於開寶四年七月乙未。

〔一一〕王晦叔：《宋史》卷二六二《劉温叟傳》附《劉燁傳》作「王曙」，是。本書卷五三《王曙傳》云：「曙字晦叔，……名同英宗御諱，故以字稱。」

〔一二〕卒年六十二：尹洙《故龍圖閣直學士朝散大夫尚書刑部郎中知河中軍府兼管内河堤勸農使駐泊軍馬公事護軍彭城郡開國伯食邑八百户食實封三百户賜紫金魚袋劉公墓表》（《河南先生文集》卷一二）：「彭城公天聖七年四月薨於蒲，……年六十二。」

〔一三〕累遷東上閤門使：《宋史》卷二六二《劉温叟傳》附《劉几傳》作「遷西上閤門使」。《宋會要輯稿》職官六一之一一載「權秦鳳路總管，西上閤門使、循州刺史劉几乞復换文資」於至和六年六月，《長編》卷二〇五載「東上閤門使、嘉州團練使劉几知鄜州」於治平二年五月辛未，則是先遷西上閤門使，再遷東上閤門使。

〔一四〕夏人圍同家堡：《宋史》本傳作「夏人寇周家堡」。《宋會要輯稿》職官六五之二五載「夏人圍同家堡，副總管劉几請出兩將援之」於治平二年二月，《長編》卷二六二亦作「同家堡」，《宋史》誤「同」爲「周」。

〔一五〕卒年八十一：《長編》卷四〇八載「通議大夫致仕劉几卒」於元祐三年正月甲寅。《宋故通議大夫致仕上柱國彭城郡開國公食邑二千六百户食實封肆佰户劉公墓誌銘》(張應橋：《北宋劉几墓誌考釋》,《四川文物》二〇一一年第三期,第六九頁)載「元祐三年正月六日無疾而薨,享年八十一」,與《長編》吻合。

〔一六〕幽州安次人：《隆平集》卷一三作「范陽人」。

〔一七〕王祜：《宋史》卷二六九本傳作「王祜」,校點本改作「王祐」。諸書或作「祐」,或作「祜」,形近而訛。《全宋文》卷一《王祜知魏縣制》校記引石介《過魏東郊》詩：「下唐二百年,先生固獨步。投篇動范杲,落筆驚王祜。」力證作「祜」爲是。本書凡「王祜」之「祜」多作「祐」,今統作「祜」。

〔一八〕遼州：《宋史》卷二六九《王祜傳》作「沁州」。《太宗皇帝實録》卷四二作「遼州」,是。

〔一九〕卒年六十四：《太宗皇帝實録》卷四二載「兵部侍郎王祐卒」於雍熙四年十一月癸亥。

東都事略卷第三十一

列傳十四

薛居正字子平，開封浚儀人也。父仁謙，周太子賓客。居正少好學，有大志。爲人方重，不事苛察。舉進士。晉華帥劉遂凝辟爲從事，其兄遂清領邦計，以爲鹽鐵巡官。改度支、鹽鐵推官，遷右拾遺。桑維翰爲開封尹，以居正爲判官。

漢史弘肇領侍衛親軍，威震人主，殘忍自恣，人莫敢忤其意。其部下吏告民犯鹽禁，法當死。居正疑其不實，召詰之，乃其吏以私憾而誣之也。逮捕吏，鞫之具伏，以吏抵法。弘肇雖怒甚，竟亦無以屈也。仕周爲三司推官，知制誥，遷左諫議大夫。使滄州定民租，擢拜刑部侍郎。

宋興，遷户部侍郎。出知許州，入爲樞密直學士。初平湖湘，以居正知朗州。有亡卒數千爲盜，監軍使疑城中釋子爲應，欲盡殺之。居正以計緩其事，因擒賊首汪端，詰之，乃知釋子千數無與謀者，咸賴以得免。乾德初，加兵部侍郎。初置參知政事，命居正及吕餘慶爲之。久之，兼淮南、湖南、嶺南等道發運使。又監修國史，受詔監修《五代史》。開寶六年，拜門下侍郎、同中書門下平章事。

太平興國初，加左僕射、昭文館大學士。從平太原還，進位司空。薨，年七十〔一〕。贈太尉、中書令，謚曰文惠。咸平二年，以居正配享太宗廟廷。

呂餘慶，幽州安次人也。名犯太祖諱，遂以字稱。父琦，晉兵部侍郎。《五代史》有傳〔二〕。餘慶以蔭補千牛備身，歷開封府參軍、户曹掾、忠武軍推官、鄭縣令、濮州録事參軍。太祖節制同州，餘慶爲從事。太祖歷滑、許、宋三鎮，並在幕府。及即位，召拜給事中、端明殿學士、知開封府，遷户部侍郎。荆湖平，知潭州，改襄州，遷兵部侍郎、知江陵府，遂以本官參知政事。蜀平，知成都府。以執政涖藩，自餘慶始也。加吏部侍郎。歸朝，兼劍南、荆南發運使。開寶六年，引疾求罷，除尚書左丞。卒，年五十八〔三〕。贈鎮南軍節度使。

太祖幕客，餘慶居其先。趙普、李處耘首大用，餘慶略不介意。及處耘被黜，同列欲共①排之，太祖問處耘〔四〕，以實對。餘慶執政時，會普忤旨，左右争傾普，餘慶仍力爲辨釋，人稱其長者。餘慶重厚有守，所至以寬簡治。至道中，以弟端爲宰相，特贈侍中。

端字易直。少敏悟好學，以蔭補千牛備身。在周爲直史館。建隆初，遷太常丞、知浚儀縣，同判定州。開寶中，遣西上閤門使郝崇信使契丹，以端爲之副。八年，以司門員外郎知成都府。爲政清簡，人用便之。秦王廷美爲開封尹，召拜考功員外郎、開封府判官。太宗征河東，廷美將有居留之命，端曰：「主上櫛風沐雨，以申弔伐，王當扈從。主留務，非所宜也。」廷美由是懇請從行。尋坐王府親吏請托執事者違詔市竹木，貶商州司户。移汝州，復爲太常丞。出知蔡州，入知開封縣，爲侍御史知雜事。使高麗，暴風折檣，舟人怖恐，端讀書自若，人服其量。遷大理少卿，拜右諫議大夫。

許王元僖爲開封尹，又爲判官。王薨，有發其陰事者，端坐裨贊無狀，左遷衛尉少卿。淳化四年，復故官，爲

①共：原作「其」，據覆宋本、四庫本及《隆平集》卷四改。

樞密直學士，拜參知政事，擢户部侍郎，同中書門下平章事。端歷官四十年，始大用，太宗常恨任用之晚。端持重，識大體。同列奏對或多異議，一日，内出手札戒諭：「自今中書事，經呂端裁決，乃得聞奏。」

初，李繼遷擾西鄙，嘗獲其母矣。至是，太宗欲誅之，獨召寇準與之謀，宰相不與也。端謂準曰：「陛下戒君勿言於端乎？」準曰：「否。」端曰：「邊鄙常事，端不必與知。若軍國大計，端備位宰相，不可不知也。」準以繼遷母告，端曰：「君何以處之？」準曰：「欲斬於保安軍北門之外，以戒凶逆。」端曰：「陛下以爲如何？」準曰：「陛下以爲然。」端曰：「必若此，非計之得也。願君少緩其事，端將覆奏之。」端即入奏，具道準言，且曰：「昔項羽得太公，欲烹之，高祖曰：『願分我一桮羹。』夫舉大事者不顧其親，况繼遷胡夷悖逆之人哉？陛下今日殺之，而明日繼遷可擒乎？若其不然，徒結怨讎，而愈堅其叛心爾。」太宗曰：「然則何如？」端曰：「以臣之愚，謂宜置於延州，使善養視之，以招徠繼遷，雖不能即降，終可以繫其心，而母死生之命在我矣。」太宗撫髀稱善曰：「微卿，幾誤我事。」即用其策。進門下侍郎兼兵部尚書。

真宗即位，加右僕射，監修國史。初，太宗疾大漸，内侍王繼恩忌太子英明，陰與參知政事李昌齡、知制誥胡旦謀立故楚王元佐。太宗崩，太后使繼恩召問端。端知有變，鎖繼恩於閣内，使人守之而入。太后謂曰：「宫車已晏駕，立嗣以長，順也，今將如何？」端曰：「先帝立太子正爲今日，今始棄天下，豈可遽違先帝之命，更有異議耶？」乃迎太子立之。

真宗既立，垂簾引見羣臣，端平立殿下，不拜。請卷簾升殿審視，然後降階，率羣臣拜呼萬歲。尋罷昌齡，貶忠武軍司馬，繼恩均州安置，且除名流潯州。端身體偉大，凡加體貌，必見①拱揖，爲納陛升殿。以疾求罷，除太

①見：繆校作「先」。

子太保。卒，年六十六〔五〕。贈司空，謚曰正惠。

端有器量，而性寬厚。雖經擯斥，未嘗以得喪介意。始，李維清自樞密改中丞，意端抑己，屢遣人訟堂吏過，又彈端久在病告。端曰：「吾直道而行，無所愧也。」端之孫誨，自有傳〔六〕。

劉熙古字義淳，宋州寧陵人也，唐左僕射仁軌十一代孫。少通經史，避祖諱，不應進士舉，以《三傳》賜第。太祖領宋州節制，熙古爲節度判官。及受禪，召爲左諫議大夫、知青州，遷刑部侍郎、知鳳翔府，移秦州。轉兵部侍郎，徙知成都府，加端明殿學士。開寶五年，召拜參知政事。以户部尚書致仕，卒，年七十四〔七〕。贈右僕射。

熙古好學，明陰陽象緯書。雖通顯，自奉養若寒素云。

沈倫字順宜，開封太康人也。名上一字，避太宗舊名去之。周顯德初，太祖領同州節制，辟在幕府。太祖繼領滑、許、宋三鎮，皆從焉。太祖受禪，授户部郎中。使吴越歸，奏便宜事，太祖嘉之。遷給事中，爲陝西轉運使。王師伐蜀，諸將以賄敗，倫歸篋中惟圖書①而已。擢户部侍郎、樞密副使。開寶六年，拜中書侍郎、同中書門下平章事、集賢殿大學士兼荆南劍南發運使。太平興國初，加右僕射、門下侍郎，監修國史。太宗親征太原，以倫留守，判開封府事。師還，加左僕射。七年，盧多遜敗，坐與多遜同列，責工部尚書。請老，復授左僕射致仕。卒，年七十九〔八〕。贈侍中，謚曰恭惠。

倫清介，在相位，自守而已。微時娶閻氏，無子，妾田氏生子。及貴，以田氏爲正室，搢紳非之。

①圖書：覆宋本、四庫本作「圖畫」。《宋史》卷二六四《沈倫傳》作「圖書」。

盧多遜，懷州河内人也。父億，字子元，少篤學，以孝悌聞。舉明經，調新鄉簿。復舉進士，爲校書郎、集賢校理。仕周累至司封郎中、弘文館①直學士[九]，出爲河南令。國初，遷少尹。億性恬退，聞其子多遜知制誥，即告老，授少府監致仕。

多遜舉進士，爲秘書郎、集賢校理，遷左拾遺、集賢殿修撰，改左補闕，知制誥。太祖征太原，以多遜知太原行府事。移幸常山，又命權知鎮州。師還，直學士院，遷翰林學士。開寶六年，拜中書舍人、參知政事。

初，趙普爲相，多遜屢短之於上前，普由是罷相。父億不以爲然，每嘆曰：「彼元勳也，而小子毀之，吾得早死，不見其敗，幸也。」多遜既執政，億愀然不樂，謂人曰：「家世儒素，一日富貴暴至，吾不知税駕之所矣。」未幾，億卒，詔多遜起復。多遜博涉經史，善伺人主意。太祖好讀書，每遣使取書史館，多遜伺知，即通夕閲視。詰朝問書中事，多遜應答無滯，太祖寵異之。

太宗即位，拜中書侍郎、同中書門下平章事。從平太原，加兵部尚書。多遜在相位，趙普之子及其親屬多爲所抑。初，普出鎮河陽，上章自愬云：「外人謂臣輕議皇弟開封尹，皇弟忠孝全德，豈有間然？矧昭憲皇太后②大漸之際，臣實與聞顧命。知臣者君，願賜昭鑒。」太祖手封其書，藏於宮中。至是，普密奏：「臣開國舊臣，爲權倖所沮。」因言昭憲顧命及先朝自愬之事。太宗於宮中訪得之，因感悟，即留爲相。多遜益不自安。七年，有告多遜遣堂吏趙白告秦王廷美：「願盡心事大王。」秦王亦使涓人樊德明報多遜曰：「丞相言正會我意。」普因

①弘文館：原作「洪文館」，係避太祖父弘殷諱改「弘」爲「洪」，兹據《宋史》卷二六四《盧多遜傳》附《盧億傳》回改。

②皇太后：原脱「太」字，據四庫本及《宋史》卷二六四《盧多遜傳》補。

發其事，遂罷相。明日，以多遜屬吏，命百官議。太子太師王溥等以爲大逆不道，當死。太宗貸之，追削官爵，並其家流崖州。白、德明皆坐誅。卒於流所〔一〇〕，年五十二。其家徙於容州，又移置荆南。仁宗時，追復工部侍郎。

臣稱曰：太祖皇帝之於趙普也，君臣相與之際深矣。多遜以其區區之私而擠之。普既去位，爲多遜者亦可已矣，而靖①譖之謀，復用於太宗之世，不旋踵而致敗。彼豈不知太宗之深念舊勳者爲如何哉？犯五不韙而以伐人，此君子知息之將亡也，多遜之謂矣。

宋琪字叔寶，范陽薊人也。晉天福中，在契丹舉進士登第，幽帥趙延壽惜其自陷虜廷，辟爲從事。會契丹猾夏，延壽至京師，其子贊爲河中節度使，又鎮晉陽，皆辟琪爲記室。贊鎮廬州②，爲觀察判官。國初，贊改鎮陽、延安二鎮〔一一〕，皆以琪爲從事。

召拜左補闕、開封府推官。太宗爲開封尹，禮遇甚厚。出知龍州，移閬州。召還，稍遷至太常丞，出知大通監。以都官員外郎知廣州，將行，對於便殿，太宗以藩邸舊僚留判三司。與三司使王仁贍廷辨事，坐責兵部員外郎，俄通判開封府。京府通判，惟琪而已，自是不復置也。太平興國八年，拜右諫議大夫，爲參知政事。是歲，太宗將用工部尚書李昉參預大政，以琪先入，乃超遷兵部尚書〔一二〕。未幾，與昉並拜同中書門下平章事。琪自庶僚，一歲中爲宰相，其速如此。加門下侍郎、昭文館大學士。與宣徽使柴禹錫請盧多遜舊第，太宗惡之，遂罷相。

①靖：覆宋本、四庫本作「猜」。靖譖，見《春秋左傳》。

②廬州：原作「盧州」，按《宋史》卷二六四《宋琪傳》作「廬州」，卷二五四《趙贊傳》謂「淮南平，以戰功多，授保信軍節度」，保信軍爲廬州軍額，足證《事略》「盧州」爲「廬州」之誤，據改。

太宗耕籍田，進吏部尚書，拜右僕射。卒，年八十〔一三〕。贈司空，謚曰惠安。

琪有吏能，而寡學識。好詼諧，無大臣體。在相位，百執事謁見，或有干請，必面折之。

石熙載字凝績，洛陽人也。周時舉進士。太宗初領泰寧節度，辟爲掌書記。及尹開封，又辟爲推官。授右拾遺，遷左補闕。出爲忠武、崇義二鎮掌書記。太宗即位，召還，復爲左補闕，出知潭州。擢兵部員外郎、樞密直學士，遂拜僉書樞密院事，僉書始於此。太宗征河東，從至鎮州，遷給事中、樞密副使。太宗還京師，遷刑部侍郎。未幾，拜户部尚書、樞密使，以疾求解機務，除左僕射〔一四〕。卒，年五十七〔一五〕。贈侍中，謚曰元懿。與薛居正配享太宗廟廷。

熙載有文學，立朝無顧避。喜稱薦善人，有長者之譽。子中立。

中立字表臣，年十三喪父，朝廷以中立爲供奉官。十八獻文，改光禄寺丞，遷殿中丞。家富於財，悉推與諸父。久之，除直集賢院，累擢知制誥、翰林學士。景祐四年，拜參知政事。明年，以户部侍郎罷爲資政殿學士，轉大學士，遷吏部侍郎。以太子少傅致仕，遷少師。卒，年七十八〔一六〕。贈太子太傅，謚曰文定。

初，中立家産歲入百萬〔一七〕，至死之日，不能給喪具。仁宗聞而憫之，賜以白金三百兩。中立性疏曠，少威儀，善諧謔，時人以鄭綮①方之。頗諳臺閣故事，不汲汲近名。請老於家，客至其門者必延飲，非醉不得去。

①鄭綮：原作「鄭棨」，據錢校及《舊唐書》卷一七九《鄭綮傳》改。錢校：「此蓋以唐歇後鄭五比之，『棨』當作『綮』，似是宋本原誤。　元益案：此條據葉校，云係録勞季言格補校本。」

【箋證】

〔一〕薨年七十：《宋史》卷二六四《薛居正傳》作「輿歸私第，卒，（太平興國）六年六月也，年七十」。《長編》卷二二繫「贈太尉、中書令，謚文惠，司空、同平章事薛居正卒」於太平興國六年六月甲戌。

〔二〕五代史有傳：《舊五代史》卷九二、《新五代史》卷五六有《吕琦傳》。

〔三〕卒年五十八：《宋史》卷二六三《吕餘慶傳》：「（開寶）九年卒，年五十。」《長編》卷一七載「尚書左丞吕餘慶卒」於開寶九年四月乙巳。《隆平集》卷四載餘慶卒年五十，《事略》作「五十八」，未知所據。

〔四〕太祖問處耘：《宋史》本傳作「太祖委曲問處耘事，餘慶以理辨釋」，則《事略》「處耘」下當脱「事」字。

〔五〕卒年六十六：《隆平集》卷四：「咸平初以疾罷，薨，年六十六。」《宋史》卷六《真宗紀一》載「吕端薨」於咸平三年四月庚戌。

〔六〕端之孫誨自有傳：《吕誨傳》載本書卷七八。

〔七〕卒年七十四：《宋史》卷二六三《劉熙古傳》：「（開寶）九年卒，年七十四。」《長編》卷一七載「户部尚書致仕、贈左僕射劉熙古卒」於開寶九年九月癸酉。

〔八〕卒年七十九：《宋史》卷二六四《沈倫傳》：「雍熙四年卒，年七十九。」卷五《太宗紀二》載「左僕射致仕沈倫薨」於雍熙四年十月壬子。

〔九〕仕周累至司封郎中：《宋史》卷二六四《盧多遜傳》附《盧億傳》：「周初，爲侍御史。……俄以本官知雜事，加左司員外郎，遷主客度支郎中。」

〔一〇〕卒於流所：《宋史》本傳：「雍熙二年，卒於流所。」

〔一一〕國初贇改鎮陽延安二鎮：《宋史》卷二六四《宋琪傳》：「贇仕宋，連移壽陽、延安二鎮。」卷二五四《趙贇傳》則謂：「宋初，加檢校太師，移忠正軍節度，預平維揚。歲餘，改鎮延州。」忠正軍屬壽州軍額中，則《事略》「鎮陽」當爲「壽陽」之誤。

〔一二〕乃超遷兵部尚書：《宋史》本傳作「乃遷琪爲刑部尚書」，《長編》卷二四繫「琪加刑部尚書」於太平興國八年七月庚辰，又載「以刑部尚書參知政事宋琪、工部尚書參知政事李昉並本官同平章事」於同年十一月壬子朔，則《事略》「兵部」或當作「刑部」。

〔一三〕卒年八十：《宋史》卷二六四《宋琪傳》：「（至道）二年春，拜右僕射。……是年九月被病，……口占遺表數百字而卒。」《長編》卷四〇亦載「右僕射、贈司空、謚惠安宋琪卒」於至道二年九月。

〔一四〕以疾求解機務除左僕射：《宋史》卷二六三《石熙載傳》：「上表求解職，詔加慰撫，授尚書右僕射。」《宋會要輯稿》禮四一之一五載「幸右僕射石熙載第臨奠」於太平興國九年正月七日。《長編》卷二四於太平興國八年八月甲辰後載：「樞密使石熙載始以病足不能履步，多請告。及寢疾，上幸其第臨問，太醫診視，久之未愈，上表求解職。庚戌，罷爲右僕射。」《長編》《會要》《宋史》均未言石熙載「除左僕射」事，《事略》當誤。

〔一五〕卒年五十七：《宋史》本傳：「（太平興國）九年卒，年五十七。」又卷四《太宗紀一》載「右僕射石熙載薨」於雍熙元年春正月戊午（七日）。《隆平集》卷九作「卒年五十五」。

〔一六〕卒年七十八：《長編》卷一六七繫「太子少師致仕石中立卒」於皇祐元年八月乙酉。

〔一七〕歲入百萬：《宋史》卷二六三《石熙載傳》附《中立傳》作「歲入百萬錢」，是。

東都事略卷第三十二

列傳十五

李昉字明遠，深州饒陽人也〔一〕。父超，仕晉爲集賢院學士〔二〕。昉以蔭補太廟齋郎〔三〕，舉進士，爲秘書郎，直弘文館①，改右拾遺。周宰相李穀②將兵征淮南，以昉爲記室參軍。師還，擢知制誥、翰林學士。國初，遷中書舍人，罷爲給事中。王師平湖湘，以昉知衡州。陶穀誣奏昉爲親屬求東畿令，太祖召問張昭。昭老儒氣直，免冠上前，言曰：「穀罔上。」太祖疑之，乃出昉爲彰武行軍司馬。召還，復拜中書舍人，直學士院，與盧多遜同直，立多遜下。太祖即日拜昉爲直學士，立多遜上。坐貢士所取失當，左遷太常少卿。明年，復拜中書舍人、翰林學士。盧多遜攻趙普之短，太祖以問昉，昉曰：「臣書詔之外，它無所知。」太祖默然。加工部侍郎。

從太宗征太原，拜工部尚書，遷承旨。太平興國八年，改文明殿學士，遂除參知政事。是歲，拜同中書門下平章事，監修國史，加中書侍郎。太宗嘗語輔臣曰：「朕何如唐太宗？」皆曰：「陛下堯、舜之主也，何太宗之足云。」昉獨無言，徐誦白居易詩云：「怨女三千放出宫，死囚四百來歸獄。」太宗拱手曰：「朕不及也。」昉請復時

①弘文館：「弘」原作「洪」，係避太祖父弘殷諱改，兹據《宋史》卷二六五《李昉傳》回改。
②李穀：原作「李轂」，據覆宋本及《宋史》卷二六二《李穀傳》改。下同改。

政記，先進御然後付史館。時政記進御，自昉始也。端拱初，罷爲右僕射。時契丹犯邊，詔羣臣各上禦戎之策。昉引漢、唐故事，深以屈己修好、弭兵息民爲言，時論韙之。

淳化二年，復相。四年，罷。上章引年，拜司空致仕。至道元年正月望，太宗御乾元樓觀燈，召昉賜坐於御榻之側。太宗親酌御罇飲之，顧謂侍臣曰：「李昉可謂善人君子矣。」卒，年七十二〔四〕。贈司徒，謚曰文正。

昉温和循謹，爲文慕白居易。所居有園亭，又葺郊外宴游之地，多蓄聲妓，娱樂親友。與張洎、盧多遜善，而薄張佖。太宗嘗問多遜所爲，昉頗爲辨釋。太宗曰：「多遜嘗毁卿不直一錢。」昉曰：「臣不敢誣。」張洎草昉罷相制，深攻其短，而張佖時時造其第。或以問佖，佖曰：「我爲廷尉，獨李公未嘗以私事見干。今雖退，可見也。」佖官至給事中。子宗諤。

宗諤字昌武，七歲能屬文，耻以父任得官，獨由鄉舉，既第進士，授校書郎。明年，獻文自薦，遷秘書郎、集賢校理、同修起居注。

真宗即位，拜起居舍人。從幸大名，上疏曰：「國家馭邊之術，制勝之謀，將帥之短長，兵衛之衆寡，宸算廟謀，盡在吾術中矣。今之言事者，不過請陛下益兵貯糧，分道掩殺，言之甚易，行之則難。始受命，則無不以攻堅陷陣爲壯圖；及遇敵，則惟以閉壘塞關爲上計。孤君父之重委，致生靈之垂困，興言及此，誠可嘆息。自古行軍出師，無不首擇將帥。夫將帥隨才任使，守一郡，控一城，分領驍勇，爭據要害，又豈須直三路主帥之名，然後能制六師生死之命乎？今陛下選任非不至也，權位非不重也，告戒非不丁寧也，處置非不專一也，而匈奴犯塞，車駕親征，曾不聞出一人一騎爲之救助。不知深溝高壘，秣馬利兵，欲安用哉？臣以爲臨軍易帥，拔卒爲將，在此時也。有功者拔於朝，不用命者戮於市，亦在此時也。惟陛下圖之。然後下哀痛之詔，行蠲復之恩，回鑾上都，垂衣當宁，豈不盛哉！」

遷知制誥。景德二年，爲翰林學士。官至右諫議大夫，卒，年四十九〔五〕。真宗甚悼之，謂宰相曰：「國朝將相，能以聲名自立，不墜門閥者，惟昉與曹彬家爾。宗諤方期大用，不幸短命，深可惜也。」

有李濬者，與宗諤齊年，後一日生，其卒亦後一日。濬字德明，冀州人。父超爲禁卒，從潘美掌刑刀。美耆殺戮，超常緩之，怒釋，多全活者，人以爲有陰德。濬官至右司郎中、樞密直學士。

宗諤有文集六十卷、《内外制集》四十卷〔六〕，又有《家傳》《談録》行於世。子昭述，官至翰林侍讀學士；昭遘，天章閣待制。

吕蒙正字聖功，河南人也。祖夢奇，户部侍郎。父龜圖，起居郎。蒙正舉進士第一，爲將作監丞，通判昇州。授著作郎、直史館，加左拾遺，拜左補闕、知制誥。

初，龜圖黜其妻劉氏，並棄蒙正。劉氏誓不改適。及蒙正莅官，迎二親，同堂異室，奉養並至，時稱其孝。龜圖卒，有詔起復。未幾，遷翰林學士，拜左諫議大夫、參知政事。蒙正入朝堂，有朝士指之曰：「此子亦參政耶？」蒙正佯爲不聞而過之。其同列不平，令詰其姓名，蒙正遽止之。罷朝，同列猶不能堪，悔不窮問。蒙正曰：「若一知其姓名，則終身不能忘，固不如毋①知也。」時皆服其量。

李昉罷相，以蒙正爲中書侍郎、户部尚書、同中書門下平章事、監修國史。蒙正寬簡有重望，以正道自持。

①毋：繆校作「不」。

遇事敢言，每論事政①，有未允者，固稱不可，太宗嘉其無隱。趙普開國元老，蒙正晚出，歷官一紀，與普同在相位，普甚推許之。

先是，盧多遜爲相，其子雍起家即授水部員外郎，後遂以爲常。及是，蒙正奏曰：「臣忝甲科及第，釋褐止授九品京官。況天下才能，老於巖穴，不能沾寸禄者多矣。今臣男始離襁褓，膺此寵命，恐罹譴責，乞以臣釋褐時所授官補之。」自是止授九品京秩，因以爲定制。

有朝士家藏古鏡，自言能照二百里，欲因蒙正之弟來獻以求知。其弟因間從容言之，蒙正笑曰：「吾之面不過鏡許，安用照二百里？」其弟遂不復敢言，聞者嘆服。

淳化中，罷爲吏部尚書，復相李昉。四年，昉罷，蒙正復爲相。嘗因對論及征伐，太宗曰：「朕比來征討，蓋爲民除暴，苟好功黷武，則天下之人消亡矣。」蒙正對曰：「隋、唐數十年中，四征遼碣，人不堪命。煬帝全軍陷没，太宗自運土木攻城，如此卒無所濟。且治國之要，在内修政事。苟政事既修，則治格②安静，蠻夷來歸矣。」太宗韙之。

太宗因上元觀燈，蒙正侍宴，語蒙正曰：「五代之際，生靈凋喪，周太祖自鄴南歸，士庶皆罹剽掠，下則火光，上則彗孛，觀者恐懼，當時謂無復太平之日矣。朕躬覽庶政，萬事粗理，每念上天之貺，致此繁盛，乃知理亂在人。」蒙正避席曰：「乘輿所在，士庶走集，故繁盛如此。臣常見都城外不數里，飢寒而死者甚衆，不必盡然。願陛下視近以及遠，蒼生之幸也。」太宗變色不言。蒙正侃然復位，同列咸多其伉直。

---

①事政：四庫本作「時政」。
②治格：繆校作「海宇」。

太宗欲遣人使朔方，諭中書選才而可責以事者，蒙正退以名上，太宗不許。它日，凡三問，終不易其人。太宗曰：「卿何執耶？」蒙正曰：「臣非執，蓋陛下未諒耳。」因固稱：「其人可使，餘人不及，臣不欲用媚道妄隨人主意，以害國事。」同列皆惕息不敢動。太宗退謂親信曰：「蒙正氣量，我不如。」既而卒用蒙正所選者，果稱職。以右僕射出判河南府。真宗即位，進左僕射，拜同中書門下平章事、昭文館大學士。國朝以來，三居相位，唯趙普與蒙正。拜司空兼門下侍郎。咸平六年，授太子太師，封萊國公，改封徐，又封許。洛中有園亭，時會親舊，環侍皆子孫，間舉壽觴，釋①然自得。真宗謁陵寢，祠后土，過洛，兩幸其第，當世榮之。真宗問蒙正曰：「卿諸子孰可用？」蒙正對曰：「諸子皆不足用。有姪夷簡，宰相才也。」蒙正客富言，一日白蒙正曰：「言有子甚幼，欲令入書院就讀。」蒙正許之。蒙正見其子，驚曰：「此兒他日名位與吾相似，而勳業遠過吾。」言之子即弼也。蒙正知人如此。

卒，年六十八〔七〕。贈中書令，謚曰文穆。

蒙正初爲相時，張紳知蔡州，以臧②敗。有爲紳營解於太宗曰：「紳家富，不至此。特蒙正貧時，有求不獲，今報之爾。」太宗即復紳官，蒙正終不辨。後得其實，黜爲絳州團練副使。太宗復謂曰：「張紳果③有臧。」蒙正亦不辨④。在西京，真宗數遣中貴人將命，待之如在相位時，不少減，時人重焉。

龜圖弟龜祥，龜祥子蒙亨，蒙亨子即夷簡也。仁宗朝位宰相，自有傳〔八〕。

---

①釋：繆校作「怡」。
②臧：覆宋本、四庫本作「贓」。「臧」爲「贓」之古字。
③果：繆校作「累」。
④亦不辨：繆校作「何不辨耶」。

蒙正有子居簡，當慶曆中，爲提點京東刑獄。時夏竦有憾於石介，介已死，竦言於仁宗曰：「介不死，北走胡矣。」乃遣中使發介棺以驗。居簡謂中使曰：「萬一介果死，則朝廷爲無故發人之墓，奈何？」中使曰：「於君何如？」居簡曰：「介之死，當時必有内外親族及門生會葬，令檄問之可也。」中使從其言，令結狀保證。中使入奏，仁宗察其誣，乃得不發，時人以居簡爲長者。居簡官至龍圖閣直學士〔九〕。

張齊賢，曹州宛句人也〔一〇〕，徙居洛陽。自言慕唐李大亮之爲人，故字師亮。

太祖幸西都，齊賢以布衣獻策於馬前，召至行宫，問以所言，齊賢條陳十策：一下并、汾，二富民，三封建，四敦孝，五舉賢，六太學，七籍田，八遺吏①，九懲姦，十詳刑。應對明辯，略無懼色〔一一〕，太祖賜束帛而遣之。歸謂太宗曰：「吾幸西都，得一張齊賢。朕不欲爵之以官，異時可使輔汝爲相也。」

太宗即位，齊賢舉進士，授大理評事，通判衡州。代還，會太宗征太原，齊賢上謁，遷秘書丞，命知忻州。明年，以爲著作郎〔一二〕，直史館，改左拾遺。太宗北征，議者皆言宜速取幽、薊，齊賢上疏曰：

方今海内一家，朝野無事。關聖慮者，豈不以河東新平，屯兵尚聚②，幽、燕未下，輦運爲勞？臣愚以爲此不足慮也。自河東初下，臣知忻州，捕得契丹納米典吏，皆云自山後轉般，以援河東。以臣料，契丹能自備軍食，則於太原非不盡力，然終以③爲我有者，蓋力不足也。河東初平，人心未固，嵐、憲、忻、代未有軍

①遺吏：繆校作「選吏」，《宋史》卷二六五《張齊賢傳》作「選良吏」。
②聚：《國朝諸臣奏議》卷一二九、《皇朝文鑑》卷四一、《宋史》卷二六五《張齊賢傳》均作「衆」。
③以：《國朝諸臣奏議》《皇朝文鑑》《宋史》本傳均無，當衍。

砦，入寇則田牧①頓失，擾邊則守備可虞。及國家守要害，增壁壘，左控右扼，疆事甚嚴，恩信已行，民心已定，乃於雁門、陽武谷來争小利，此則戎狄之智力可料而知也。聖人舉事，動在萬全，百戰百勝，不若不戰而勝。若重之戒之，則戎虜不足吞，燕、薊不足取。

自古疆埸之難，非盡由戎狄，亦多邊吏擾而致之。若緣邊諸砦撫御得人，但使峻壘深溝，蓄力養鋭，以逸自處，寧我致人，此李牧所以用趙也。所謂擇卒不如擇將，任力不及任人，如是則邊鄙寧，邊鄙寧則輦運減，輦運減則河北之民獲休息矣。民獲休息，則田業增而蠶織廣，務農積穀，以實邊用。且戎狄之心，固亦擇利避害，安肯②投諸死地而爲寇哉？

臣聞家六合者，以天下爲心，豈止乎争尺寸之事，角夷狄之勢而已？是故聖人先本而後末，安内以養外。人民，本也；戎狄，末也。中夏，内也；夷狄，外也。是知五帝三王，未有不先根本者也。堯、舜之道無他，在乎安民而利之爾。民既安利，則戎狄斂衽而至矣。陛下愛民、利天下之心，真堯、舜也。臣所慮羣臣所聞，多以纖微之利，剋下之術，侵苦窮民，以爲功能。至於生民疾苦，見之如不見，聞之如不聞，斂怨速尤，無大於此。伏望精擇通儒，分路采訪兩浙、江南、荆湖、西川、嶺南、河東，有僞命日賦斂苛重者，改而正之，因而利之，使賦税課利通濟，可經久而行，爲聖朝定法。除去舊弊，天下諸州有不便於民事，委長吏聞奏。如敢循常不以聞③，自當嚴加典憲，使天下耳目皆知陛下之心，戴陛下之惠。以德懷遠，以惠利民，則

①田牧：原作「田收」，據《國朝諸臣奏議》《皇朝文鑑》《宋史》本傳改。
②肯：原作「有」，據《國朝諸臣奏議》《皇朝文鑑》《宋史》本傳改。
③循常不以聞：繆校作「因循不以實聞」。《國朝諸臣奏議》作「循常不以上聞」。

幽、燕竊地之醜，沙漠偷生之虜，擒之與①屈膝，在吾術中爾。

爲江南西路轉運使，務行寬大，察訴諜多得其情。召還，拜樞密直學士，擢右諫議大夫、僉書樞密院事。雍熙三年，大舉北伐。代州楊業戰没，太宗訪近臣以策，齊賢請行，即授給事中、知代州，與潘美同領緣邊兵馬。是時，虜騎自湖谷②入寇，薄城下，神衛都校馬正以所部列南門外，衆寡不敵。齊賢選廂軍二千出正之右，誓衆感慨，一以當百，虜遂却。

先是，約潘美以并州來會戰[一三]，無何，間使爲虜所得。齊賢以師期既漏，且虞美之衆爲虜所乘。俄而美有使至，云師出并州，行四十里，至柏井，忽有密詔，東路之師敗績於君子館，并之全軍不得出戰，已還州矣。於時虜騎塞川，齊賢曰：「虜知美之來，而未知美之退。」乃閉其使密室，中夜發兵二百人，人持一幟，負一束芻，距州城西南三十里，列幟燃芻。虜遥見火光中有旗幟，意謂并師至矣，駭而北走。齊賢先伏步兵二千於土磴砦，掩擊，大敗之，擒其北大王之子一人，帳前舍利一人，斬數百級，獲馬二千、器甲甚衆。拜工部侍郎。虜又自大石路南侵，齊賢豫簡廂軍千人爲二部，分屯繁畤、崞縣，下令曰：「代西有寇，則崞縣之師應之；代東有寇，則繁畤之師應之。比接戰，則郡兵集矣。」至是，果爲繁畤兵所敗。

入拜刑部侍郎、樞密副使。淳化二年，參知政事。數月，拜吏部侍郎、同中書門下平章事。齊賢母孫氏年八十餘，封晉國太夫人。太宗嘆其母福壽，多賜手詔存問，搢紳榮之。事有涉干請而辭連參知政事李沆者，齊賢獨任其責，由此罷相，爲尚書左丞，物論美之。俄丁内艱，水漿不入口者七日。其後，日一飯粥。既祥，乃飯脱粟，

①與：繆校作「使」。
②湖谷：繆校作「湖口」。

三年酒肉果菜不入門，世稱其孝。

知河南府，又知永興軍，徙襄州，移荆南，又徙安州。真宗即位，召拜兵部尚書、同中書門下平章事。嘗與真宗推本皇王之道所以然，且言：「臣受陛下非常恩，故以非常報之。」真宗曰：「朕以爲皇王之道非有迹，但庶事適治道則近之矣。」

戚里有争分財不均者，更相訴訟，又因入宫自訴。齊賢曰：「是非臺府所能决也，臣請自治之。」真宗許之。齊賢坐相府，召訟者問曰：「汝非以彼所分財多，汝所分少乎？」曰：「然。」命具款。乃召兩吏，令甲家入乙舍，乙家入甲舍，貲財皆按堵如故，分書則交易之，訟者乃止。明日奏狀，真宗大悦，曰：「朕固知非君莫能定者。」以郊祀恩拜門下侍郎，因朝會被酒，坐失儀免相。

李繼遷陷清遠軍，命爲涇、原等州安撫經略使，遷右僕射，判邠州，改判永興軍。薛居正之子惟吉之婦柴氏無子早寡，盡蓄其産，欲改適齊賢。惟吉子安上訴其事。有旨即訊柴氏，與安上狀異。真宗下其事於御史，乃齊賢子太子中舍宗誨教柴氏爲詞。齊賢坐責太常卿，分司西京，宗誨貶海州别駕。

景德初，起爲兵部尚書、知青州，改吏部尚書。上疏言：

臣在先朝，常憂靈、夏終爲繼遷吞并，言事者以臣所慮爲太過，略舉既往之事以明本末。當時臣下皆以繼遷只是懷戀父母舊地，别無他心，先帝與銀州廉察，庶滿其意。其後攻劫不已，直至降麟、府州界八部族蕃酋，又脅制賀蘭山下帳族，言事者猶謂封奬未厚。洎陛下賜以銀、夏土壤，寵以旌節，自此姦威愈滋，逆志尤暴。斷①靈州糧路，復撓緣邊城池，數年之間，靈州終爲吞噬。

①「斷」字上，《長編》卷六八及《宋史》本傳有「屢」字，是。

當靈州、清遠軍垂欲陷没，臣方受經略之命。臣思繼遷須是得一兩處強大蕃族方與爲敵，此乃以蠻夷攻蠻夷，中國之上策也。遂請以①六谷名目封潘羅支，俾其展效。其時近臣所見，與臣不同，多爲沮擾。及繼遷爲潘羅支所殺，臣慮繼遷之子德明乘②大駕東幸之際，去攻③六谷。向使潘羅支尚在，則德明未足爲虞。今潘羅支已亡，厮鐸督恐非其敵，望與大臣經制其事。

從東封還，復拜右僕射。時建玉清昭應宫，齊賢屢請罷土木之役。出判河陽，從祀汾陰，進左僕射。請老，除司空，致仕歸洛。得唐裴度午橋莊，有池榭松竹之勝，日與親舊觴詠其間。卒，年七十二〔一四〕。贈司徒，謚曰文定。

齊賢姿儀洪碩，議論慷慨，有致君大略。治獄，多全活。少時家極貧，父死無以葬，有河南縣吏爲辦其事，齊賢深德之，事以兄禮，雖貴不替也。又嘗依太子少師李肅家，肅死，歲時祭之。趙普嘗薦齊賢於太宗，太宗未用，普即具列前事以謂：「陛下若進擢齊賢，則齊賢它日感恩，更過於此。」太宗大悦，遂用爲相。种放之起，乃齊賢所薦也。教子孫，皆能有立。四踐兩府，九居八坐，以三公就第，康寧福壽，時罕其比。

齊賢子宗誨，字習之。少喜兵家學，至於陰陽象緯之書，無不通究。嘗爲太子中舍，貶海州别駕。後易右職，積官至興州防禦使，改秘書監致仕。嘗出謁，其子言曰：〔一五〕「昔賀秘監以道士服東歸會稽，明皇賜以鑑湖，以爲休老之地。今洛下雖無鑑湖，然嵩、少、伊、瀍天下佳景，雖非朝廷所賜，皆閑逸之人所有爾。大人盍衣羽服

---

①以：原脱，據《長編》及《宋史》本傳補。
②「乘」下原有「以」字，係將上文「以六谷名目」之「以」誤刻於此而致衍，據《長編》卷六八及《宋史》本傳删。
③攻：原作「政」，據覆宋本、四庫本及《長編》《宋史》本傳改。

以優游，何必更事請謁乎？」宗誨曰：「吾作白頭老監秘書而眠，何必學賀老作流沙之服？」時以爲名言。宗誨之子子憲，亦官至秘書監。

臣稱曰：李昉爲多遜所毁而不較，蒙正爲張紳所汙而不辨，齊賢爲同列所累而不言。嗟乎，君子哉！非甚盛德，蔑以加此。三人者，俱名宰相，又能引年謝事，優游林泉，以佚其老。其處進退之際，綽然有餘裕矣。

【箋證】

〔一〕深州饒陽人：《隆平集》卷四作「真定人」。

〔二〕集賢院學士：《宋史》卷二六五《李昉傳》作「集賢殿直學士」。

〔三〕昉以蔭補太廟齋郎：《宋史》本傳：「從父右資善大夫沼無子，以昉爲後，蔭補齋郎。」則昉非以父超蔭補官。

〔四〕卒年七十二：《長編》卷三九載「贈司徒、謚文正李昉卒」於至道二年二月壬申朔。

〔五〕卒年四十九：《宋史》卷二六五《李昉傳》附《宗諤傳》：「（大中祥符）五年，迎真州聖像，副丁謂爲迎奉使。五月，以疾卒，年四十九。」《長編》卷八〇載「翰林學士、右諫議大夫、知制誥李宗諤卒」於大中祥符六年五月己未。

〔六〕内外制集四十卷：《宋史》本傳作「《内外制》三十卷」，《隆平集》卷四作「四十卷」。

〔七〕卒年六十八：《長編》卷七五載「贈中書令、許國文穆公吕蒙正卒」於大中祥符四年四月，《宋史》卷八《真宗紀二》繫「許國公吕蒙正薨」於大中祥符四年四月丁卯。

〔八〕自有傳：《吕夷簡傳》，見本書卷五二。

〔九〕居簡官至龍圖閣直學士：《宋史》卷二六五《吕蒙正傳》附傳載居簡宦歷較詳：「遷秩鹽鐵判官，拜集賢院學士，知梓州、應天府，徙荆南，進龍圖閣直學士、知廣州。陶甓甃城，人以爲便。以兵部侍郎判西京御史臺，卒，年七十二。」

〔一〇〕曹州宛句：《宋史》卷二六五《張齊賢傳》作「曹州冤句」，是。宛句、冤句，同地異名，古書通用。《晋書斠注》卷一四「宛句」注云：「《兩漢志》作『冤句』，屬濟陰郡。《漢書地理志補注》曰：『冤、宛，古通用。』案：『宛』當作『冤』，《水經・濟水注》亦作『冤朐』。《讀史方輿紀要》三十三曰『冤句城在曹州西南四十里』。」

〔一一〕應對明辯略無懼色：《宋史》本傳：「内四説稱旨，齊賢堅執以爲皆善，上怒，令武士拽出之。」

〔一二〕明年以爲著作郎：《宋史》本傳：「明年召還，改著作佐郎。」

〔一三〕約潘美以并州來會戰：并州，《宋史》本傳作「并師」，是。《長編》卷二七、《太平治迹統類》卷三、《九朝編年備要》卷四、《宋史全文》卷三均作「并師」，《事略》蓋誤。

〔一四〕卒年七十二：《宋史》本傳：「（景德）七年夏薨，年七十二。」《長編》卷八二載「司空致仕張齊賢卒」於大中祥符七年六月丁丑。

〔一五〕其子言曰：《宋史》卷二六五《張齊賢傳》附《宗誨傳》作「其子曰」，「言」字當衍。

東都事略卷第三十三

列傳十六

張遜，博州高唐人也。駙馬都尉魏咸信同母之兄。太宗在藩邸，得隸帳下，補左班殿直。從征太原，遷文思副使。進東上閤門使，爲度支使。端拱初，遷鹽鐵使。二年，除宣徽北院使、僉書樞密院事，改副使，又知院事。知樞密院始於此。四年，坐與寇準不協，罷爲右領軍衛將軍。

李順亂於蜀，朝廷發兵水陸進討，荆渚當其要害，以遜爲右驍衛大將軍、知江陵府。遜至時，峽路諸州漕運卒數千人皆聚江陵，有告其將謀變以應蜀寇，府中議欲盡捕誅之，遜止令捕首惡，斬於市。奏聞，太宗甚喜，以其餘配諸郡。遜卒，年五十六〔一〕。贈桂州觀察使。

柴禹錫字玄圭①，大名人也。少時，有相者謂曰：「子甚貴，若輔以經術，必至將相。」禹錫由是頗讀書。事太宗於晉邸。

太平興國初，授供奉官，改翰林副使、如②京使。太宗以藩府之舊，多訪以外事，遷宣徽北院使。告秦王廷

①玄圭：「玄」原作「元」，避始祖玄朗諱改，兹據《宋史》卷二六八《柴禹錫傳》回改。
②如：覆宋本作「知」，繆校、錢校所據「舊鈔本作『如』」。

美陰事，擢爲樞密副使，轉南院使。罷爲左驍衛大將軍，出知滄州。徙澶、鎮二州駐泊。俄知潞州，徙永興軍，復召爲宣徽使、知樞密院事。至道初，除鎮寧軍節度使、知涇州，移貝州，徙陝州。以子宗慶尚主，召歸京師，公主就第謁見，行舅姑之禮。頃之，復令赴鎮。卒，年六十二〔二〕。贈太尉。

宗慶字天祐，尚太宗女魯國長公主，除左千牛衛將軍、駙馬都尉，領恩州刺史。禹錫卒，拜康州團練使〔三〕。舊制，諸公主皆雜買務市物，宗慶遣家僮自外州市炭，所過免算，至則盡鬻之，復市於務中。自是詔罷雜買務所市物。真宗祀汾陰，進泉州觀察使。又自言陝西市材木至京師，望蠲所過税。真宗曰：「向諭卿毋得遣人私販以奪民利，今復爾耶？」未幾，拜武勝軍節度使，徙永清、彰德，拜同平章事。又徙鎮武成、知陝州。轉運使段少連言其政事庸謬，改知潞州。又判鄭州，以縱部曲擾民，召還。久之，出判濟州，御史中丞賈昌朝亦言宗慶所至皆以①無狀罷，不可復使治郡，遂留不遣。卒，時年六十三〔四〕，謚曰榮密。主累封楚國大長公主。宗慶性貪鄙，積財鉅萬，而自奉甚儉，歷官多過失云。

趙鎔字化鈞，滄州樂陵人也。以刀筆事太宗於晉邸。太宗即位，補供奉官。兩浙錢俶以國歸覲，遣鎔檢校帑廩，轉内酒坊副使。與楊守一等告秦王廷美事，遂遷六宅使，掌翰林司，擢東上閤門使。出爲梓、遂巡檢使，改左驍衛大將軍。代還，知滄州。

鎔守鄉郡，人以爲榮。遷左神武大將軍。會崔翰知州，改鈐轄。又知廬州。逾年，召爲樞密承旨、宣徽北院

①皆以：繆校作「昏貪」。

使、同知樞密院事，與柴禹錫①並掌機務。禹錫出鎮，鎔知院事。真宗即位，改南院使。以壽州觀察使罷。卒，年五十五〔五〕。贈忠正軍節度使。

鎔少涉獵文史，善書翰，太宗甚眷寵之。本名容，太宗改之爲鎔，取陶鎔之義云。

楊守一字象先，其先洛陽人也。唐末，徙家宋、鄭之間。初爲晉邸涓人，太宗即位，補右班殿直，累遷翰林副使〔六〕。初名守素，太宗爲更其名。

與趙鎔、柴禹錫等同告秦王陰謀事，擢爲東上閤門使、樞密都承旨，改判四方館事，轉客省使。端拱元年，除宣徽北院使、僉書樞密院事。卒，年六十四〔七〕。贈太尉。

守一質直勤謹，無它材能，徒以幸會致位通顯云。

弭德超，滄州清池②人也。嘗給事晉邸。太宗即位，補供奉官，遷酒坊使、杭州鎮州都監〔八〕。

先是，太宗念緣邊征戍者勞苦，月賜士卒白金，軍中謂之月頭銀。德超乃誣：「樞密使曹彬秉政歲久，得士衆心。臣從塞上來，皆言『月頭銀曹公所致，微曹公，我輩當餒死矣』。」又巧誣以它事。太宗疑之，彬不自辨，遂罷。以王顯爲宣徽南院使，德超爲北院使，並樞密副使。德超怒顯居其上，詬之，且曰：「我有安社稷功，汝何人，反在我上？」又大罵曰：「汝輩當斷頭，我度上無執守，爲汝輩眩惑。」顯以聞，太宗命御史鞫之，德超具伏。

①柴禹錫：原作「張禹錫」，據覆宋本、四庫本及《宋史》卷二六八《趙鎔傳》改。

②清池：原作「青池」，據《宋史》卷四七〇《弭德超傳》及卷八六《地理志二》改。清池縣爲滄州治，見《元豐九域志》卷二，《事略》誤刊作「青池」。

削奪官爵，同家屬配隸瓊州。未幾，死於流所。

臣稱曰：甚矣，讒言之爲害也。以秦王同氣之親，而禹錫等發其私，使兄弟之隙可乘。曹彬有定亂之勳，亦爲德超所誣，致君臣之間見疑。彼譖人者，亦已太甚，可不畏哉！

【箋證】

〔一〕遜卒年五十六：《宋史》卷二六八《張遜傳》：「遜卒，年五十六，時至道元年也。」

〔二〕卒年六十二：《宋史》卷二六八《柴禹錫傳》：「景德初，……卒，年六十二。」《長編》卷五七繫「鎮寧節度使、贈太尉柴禹錫卒」於景德元年八月戊寅。

〔三〕拜康州團練使：《宋史》卷四六三《柴宗慶傳》：「真拜康州防禦使，改復州。」《長編》卷七〇繫「復州防禦使、駙馬都尉柴宗慶遇恩，自康州移復州」於大中祥符元年十二月。疑《事略》誤作「團練使」。

〔四〕卒時年六十三：《長編》卷一四六繫「武成節度使、同平章事、駙馬都尉柴宗慶卒」於慶曆四年春二月。

〔五〕卒年五十五：《宋史》卷二六八《趙鎔傳》：「咸平元年三月卒，年五十五。」

〔六〕翰林副使：《宋史》卷二六八《楊守一傳》作「翰林學士」，校點本校記考訂「學士」當作「副使」。

〔七〕卒年六十四：《宋史》本傳：「（端拱元年）是秋卒，年六十四。」本書卷三《太宗紀》載「楊守一卒」於端拱元年九月乙酉。

〔八〕杭州鎮州都監：《宋史》卷四七〇《弭德超傳》作「杭州兵馬都監，又爲鎮州駐泊都監」。

東都事略卷第三十四

列傳十七

荆罕儒，冀州信都人也。少爲盜，晉天福中，詣范陽，事燕王趙延壽。延壽從耶律德光入京師，以罕儒爲密州刺史。高平之戰，周世宗既戮敗將何徽、樊愛能等，乃擇驍勇士爲將，以爲招收都指揮使，以功擢至團練使。建隆初，加鄭州防禦使，改晉州兵馬鈐轄。罕儒恃勇輕敵，嘗懸軍深入，虜獲甚衆。一夕至京土原，劉承鈞遣兵追躡①之。罕儒方據胡牀饗士，錦袍衷甲，遂直犯賊鋒，爲并人所殺。河東久畏其勇，欲生致之。及死，求殺罕儒者悉誅焉。太祖亦深嗟惜，罪土原之不用命者。罕儒從孫嗣。

嗣少應募爲控鶴卒，王師討河東，擇勇敢百人，開道捷洛陽砦〔一〕。嗣請行，斬五十餘級，河東將楊業退保城。嗣與衆進焚南門，奪其羊馬城。賊夜薄砦，繼選五百人〔二〕，嗣爲其冠。及旦，斬馘殆盡。及太宗親征巡師，嗣登城，手刃數賊，股貫雙箭，又中手礟，折二齒。太宗亟召，賜以袍帶。嘗從崔翰征幽州，又從田重進討賊於飛狐口，戰無不克。賊嘗夜圍重進砦，重進問計於嗣，嗣曰：「今所領不過五百人，彼衆逾二萬計，請間道求救於它將。」得數百人，即依山布隊，以三百人執白旗於道隅，獨率所部趣契丹。契丹見其疾馳而旗幟稍盛，疑大軍至，遂遁去。

①追躡：繆校作「遥餌」。繆云：「按：荆非敗績，何得云追躡？罕儒乘勝，北漢必以羸師誘之，使其輕不設備，故云『遥餌』。」

嗣之用兵，前後凡一百五十餘戰，未嘗無功，亦未嘗自伐也。積官至虢州防禦使。臨死垂涕，謂其子曰：「累世爲將者，其後不昌。汝輩益修謹，乃免於患。」遂卒。

曹光實字顯忠，雅州百丈人也[三]。父疇，仕蜀爲靖南軍使。疇卒，光實繼莅其職，蜀以光實爲永平軍節度使[四]。

太祖命王全斌等平蜀，既而羣盜蜂起，有夷人張樂忠者[五]，率衆數千，星夜掩至，環光實所居，鼓譟而進。光實負其母，揮戈突圍以出，賊衆辟易不敢近，光實舉家三百口皆見殺，又發其父墓。光實詣全斌白其事，誓雪冤憤。時蜀中諸郡未下，乃圖雅州地形要害，兼陳用兵攻取之意。全斌壯其勇，遂令將兵，果克其城，獲樂忠而甘心焉。全斌以光實爲黎、雅州都巡檢使，安集勞來，民夷懷之。召還，太祖喜曰：「此蜀中之俊傑也。」以爲黎州刺史。遷唐州團練使。太宗征河東，以光實知威勝軍，令調軍食。河東平，爲汾、遼、石、沁州巡檢，改汝州團練使。王師北伐，與潘美出雁門，光實爲前鋒，遇虜寇迎擊，敗之。

李繼捧之入朝也，以光實爲銀、夏等州都巡檢使。繼捧弟繼遷遁入蕃部爲寇，邊民苦之。光實乘間掩襲至地斤①澤，俘斬甚衆，破其族帳，獲繼遷母妻及牛羊萬計。繼遷幾擒矣，乃使人紿光實曰：「我數奔北，公許我降乎？」光實信之。繼遷設伏，光實以數百騎赴之，至葭蘆川，繼遷舉手揮鞭而伏兵起，光實遂見殺，時年五十五[六]。從子克明。

①地斤：覆宋本、四庫本作「地丘」，誤。繆校作「地斤」。

子克明字堯卿。父光遠①爲夷賊所害，克明尚幼，有妾匿之葦薄②中得免。既長，曉兵法，善騎射。光實既没，克明時爲牙内虞候從行[七]，祕不發喪，使人傳光實命，回兵銀州，乃與其僕潛入虜中，獲光實尸，還葬京師。先是，蜀人禁不許還其鄉，克明以母老，趣道而歸。李順反，求克明欲用之。乃攜母遁山谷間。及賊陷雅州，克明集潰兵七千人，又募丁壯三千[八]，遂復名山、火井、夾江等九縣，立七砦於嘉、眉、邛州界，分兵邀擊賊，因復雅州。擢西頭供奉官，監兵黎州。以餘賊未平，徙邛州駐泊巡檢。峽路③潰兵鄧紹等攻雅州，克明又討平之。蠻寇邕州，以供備庫使知邕州[九]。乃遺書三十六遺溪洞④酋長[一〇]，諭以朝廷恩信，悉來赴承天節宴，並遺以篋衣，咸感泣而去。獨洪洞⑤恃險不至[一一]，克明領兵攻之，斬其首領[一二]。既而宜州澄海軍校陳進反，會鬱江暴漲，州城摧，克明伐木造舟，爲虚城水上，以備守禦，仍募溪洞兵趣象州。賊遂南去。巡撫使曹利用召克明會兵，至貴州遇賊，斬首四百餘級。賊平，利用專其功。克明耻自言，徙江、淮、兩浙捉賊使。獲賊必釋其罪，予以私錢，使反捕索其黨，所獲三千餘人。知江寧府張詠上其事，賜錢四十萬，領平州⑥刺史、知辰州。

會撫水州蠻叛，以克明爲宜、容等十州巡檢使[一三]，乃領兵深入。蠻多伏弩窮谷間，而磴道險絶，克明意士卒有退志，命後軍伐大木絶歸路，且行且戰。逾月，至撫水州，知州蒙承貴出降，克明謂曰：「爾三十餘年爲邊

①光遠：覆宋本、四庫本作「光實」。繆校作「光遠」。
②葦薄：《宋史》卷二七二《曹光實傳》附《克明傳》作「葦蒲」，是。
③峽路：原作「峽洛」，據繆校及《隆平集》卷一八、《宋史》卷二七二本傳改。
④洞：繆校作「峒」。
⑤洞：繆校作「硐」。《隆平集》卷一八、《宋史》本傳作「峒」，是。
⑥平州：原作「平川」，據繆校及《長編》卷八七、《宋史》本傳改。

患，止謂官軍不能至爾。今天子好生，不欲絶爾類，姑許自新。」皆伏拜感激。命歃血爲誓，勒銘奴山而還。於是蠻人願内徙者七百餘口，散之荆湖間。奏改撫水州曰安化州。

安化既平，徙知桂州，始置溪洞司而兼領之〔一四〕。又奏以廣南兩路土軍並爲忠敢。嶺外居人結茅爲屋，雖嚴火禁不能弭患，克明激以水入城，夾道分流，以爲之備。又命北軍教以陶埴，民始爲瓦舍，自是其①患遂罕。代還，知滁州，又知鼎州。會交趾李公藴寇邕州，改文思使、知邕州。時克明老矣，或勸以不宜南去。克明曰：「天子不以吾衰老，委之邊事，安可止耶？」至則遣人入交趾，諭以利害，公藴上章謝罪。遷西上閤門使，復知鼎州。卒，年七十二。

楊業，并州太原人也〔一五〕。父信，仕劉氏爲麟州刺史。業少任俠，善射，好田獵，謂其徒曰：「我他日爲將用兵，亦如用鷹犬逐雉兔爾。」弱冠事劉崇，爲保衛指揮使，累遷至建雄軍節度使，屢立戰功，所向克捷，國人號爲「楊無敵」。

太宗征太原，業扞城之東南面，拒城苦戰。及繼元降，太宗聞其勇，欲生致之，令中使諭繼元以招之。業乃北面再拜，大慟，釋甲來見。太宗得之，大喜，以爲左領軍衛大將軍〔一六〕。師還，除鄭州防禦使〔一七〕。太宗以業老於邊事，命知代州。虜寇雁門，領數百騎擊之〔一八〕，虜衆大敗。以功遷雲州觀察使。

王師北征，以潘美將雲、應路行營之師，命業副之，以蔚州刺史王侁、順州團練使劉文裕護其軍，拔雲、應、寰、朔四州。

①其：繆校作「火」。

時曹彬敗於岐溝①，詔美護四州民内徙。既而虜復破寰州，業謂侁等曰：「賊勢盛，不可與戰。姑密諭雲、朔等將，先出衆〔一九〕，我師次應州，賊必悉衆來拒。俾朔州吏民直入石碣谷，列强弩千人於谷口，以騎士援於中路，則三州之衆萬全矣。」侁沮之，文裕亦欲業赴敵。業曰：「此必敗之道也。」侁曰：「公素號無敵，見敵逗撓，豈有它志乎？」業曰：「非愛死也，特殺傷士卒，而功不可立爾。」即自石朱路趨朔州〔二〇〕。

將行，泣謂美曰：「業，太原一降將，天子不殺而授以兵柄，非縱虜不擊，欲圖報萬一也。諸君責業以避敵，當即死矣。」因指陳家谷曰：「公於此張步，兵强弩以援，使業轉戰至此，失援則無遺類也。」美與侁陣於谷口，自寅至巳，侁使人登托羅臺〔二一〕，望見虜敗，欲争其功，即引兵離谷，美不能止。行二十里，聞業敗，帥兵却走。業力戰至暮，望谷口無人，拊膺大慟。帳下兵殆盡，猶手刃數十百人，因重傷爲虜所獲。乃太息曰：「業爲姦臣所迫，致王師敗衄。」不食三日而死。陣之將陷也，麾下猶百餘人，業謂曰：「汝曹各有父母妻子，速去報天子，無與我俱死。」衆皆流涕不去，遂俱死，無一生還者。時淄州刺史王貴亦死。貴從業，爲虜所圍，親射殺數十人，矢盡張空拳，又擊數人，遂死。

業勇而有謀，與下同甘苦，寒未嘗獨設炭。爲政簡易，郡民愛之。天下聞其死，皆爲之憤嘆，太宗尤痛惜之。贈太尉、大同軍節度使。潘美削官三資，侁、文裕並除名。侁，周樞密使朴之子也。子延昭。

延朗，下一字犯聖祖名，改爲延昭。用業蔭補供奉官。業之死，太宗憫之，擢延昭崇儀副使。

咸平二年，契丹入寇，延昭在遂城。城小無備，虜攻之甚急，衆心危懼，延昭集城下丁壯護守。偶大寒，命汲

①岐溝：原作「歧溝」，據四庫本及本書卷二七《曹彬傳》改。

水注城外，及旦，悉爲冰，堅滑不可近，虜遂解去。拜莫州刺史。契丹復寇邊，延昭伏鋭兵於羊山之西，自北擊之，且戰且止。及伏發，虜衆敗績，獲其名王，函首以獻，進團練使。景德初，胡馬南寇，延昭領兵虜地，破古城，多所俘獲。會修好，乃止。官至英州防禦使。卒，年五十七〔二二〕。

延昭於吏事非所長，訴諜皆決於小校，真宗知而不責也，第戒飭小校而已。然其智勇善戰，沉嘿寡言，平居未嘗問及家事。所得奉賜，均遺士卒。奉己簡易，出入騎從如軍校。號①令嚴明，同士卒甘苦，寒不披衣，暑不張蓋，遇敵必身先，功成推其下，故人樂爲之用。威振異域，守邊二十餘年，虜人畏之，呼爲「六郎」。其卒也，河朔之人皆望柩殞泣。

康保裔，河南洛陽人也。祖志忠，後唐長興中，討王都，戰没。父再遇，從太祖征李筠，又以兵死於太行山下，鄉民立廟祀之。保裔在周以戰功爲東班押班，再遇死，太祖以保裔代其父職，從石守信破澤州。開寶中，又從諸將破契丹於石嶺關，累以方面領軍職，遷登州刺史。端拱初，爲淄州團練使、知代州，移深州，加侍衛馬軍都虞候，領涼州觀察使。從屯滄州，移帥鎮州。

咸平初，除彰國軍節度使，帥高陽關。契丹入寇，傅潛擁兵不戰，諸將與契丹戰於河間，援不至，保裔選精鋭赴之。會暮，約詰朝合戰。遲明，契丹圍之三數重，左右勸易甲馳突以出，保裔曰：「臨難無苟免。」遂決戰。二日，殺傷甚衆，蹙踐塵深二尺，兵盡矢絶，救兵不至，遂殁焉〔二三〕。真宗震悼久之。贈侍中。保裔有母年八十四，封陳國太夫人，遣内司賓勞問，賜白金五十兩；其妻已亡，亦追封夫人。

①「號」上原衍「法」字，據《隆平集》卷一七、《宋史》卷二七二《楊業傳》附《延昭傳》删。

保裔謹厚好禮，軍政嚴整，喜賓客，延儒士，善騎射，弋飛走無遺鏃。嘗以三十五矢引滿射，筈鏑相繼而墜，人伏其妙。前後戰，身被七十創，又爲礮傷鼻毀臂，未嘗自言。所賜金帛，分與士卒。宴勞軍伍，嘗貸錢數千萬[二四]，既没，親吏鬻物以償。真宗知之而厚賜焉。子繼英。

繼英字仲雄，以父任爲供奉官。保裔戰没，特授六宅使、順州刺史，累遷馬軍都虞候、端州防禦使、知渭州，遷殿前都虞候、桂州觀察使。繼英謂戎人雖内附，而終蓄姦謀，乃大索其所反覆者，蕩除之，於是威震西鄙。改建州觀察使、知衛州。曹利用貶，繼英以姻家亦降爲右羽林大將軍，分司久之，復左衛大將軍、貴州團練使。卒，年七十一。

繼英嚴於馭軍，而厚於撫宗族，故其卒也，家無餘財。

【箋證】

〔一〕開道捷洛陽砦：《宋史》卷二七二《荆罕儒傳》附《荆嗣傳》作「間道截洛陽砦」，是。

〔二〕繼選五百人：《宋史》本傳作「繼勳選勇敢五百人接戰」，是。

〔三〕雅州百丈人：《隆平集》卷一八《曹克明傳》：「其先太原人，祖爲雅州刺史，因居百丈縣。」

〔四〕永平軍節度使：《宋史》卷二七二《曹光實傳》作「永平軍節度管内捕盗游奕使」。

〔五〕「有夷人張樂忠者」及下文「獲樂忠而甘心焉」：「樂忠」，《宋史》本傳及《長編》卷七並作「忠樂」，疑是。

〔六〕光實遂見殺時年五十五：《宋史》卷五《太宗紀二》載「夏州李繼遷誘殺汝州團練使曹光實」於雍熙二年正月乙未。

〔七〕牙内虞候：《宋史》卷二七二《曹光實傳》附《克明傳》：「從父光實奇之，補爲衙内都虞候。」《事略》當脱「都」字。

〔八〕克明集潰兵七千人又募丁壯三千：《宋史》本傳作「克明募數萬人以迎王師」。

〔九〕以供備庫使知邕州：《宋史》本傳作「改供備庫副使、知邕州」。

〔一〇〕乃遣書三十六遣溪洞酋長：《隆平集》卷一八作「遺書三十六峒酋長」，是。「遣書」，《名賢氏族言行類稿》卷一八作「爲書」。

〔一一〕獨洪洞恃險不至：《宋史》本傳作「獨如洪峒恃險不至」，《長編》卷七一、卷八三等載有「如洪寨」「如洪鎮」，《册府元龜》卷九七二載梁太祖開平四年正月「邕州節度使葉廣略進如洪洞，生獠爨蠻一十人赴闕朝見」，則作「如洪峒」爲是，《隆平集》及《事略》並脱「如」字，「洪洞」當作「如洪峒」。

〔一二〕斬其首領：《宋史》本傳作「斬其首領陸木前」。

〔一三〕爲宜容等十州巡檢使：《宋史》本傳作「徙宜、融、桂、昭、柳、象、邕、欽、廉、白十州都巡檢使兼安撫使」，《長編》卷八七同《宋史》，則《事略》同《隆平集》「宜容」當作「宜融」。

〔一四〕始置溪洞司而兼領之：《宋史》本傳作「知桂州兼管勾溪峒公事，始置溪峒司」。《隆平集》《長編》均作「溪峒司」，是。

〔一五〕楊業并州太原人：《隆平集》卷一七：「楊鄴，或曰繼鄴，麟州人。」四庫本《宋史》卷二七二有《考證》云：「按《宋通鑑》，業本北漢建雄軍節度使劉繼業，後復姓楊，止名業。又按《續通鑑》，繼業本名楊重貴，世祖賜今姓名。」歐陽修志其姪孫楊琪墓稱「麟州新秦人」（《歐陽文忠公集》卷二九《供備庫副使楊君墓誌銘》）。其稱「太原人」，或因曾爲劉崇義子而更名劉繼業故。

〔一六〕左領軍衛大將軍：《宋史》卷二七二《楊業傳》作「右領軍衛大將軍」。《長編》卷二〇太平興國四年八月甲寅條載「復姓楊氏，止名業，尋授左領軍衛大將軍」。

〔一七〕除鄭州防禦使：《宋史》本傳作「授鄭州刺史」。《長編》卷二〇太平興國四年八月「丁巳，以業爲鄭州防禦使」。《宋史》校點本於校勘記引余嘉錫説，斷爲誤作「刺史」，是。

〔一八〕領數百騎擊之：《宋史》本傳作「業領麾下數千騎自西陘而出」。《長編》卷二一三月癸巳條記「楊業領麾下數百騎，自西陘出」,《隆平集》卷一七亦作「數百騎」,是。

〔一九〕姑密諭雲朔等將先出衆:《隆平集》卷一七作「姑密諭雲、朔等將,先出寰」。按《宋史》本傳及《長編》卷二七引楊業語云:「先遣人密告雲、朔守將,俟大軍離代州日,令雲州之衆先出。」《隆平集》《事略》删略過度而致誤。

〔二〇〕即自石朱路趨朔州:《長編》卷二七雍熙三年八月初條作「乃引兵自石峽路趨朔州」。《讀史方輿紀要》卷四〇:「其北又有石趺路,乃西趨雁門之道,或曰即崞縣之石峽口也。」《隆平集》卷一七、《事略》均作「石朱路」,蓋誤。

〔二一〕托羅臺:《隆平集》卷一七、《長編》卷二七、《宋史》本傳均作「托邏臺」,是。

〔二二〕卒年五十七:《宋史》卷二七二《楊業傳》附《延昭傳》:「大中祥符七年卒,年五十七。」《長編》卷八二載「高陽關言副都部署、英州防禦使楊延昭卒」於大中祥符七年正月甲午。

〔二三〕遂殁焉:本書卷四《真宗紀》載「康保裔死」於咸平三年春正月己卯後,《長編》卷四六載其事於正月癸未(五日)。

〔二四〕宴勞軍伍嘗貸錢數千萬:《宋史》卷四四六《康保裔傳》作「貸公錢數十萬勞軍」,《長編》卷四亦稱其「積貸公錢數十萬以勞軍」。作「數十萬」,是。

東都事略卷第三十五

列傳十八

李穆字孟雍，開封陽武人也。幼温厚，寡言好學，聞酸棗王昭素善《易》，往師之。昭素謂人曰：「觀李生材器，他日必爲卿相。」昭素以著《易論》三十三篇授之。舉進士，調郢州判官〔一〕。周世宗即位，博求文學之士，近臣薦其才，拜右拾遺。

太祖登極，遷殿中侍御史。太祖既平蜀，以穆通判洋州，徙陝州，坐輸田租於西京失期免官，又坐所舉吏有罪去前任。久之，召爲太子中允。尋以右拾遺知制誥〔二〕。

穆文學操履爲太祖所知，太祖嘗謂盧多遜曰：「李穆，士大夫之仁者也。」多遜曰：「穆臨事不以死生易節，所謂仁者必有勇也。」乃遣使李煜，諭令入朝。煜辭以疾，穆曰：「朝與不朝，惟自處之。朝廷繁富，兵甲精鋭，恐不易當爾。」太祖聞其言，以爲要切。

太宗即位，累遷中書舍人。宰相盧多遜得罪，穆坐與之同年①，降司封員外郎。太宗惜其才，尋命之殿試考較，見其形容甚癯，憐之，謂曰：「憂畏所致耶？」穆流涕，太宗爲之動容，命復故官，擢翰林學士，知開封府。有能名，遂擢左諫議大夫、參知政事。

①年：繆校作「謀」。

穆至孝，母病累年，惡暑而畏風，穆身自扶持，起居能適其志。或通夕不寐，未嘗有倦惰之色。母卒，哀毀過人，朝命起復，固辭。不得已視事，然終不飲酒，不食肉，未終喪而卒，年五十七①〔三〕。太宗深惜之，謂宰相曰：「李穆，國之良臣，奄爾淪謝，非穆之不幸，朕之不幸也。」贈工部尚書，謚曰文恭。

穆子行簡〔四〕，以父任爲將作監丞。不樂仕進，家居二十餘年。真宗聞其賢行，即其家拜太子中允致仕，後遷太常丞而卒〔五〕。

賈黄中字媧民，滄州南皮人也。唐相耽四世孫。黄中年六歲中神童，十五舉進士〔六〕，授校書郎、集賢校理、直史館，遷左拾遺，歷左補闕，通判定州，入爲禮官。嶺南平，爲采訪使。江南平，知宣州。

太宗即位，知昇州。一日，黄中按行府庫，見扃鐍甚嚴，集僚吏發之，得寶貨數十櫃，皆李氏宫闈之物不隸於籍者，黄中悉表上之。太宗嘆曰：「吾府庫之物有籍，貪黷者尚冒禁盗之，况此亡國之餘物乎！」賜黄中錢三百萬〔七〕，以旌其潔。召還，知制誥，遷翰林學士。太宗多召見，訪以時政得失，對曰：「職當書詔，思不出位。」太宗益重之。兼掌吏選，品藻精當，揀拔寒俊，號爲無私。

淳化二年，除給事中、參知政事。太宗召見其母王氏，命之坐，謂曰：「教子如是，今之孟母也。」黄中性端重，守家法，多知臺閣故事。朝之典禮，資以損益。當時之名士〔八〕，皆出其門。談論娓娓，聽者忘倦。特常憂畏，而執政循嘿，時論少之。四年，罷。明年，知襄州。上言母老，乞留京師，改知澶州。太宗謂侍臣曰：「朕念黄中憂畏，必先其母老矣。」因曰：「蘇易簡之母亦如之。」易簡前謝曰：「陛下以孝治天下，獎及人親，臣何人，

①「七」字下，繆校有「亦哀毀之過也」六字。

敢膺榮遇？」拜禮部侍郎、秘書監。卒，年五十六[九]，而母果無恙。贈禮部尚書。太宗因念翰林無良毉，詔天下並大臣各薦能毉者。其爲太宗追惜如此。

蘇易簡字太簡，梓州銅山人也。父協，仕至光祿寺丞。易簡少好學，風度凝粹。弱冠舉進士，爲將作監丞，通判昇州。入爲右拾遺、知制誥，除翰林學士。淳化中，充承旨。

易簡多振舉翰林故事，太宗爲飛白書院額曰「玉堂」，及以詩賜之。太宗曰：「此永爲翰林中一美事。」易簡曰：「自有翰林，未有如今日之榮也。」太宗又草書宋玉《大言賦》賜易簡，易簡因擬賦以獻。其詞曰：

皇帝以白龍牋書《大言賦》，賜玉堂詞臣易簡。御筆煌煌，雄辭洋洋，瑰琦博達，不可備詳。詔易簡升殿，躬指其理，且嘆宋玉之奇怪也。因伏而奏曰：「恨宋玉不得與陛下同時。」帝曰：「噫，何代無人耶？卿爲朕言①之。」臣易簡拜手稽首曰：

聖人興兮告成功，登崑崙兮展升中。地爲席兮饗祖宗，天起籟兮調笙鏞。日烏月兔，耀文明也；參旗井鉞，嚴武衛也。執北斗兮，奠玄酒也；削西華兮，爲石⿰木咢也。飛雲涌霞，騰燔燎也；剞鵬腊鯨，代牲魚也②。迅雷三發，山神呼也；流雹三激，爟火舉也。禮再獻兮淳風還，君百拜兮三神歡，四時一周兮萬八千年。泰山融兮滄海乾，圜蓋穴兮方輿穿，君王壽兮無窮焉。

時殿上皆呼萬歲，太宗覽而嘉之。一日，易簡當禁直，以水試歙器。太宗曰：「聞卿所玩非歙器耶？」易簡

①言：原作「官」，據覆宋本、四庫本改。
②剞鵬腊鯨代牲魚也：《次續翰林志》作「剞鯨腊鵬，代鵜鰈也」。

曰：「然。」乃進曰：「日中則昃，月滿則虧，器盈則覆，物盛則衰。願陛下持盈守成，念終始，固萬世之基業，則天下幸甚。」遷給事中、參知政事。與趙昌言共事，多不協。昌言出使劍南，中道而罷，受詔知鳳翔。逾年，易簡亦罷爲禮部侍郎，出知鄧州，移陳州。卒，年三十九〔一〇〕。贈禮部尚書。

易簡之執政也，太宗召其母薛氏入禁中，賜寶冠霞帔，命坐，問曰：「何以教子？」對曰：「幼則束以禮義，長則訓以詩書。」太宗嘆曰：「孟母也。」賜白金千兩。易簡性耆酒，太宗嘗以詩戒之。在翰林入直，雖不敢飲，在私第未嘗不醉。及其死，太宗曰：「易簡果以酒敗，可惜也。」子耆，仕至直集賢院。耆子舜欽，有①傳〔一一〕。

錢若水字淡成，河南人也〔一二〕。十歲能屬文，華山陳摶一見，以爲有仙風道骨。舉進士，爲同州推官。有富民失女奴，其父母訟於州，鞫於有司。獄吏嘗有貸於富民，不獲，乃劾富民父子數人共殺女奴，棄之水中，遂失其尸，而誣以罪，皆應死。若水疑之，密使人訪求女奴得之，乃引以示女奴之父母，皆泣曰：「是也。」富民父子賴以得免。郡太守欲薦之，若水固辭，曰：「且朝廷以此爲若水功，當置獄吏者於何地？」太守嘆服。太宗聞之，遂召用，擢秘書丞、直史館。半歲中，超遷知制誥、翰林學士。

至道初，拜右諫議大夫、同知樞密院事。真宗即位，加户部侍郎〔一三〕。以親年高求解機政，乃罷爲集賢院學士，修《太宗實録》。初，太宗崩，有馴犬號呼不食，遣送陵所。參知政事李至欲若水書其事，遺之詩曰：「白鱗朱雁且勿書，勸君書此懲浮俗。」若水不從。至因若水奏書不列監修官呂端名，以爲若水掠美。若水援唐故事以爲言，衆不能折。又重修《太祖實録》。

①「有」字上，繆校有「自」字。

從真宗幸大名，上書曰：

臣聞用兵以伐謀爲上，御將以用法爲先。比者傅潛爲帥，擁十萬之衆，閉關縱寇，坐看醜虜殘虐生民，不正典刑，曷懲其後？楊延朗輩勇於赴敵，奮不顧身，授任尚輕，見①功未大。臣願陛下誅敗將以徇衆，擢有功以勸能，使諸將承風，各思用命，聲馳塞外，威攝羣胡。

昔劉崇結契丹入寇，懦將樊愛能、何徽臨敵不戰，周世宗陳宴而戮之。因使偏將十數，分擊太原，崇不敢支，戎亦遁去。其後收淮甸，下秦鳳，平關南，如席卷之易，此用兵伐謀之效也。

欲消外侮，必本安邊，用得其人，莫如太祖。昇董遵誨以通遠軍，郭進以邢州，李漢超之在關南，何繼筠之處鎮、定，隰州則李謙溥，易州則賀惟忠，王彦昇之治原，姚内斌之守慶，名不過沿邊巡檢，責其效皆十餘年。闊略其細故，則無畏避之心；就録其功能，則絶幸遷之意。官卑故易以使，久任故知虜情。間授睿謀，戒其生事。是以西寇、北虜十七年間遣使稱藩，不爲外患。已試之效，今皆可行，不數年間，可以致邊烽罷警矣。

俄知開封府。北虜未賓服，内出手詔，詢若水禦備翦滅之術。若水上言曰：

臣讀前史，論匈奴者多矣。若漢婁敬、樊噲、季布、賈誼、晁錯、主父偃、徐樂、王恢、韓安國、朱買臣、董仲舒之所陳，特和親、征伐之二議；唐李靖、魏徵、温彦博、郭正一、狄仁傑之所及，亦不過戰守之兩端。晉桑維翰不背約之言，出於微弱；故相趙普請回軍之奏，姑冀息民。悉非遠謀，臣所不取。嚴尤謂自古御戎無上策，臣竊笑之。守在四夷，制勝以静，非上策而何？

①見：覆宋本、四庫本作「賞」。

臣聞唐魏博一鎮爾，兵戎固不衆於今日，而胡騎未嘗南牧者，以幽、薊爲北門，扼其險阻故也。石晉割地之後，由定武達滄海，千里受敵，雖設二關，鎮之以重兵，莫可以禦。故晉末度長河，漢初復擾邊徼，以周世宗之英武，曾未能絶其寇中山、窺上黨。今御札詢備禦翦滅之術，臣以爲不得幽州，未可翦滅也。後唐莊宗在河北，命周德威取幽州，然後南向而争天下。蓋先爲萬全之計，使不能勝，此善用兵者也。

夫戰守不同心，將不能料敵，重兵在外，輕兵在内，則今之所患也。臣願陛下選智謀可以任邊郡者，聽召壯士以爲部曲，而官爲廩給之。又募民爲招收軍，厚其糧賜，蠲其租賦。彼供輸兩地，各有親屬，則敵之動息，得以知之。如是同心，將能料敵，而在外者皆輕兵矣。然無以統衆則不能用衆，無以制勝則不能勝敵，故必擇大臣領近鎮，提重兵以專閫外之事①，有警則督戰，已事則班師。既無舉兵之名，又得馭兵之要。三軍同力，上下一心，備禦之方，舉積此矣。

若乃患民力之困，則廣邊地之營田；患戍卒之驕，則嚴將帥之法令。古語有之曰：「法不可移，令不可違。」又云：「功不勸謂之止善，罪不懲謂之縱惡。」昔太祖用郭進守西山，遣戍卒，必戒之曰：「汝謹奉法，我猶赦汝，郭進殺汝矣。」其假借如此。郭進所至，兵未嘗小衄。臣願陛下推太祖所以待郭進之心而待諸將，則法令不患不嚴，勸懲不患不至矣。

真宗善其議，謂左右曰：「若水，儒臣中知兵者也。」拜鄧州觀察使、知并州。以疾召還，卒，年四十四〔一四〕。贈户部尚書，謚曰宣靖。

若水風流儒雅，有文學，善談論。事母以孝聞，所至有譽望，接物以誠，評人貴賤、壽夭多驗。自知不壽，故

①事：繆校作「任」。

懇辭勢位，賢士大夫皆宗慕之。有文集二十卷。真宗念若水母老，數遣使存問，賜緡帛羊酒云。

臣稱曰：孔子論孝，備矣。是以求忠臣，必於孝子之門。惟能孝於親，然後可移忠於君。四子之母，其賢有擇鄰之風，而其子幼被慈訓，卒能有立，非此母不生此子也。

【箋證】

〔一〕調鄆州判官：《宋史》卷二六三《李穆傳》作「爲汝、鄆二州從事」。

〔二〕尋以右拾遺知制誥：《宋史》本傳作「明年，拜左拾遺、知制誥」，《長編》卷一五、《皇宋十朝綱要》卷一、《太平治迹統類》卷一均作「左拾遺」，疑《事略》誤「左」爲「右」。

〔三〕卒年五十七：《宋史》本傳：「（太平興國）九年正月，晨起將朝，風眩暴卒，年五十七。」本書卷三《太宗紀》載「李穆薨」於雍熙元年正月癸酉。

〔四〕穆子行簡：《宋史》本傳作「子惟簡」，《長編》卷八三大中祥符七年九月壬子條載惟簡以王旦薦被召及其行事，注云：「歐陽修《旦墓誌》以『惟簡』爲『行簡』，誤也。行簡，馮翊人，自有傳。」

〔五〕後還太常丞而卒：《宋史》卷二六三《李穆傳》附《惟簡傳》作「後加太常丞。天禧四年卒」。

〔六〕十五舉進士：《隆平集》卷六作「十六進士甲第」，《太宗皇帝實録》卷七六作「十六舉進士中第」。

〔七〕賜黄中錢三百萬：《宋史》卷二六三《賈黄中傳》作「賜錢三十萬」，《名賢氏族言行類稿》卷三九作「賜黄中錢三十萬，以旌其潔」。《長編》卷一八作「賜錢二十萬」。其他或作「三百萬」，或作「二百萬」，難得其實，似以《宋史》所載近是。

〔八〕當時之名士：「之」，《隆平集》卷六作「知」，是。

〔九〕卒年五十六：《宋史》本傳：「（至道）二年，以疾卒，年五十六。」《太宗皇帝實録》卷七六繫「禮部侍郎兼秘書監賈黄中卒」於至道二年正月丁卯。

〔一〇〕卒年三十九：《宋史》卷二六六《蘇易簡傳》：「至道二年卒，年三十九。」《長編》卷四〇載易簡卒於至道二年十二月乙巳。

〔一一〕耆子舜欽有傳：《蘇舜欽傳》，見本書卷一一五。

〔一二〕字淡成河南人也：《宋史》卷二六六《錢若水傳》：「字淡成，一字長卿，河南新安人。」

〔一三〕加户部侍郎：《宋史》本傳作「加工部侍郎」。《長編》卷四二至道三年十一月己巳條載「工部侍郎、集賢院學士錢若水修《太宗實録》」，則作「工部」是。

〔一四〕卒年四十四：《宋史》本傳：「（咸平）六年春，因疾灸兩足……數月，始赴朝謁，因與僚友會食僧舍，假寢而卒，年四十四。」《長編》卷五五載「鄧州觀察使錢若水卒」於咸平六年十月己卯。